Thorsten Hasche
Quo vadis, politischer Islam?

Edition Politik | Band 25

Thorsten Hasche, geboren 1981, lehrt und forscht als Politikwissenschaftler an der Universität Göttingen. Seine Arbeitsschwerpunkte liegen in den Bereichen der politikwissenschaftlichen Theoriebildung und der Transformationsprozesse der Region des Nahen Ostens und Nordafrikas sowie der besonderen Rolle islamistischer Bewegungen.

Thorsten Hasche
Quo vadis, politischer Islam?
AKP, al-Qaida und Muslimbruderschaft
in systemtheoretischer Perspektive

[transcript]

Diese Veröffentlichung wurde zugleich 2014 an der Sozialwissenschaftlichen Fakultät der Georg-August-Universität Göttingen als Dissertation angenommen.

Bibliografische Information der Deutschen Nationalbibliothek
Die Deutsche Nationalbibliothek verzeichnet diese Publikation in der Deutschen Nationalbibliografie; detaillierte bibliografische Daten sind im Internet über http://dnb.d-nb.de abrufbar.

© 2015 transcript Verlag, Bielefeld

Die Verwertung der Texte und Bilder ist ohne Zustimmung des Verlages urheberrechtswidrig und strafbar. Das gilt auch für Vervielfältigungen, Übersetzungen, Mikroverfilmungen und für die Verarbeitung mit elektronischen Systemen.

Umschlagkonzept: Kordula Röckenhaus, Bielefeld
Lektorat & Satz: Thorsten Hasche
Printed in Germany
Print-ISBN 978-3-8376-3120-3
PDF-ISBN 978-3-8394-3120-7

Gedruckt auf alterungsbeständigem Papier mit chlorfrei gebleichtem Zellstoff.
Besuchen Sie uns im Internet: *http://www.transcript-verlag.de*
Bitte fordern Sie unser Gesamtverzeichnis und andere Broschüren an unter: *info@transcript-verlag.de*

Inhalt

Tabellen | 9

Vorwort | 11

1. **Die Erforschung des politischen Islam**
   Genese des Forschungsfeldes, leitende Forschungsfragen
   und ein Plädoyer für den Einsatz der luhmannschen
   Gesellschaftstheorie der Politik | 15
   1.1 Eine kurze Entwicklungsgeschichte des politischen Islam | 22
   1.2 Der Weg zur politikwissenschaftlichen Erforschung
       des politischen Islam | 26
   1.3 Politikwissenschaft jenseits des Staates und die Renaissance
       systemtheoretischer Perspektiven auf die Politik | 30
       1.3.1 Zum Stand der Politikwissenschaft und dem Verhältnis
             ihrer Teildisziplinen | 30
       1.3.2 Theoretische Konzepte jenseits des Staates
             und die hohe Relevanz der Governance-Forschung | 36
       1.3.3 Die Renaissance systemtheoretischer Theorien der Politik | 39
   1.4 Die politikwissenschaftliche Erforschung des sunnitischen Islamismus
       und die Perspektive der systemtheoretischen Gesellschaftstheorie
       der Politik | 43
   1.5 Forschungsfragen, Fallauswahl und Untersuchungsdesign der Studie | 53
   1.6 Aufbau und Vorgehensweise | 55

2. **Niklas Luhmanns methodologische Ansprüche
   an die Gesellschaftstheorie und die Methodologie
   der Sozialwissenschaften** | 59
   2.1 Einleitende Vorbemerkungen | 59
   2.2 Zum Verhältnis von universitärer und ausseruniversitärer Forschung
       und die Erforschung des politischen Islam | 60
   2.3 Der Universalitätsanspruch der luhmannschen Gesellschaftstheorie
       und die Islamologie Bassam Tibis | 64
   2.4 Allgemeine Grundelemente des Untersuchungsdesigns
       sozialwissenschaftlicher Untersuchungen | 71
       2.4.1 Die Art der Begründungsform | 74
       2.4.2 Das Untersuchungsdesign | 76
       2.4.3 Definitionen von Grundbegriffen und theoretischen Konzepten | 77

2.5 Das Untersuchungsdesign dieser Arbeit | 78
    2.5.1 Die Mikro-Makro-Unterscheidung
und die systemtheoretische Gesellschaftstheorie | 80
    2.5.2 Offene, theoriegeleitete Vorgehensweise und die Dichotomie
quantitativer und qualitativer Sozialforschung | 90
    2.5.3 Fallstudiendesign und die Weiterentwicklung von Theorien | 97
    2.5.4 Das weltgesellschaftliche Konzept in der Analyse
der Fallstudien | 104
2.6 Sozialwissenschaftliche Methodologie gesellschaftstheoretisch
gesehen | 108

3. Das weltpolitische System im Spannungsverhältnis von funktionaler Differenzierung und alternativen Differenzierungsformen | 111

3.1 Zur Einbeziehung der systemtheoretischen Gesellschaftstheorie
in die politikwissenschaftliche Debatte zum politischen Islam | 112
3.2 Luhmanns Radikalisierung des parsonsschen Funktionalismus
durch die Einbeziehung der allgemeinen Systemtheorie | 114
3.3 Systemtheoretische Grundlagen
der luhmannschen Gesellschaftstheorie | 120
    3.3.1 Die Unterscheidung von System und Umwelt | 121
    3.3.2 Autopoiesis und operative Schließung | 123
3.4 Zentrale Theorieelemente der luhmannschen Gesellschaftstheorie | 125
    3.4.1 Kommunikation | 125
    3.4.2 Sinn | 128
3.5 Theorietechnik und Methode bei Niklas Luhmann | 131
    3.5.1 Sein differenztheoretischer Ansatz | 131
    3.5.2 Beobachtung 2. Ordnung | 134
3.6 Zentrale gesellschaftstheoretische Anwendungskonzepte | 136
    3.6.1 Symbolisch generalisierte Kommunikationsmedien | 137
    3.6.2 Codes und Programme | 139
    3.6.3 Strukturelle Kopplung | 142
3.7 Gesellschaft als die Autopoiesis symbolisch generalisierter Kommunikation
und ihre Kritik | 145
    3.7.1 Was ist das Besondere
an der luhmannschen Gesellschaftstheorie? | 145
    3.7.2 Die politikwissenschaftliche und soziologische Kritik
an der systemtheoretischen Gesellschaftstheorie | 149
    3.7.3 Zusammenfassung der Kritik und die Konsequenzen
für die Erarbeitung eines anwendungsfähigen Modelles
des weltpolitischen Systems | 155

3.8 Anwendungsorientierte Elemente der luhmannschen Gesellschaftstheorie der Politik | 157
    3.8.1 Interaktion, Organisation und Gesellschaft aus evolutionärer Perspektive | 158
    3.8.2 Die funktionale Differenzierung der Weltgesellschaft und konkurrierende Differenzierungsformen | 164
    3.8.3 Das weltpolitische System | 172
3.9 Politikwissenschaftliche Demokratie- und Transformationsforschung und die Systemtheorie der Demokratie | 185

4. Einführung in Aufbau und Vorgehensweise der Fallstudien | 193
4.1 Zum Verhältnis von Semantik und Gesellschaftsstruktur | 196
4.2 Semantiken des sunnitischen Islamismus im Kontext zweier Doktrinen der Religion des Islam | 199
    4.2.1 Scharia und Schariatisierung des islamischen Rechts | 202
    4.2.2 Dschihad und Dschihadismus | 208
4.3 Zentrale Vertreter der islamistischen Ideengeschichte | 212
    4.3.1 Hasan al-Banna | 213
    4.3.2 Sayyid Abul Ala Maududi | 218
    4.3.3 Sayyid Qutb | 219
    4.3.4 Yusuf al-Qaradawi | 224
    4.3.5 Osama bin Laden | 228
4.4 Differenzierungsschemata islamistischer Semantiken | 232

5. Die Muslimbruderschaft und der Ursprung des politischen Islam | 235
5.1 Vom islamischen Modernismus zum islamischen Fundamentalismus | 235
5.2 Die Gründungsphase der Muslimbrüder durch Hasan al-Banna | 237
5.3 Die Muslimbrüder nach dem Putsch der ‚Freien Offiziere' | 242
5.4 Von den politischen Erfolgen während und nach der Präsidentschaft Mubaraks bis zur erneuten Zerschlagung 2013 | 247

6. Die AKP und der politische Islam als Regierungspartei | 261
6.1 Von der Tanzimat-Periode zur Gründung der türkischen Republik | 262
6.2 Die islamistischen Vorgängerparteien und der Weg zur Gründung der AKP | 266
6.3 Reformen, Wahlsiege und Anzeichen einer gesellschaftspolitischen Transformation der Türkei durch die AKP | 271
6.4 Die AKP, die Folgen des ‚Arabischen Frühlings' und die Proteste des Gezi-Parks und Taksim-Platzes | 274

7. **Die Genese und Entwicklung des militanten Dschihadismus durch die al-Qaida** | 281
7.1 Der afghanische Widerstandskampf gegen den sowjetischen Einmarsch als Geburtsstunde der al-Qaida | 281
7.2 Die Entwicklung der al-Qaida bis zu den Terroranschlägen vom 11. September 2001 | 286
7.3 Der ‚globale Kampf gegen den Terrorismus' und die Folgen für die al-Qaida | 293
7.4 Al-Qaida nach der Tötung bin Ladens und dem Ende des ‚Arabischen Frühlings' | 298
7.5 Gemeinsamkeiten, Unterschiede und Kontinuitäten im sunnitischen politischen Islam | 304

8. **Die Systemtheorie der Politik und ihr Blick auf den sunnitischen politischen Islam** | 315
8.1 Ein Modell des weltpolitischen Systems | 315
8.2 Wie wandlungsfähig ist der sunnitische politische Islam? | 317
8.3 Eine Neubestimmung der Unterscheidung von Islam und politischem Islam | 326
8.4 Zum Begriff des sunnitischen politischen Islam | 329
8.5 Quo vadis, politischer Islam? Quo vadis, Systemtheorie der Politik? | 334

Literaturverzeichnis | 341

Verweise auf Internetseiten | 387

Tabellen

Tabelle 1: Zusammenfassung der Fallanalyse in der Form mehrdimensionaler Typen islamistischer Bewegungen (S. 313-314).
Tabelle 2: Moderation und Transformation dreier islamistischer Bewegungen (S. 319).
Tabelle 3: Die Muslimbruderschaft im politischen System Ägyptens (S. 320-321).
Tabelle 4: Die AKP im politischen System der Türkei (S. 322-323).

Vorwort

Als Hasan al-Banna (1906-1948) im Jahr 1928 die Muslimbruderschaft gründete, war nicht abzusehen, dass islamistische Bewegungen und Ideen von da an sukzessive zu einem festen und äußerst einflussreichen Bestandteil der politischen Arena der MENA-Region (Mittlerer Osten und Nordafrika) werden sollten. War doch mit der Gründung der säkularen Republik Türkei 1923, mit der Beendigung des Kalifats 1924 und der Abschaffung der Scharia 1927 die traditionelle, religiös legitimierte Ordnung des Osmanischen Reiches untergegangen. Doch die von den europäischen Kolonialmächten vorgenommenen Grenzziehungen und installierten politischen Ordnungen sowie Ordnungsvorstellungen ließen den modernen Nationalstaat nie heimisch werden. Er schlug bis heute keine festen und tragfähigen Wurzeln. Folglich stehen die vielfältigen islamistischen Bewegungen weiterhin für die „islamische Lösung/ *al-hall al-Islami*" der anhaltend virulenten politischen, sozialen und wirtschaftlichen Probleme der Region ein.[1] Die politikwissenschaftliche Analyse und Interpretation dieser „islamischen Lösung" steht jedoch vor dem Problem, die gewachsene Menge an islamistischen Ideologien und Positionen sowie die inzwischen diversen Organisationstypen dieses Segments der nahöstlichen und nordafrikanischen Politik sowohl adäquat politiktheoretisch als auch ideengeschichtlich zu erfassen. Daher trägt diese Studie das Plädoyer vor, den universalen, aus der Soziologie stammenden Theorieansatz des 1998 verstorbenen Soziologen Niklas Luhmanns (1927-1998) zur Interpretation des strukturellen Wandels und der semantischen Variationen dreier signifikanter islamistischer Gruppierungen (die AKP, die al-Qaida und die Muslimbruderschaft) heranzuziehen. Jede dieser Bewegungen steht für einen besonderen Typus des sunnitischen politischen Islam und verspricht daher im Lichte des umfangreichen luhmannschen Theorieapparates für die Gewinnung sehr aussagekräftiger Informationen und Schlussfolgerungen.

---

1 Vgl. B. Tibi: Die Verschwörung sowie Ders.: The Sharia-State.

Dieses Unterfangen ist deshalb für die politikwissenschaftliche Forschung und Theoriebildung gewinnversprechend, da die Arbeiten von Niklas Luhmann inzwischen breit in den politikwissenschaftlichen Teilbereichen der Politischen Theorie und Ideengeschichte sowie den Internationalen Beziehungen rezipiert worden sind. Insofern ist das luhmannsche Werk beileibe kein Fremdkörper mehr für die Politikwissenschaft, sondern kann genau an ihre empirischen, methodischen und theoretischen Anforderungen angeschlossen werden. Letztlich ist die politische Relevanz einer empirisch dichten, methodisch kontrollierten und theoretisch anspruchsvoll modellierten Beobachtung der Performanz dreier zentraler Gruppierungen des sunnitischen politischen Islam kaum zu überschätzen. Zu nennen seien hier nur kurz die Rolle der Muslimbruderschaft im (gescheiterten) ägyptischen Transitionsprozess von 2011-13 sowie das Erstarken der dschihadistischen Kampfgruppe Islamischer Staat bzw. vormals Islamischer Staat in Syrien und im Irak, die spätestens Anfang des Jahres 2014 in den Fokus der Weltöffentlichkeit rückte. Schließlich muss auch betont werden, dass eine kritisch-reflektierte wissenschaftliche Auseinandersetzung mit dem modernen Islamismus insofern komplizierter geworden ist, als dass sie besonders davon bedroht ist, in die öffentlichen Deutungskämpfe um den Platz der Religion des Islam in der europäischen Islam-Diaspora hineingezogen zu werden. Diese Problematik, in der die instrumentelle Nutzung des Vorwurfs der Islamophobie eine gewichtige Rolle spielt, habe ich jüngst in einem gemeinsamen Aufsatz mit meinem Doktorvater, Prof. Dr. Bassam Tibi, erörtert.[2] Wir beide betonen sehr deutlich, dass es nicht darum geht, die bestehenden Vorurteile gegenüber dem Islam und Muslimen in Europa abzutun, sondern die Meinungs- und vor allem Wissenschaftsfreiheit in öffentlich umkämpften Arenen aufrechtzuerhalten. Insofern ist es angebracht, diese These des US-amerikanischen Religionswissenschaftler Bruce Lincoln als Leitmotiv dieser Untersuchung voranzustellen:

„When one permits those whom one studies to define the terms in which they will be understood, suspends one's interest in the temporal and contingent, or fails to distinguish between ‚truths‘, ‚truth-claims‘, and ‚regimes of truth‘, one has ceased to function as historian or scholar."[3]

Dieses Projekt ist bis auf die notwendigen Aktualisierungen und Überarbeitungen zwecks seiner Publikation von Ende 2008 bis Mitte 2014 als Doktorarbeit

---

2   Vgl. B. Tibi/T. Hasche: „The Instrumental Accusation of Islamophobia and Heresy as a Strategy of Curtailing the Freedom of Speech".
3   B. Lincoln: „Theses on Method", S. 227.

am Institut für Politikwissenschaft der Georg-August-Universität Göttingen durchgeführt worden. Ich begann damit an der dort angesiedelten Abteilung für Internationale Beziehungen unter der Leitung von Prof. Dr. Bassam Tibi und setzte es nach seiner Pensionierung im Jahre 2009 mit Hilfe eines Promotionsstudiums der Studienstiftung des deutschen Volkes fort. Dementsprechend absolvierte ich ein obligatorisches Promotionsstudium an der 2005 gegründeten Göttinger Graduiertenschule Gesellschaftswissenschaften, kurz GGG, und bestand die mündliche Doktorprüfung am 16.10.2014. Da ich seit Ende 2012 als Lehrkraft für besondere Aufgaben am Institut für Politikwissenschaft arbeite, konnte ich wichtige Teile meiner empirischen und konzeptuellen Überlegungen in verschieden BA-Lehrveranstaltungen testen und inhaltlich schärfen.

Mein langjähriger Doktorvater und Mentor, Bassam Tibi, sagt über seine eigene akademische Sozialisation stets, dass er an der Johann-Wolfgang-Goethe-Universität in den 1960er Jahren von Geistesgrößen wie Theodor W. Adorno, Iring Fetscher, Jürgen Habermas und Max Horkheimer vor allem das begriffliche Denken gelernt habe. Diese Befähigung hat Prof. Tibi gewiss auch an mich weitergegeben. Jedoch habe ich von ihm noch weitaus mehr gelernt. Und zwar vor allem, dass sich das politische Denken trotz seiner notwendigen universalistischen Ausrichtung an kulturellen und zivilisatorischen Differenzen bricht und das westliche Denken ‚lediglich' einen Teil der menschlichen Zivilisation darstellt. Folglich habe ich in meinen Jahren als Tutor sowie studentische und wissenschaftliche Hilfskraft an seiner Abteilung für Internationale Beziehungen und als Doktorand unter seiner Anleitung die große historische, kulturelle und politische Vielfalt der Zivilisation des Islam erfahren und kennenlernen können. Seine Maßgabe für das Erlernen dieses religiösen und politischen Erfahrungsraumes war dabei stets die von ihm begründete Islamologie, d.h. eine historisch-sozialwissenschaftliche und nicht rein philologische Beschäftigung mit den konkreten sozialen Realitäten der Religion des Islam und der politisch-religiösen Ideologie des Islamismus.[4] Diese Aspekte haben nicht nur die Ausgestaltung und Durchführung meiner Promotion maßgeblich beeinflusst, sondern sind ebenfalls für mich als Person und Wissenschaftler von unschätzbarem Wert. Sie werden mich mein Leben lang begleiten. Dafür bin ich sehr, sehr dankbar.

Es waren natürlich noch weitere Personen – und auch Institutionen – an der intellektuellen und materiellen Unterstützung dieses Projekts beteiligt, denen ich ebenfalls zu Dank verpflichtet bin. Das Doktorandenkolloquium meines Zweitbetreuers, Prof. Dr. Walter-Reese Schäfer, bot jedes Semester meines Promotionsstudiums aufs Neue eine anregende Atmosphäre der Diskussion und ich habe

---

4 Vgl. B. Tibi: Kreuzzug und Djihad und Ders.: Islamism and Islam.

dort die Fortschritte und Ergebnisse meines Vorhabens regelmäßig präsentieren können. Auch besuchte ich mehrere Kolloquien meines Drittbetreuers, Prof. Dr. Matthias Koenig. In diesen Veranstaltungen musste ich mein Vorgehen auf der Basis von Niklas Luhmanns Gesellschaftstheorie der Politik an den Grundlagen der kausalanalytischen Soziologie prüfen und messen lassen. Von den Kolleginnen und Kollegen des Instituts für Politikwissenschaft möchte ich Dr. Christian Mönter hervorheben, mit dem ich viele fruchtbare Stunden über meine Studie diskutiert habe. Der Studienstiftung des deutschen Volkes danke ich für die großzügige, dreijährige finanzielle Unterstützung sowie für die mir ermöglichten Kurse und Workshops. Ihr Referent, Dr. Peter Antes, hat sich sehr für mich engagiert und war immer ansprechbar. Auch die Studiengruppe des Göttinger Vertrauensdozenten der Studienstiftung, Prof. Dr. Martin Suhm, bot ein sehr herzliches und intellektuell ermutigendes Umfeld.

Mein letzter Dank gilt meiner Familie. Meine wundervolle Frau Janika hat mir immer den Rücken frei gehalten, um dieses Projekt auch nach der Geburt unserer Tochter durchführen zu können. Mittlerweile sind wir als Familie zu viert und ich hoffe, dass die erfolgreich abgeschlossene Promotion ein tragfähiges Fundament meiner und unserer gemeinsamen beruflichen Weiterentwicklung bilden wird. Meinen Eltern danke ich, dass sie uns stets unterstützen und sich gedanklich immer mehr auf mein Abenteuer Wissenschaft einzulassen vermögen.

Abschließend möchte ich auf wichtige *Aspekte der Textgestaltung* hinweisen: Die Verwendung von *arabischen* und *türkischen Begriffen* und *Eigennamen* orientiert sich an den Prinzipien der Einheitlichkeit und der einfachen Lesbarkeit, aber dennoch eindeutigen Identifizierbarkeit des originären Begriffs. Daher verzichtet diese Arbeit auf existierende Sonderzeichen, die für die Transliteration zur Verfügung stünden, und orientiert sich an dem einfachen, nicht-islamwissenschaftlichen Umgang mit arabischen sowie türkischen Begriffen und Eigennamen, wie er in journalistischen Medien und nicht-islamwissenschaftlich arbeitenden wissenschaftlichen Publikationen zu finden ist. Um die Identifikation der originären arabischen und türkischen Begriffe dennoch zu gewährleisten, werden sämtliche herangezogenen Begriffe im Text erläutert. Hinter der Aufführung wichtiger Eigennamen kommt es zur Nennung der jeweiligen Lebensdaten. Hinsichtlich dieser Vorgehensweise wird für beide Sprachen lediglich eine Ausnahme gemacht: Bei zitierter Literatur und herangezogenen Zitaten. Enthalten Literaturangaben und Zitate im Original Sonderzeichen für die Transliteration, so werden diese übernommen. Ebenfalls werden *Hervorhebungen im Originaltext* stets übernommen. Nur Änderungen *meinerseits* werden explizit gekennzeichnet.

1. Die Erforschung des politischen Islam

Genese des Forschungsfeldes, leitende Forschungsfragen und ein Plädoyer für den Einsatz der luhmannschen Gesellschaftstheorie der Politik

Bis dato herrscht in der Politikwissenschaft eine große Kontroverse um die gegenstandsadäquate Erfassung des politischen Islam[1] und die angemessene politiktheoretische Interpretation islamistischer Ideen und politischer Praktiken. Damit umfasst diese Kontroverse methodologische und theoretische Dimensio-

---

1 Um eine einheitliche Terminologie zu verwenden, werden in dieser Arbeit die attribuierte Substantivierung *politischer Islam*, das Substantiv *Islamismus* und das Adjektiv *islamistisch* verwendet, wenn es zur Bezeichnung des Phänomens des politischen Islam kommt. Der Begriff *Bewegung* wird verwendet, ohne damit auf eine besondere Organisationsform islamistischer Bewegungen vorgreifen zu wollen. Diese Begriffswahl wurde vorgenommen, da sie vor allem im englischsprachigen Raum geläufig ist (*Islamist movements*) und auch im Deutschen weitestgehend neutral ist, weil der Begriff *Bewegung* nicht bereits eine spezifische Organisationsform vorwegnimmt – wie dies bspw. bei islamistische Organisationen, islamistische Parteien oder islamistische Netzwerke der Fall wäre. Zusätzlich wird begrifflich zwischen gewaltanwendenden und damit *dschihadistischen*, sowie politisch agierenden, d.h. *institutionellen* Spielarten des politischen Islam unterschieden. In Kapitel 1.5 wird die Fallauswahl näher begründet. Es werden in dieser Untersuchung nur sunnitische Bewegungen des politischen Islam betrachtet. Der sprachlichen Abwechslung halber wird dennoch sowohl von *sunnitischem politischem Islam* als auch von *politischem Islam* gesprochen. Gemeint ist stets der sunnitische politische Islam.

nen, die sich mit der empirischen Datenlage[2] zum politischen Islam, seiner terminologischen Erfassung[3] und der Frage nach geeigneten Theorien[4] für die entsprechende Datenanalyse befassen. Hinzu kommt, dass sich die Aktivitäten, Organisationsstrukturen und die Verbreitung der zahlreichen Bewegungen des politischen Islam stetig verändern und zu wechselnden politikwissenschaftlichen Forschungsschwerpunkten führen.[5] Die große Bedeutung der damit einhergehenden öffentlichen und wissenschaftlichen Kontroversen wird vor allem daran deutlich, dass die zahlreichen Bewegungen des politischen Islam ein junges Phänomen der islamischen Religion und Zivilisation sind und dabei dennoch einen enormen Einfluss auf die internationale Erforschung und Wahrnehmung des Islam besitzen.

Blickt man jedoch auf die Historie des Forschungsfeldes zum politischen Islam zurück, welches seine Ursprünge in den 1960er Jahren hat[6] und in seinen Anfängen disziplinär vor allem durch die Orientalistik und die US-amerikanischen Regionalstudien geprägt war, wird deutlich, dass in den 1990er Jahren zunächst dem Begriff des islamischen Fundamentalismus[7] die Funktion zukam, die bis heute zentralen Forschungsbereiche des Feldes aus einer einheitlichen terminologischen Perspektive zu etablieren. Erst diese Professionalisierung des For-

---

2   Vgl. sowohl umfangreiche Überblicksstudien zu Bewegungen des politischen Islam wie D. Rashwan: The Spectrum of Islamist Movements und B. Rubin: Political Islam, als auch Überblicksbände zu den Ideen des politischen Islam von R.L. Euben/M.Q. Zaman: Princeton Readings in Islamist Thought und J. Calvert: Islamism.

3   Vgl. die Kontroversen in den folgenden Publikationen: R.C. Martin/A. Barzegar: Islamism; J.S. Morrison: Political Islam from Muhammad to Ahmadinejad und das Sonderheft der Fachzeitschrift Totalitarian Movements and Political Religions Bd. 10, H. 2, 2009.

4   Vgl. die Studie von B. Tibi: Islam's Predicament with Modernity, in der er die Krisenerscheinungen der islamischen Zivilisation durch Rekurs auf Globalisierungs-, Modernisierungs- und Säkularisierungstheorien analysiert.

5   Eine aktuelle und komparative Perspektive auf die politischen Performanz islamistischer Bewegungen findet sich in der Studie von C. Rosefsky Wickham: The Muslim Brotherhood, vor allem Kapitel 1 und 8.

6   Als klassische Studie zu den Muslimbrüdern muss R. P. Mitchell: The Society of the Muslim Brothers erwähnt werden. Die erste Anwendung des Fundamentalismus-Begriffs auf die Religion des Islam datiert D.M. Varisco: „Inventing Islamism" auf S. 38-39 auf die Analyse von M. Berger: The Arab World Today.

7   Vgl. als zentrale Publikationen: M.E. Marty/S. Appleby: The Fundamentalism Project sowie B. Tibi: Der religiöse Fundamentalismus.

schungsfeldes öffnete Disziplinen wie der Politikwissenschaft, Rechtswissenschaft, Sozialpsychologie, Soziologie und der Wirtschaftswissenschaft den Zugang zur Erforschung des politischen Islam und verband diese letztlich sowohl interdisziplinäre als auch multidisziplinäre Zugangsweise durch eine komparative Perspektive auf fundamentalistische Bewegungen und Tendenzen in allen Weltreligionen.[8] In Anlehnung an die Ähnlichkeit von Sprachspielen in der Philosophie Ludwig Wittgensteins (1889-1951) konnte das umfangreiche *Fundamentalism Project* der American Academy of Arts and Sciences[9] in den 1990er Jahren eine wirkmächtige Bestimmung des Phänomens erarbeiten:

„In these pages, fundamentalism has appeared as a tendency, a habit of mind, found within religious communities and paradigmatically embodied in certain representative individuals and movements, which manifests itself as a strategy, or set of strategies, by which beleaguered believers attempt to preserve their distinctive identity as a people or group. Feeling this identity to be at risk they fortify it by a selective retrieval of doctrines, beliefs, and practices from a sacred past."[10]

War das *Fundamentalism Project* noch explizit darauf bedacht, den religiösen Fundamentalismus aus einer vergleichenden Perspektive als globales Phänomen der großen Weltreligionen zu verstehen, verschob sich die wissenschaftliche, mediale und politische Aufmerksamkeit im Zuge der Terroranschläge der dschihadistischen Gruppierung al-Qaida zunehmend auf die enge Verbindung von islamischem Fundamentalismus und Terrorismus.[11] Zwar gab es schon zu Beginn dieser zu reduktionistischen Assoziation Analysen, die den terroristischen Aktionen dschihadistischer Gruppen einen geringen gesellschaftspolitischen Erfolg ausstellten und ihre dominante Stellung in der medialen sowie wissenschaftlichen Beobachtung kritisierten.[12] Nichtsdestotrotz hatten die Anschläge der al-Qaida eine immense Auswirkung auf die Wahrnehmung des Islam und des politischen Islam, die Integration von Muslimen in der westlichen Gesellschaft[13] und die Außenpolitik der westlichen Staatengemeinschaft unter

---

8   Vgl. M.E. Marty/S.R. Appleby: „Conclusion".
9   Vgl. die Informationen zur American Academy of Arts and Sciences und dem *Fundamentalism Project* auf http://www.amacad.org [Letzter Zugriff am 02.01.2015].
10 M.E. Marty/S.R. Appleby: „Conclusion", S. 835.
11 Sehr kritisch analysiert dies frühzeitig F. Burgat: Islamism in the Shadow of Al-Qaeda, S. 2-6 und S. 149-152.
12 Vgl. G. Kepel: Das Schwarzbuch des Dschihad, S. 421-435.
13 Vgl. A. Kaya: Islam, Migration and Integration, S. 7-11.

der Führung der USA.[14] So kam es infolgedessen zu einer erkennbaren Vermengung von wissenschaftlichem Interesse an der ideologischen Grundlage dschihadistischer Anschläge[15] und dem Aufbau dschihadistischer Bewegungen[16] mit militärischen sowie sicherheitspolitischen Interessen.[17] Diese enorme Veränderung der wissenschaftlichen sowie öffentlichen Wahrnehmung des politischen Islam lässt sich aus der Perspektive der Forschung zur sogenannten Versicherheitlichung, die ihren Ursprung in der konstruktivistisch ausgerichteten *Copenhagen School* in den Internationalen Beziehungen besitzt[18], sehr lehrreich interpretieren:

„*Securitization* ist der diskursive Prozess, in dem eine bestimmte politische Konstellation als für den Staat und Gesellschaft besonders, ja existentiell bedrohlich stigmatisiert wird, was unverzügliche und außergewöhnliche politische Maßnahmen nötig macht und legitimiert, um mit der Bedrohung fertig zu werden."[19]

---

14 Vgl. T. Lansford/R.P. Watson/J. Covarrubias: America's War on Terror. Zusätzlich kann auch auf die Neuausrichtung der Sicherheitsstudien im Anschluss an *9/11* verwiesen werden. Einen umfangreichen Überblick zu den zentralen Forschungsfragen, Forschungsfeldern, Ansätzen und wissenschaftstheoretischen Entwicklungen bieten B. Buzan/L. Hansen: The Evolution of International Security Studies.

15 Vgl. exemplarisch J.C. Zimmermann: „Sayyid Qutb's Influence on the 11 September Attacks".

16 Dies bezieht sich sowohl auf die zahlreichen Einzelstudien zur al-Qaida und anderen dschihadistischen Bewegungen, als auch auf umfassende Überblicksstudien wie: J.M. Brachman: Global Jihadism.

17 Vgl. dazu zwei umfangreiche Studien der RAND Corporation, die explizit von wissenschaftlich ausgebildeten Experten für die Informationsgewinnung der U.S. Air Force verfasst worden sind und auf diese Weise exemplarisch für diese Verbindung stehen: A. Rabasa et al.: Beyond al-Qaeda und Dies.: The Muslim World after 9/11.

18 Vgl. M. McDonald: „Securitization and the Construction of Security", S. 563-568. Inhaltlich ist es an dieser Stelle wichtig, die Diskussion über den sogenannten *Islamist threat*, der in vielen militärischen und sicherheitspolitischen Kontexten als Legitimationsformel für den Fokus auf sicherheitspolitische Maßnahmen gegen islamistische Bewegungen angesehen werden kann, hinzuzuziehen. Dieses Problem erörtern L. Noueihed/A. Warren: The Battle for the Arab Spring, S. 18-21.

19 W. von Bredow: „Die Neuen Sicherheitsstudien zwischen Internationalen Beziehungen, Militärsoziologie und Friedens- und Konfliktforschung", S. 417.

Folgt man dieser Begriffsbestimmung, wurde der politische Islam im Anschluss an die Terroranschläge des 11. September 2001 *versicherheitlicht*, d.h. diskursiv zu einem politischen Sicherheitsrisiko gemacht und ist infolgedessen immer stärker zu einem Gegenstand sicherheitspolitischer Interessen geworden. Diese Verschiebung in der Wahrnehmung des politischen Islam erwies sich letztendlich in der Politikwissenschaft im Rahmen des erweiterten Sicherheitsbegriffs und der Sicherheitsstudien als besonders anschlussfähig.[20] Gegenwärtig zeichnet sich jedoch eine erneute Veränderung des wissenschaftlichen sowie öffentlichen Interesses an der Erforschung des politischen Islam ab. Der anhaltende politische Erfolg der türkischen Partei für Gerechtigkeit und Aufschwung (AKP – Adalet ve Kalkinma Partisi) und die revolutionären Umbrüche in zahlreichen arabischen und nordafrikanischen Ländern der sogenannten MENA-Region (Mittlerer Osten und Nordafrika) leiteten in diesem Kontext die jüngste Phase in der medialen sowie wissenschaftlichen Beobachtung islamistischer Bewegungen ein. Mit den elektoralen Erfolgen der al-Nahda (Wiedererwachen) Partei in Tunesien und der Freiheits- und Gerechtigkeitspartei, dem Parteiableger der Muslimbrüder, in Ägypten wurden die einstigen Oppositionsbewegungen in nie zuvor dagewesenem Maße in politische Herrschaftsausübungsprozesse eingebunden. Wissenschaftlich kam es daraufhin zu einer Revision der zuvor dominierenden Assoziation von politischem Islam und Terrorismus und der Blick wurde freier für das vielfältige Spektrum von islamistischen Bewegungen.

Dieser aktuelle Forschungsbereich zum politischen Islam berührt verschiedene Fragekomplexe:

- Die Frage nach dem Demokratisierungs- und Reformpotential islamistischer Bewegungen[21],
- nach den Bedingungen und Hindernissen des Übergangs dschihadistischer Bewegungen zu Formen der politisch-institutionellen Teilhabe[22],
- sowie letztlich das Problem der inner-islamistischen Auseinandersetzung zwischen dschihadistischen Bewegungen, wie der al-Qaida, und institutionell agierenden Spielarten, wie der AKP, und der damit verbundenen Weiterent-

---

20 Vgl. ebd., S. 415-420. Weitere Informationen zur Weiterentwicklung des Securitization-Konzepts finden sich bei S. Guzzini: „Securitization as a Causal Mechanism" und T. Balzacq: „The Three Faces of Securitization".
21 Vgl das Themenheft des Journal of Democracy Bd. 19, H. 3 von 2008 mit dem Titel: Islamist Parties and Democracy.
22 Vgl. D.L. Phillips: From Bullets to Ballots.

wicklung des Spektrums islamistischer Bewegungen und seiner korrespondierenden terminologischen Erfassung.[23]

In diesem Forschungszusammenhang kommt der im Laufe dieser Untersuchung als *Transformationshypothese* bezeichneten Annahme des graduellen Übergangs radikaler islamistischer Bewegungen sowie der dazugehörigen politischen Ideologien des politischen Islam zu stärker moderaten und demokratischen Positionen sowie Organisationsstrukturen eine zentrale Syntheseleistung zu.[24] Im Kontext dieser *Moderations- und Transformationshypothese*[25] verschiebt sich das Hauptinteresse der politikwissenschaftlichen Erforschung des Islamismus auf die ideologischen und organisatorischen bzw. strukturellen Veränderungen islamistischer Bewegungen durch ihre Einbindung in politische Prozesse.[26] Damit umfasst die Transformationshypothese nur einen Teil der als umfassender zu betrachtenden These des Post-Islamismus.[27] Letztere umfasst sowohl die Annahme einer Moderation bzw. Demokratisierung islamistischer Bewegungen, als auch ihre vollständige Abkehr von Kernforderungen des tradierten politischen Denkens im Islamismus in politischen Diskursen mehrheitlich islamischer Länder.

---

23 Vgl. W. McCants: „Al Qaeda's Challenge" und B. Tibi: Political Islam, World Politics and Europe, Kapitel 8 und 9.

24 Vgl. J. Schwedler: „Can Islamists Become Moderates?". Schwedler spricht in seinem Aufsatz von der *Inclusion-Moderation Hypothesis* und betont auf diese Weise den Zusammenhang zwischen der politischen Inklusion islamistischer Bewegungen und ihrer daraufhin angenommenen ideologischen Moderation. In dieser Arbeit wird dieser Forschungskomplex als *Transformationshypothese* bezeichnet, da auf diese Weise ein umfangreicherer Problembereich abgedeckt werden kann. Die weiteren Details dieses Problembereichs werden in Kapitel 1.4 erörtert.

25 Ein früher Beitrag zur Frage nach dem Verhältnis von islamistischen Bewegungen zur Demokratie liegt bereits mit diesem Band vor M. Kramer: The Islamism Debate.

26 Vgl. M.C. Browers: Political Ideology in the Arab World, S. 1-18.

27 Vgl. die verschiedenartig gelagerten Definitionen von Post-Islamismus bei A. Bayat: Making Islam Democratic, S. 10-14 und P. Mandaville: Global Political Islam, S. 343-348. Mandavile analysiert die – ebenfalls von Gilles Kepel (*1955) und Olivier Roy (*1949) vertretene – Post-Islamismus-These kritisch. Im Zuge der ersten Erfolge der Volkserhebungen in Ägypten und Tunesien wiederholte Roy diese These am 17.02.2011 unter dem Titel „Post-Islamic Revolution", erhältlich unter: http://www.europeaninstitute.org/~european/index.php/ei-blog/119-february-2011/1238-qpost-islamic-revolutionq-events-in-egypt-analyzed-by-french-expert-on-political-islam [letzter Zugriff am 02.01.2015].

Doch gilt zu beachten, dass trotz dieser gegenwärtigen Akzentverschiebung innerhalb des politikwissenschaftlichen Interesses weiterhin eine große Erwartungsunsicherheit bezüglich der durch die elektoralen Erfolge islamistischer Bewegungen möglicherweise innen- wie außenpolitisch in Gang gesetzten Veränderungsprozesse herrscht.

Die vorliegende Untersuchung setzt damit zu einem Zeitpunkt ein, welcher durch das Spannungsverhältnis zwischen einer schwer überschaubaren Datenlage samt vielfältigen methodischen sowie theoretischen Zugängen innerhalb des Forschungsfeldes zum Islamismus einerseits und einer neuen Forschungsausrichtung auf die Transformation des zuvor im Wesentlichen als dschihadistisch charakterisierten politischen Islam zu einer politisch-institutionell ausgerichteten Spielart andererseits bestimmt wird. Diese hohe Komplexität des Forschungsfeldes stellt eine politikwissenschaftliche Analyse vor die Aufgabe, Forschungsfragen und ein Untersuchungsdesign zu entwickeln, welche einem historisch sehr vielfältigen und wechselhaften Untersuchungsgegenstand angemessen sind und auf eine große terminologische Vielfalt und wechselnde Forschungsschwerpunkte reagieren können. Das Ziel dieses Einleitungskapitels ist daher zunächst, zentrale Komponenten der Erforschung der politischen Ideologie, Struktur, Organisation und Transformationsprozesse islamistischer Bewegungen herauszuarbeiten, um darauf aufbauend die Forschungsfragen dieser Untersuchung zu entwickeln. Zu diesem Zweck ist dieses Einleitungskapitel in sechs weitere Unterkapitel gegliedert:

Ohne den Anspruch zu erheben, die Entwicklungsgeschichte des politischen Islam und des dazugehörigen Forschungsfeldes in Gänze[28] abbilden zu können, soll in den zwei folgenden Unterkapiteln eine kurze Entwicklungsgeschichte des politischen Islam sowie der Übergang von der Syntheseleistung des Fundamentalismus-Begriffs in den 1990er Jahren zur gegenwärtigen Ausdifferenzierung und Multiperspektivität in der Erforschung des politischen Islam skizziert werden. Das Ziel ist dabei, sowohl den dieser Arbeit zugrundeliegenden Forschungsstand zu umreißen, als auch die Identifikation der besonderen methodologischen und theoretischen Herausforderungen in der Erforschung des politischen Islam zu ermöglichen.

Dabei gilt jedoch ebenfalls zu beachten, dass nicht nur das Forschungsfeld zum politischen Islam durch Unübersichtlichkeit gekennzeichnet ist. Auch die Methoden- und Theoriediskussion in der Politikwissenschaft ist durch eine große

---

28 Vgl. dazu als Ergänzung der bereits zitierten Literatur B. Milton-Edwards: Islamic Fundamentalism since 1945.

Vielfalt bestimmt.[29] Die Skizzierung der Kernstrukturen des Forschungsfeldes zum politischen Islam und seiner Entwicklungsgeschichte wird demnach in einem dritten Unterkapitel um eine Erörterung aktueller methodologischer sowie theoretischer Debatten in der Politikwissenschaft ergänzt. Der Schwerpunkt dieser Darstellung liegt auf der Neuauslotung des Verhältnisses der politikwissenschaftlichen Teildisziplinen untereinander, die beispielsweise in der Auseinandersetzung um die *Internationale Politische Theorie*[30] geführt wird. Ziel dieses Abschnittes ist es, methodische und theoretische Anschlusspunkte zwischen dem Gros der politikwissenschaftlichen Forschung und Theoriebildung und der systemtheoretischen Gesellschaftstheorie der Politik aufzuzeigen.

Die Vorarbeiten der Unterkapitel 1.1 bis 1.3 münden in Kapitel 1.4 in eine Synopse der aktuellen Forschungsschwerpunkte zum politischen Islam. Auf der Grundlage dieser Schwerpunkte werden im vorletzten Unterkapitel dieser Einleitung die dazugehörigen Forschungsfragen, die notwendige Fallauswahl islamistischer Bewegungen und das generelle Untersuchungsdesign dargestellt. Im abschließenden Teilkapitel wird in die weiteren Details des Aufbaus dieser Studie eingeführt.

1.1 Eine kurze Entwicklungsgeschichte des politischen Islam

Die dynamische und großflächige Ausbreitung islamistischer Bewegungen über die ägyptische Muslimbruderschaft hinaus bis in gegenwärtig nahezu jedes Gebiet mit einem signifikanten muslimischen Bevölkerungsanteil[31] und die sich pa-

---

29 Deutlich zeigt sich dies im Fachbereich der Internationalen Beziehungen, in dem regelmäßig die nachlassende Bindungskraft der sogenannten *Großen Debatten* für die innerdisziplinäre Verständigung diskutiert wird. Vgl. dazu das Sonderheft Bd. 19, H. 3 (2013) des European Journal of International Relations mit dem Titel: The End of IR Theory? Einen umfassenden Überblick zu den großen Theoriedebatten in den Internationalen Beziehungen bieten R. Baumann/P. Mayer/B. Zangl: International Relations.

30 Vgl. das in der Zeitschrift für Internationale Beziehungen abgedruckte Symposium – Internationale Politische Theorie, Bd. 17, H. 2 (2010).

31 Einen Überblick über die Ursprünge und Verbreitung islamistischer Organisationen in Westeuropa bietet J. Laurence: The Emancipation of Europe's Muslims, S. 70-104. Eine journalistische Alternative stellt diese Publikation dar: I. Johnson: A Mosque in Munich.

rallel dazu entwickelnde wissenschaftliche Erforschung des politischen Islam lässt sich an einigen zentralen historischen Ereignissen exemplifizieren. Der Ursprung des politischen Islam liegt in der Gründung der Muslimbruderschaft 1928 in Ägypten durch Hasan al-Banna. Der politische Islam ist trotz seiner religiösfundamentalistischen Ausrichtung eine moderne Bewegung. Das liegt auf der einen Seite daran, dass er als Reaktion auf die Herausbildung des modernen Nationalstaates in der arabischen Welt entstanden ist:

„It is at this point, in the aftermath of the establishment of nation-states in the Muslim world that we can begin to speak of the emergence of *Islamism* as a distinctive form of Muslim politics. The term Islamism [...] refers to forms of political theory and practice that have as their goal the establishment of an Islamic political order in the sense of a state whose governmental principles, institutions, and legal system derive directly from the shari'ah."[32]

Auf der anderen Seite ist er von vormodernen Bewegungen in der islamischen Welt des 18. und 19. Jahrhunderts abgrenzbar. Diese waren zu ihrer Zeit nur in ländlichen Regionen erfolgreich und hatten kaum Einfluss auf die urbanen Eliten, die bei ihrem nach westlichem Vorbild eingeschlagenen Modernisierungspfad blieben.[33] Das Phänomen des politischen Islam wird in diesem Kontext gesellschaftlicher Modernisierungsprozesse als Krisenreaktion interpretiert.[34] 1969 kommt es zur Veröffentlichung einer umfassenden wissenschaftlichen Untersuchung der Muslimbrüder, ihrer Gründungsgeschichte, ihrer Organisation und ideologischen Ausrichtung und damit zum Beginn der eigenständigen wissenschaftlichen Erforschung des politischen Islam.[35] Die durch den Volksschullehrer al-Banna gegründete Muslimbruderschaft erreichte bis in die 1950er Jahre große Erfolge und verzeichnete bis zu 500.000 Mitglieder. Sah es zunächst so aus, dass der panarabische Nationalismus unter der Ägide seines prominentesten Vertreters Gamal Abdel Nasser (1918-1970) einen nachhaltigen Siegeszug davontragen würde, verpasste die militärische Niederlage der arabischen Staaten gegen Israel am 10. Juni 1967 im sogenannten 6-Tage-Krieg dieser säkularen

---

32 P. Mandaville: Global Political Islam, S. 57.
33 Vgl. J.L. Voll: „Fundamentalism in the Sunni Arab World", S. 354.
34 Vgl. B. Tibi: Die Krise des modernen Islams, vor allem S. 202-279, die sich speziell der Interpretation des islamischen Fundamentalismus als Krisenreaktion widmen. In Ders.: Islam's Predicament with Modernity kommt es zu einer aktuellen, global angelegten Untersuchung der Einbettung der islamischen Welt in kulturelle Fragmentierungs- und strukturelle Globalisierungsprozesse.
35 Vgl. R.P. Mitchell: The Society of the Muslim Brothers.

Entwicklungsideologie einen entscheidenden Rückschlag.[36] Der enorme sicherheitspolitische Druck auf die Muslimbruderschaft in den 1950er und 1960er Jahren und die Inhaftierung vieler ihrer Mitglieder (der Wirkmächtigste unter ihnen war Sayyid Qutb (1906-1966)) hatte zu einer weiteren Radikalisierung der Bewegung geführt. Im Anschluss an die Niederlage im 6-Tage-Krieg kam es zu einem Wiederaufbau der Muslimbrüder und einem Zulauf an Mitgliedern, Unterstützern und Nachahmern im bewaffneten und unbewaffneten Kampf gegen den ägyptischen Staat. Diese Entwicklung fand ihren Höhepunkt mit der Ermordung des Nachfolgers von Nasser, Anwar al-Sadat (1918-1981), durch eine islamistische Bewegung namens al-Dschihad (Islamischer Dschihad Ägyptens) am 06.10.1981.[37]

Diese Verbreitung islamistischer Bewegungen in Ägypten ging in den späten 1970er Jahren über die Grenzen des sunnitischen Islam hinaus und mündete 1979 in die schiitische Revolution im Iran.[38] Damit hatten sich islamistische Ideen des politischen Widerstandskampfes gegen als unislamisch und verwestlicht bezeichnete Herrschaftsregime als fester Bestandteil der innerislamischen politischen Auseinandersetzungen etabliert. Islamistische Bewegungen lassen sich seitdem sowohl im sunnitischen als auch im schiitischen Islam finden.[39] Daher ist es nicht verwunderlich, dass die wissenschaftliche Erforschung islamistischer Bewegungen zunahm und spätestens in den frühen 1990er Jahren zur Etablierung des Begriffs des religiösen Fundamentalismus führte.[40] Die finale Internationalisierung erfuhren islamistische Bewegungen im Zuge des Widerstandskampfes gegen den Einmarsch sowjetischer Truppen in Afghanistan und den anschließenden Krieg (1979-1989). Im Zuge dieses Konflikts entstanden weiträumige Finanzierungs- und Rekrutierungsnetzwerke für kampfbereite, sogenannte Mudschahidin.[41] Diese in der wissenschaftlichen Beobachtung als dschihadistisch bezeichnete und vor allem militärisch und gewaltsam operierende Spielart

---

36 Vgl. B. Tibi: Die neue Weltunordnung, S. 36-54; Ders.: Das arabische Staatensystem, S. 45-62 und J.L. Voll: „Fundamentalism in the Sunni Arab World", S. 376-377.
37 Vgl. J.L. Voll: „Fundamentalism in the Sunni Arab World", S. 345-346.
38 Vgl. J.M. Brachman: Global Jihadism, S. 7-10 und A.A. Sachedina: „Activist Shi'ism in Iran, Iraq and Lebanon".
39 Vgl. zur Unterscheidung sowie den Gemeinsamkeiten sunnitischer und schiitischer Spielarten des politischen Islam: B. Tibi: Political Islam, World Politics and Europe, S. 93-152.
40 Vgl. M.E. Marty/S.R. Appleby: The Fundamentalism Project.
41 Vgl. S.G. Jones: In the Graveyard of Empires, S. 23-40; B.G. Thamm: Der Dschihad in Asien, S. 26-32 und J.K. Cooley: Unholy Wars, S. 81-126.

islamistischer Bewegungen verbreitete sich ebenfalls in den Bürgerkriegen und militärischen Konflikten der 1990er Jahre in Nordafrika.[42] Dschihadistische Bewegungen wie die algerische Front Islamique du Salut (FIS, Islamische Heilsfront) und die al-Qaida prägten zu dieser Zeit immer stärker die mediale und wissenschaftliche Wahrnehmung islamistischer Bewegungen und es kam zu ersten militärischen Operationen der US-Streitkräfte.[43]

Die terroristischen Anschläge am 11. September 2001 haben die gewaltsamen Aktivitäten dschihadistischer Bewegungen auf nie zuvor dagewesene Art und Weise in den Fokus der Weltöffentlichkeit befördert und eine umfangreiche militärische Reaktion der westlichen Staaten ausgelöst, die bis heute noch nicht abgeschlossen ist und unter dem Schlagwort des *war on terror* zu unzähligen sicherheitspolitischen Interventionen und Maßnahmen in vielen Ländern mit einem signifikanten muslimischen Bevölkerungsanteil geführt hat.[44] Im Zuge der Ereignisse am 11. September und den erwähnten Konsequenzen kam es zu einem enormen Anstieg der Publikationen zu islamistischen Bewegungen.[45] Der öffentliche und wissenschaftliche Fokus verfestigte sich im Zuge dieses gesteigerten Erkenntnisinteresses auf die dschihadistischen Bewegungen.[46]

Ausgehend von Tunesien und dem Sturz des autokratischen Staatspräsidenten Zine el-Abidine Ben Ali (*1936) am 14. Januar 2011, kam es zu Massenprotesten in Ägypten und der Exilierung des ägyptischen Staatspräsidenten Husni Mubarak (*1928) am 11. Februar 2011.[47] In Libyen erfolgte mit Hilfe der Unterstützung einer durch US-amerikanische und NATO-Truppen geführten militärischen Intervention mit Luft- und Seestreitkräften der Sturz des Regimes von Muammar al-Qaddhafi (1942-2011). Fanden in der jüngeren Vergangenheit bereits wissenschaftliche Auseinandersetzungen um die strategische Hauptausrichtung islamistischer Bewegungen statt[48], so gereichen diese politischen Umbrüche in der MENA-Region einigen Beobachter zum Anlass, die Ausrichtung und politische Stellung islamistischer Bewegungen grundlegend zu überdenken.

---

42 Vgl. M. Evans/J. Phillips: Algeria und L. Martinez: The Algerian Civil War.
43 Vgl. D. Piszkiewicz: Terrorism's War with America, S. 107-125.
44 Vgl. T. Jäger: Die Welt nach 9/11; L. Jarvis: Times of Terror, S. 1-24; D. Holloway: 9/11 and the War on Terror und A. Rabasa et al.: The Muslim World after 9/11.
45 Vgl. hierzu kritisch: J. Bale: „Islamism and Totalitarianism", S. 73-75.
46 Vgl. F. Burgat: Islamism in the Shadow of Al-Qaeda.
47 Vgl. T. Hasche: „Politischer Frühling?"; M. Bamyeh: „Ägyptische Zeitenwende" und W. Ruf: „Tunesien: Fanal für den Maghreb?".
48 Vgl. M. Lynch: „Islam Divided Between Salafi-jihad and the Ikhwan" und C. Harnisch/Q. Mecham: „Democratic Ideology in Islamist Opposition?".

1.2 Der Weg zur politikwissenschaftlichen Erforschung des politischen Islam

Diese zeitgeschichtlichen Entwicklungen islamistischer Bewegungen täuschen etwas über die Heterogenität und Vielfalt des (sozial)wissenschaftlichen Forschungsfeldes zum politischen Islam hinweg. In seinen Anfängen war die Erforschung des politischen Islam im Spannungsfeld von Regionalstudien und Islamwissenschaften angesiedelt.[49] Als eigenständiges wissenschaftliches Thema tauchte der politische Islam in den 1960ern auf und seine Etablierung als politische Ideologie und Oppositionskraft, wie bereits erwähnt, wird auf den Zeitpunkt des Verblassens des panarabischen Nationalismus datiert.[50] Der methodische und theoretische Zugang zum Feld war demnach zu Beginn durch zwei Mutterdisziplinen, die geistes- und sprachwissenschaftliche Zugangsweise der Orientalistik[51] und den ethnographischen, an der Feldforschung orientierten Zugang der Regionalstudien[52], bestimmt. Im Laufe der 1980er Jahre kam es zu ei-

---

49 Vgl. die Rekonstruktion des europäischen Islam-Bildes und der Orientalismus-Debatte in: B. Tibi: Einladung in die islamische Geschichte, Kapitel III und IV. Einen früheren Forschungsstand bildet der Band von L. Binder: The Study of the Middle East ab.

50 Vgl. zum Übergang vom panarabischen Nationalismus zum politischen Islam: F. Ajami: The Arab Predicament; M. Hudson: Arab Politics und B. Tibi: Vom Gottesreich zum Nationalstaat.

51 Bedeutende Islamwissenschaftler in Deutschland waren Carl Brockelmann (1868-1956), Ignaz Goldziher (1850-1921) und Theodor Nöldeke (1836-1930). Vgl. dazu die umfassende Studie zur deutschen Orientalistik von U. Wokoek: German Orientalism. Die beiden zentralen Islam-Forscher in Frankreich waren Jacques Berque (1910-1995) und Maxime Rodinson (1915-2004). Die US-amerikanischen Universitäten und die US-amerikanische Forschungslandschaft wurden nach dem 2. Weltkrieg durch Hamilton A. R. Gibb (1895-1971), Gustav Grunebaum (1909-1972), Philip Khuri Hitti (1886-1978) und Franz Rosenthal (1914-2003) geprägt.

52 Die US-amerikanischen Regionalstudien waren von ihrem Beginn in den 1960er Jahren an stark von Anthropologen und Historikern geprägt. Zu den renommierten Politikwissenschaftlern des Bereiches gehören: Nadav Safran (1925-2003) von der Harvard University, der politische Ökonom John Waterbury, der an der Princeton University und der Amerikanischen Universität von Beirut tätig war, Leonard Binder (*1927), der an der University of California Los Angeles forscht und lehrt, Michael C. Hudson, der inzwischen Direktor des Middle East Institute an der National University of Singapore ist, und Manfred Halpern (1924-2001), der ebenfalls an der Princeton

ner sichtbaren Trennung der Erforschung des politischen Islam von der Islamwissenschaft.[53] Auch nahmen Zahl und Bedeutung arabischsprachiger Publikationen durch Vertreter des politischen Islam zu.[54] Die endgültige Etablierung und Professionalisierung eines relativ autonomen Forschungsfeldes zum politischen Islam vollzog sich im Zuge der Entstehung des Fundamentalismus-Begriffs. Dieser war zwar in seiner umfassend angelegten Form des *Fundamentalism Project* komparativ auf die Erfassung aller Weltreligionen ausgerichtet, bot aber vor allem den zuvor noch unverbundenen Forschungsergebnissen zum politischen Islam die Möglichkeit einer Synthese unter einem einheitlichen terminologischen Dach. Auf diese Weise löste sich die Erforschung des politischen Islam aus der Islamwissenschaft und den Regionalstudien heraus und wurde zu einem eigenständigen und sozialwissenschaftlich höchst anschlussfähigen inter- und multidisziplinären Forschungsfeld.[55] Den jüngsten Entwicklungsschritt in der wissenschaftlichen Erforschung des politischen Islam stellt die durch den Göttinger Politikwissenschaftler Bassam Tibi (*1944) begründete Islamologie dar.[56] Diese sozialwissenschaftliche Erforschung der politischen und sozialen Realitäten der islamischen Zivilisation geht konsequenterweise von der rein philologi-

---

University tätig war. Eine selbstkritische Analyse der Entstehung und Genese des Faches findet sich bei L. Binder: „Area Studies".

53 Für die aktuellste, intradisziplinäre Auseinandersetzung in der US-amerikanischen Islamwissenschaft vgl. C.W. Ernst/R.C. Martin: Rethinking Islamic Studies.

54 Vgl. die bibliographischen Angaben von B. Tibi: Vom Gottesreich zum Nationalstaat, die einen Überblick über die deutsch-, englisch- und arabisch-sprachigen Publikationen zum politischen Islam vor allem der 1980er Jahre geben.

55 Als Ergänzung zum bereits diskutierten *Fundamentalism Project* können diese Veröffentlichungen angeführt werden: B. Tibi: Islamischer Fundamentalismus, moderne Wissenschaft und Technologie und M. Riesebrodt: Fundamentalismus als patriarchalische Protestbewegung.

56 Bassam Tibi vollzog die Begründung der Islamologie in 3 Werkkomplexen. Die Erforschung des Islam als *fait social* unternahm er in einer beim Suhrkamp Verlag in der stw-Reihe veröffentlichten Trilogie: Der Islam und das Problem der kulturellen Bewältigung sozialen Wandels; Vom Gottesreich zum Nationalstaat und Die Krise des modernen Islams. Nach der disziplinen- und ideengeschichtlichen sowie methodischen Ausarbeitung seines islamologischen Ansatzes im Rahmen dieser Studien: Einladung in die islamische Geschichte; Kreuzzug und Djihad und Der wahre Imam wandte sich Tibi ab den 2000er Jahren vermehrt der Analyse des politischen Islam zu. Hierzu verfasste er drei weitere Monographien: The Challenge of Fundamentalism; Political Islam, World Politics and Europe und Islamism and Islam.

schen Ausrichtung und Fundierung der Islamwissenschaften weg. Die Islamologie setzt es sich nicht zum Ziel, die Textgrundlagen der Religion des Islam zu erforschen, sondern deren gegenwärtige und zeithistorische Re-Aktualisierung im Sinne von *fait social* (Émile Durkheim, 1858-1917). Auf diese Weise vermag es die Islamologie auf besonders adäquate und überzeugende Art, das Phänomen des modernen Islamismus nicht nur hinsichtlich seines weltpolitischen Einflusses, sondern auch bezüglich seiner ideengeschichtlichen Bezüge zum sunnitischen Islam zu erfassen und kritisch zu beleuchten. Sehr wichtig ist es, diese kritisch-sozialwissenschaftliche Herangehensweise an das Studium des politischen Islam von jüngst in der europäischen Islam-Diaspora entstandenen, auf die Ausbildung in der islamischen Dogmatik abzielende Institute abzugrenzen, welche unglücklicherweise denselben Begriff der Islamologie verwenden.[57]

Rückblickend lässt sich schließen, dass die iranische Revolution im Jahr 1979 und die zeitlich anschließenden militanten Aktivitäten islamistischer Bewegungen in Nordafrika und Zentralasien die Tür für die wachsende Bedeutung politikwissenschaftlicher Analysen in der Erforschung des politischen Islam geöffnet haben, da es nun weniger um die ethnographisch adäquate sowie sprachwissenschaftlich angemessene Erfassung dieses Phänomens, als vielmehr um die Auswirkung des Islamismus auf die politischen Prozesse mehrheitlich islamischer Staaten sowie die Strukturen der internationalen Politik ging. Die zunehmende Politisierung des Islam durch islamistische Bewegungen schlug sich somit auch in einer steigenden politikwissenschaftlichen Relevanz seiner Erforschung nieder. Eine wirkmächtige Kontroverse im Zuge der stark ansteigenden politikwissenschaftlichen Publikationsleistung zum Islamismus war in den 1990ern die Bewertung der weltpolitischen Bedeutung und der innenpolitischen Konsequenzen islamistischer Bewegungen. Angesiedelt im weltpolitischen Kontext des Endes des Ost-West-Konfliktes und der Bewusstwerdung neuer innerstaatlicher Konflikte, die den anfänglichen globalen Friedenserwartungen und Friedenshoffnungen widersprachen, bildeten sich zwei konkurrierende Positionen zur weltpolitischen Rolle des politischen Islam heraus, die das Forschungsfeld bis zum Anfang der 2000er Jahre strukturierten:[58]

---

57 Vgl. als ein Beispiel, das zu einer bedauerlichen terminologischen Ambiguität führt: http://www.islamologie.info/ [letzter Zugriff am 02.01.2015].

58 Weiterführende Informationen zu dieser stark kondensiert dargestellten Kontroverse finden sich bei: L. Berger: „Der Islamismus in der wissenschaftlichen und politischen Debatte in den USA".

- Eine erste Position betonte, dass der politische Islam als weltweit agierende Bewegung und global verbreitete politische Ideologie in einer (unter bestimmten Bedingungen lösbaren) Konfrontation zur westlich dominierten Staatengemeinschaft stehe und durch seine revolutionäre Ideologie und seine Terroranschläge für eine Destabilisierung der Weltpolitik sorge.[59]
- Eine zweite Position argumentierte, dass der politische Islam weder seine geostrategischen Ziele erreicht habe, noch innenpolitisch tragfähige Erfolge vorweisen könne und seine dschihadistische Strategie daher signifikant an Anziehungskraft verlöre.[60]

Die steigende Zahl von Terroranschlägen auf US-amerikanische Ziele Ende der 1990er Jahre und ihre Ausweitung auf westliches Staatsgebiet führte dazu, dass die politikwissenschaftlichen Teildisziplinen (und hier vor allem die Bereiche der Sicherheitspolitik und Terrorismusforschung[61]) eine dominierende Stellung in der wissenschaftlichen Erforschung des politischen Islam einnahmen. Die ehemals prägenden Mutterdisziplinen der Orientalistik bzw. Islamwissenschaft und Regionalstudien blieben zwar relevant für die Methodik der Gewinnung von Primärdaten zu islamistischen Bewegungen und Ideologien, traten in der Erzeugung von wissenschaftlichen Einschätzungen dieser Primärdaten jedoch weiter in den Hintergrund. Weitet man abschließend die Perspektive auf die gegenwärtige Form des Forschungsfeldes zum politischen Islam über die dominante Stellung der politikwissenschaftlichen Forschung hinaus aus, lassen sich folgende Hauptstränge des Forschungsfeldes identifizieren[62]:

- Einzelfallstudien zu zentralen Bewegungen des politischen Islam.
- Debatten um die angemessene terminologische Erfassung des Islamismus.
- Studien zu Teilaspekten der Erforschung des politischen Islam. In diesem Bereich sind die Terrorismus- und Sicherheitsforschung, die Frage nach dem Demokratisierungspotential und der Einfluss der Bewegungen des politi-

---

59 Vgl. D. Philpott: „The Challenge of September 11 to Secularism in International Relations" und B. Tibi: The Challenge of Fundamentalism.
60 Vgl. G. Kepel: Das Schwarzbuch des Dschihad und O. Roy: The Failure of Political Islam.
61 Vgl. den Überblick in G. Molier/A. Ellian/D. Suurland: Terrorism, Law and Policy.
62 Um Wiederholungen zu vermeiden, werden zu den aufgeführten Aspekten nur bibliographische Angaben zu Bereichen gemacht, die zuvor nicht erwähnt worden sind.

schen Islam auf die Islam-Diaspora in westlichen Einwanderungsstaaten besonders relevant.[63]
- Umfassend angelegte Studien zu den allgemeinen Charakteristika und Entwicklungen des politischen Islam im größeren Kontext der islamischen Welt bzw. Zivilisation.[64]
- Untersuchungen und Textsammlungen zur islamistischen Ideengeschichte und den ideologischen Grundlagen islamistischer Bewegungen.[65]
- Jüngst erscheinen Studien, die über eine einzelfallbasierte Analyse insofern hinausgehen, als dass sie die besonderen Eigenschaften und Dynamiken des politischen Islam aus einer globalen und transnationalen Perspektive heraus untersuchen.[66]

1.3 POLITIKWISSENSCHAFT JENSEITS DES STAATES UND DIE RENAISSANCE SYSTEMTHEORETISCHER PERSPEKTIVEN AUF DIE POLITIK

1.3.1 Zum Stand der Politikwissenschaft und dem Verhältnis ihrer Teildisziplinen

Die Politikwissenschaft in Deutschland steht aktuell in ihrem europäischen und internationalen Kontext[67] vor großen Herausforderungen. Das Fach hat sich in

---

63 Vgl. R. Meijer/E. Bakker: The Muslim Brotherhood in Europe; B. Rubin: The Muslim Brotherhood; B. Tibi: „Ethnicity of Fear?"; L. Vidino: „Islamism and the West"; B. Maréchal: The Muslim Brothers in Europe; P.R. Neumann: „Europe's Jihadist Dilemma" und L. Vidino: Al Qaeda in Europe.

64 Vgl. O. Roy: Heilige Einfalt; B. Tibi: Islamism and Islam; A.A. Allawi: The Crisis of Islamic Civilization und B. Tibi: Islam's Predicament with Modernity.

65 Eine sehr umfangreiche Ergänzung zu den Schriften islamistischer Vordenker und Vordenkerinnen bietet dieser Sammelband, der muslimische Vertreter jedweder politischer Strömung (Islamisten, Säkulare und Liberale, etc.) seit dem 19. Jahrhundert umfasst: J.L. Esposito/J.J. Donohue: Islam in Transition.

66 Vgl. J.M. Brachman: Global Jihadism; A. Linjakumpu: Political Islam in the Global World und P. Mandaville: Global Political Islam.

67 Infolge der steigenden internationalen Vernetzung deutscher Universitäten und der weltweiten Mobilität deutscher Forscher, sind die Grenzen zwischen deutscher, europäischer und internationaler Ausrichtung der Politikwissenschaft locker zu verstehen. Das bestimmende Moment der nachfolgenden Darstellung des Standes der Politikwis-

Deutschland erst nach dem 2. Weltkrieg formiert, sukzessive im Konzert der sozialwissenschaftlichen Disziplinen etabliert und ist gegenwärtig ein fester und zentraler Bestandteil vornehmlich der sozialwissenschaftlichen Fakultäten deutscher Universitäten. Insgesamt hat sich ein breites Spektrum an Teildisziplinen entwickelt, innerhalb dessen die Internationalen Beziehungen, die Politische Theorie und Ideengeschichte, die Vergleichende Politikwissenschaft, die Regierungslehre, die Policy-Analyse und die Politische Bildung und Didaktik zu den großen Bereichen zählen.[68] Im Vergleich zu der US-amerikanischen – und weiter gefasst der angelsächsischen Forschungslandschaft der Politikwissenschaft[69] und ihrer führenden Fachzeitschriften und Fachverlage – wird der deutschen Politikwissenschaft zwar ein gewisser Mangel an Professionalität nachgesagt, gleichzeitig aber der Schritt in die richtige Richtung einer zunehmenden methodischen Professionalisierung in Forschung, Lehre und Nachwuchsausbildung konstatiert.[70]

Dieser Schritt in die richtige Richtung im Sinne einer Orientierung des Faches an den dominanten Vorgaben von Wissenschaftlichkeit und methodischer Professionalität der angelsächsischen Forschungslandschaft führt in dem spezifisch nationalen und europäischen Kontext der deutschen Politikwissenschaft jedoch zu beachtenswerten Schwierigkeiten. Einerseits ist die deutsche Politikwissenschaft durch die eigene Fachtradition der Steuerungsdebatte[71] um die Effizienz- und Reformfähigkeit (staatlicher) Politik und die Einbettung des deutschen Föderalismus in das europäische Mehrebenensystem stark durch die Governance-Forschung geprägt.[72] Andererseits haben die jüngsten Umstellungen auf ein europaweit gültiges Bachelor- und Mastersystem zu starken Veränderungen in der deutschen Hochschullandschaft geführt, die auch durch Forderungen nach Interdisziplinarität im Forschungszusammenhang und das Aufkommen von

---

senschaft in Deutschland ist die angeführte Quellenlage, die jeweils Einschätzungen führender deutscher Politikwissenschaftler beinhaltet.
68 Vgl. als Ergänzung dieser Nennung die Auflistung der Sektionen der Deutschen Vereinigung für Politische Wissenschaft (DVPW) unter http://www.dvpw.de/nc/gliederung/sektionen.html [letzter Zugriff: 02.01.2015].
69 Einen Überblick zum Stand der Politikwissenschaft in den USA bieten I. Katznelson/H.V. Milner: „American Political Science".
70 Vgl. B. Kittel: „Eine Disziplin auf der Suche nach Wissenschaftlichkeit".
71 Vgl. für den aktuellen Stand der Debatte M. Haus: „Governance-Theorien und Governance-Probleme".
72 Vgl. G.F. Schuppert: Governance-Forschung.

Querschnittsfächern beeinflusst werden.[73] Die innerfachliche Auseinandersetzung der deutschen Politikwissenschaft kann demnach nicht durch ein einfaches Anschließen an die methodischen und wissenschaftstheoretischen Vorgaben der angelsächsisch geprägten, internationalen Forschungslandschaft aufgelöst werden. Selbst im Idealfall blieben Restmengen übrig, die weniger methodischer Unprofessionalität und mangelndem wissenschaftstheoretischen Anspruch, als vielmehr der Eigenständigkeit des deutschen und auch europäischen, politischen Geschehens sowie dessen politikwissenschaftlicher Beobachtung geschuldet wären. Deshalb ist der überwiegende Teil der Fachkolleginnen und Fachkollegen auch für die Anerkennung eines reflektierten methodischen Pluralismus in der politikwissenschaftlichen Forschung in Deutschland.[74]

Jenseits dieser Kriterien der wissenschaftlichen Professionalität des Faches ist es jüngst zu einer innovativen Auseinandersetzung um das Verhältnis der einzelnen politikwissenschaftlichen Teildisziplinen untereinander gekommen. Ein Auslöser dafür liegt in den Folgen der zunehmenden Spezialisierung der einzelnen Teilbereiche, die es erschweren, die übergreifenden Zusammenhänge des Faches für die einzelne Forscherin und den einzelnen Forscher greifbar und einer breiteren Öffentlichkeit verständlich zu machen. Die innerfachliche Verständigung auf Fachkonferenzen, innerhalb von größeren Forschungsverbänden und in politikwissenschaftlichen Instituten, stößt zunehmend an ihre Grenzen.

„Die Professionalisierung des Faches hat ihren Preis. Wir sehen ja längst den Wald vor lauter Bäumen nicht mehr. ‚Generalistische' Ansätze kommen gegenüber der Hyperspezialisierung zu kurz."[75]

Weiterhin zeigen die seit den 1990er Jahren beschleunigten politischen Globalisierungsprozesse neuartige, gegenstandsorientierte und thematisch ausgerichtete Kooperationsmöglichkeiten der einzelnen Teildisziplinen auf, die für die Bereiche der Politischen Theorie und Ideengeschichte und der Internationalen Beziehungen im Anschluss an die Fachtagung Internationale Politische Theorie[76] in der Zeitschrift für Internationale Beziehungen unter dem gleichnamigen Begriff

---

73 Vgl. I. Gerlach et al.: „Einleitung", S. 7-8.
74 Vgl. ebd., S. 14 und C. Daase/J. Junk: „Problemorientierung und Methodenpluralismus in den IB", S. 124.
75 I. Gerlach et al: „Einleitung", S. 7.
76 Vgl. den Bericht von T. Hasche zur entsprechenden Tagung, die vom 10. bis 12. Juni 2010 in Frankfurt am Main stattgefunden hat: „Neuer Disziplinenkitt".

diskutiert worden sind.[77] Denn es ist nahezu zum fachlichen Konsens geworden, dass:

„Die heutige Komplexität der Akteure, Prozesse und verschiedenen Ebenen zeigt nur allzu deutlich, dass sich regionale, transnationale, supranationale und globale Prozesse der Weltpolitik nicht mehr in das enge Korsett einer staatszentrierten Unterteilung in Innen- und Außenpolitik zwängen lassen."[78]

In der Diskussion um die Internationale Politische Theorie herrscht somit die durchgängige Meinung, dass es die empirischen Grundlagen des Faches seien, die durch die Entstehung neuartiger Formen des Politischen den oftmals nationalstaatlich verfassten politikwissenschaftlichen Begriffsrahmen sprengten und die bisherige Arbeitsteilung der Teildisziplinen in Frage stellten (vgl. weiter unten das Stichwort des methodologischen Nationalismus). Kontrovers bleibt jedoch die Ausgestaltung eines neu ausgerichteten innerfachlichen Verständigungsprozesses unter dem Dach einer Internationalen Politischen Theorie, sodass zumindest vier verschiedene Grundausrichtungen dieser Perspektive möglich scheinen[79]:

- Eine Minimalposition der Internationalen Politischen Theorie: Die jeweilige Erweiterung der teilnehmenden Teildisziplinen um die Perspektive einer Internationalen Politischen Theorie.
- Eine Maximalposition der Internationalen Politischen Theorie: Internationale Politische Theorie als neues Forschungsfeld jenseits der Teildisziplinen.
- Eine normativ ausgerichtete Internationale Politische Theorie: Die Verbindung der Politischen Theorie und Politischen Philosophie mit den Internationalen Beziehungen.

---

77 Vgl. das in der Zeitschrift für Internationale Beziehungen abgedruckte „Symposium – Internationale Politische Theorie" in Bd. 17, H. 2 (2010).
78 O. Kessler: „Internationale Politische Theorie", S. 318.
79 Diese Grundpositionen skizziert N. Deitelhoff: „Parallele Universen oder Verschmelzung der Horizonte?". Es soll darauf hingewiesen werden, dass die Internationale Politische Theorie in Großbritannien bereits etabliert ist und oftmals, aber nicht ausschließlich, als normativ ausgerichtete Internationale Politische Theorie verstanden wird. Vgl. C. Brown: Sovereignty, Rights, and Justice; N.J. Rengger: International Relations, Political Theory and the Problem of Order und D. Boucher: Political Theories of International Relations.

- Letztlich: Die Internationale Politische Theorie wird über den empirischen Gegenstandsbereich als die politiktheoretische Erfassung der Praxis grenzüberschreitender Politik bestimmt.

Diese Untersuchung nimmt das innerfachliche Innovationspotential dieser Debatte auf, um zu enge teildisziplinäre Grenzen zwischen der Politischen Theorie und Ideengeschichte einerseits und den Internationalen Beziehungen andererseits zu überwinden und grundlegende Forschungsfragen zum politischen Islam im Kontext der ausgeloteten Möglichkeiten einer Internationalen Politischen Theorie auf der Basis der systemtheoretischen Gesellschaftstheorie der Politik sowie der Islamologie zu untersuchen. Dabei folgt diese Arbeit vor allem der Bestimmung der Internationalen Politischen Theorie über ihren empirischen Gegenstand: der Praxis grenzüberschreitender Politik im Hinblick auf die weltweite Verbreitung islamistischer Bewegungen und ihrer Einbettung in weltgesellschaftliche Prozesse, infolgedessen islamistische Bewegungen vor allem als Sicherheitsrisiko behandelt worden sind. Der in Kapitel 3 und 4 dieser Arbeit entwickelte Theorieapparat umfasst dabei sowohl semantische als auch strukturelle Dimensionen des weltpolitischen Systems. Die Verwendung eines derartig gestalteten theoretischen Rahmens geht jedoch nicht so weit, „[…] auf der Basis der strukturellen und semantischen Verschiebungen der Weltpolitik ein neues politisches Vokabular und ein neues Sprachspiel zu entwickeln."[80] Ob die luhmannsche Gesellschaftstheorie der Politik zusammen mit der Islamologie so tragfähig ist, im Sinne einer Internationalen Politischen Theorie das Verhältnis von Politischer Theorie und den Internationalen Beziehungen gänzlich neuauszuloten, wird erst im Fazit dieser Untersuchung kritisch erörtert.

Im Fachbereich der Politischen Theorie und Ideengeschichte umfasst die gegenwärtige Forschung und fachliche Selbstvergewisserung die bewusste Revision der gepflegten Traditionsbestände mitsamt einer erneuerten Chronik der zentralen Etappen der politischen Theoriebildung nach dem 2. Weltkrieg,[81] das Plädoyer für die Einbeziehung leistungsfähiger, aber zu wenig beachteter Theorieansätze[82] sowie die ersten Schritte einer Öffnung der deutschen Politikwissenschaft für den Korpus nicht-westlicher Theoriebestände.[83] Ähnliches ließe sich

---

80 O. Kessler: „Internationale Politische Theorie", S. 328.
81 Vgl. G. Göhler/M. Iser/I. Kerner: „Entwicklungslinien der Politischen Theorie in Deutschland seit 1945", S. 396-399.
82 Vgl. W. Reese-Schäfer: „Politische Ideengeschichte", S. 503–515.
83 Vgl. den fachlichen Ursprung dieser Entwicklung bei I. Fetscher/H. Münkler: Pipers Handbuch der politischen Ideen und aktuell die DVPW-Themengruppe Transkulturel-

auch im Hinblick auf den Forschungsstand in den Internationalen Beziehungen aussagen, da auch hier die traditionellen Theoriebestände unter Innovationsdruck geraten sind.[84] Dieser Innovationsdruck reicht so weit, die Integrationsleistung der fachprägenden, sogenannten Großen Debatten in der Theoriebildung der Internationalen Beziehungen grundlegend in Frage zu stellen.[85] Nichtsdestotrotz gibt es einen zusätzlichen Aspekt, der die Innovationsdynamik des Teilbereichs der Internationalen Beziehungen derzeit prägt: die weiterhin relevante Auseinandersetzung mit und bewusste Abgrenzung von der Dominanz der US-amerikanischen Forschung:

„[...] die oszilliert zwischen einer Idealisierung der spezifischen Gütekriterien für Forschung, wie sie sich in den führenden nordamerikanischen Fachzeitschriften abbilden, deren Mainstreaming-Effekte aber zugleich auch unter Verweis auf die Gleichförmigkeit, Sterilität und Innovationsscheu und Selbstbezüglichkeit dieses Vorbilds ablehnt und entwertet."[86]

Diese Abgrenzung beruht dabei auch auf den eigenständigen Traditionslinien der deutschen Forschungslandschaft der Internationalen Beziehungen. In Folge dieser waren beispielsweise die epistemologischen, ontologischen und methodologischen Dimensionen der Debatte um den Postpositivismus in den Internationalen Beziehungen[87] innerhalb der deutschen Forschungslandschaft weniger wirkmächtig als in den USA. Die wissenschaftstheoretischen Grundlagen des Faches verfügen über eine anders gelagerte Ausrichtung[88], sodass jüngst sogar ein Import von in Deutschland und Europa geprägten Theoriekonzepten in die USA im

---

le vergleichende Politische Theorie, die unter http://www.dvpw.de/gliederung/themengruppen/transkulturell-vergleichende-politische-theorie/herzlich-willkommen.html erreichbar ist [letzter Zugriff am 10.01.2015].

84 Vgl. M. Albert/D. JacobsonY. Lapid: Identities, Borders, Orders und M. Albert: Fallen der (Welt-)Ordnung.

85 Vgl. das Sonderheft Bd. 19, H. 3 (2013) des European Journal of International Relations: „The End of IR Theory?".

86 N. Deitelhoff/K.D. Wolf: „Der widerspenstigen Selbst-Zähmung", S. 453.

87 Vgl. zwei Überblicksartikel zum Postpositivismus in den Internationalen Beziehungen: J.A. Vasquez: „The Post-Positivist Debate" und Y. Lapid: „On the Prospects of International Theory in a Post-Positivist Era".

88 Vgl. P. Mayer: „Die Epistemologie der Internationalen Beziehungen", S. 89-90.

Bereich der Internationalen Beziehungen konstatiert wird.[89] Das dabei importierte Theoriegut, die Governance-Forschung, stellt sich dabei als ein umfangreiches Theoriekonzept dar, das sowohl zahlreiche empirische Anwendungsgebiete erschlossen, als auch mit Hilfe seiner theoretischen Leistungsfähigkeit in nahezu allen politikwissenschaftlichen Teildisziplinen und über die Politikwissenschaft hinaus Anschluss gefunden hat. Das die Fachbereiche der Internationalen Beziehungen und der Politischen Theorie und Ideengeschichte[90] dabei verbindende Moment der Governance-Forschung ist ihr Ursprung in der Auseinandersetzung um die Steuerungsfähigkeit des modernen Staates. Diese Auseinandersetzung beinhaltete bereits in den 1970er Jahren die Aspekte der Legitimation und Effektivität staatlicher Steuerungsmaßnahmen und die Debatte um die politische Legitimität des modernen Staates im Kontext des jüngsten Globalisierungsschubes nach dem Ende des Ost-West-Konflikts.[91]

1.3.2 Theoretische Konzepte jenseits des Staates und die hohe Relevanz der Governance-Forschung

Konzeptueller Ausgangspunkt für die Etablierung des Governance-Paradigmas ist die besondere Stellung des Staates in der sozialwissenschaftlichen Forschung, welche in den letzten Jahrzehnten unterschiedlichen Konjunkturen unterworfen war.[92] Aus der Sicht der jüngsten Auseinandersetzungen ergibt sich auf diesen Konjunkturverlauf der zunächst paradox anmutende Blick, dass die Bedeutung des Staates für die gesellschaftsstrukturelle Entwicklung der modernen, westlich

---

89 Diese neue Ausstrahlungskraft der Governance-Forschung konstatiert C. Daase: „Theorien der Internationalen Beziehungen".
90 Vgl. den Stand dieses politikwissenschaftlichen Teilbereiches bei B. Enzmann: „Moderne Politische Theorie" und W. Reese-Schäfer: Politische Theorie der Gegenwart in achtzehn Modellen.
91 Vgl. G. Göhler/M. Iser/I. Kerner: „Entwicklungslinien der Politischen Theorie in Deutschland seit 1945", S. 378-380 und N. Deitelhoff/J. Steffek: Was bleibt vom Staat?.
92 Vgl. die Überblicksstudien aus einer politikwissenschaftlichen, einer soziologischen und einer rechtswissenschaftlichen Sichtweise, aus dem Bereich der US-amerikanischen Politikwissenschaft sowie aus der Perspektive der Internationalen Beziehungen: E. Jesse: Renaissance des Staates; U. Schimank: „‚Vater Staat': ein vorhersehbares Comeback"; C. Möllers: Der vermisste Leviathan; I. Katznelson/H.V. Milner: Political Science (vor allem Teil I: The State in an Era of Globalization) und J.M. Hobson: The State and International Relations.

geprägten Weltgesellschaft erst in den 1980er Jahren im Rahmen der US-amerikanischen historischen Soziologie deutlich gemacht wurde[93], bevor es dann im Zuge der Globalisierungsforschung in den späten 1990er Jahren bereits zu einer intensiven Auseinandersetzung um die Staatszentriertheit grundlegender sozialwissenschaftlicher Begriffe und Konzepte kam.[94] In der Soziologie wird diese Debatte um den sogenannten methodologischen Nationalismus mit besonderem Bezug auf die lange Zeit unartikulierte und in der Literatur unreflektiert reproduzierte Gleichsetzung von Nationalstaat und Gesellschaft geführt.[95] In der Disziplin der Politikwissenschaft kondensieren die Auseinandersetzungen um ihre eigene Staatszentriertheit[96] innerhalb ihrer größeren Teilbereiche: Staatsforschung[97], Policy-Forschung und Internationale Beziehungen. In dem erst genannten politikwissenschaftlichen Teilbereich, der Staatsforschung, operiert die laufende Forschung unter einer Annahme der „Zerfaserung von Staatlichkeit"[98], die aus einer historisch akzentuierten Rekonstruktion zentraler Dimensionen moderner Staatlichkeit die spezifischen Veränderungen der jüngsten Globalisierungs- und Privatisierungsdynamiken seit den 1990er Jahren identifiziert.[99] In der Teildisziplin der Internationalen Beziehungen berühren diese identifizierten Veränderungsprozesse moderner Staatlichkeit die Einschätzung des Westfälischen Friedens für die Entstehung des modernen Staatensystems[100], beleuchten die Konzeptualisierung staatlicher Souveränität neu[101] und lassen das Phänomen des Staatszerfalls in den Fokus der wissenschaftlichen Aufmerksamkeit rü-

---

93 Vgl. die diesbezüglich gleichermaßen prominente wie programmatische Publikation von P.B. Evans/D. Rueschemeyer/T. Skocpol: Bringing the State Back in.

94 Vgl. die Einschätzung von U. Beck: Was ist Globalisierung?, S. 115-121 unter der Überschrift: Zwischenbilanz: Der >>methodologische Nationalismus<< und seine Widerlegung.

95 Vgl. D. Chernilo: „Social Theory's Methodological Nationalism: Myth and Reality" sowie A. Wimmer/N. Glick-Schiller: „Methodological Nationalism, the Social Sciences, and the Study of Migration".

96 Vgl. H. Lacher: „Putting the State in its Place".

97 Einen Überblick bietet der Band von A. Benz: Der moderne Staat".

98 Vgl. P. Genschel/B. Zangl: „Die Zerfaserung von Staatlichkeit und die Zentralität des Staates".

99 Vgl. S. Leibfried/M. Zürn: „Von der nationalen zur post-nationalen Konstellation".

100 Vgl. die Einschätzungen von R. Falk: „Revisiting Westphalia, Discovering Post-Westphalia" und A. Osiander: „Sovereignty, International Relations, and the Westphalian Myth".

101 Vgl. R. Jackson: Sovereignty, Kapitel 6: Sovereignty and Globalization, S. 135-161.

cken.[102] Diese vielschichtigen Veränderungen in der Konzeptualisierung politikwissenschaftlicher Grundbegriffe sowie die Etablierung neuartiger Forschungsbereiche und Forschungsgegenstände haben in der Form des Governance-Paradigma in vielen Teildisziplinen der Politikwissenschaft – angepasst an spezifische Problemstellungen und an semantische Traditionsbestände – Einzug gehalten.[103]

So ist aus dem Governance-Begriff ein interdisziplinär anschlussfähiger Brückenbegriff[104] geworden, der nicht nur in sozialwissenschaftlichen Disziplinen, sondern auch in der Rechtswissenschaft und den Wirtschaftswissenschaften verwendet wird.[105] Aus der Perspektive der Politikwissenschaft kulminieren in der Governance-Forschung vier zentrale Problemkomplexe der sich wandelnden Staatlichkeit[106]: die Grenzen der Steuerungsfähigkeit des modernen Staates, das Regieren jenseits des Staates, die Legitimität von Governance-Formen[107], sowie die Aporien der neuartigen „Staatlichkeit ohne Staat"[108]. Überblicksartig lassen sich folgende Dimensionen oder Analyseraster der Governance-Forschung unterscheiden[109]:

- Akteure: international, staatlich, privatwirtschaftlich etc.
- Organisationsformen: Organisationen, Regime, Verhandlungssysteme etc.
- Steuerungsmuster: vertikal, horizontal, vernetzt u.a.
- Ebenen: oberhalb des Nationalstaats, neben dem Nationalstaat und unterhalb des Nationalstaats.

Zusammenfassend lässt sich über den derzeitigen Forschungs- und Theoriestand des Governance-Paradigmas sagen, dass der bis jetzt nicht abgeschlossene De-

---

102 Vgl. T. Risse/U. Lehmkuhl: „Governance in Räumen begrenzter Staatlichkeit".
103 Einen Überblick für den Bereich der Internationalen Beziehungen geben K. Dingwerth/P. Pattberg: „Was ist Global Governance?" und am Beispiel der EU gibt A. Benz: Der moderne Staat, S. 277-287 eine Übersicht für die Staatsforschung.
104 Vgl. die Einschätzung von G.F. Schuppert: „Governance im Spiegel der Wissenschaftsdisziplinen", S. 373-375.
105 Vgl. die zahlreichen Beiträge in: G.F. Schuppert: Governance-Forschung.
106 Diese vier Problemkomplexe sind entnommen aus: N. Deitelhoff/J. Steffek: „Einleitung", S. 10-21.
107 Vgl. dazu ergänzend: I. Take: Legitimes Regieren jenseits des Nationalstaates.
108 N. Deitelhoff/J. Steffek: „Einleitung: Staatlichkeit ohne Staat?", S. 19.
109 Diese Dimensionen finden sich bei: I. Take: „Legitimes Regieren auf drei Ebenen - Konzeptionen und Analyseraster", S. 11.

zentrierungs- und Veränderungsprozess moderner Politik und Staatlichkeit in ein umfangreiches Konzept überführt worden ist, das sowohl nicht-staatliche politische Prozesse, ihre verschiedenen Steuerungsmechanismen als auch ihre Verteilung auf verschiedene Ebenen der sozialen Realität erfassen und einer empirischen Erforschung zugänglich machen kann. Auf der Basis seiner interdisziplinären Anschlussfähigkeit, seiner hohen theorieinternen Komplexität und seiner umfangreichen empirischen Anwendbarkeit legt das Governance-Paradigma die Messlatte für die aktuelle und theorieorientierte empirische Forschung im Schnittfeld der Internationalen Beziehungen und der Politischen Theorie hoch.[110] Dies gilt auch in Anbetracht der berechtigten Kritik am Governance-Ansatz, die sich z.b. in der ihm nachgesagten „Schönwetterforschung"[111] niederschlägt, d.h. seiner weitgehenden Vernachlässigung der klassischen Themen der Internationalen Beziehungen: „Frieden und Krieg".[112]

1.3.3 Die Renaissance systemtheoretischer Theorien der Politik

Allem Erfolg des Governance-Ansatzes zum Trotz lässt sich nicht konstatieren, dass die innerfachliche Auseinandersetzung in der deutschen Politikwissenschaft damit zu einem Ende gekommen wäre. Dafür bleiben die bereits angeführten Probleme der innerfachlichen Verständigung angesichts einer zunehmenden „Hyperspezialisierung"[113] zu virulent und sind auch im Bereich der Internationalen Beziehungen durch den Erfolg der Governance-Forschung nicht gelöst worden. Deshalb sollen auch skeptische Stimmen zum gegenwärtigen Stand der Politikwissenschaft nicht unerwähnt bleiben:

„Aber was bedeutet es für die Einheit des Faches, wenn seine Vertreter und Vertreterinnen die Forschungsleistungen der Kolleginnen und Kollegen nur noch selektiv zur Kenntnis nehmen können? Welche Folgen hat es für das Wissen über internationale Politik, wenn immer kleinere Expertengruppen entstehen, die untereinander nicht mehr kommunizieren und ihre Forschungsergebnisse nicht anerkennen?"[114]

---

110 Vgl. abschließend den Forschungsstand bei D. Messner: „Globalisierung und Global Governance - Stand der Debatte und Suchrichtungen".
111 N. Deitelhoff/K.D. Wolf: „Der widerspenstigen Selbst-Zähmung?", S. 467.
112 Ebd.
113 I. Gerlach et al.: „Einleitung", S. 7.
114 C. Daase/J. Junk: „Problemorientierung und Methodenpluralismus in den IB", S. 124.

Zu den möglichen Folgen einer zu starken Spezialisierung der politikwissenschaftlichen Forschungsergebnisse kommt ein weiterer Aspekt hinzu, der von der Governance-Forschung selbst nur schwer erfasst werden kann: Das gewachsene Interesse an den historischen Dimensionen moderner Politik gerade auch im Bereich nicht-westlicher Regionen.[115]

Daher macht es sich diese Untersuchung zu Nutzen, dass der aktuelle Theoriebestand der Politikwissenschaft jedoch neben dem Governance-Paradigma über eine weitere größere Theorienfamilie verfügt, die zusätzlich jüngst in drei umfangreichen Publikationen[116] eine Renaissance[117] erfahren hat und die historischen Dimensionen moderner Politik zu erfassen vermag: Die Systemtheorien der Politik. Das Besondere an dieser Renaissance ist, dass diese sowohl für den Bereich der Politischen Theorie und Ideengeschichte als auch für die Internationalen Beziehungen ausgerufen wird. Dabei kann sie in beiden Fachbereichen auf eine prominente Traditionslinie zurückschauen: Kenneth Waltz (*1924), Morton Kaplan (*1921) und Karl W. Deutsch (1912-1992) werden in ihrer Übernahme kybernetischer und systemtheoretischer Modelle und Überlegungen in diesem Verständnis den Internationalen Beziehungen zugeschrieben[118], während der politischen Theorie von David Easton (*1917) die entscheidende Rolle in der Übernahme der Systemtheorie in die Politikwissenschaft zukommt.[119]

Im Kontrast zu dieser Renaissance der Systemtheorien der Politik und zu den inhaltlichen Argumenten der Internationalen Politischen Theorie bezüglich einer neu ausgestalteten Kooperation der politikwissenschaftlichen Teildisziplinen steht folgende Ausrichtung des aktuellen internationalen Forschungstrends: Es dominiert im internationalen politikwissenschaftlichen Mainstream ein Fokus auf die Mikro-Ebene des internationalen politischen Geschehens und eine damit

---

115 Vgl. vor allem die derzeitig anhaltende Debatte um die sogenannten aufstrebenden Mächte: R.J. Art: „The United States and the Rise of China"; P. Stewart: „Irresponsible Stakeholders" und G.J. Ikenberry: „Rise of China and the Future of the West".
116 Vgl. E. Czerwick: Politik als System; M. Albert/L.-E. Cederman/A. Wendt: New Systems Theories of World Politics und E. Czerwick: Systemtheorie der Demokratie.
117 Von einer Renaissance kann deshalb gesprochen werden, weil beispielsweise die letzten großen dezidiert systemtheoretisch fundierten Arbeiten in der Politikwissenschaft, nämlich B. Buzan/R. Little: International Systems in World History sowie G. Almond/B. Powell: Comparative Politics Today, bereits deutlich über zehn Jahre zurückliegen.
118 Vgl. M. Albert/L.-E. Cederman: „Systems Theorizing in IR", S. 6.
119 Vgl. E.Czerwick: Politik als System, S. 1.

einhergehende Dominanz quantitativ-empirischer Forschungen basierend auf dem Verständnis des methodologischen Individualismus, also der durch die Rational Choice Theorie geprägten rationalen Konzeptualisierung individuellen Verhaltens als Ausgangspunkt jeglichen politischen Geschehens.[120] Was mit dieser paradigmatischen Verengung der politikwissenschaftlichen Forschung jedoch einhergeht, ist der Verlust, holistische Perspektiven[121] des weltweiten politischen Geschehens zu entwickeln:

„On the whole, the methodological demands of contemporary political science research has come to drastically reduce the complexity of researcher's agenda, both in social and temporal terms."[122]

Dieser Verlust holistischer Perspektiven bedeutet dabei mehr als die bereits angeführten Verständigungsprobleme unter Fachkolleginnen und Fachkollegen. Er setzt nämlich bereits im Moment der Ausbildung und Auswahl von Forschungsfragen und Forschungsschwerpunkten ein und erschwert die Ausbildung von Forschungen, die sich der Verbindung von Mikro- und Makroebene, den gesellschaftlichen Voraussetzungen und der gesellschaftlichen Bedingtheit politischer Strukturen sowie der zeitlichen Komplexität und Pfadabhängigkeit politischer Institutionen und Prozesse widmen.[123] In diesem Problemfeld der aktuellen politikwissenschaftlichen Forschung setzt die Wiederbelebung der Systemtheorien der Politik ein. Diese Renaissance soll jedoch nicht als ein Angriff auf die Dominanz des rationalistischen, methodologischen Individualismus und die verbreitete Anwendung des Neo-Liberalismus und Neo-Institutionalismus verstanden werden, sodass nun Systemtheorien der Politik als ausschließlich richtige Theoriekonzepte moderner Politik präsentiert würden. Vielmehr soll eine systemtheoretisch fundierte, politikwissenschaftliche Analyse des sunnitischen politischen Islam als eine Ergänzung angesehen werden. Folglich betont diese Untersuchung die spezifische Leistungsfähigkeit einer Systemtheorie der Politik, um damit eine

---

120 Eine Ergänzung zu diesem Mainstream des methodologischen Individualismus bilden dabei die auf den Paradigmen des Neo-Liberalismus und Neo-Institutionalismus beruhenden Forschungen, die sich auf den sogenannten Meso-Bereich, also die signifikante Rolle von Organisationen und Regimen für die Internationale Politische Theorie konzentrieren – und in diesem Sinne als Theorien mittlerer Reichweite gekennzeichnet werden können.
121 Vgl. E. Czerwick: Politik als System, S. 2 und S. 7-8.
122 M. Albert/L.-E. Cederman: „Systems Theorizing in IR", S. 9.
123 Vgl. ebd. S. 7-8.

vom Mainstream der internationalen Forschung abweichende Perspektive anzubieten. In den jüngsten Aktualisierungen der Systemtheorie der Politik wird nämlich betont, dass:

„According to our understanding, systems theories strive to account for large-scale forms uncovering their structural logic and the processes that (re)generate them. In this sense, systems-level theorizing helps us understand phenomena in world politics in terms of a more wide-ranging historical and geographic context than is usually the case in today's IR theorizing."[124]

Der leistungsfähigste Kandidat[125] auf dem Gebiet der Systemtheorien der Politik[126] stellt gegenwärtig der Ansatz von Niklas Luhmann dar, dessen Systemtheorie der modernen Gesellschaft[127] in weiten Bereichen der Politikwissenschaft – wenn auch nicht unumstritten – rezipiert und weiterentwickelt worden ist.[128]

---

124 Ebd., S. 9-10.
125 Vgl. M. Albert: „Modern Systems Theory and World Politics", S. 50 sowie weiterführend seine Darstellung der Berührungspunkte der luhmannschen Systemtheorie der modernen Gesellschaft mit der Theoriebildung in den Internationalen Beziehungen: Ders.: „On the Modern Systems Theory of Society and IR".
126 Vgl. für den Überblick die ausführlichen Informationen zur Entstehungs- und Rezeptionsgeschichte der Systemtheorien der Politik bei E. Czerwick: Politik als System. Für den Bereich der Internationalen Beziehungen müssen zwei ältere Theoriestränge zu der aktuellen Wiederentdeckung der Systemtheorien ergänzt werden. Das ist erstens der jüngst neu belebte und wieder stärker reflektierte Import soziologischer Theoriebestände in die Internationalen Beziehungen. Vgl. dazu M. Albert/B. Buzan: „Differentiation" sowie G. Lawson/R. Shilliam: „Sociology and International Relations". Zweitens muss der in vielen Theorieprojekten der Internationalen Beziehungen relevante Begriff des *international system* erwähnt werden. Vgl. dazu B. Buzan/R. Little: International Systems in World History und Dies.: „The Idea of ‚International System'".
127 Vgl. H-J. Giegel/U. Schimank: Beobachter der Moderne und N. Luhmann: Die Gesellschaft der Gesellschaft.
128 Vgl. die umfangreichen Rezeptionsbände von M. Albert/L. Hilkermeier: Observing International Relations; K.-U. Hellmann/K. Fischer/H. Bluhm: Das System der Politik und K.-U. Hellmann/R. Schmalz-Bruns: Theorie der Politik. Im Zuge dieser Rezeptionsgeschichte gehen die Übernahmen der Überlegungen Luhmanns in die politikwissenschaftlichen Teildisziplinen über die begrenzte Perspektive einer politischen Soziologie hinaus. Dennoch soll im Fortgang der Arbeit vermieden werden,

1.4 DIE POLITIKWISSENSCHAFTLICHE ERFORSCHUNG DES SUNNITISCHEN ISLAMISMUS UND DIE PERSPEKTIVE DER SYSTEMTHEORETISCHEN GESELLSCHAFTSTHEORIE DER POLITIK

Fasst man die in Kapitel 1.1 und 1.2 vorgenommene Darstellung zusammen, lassen sich drei zentrale thematische Komponenten identifizieren, die sowohl in empirischer als auch in theoretischer Hinsicht die Ausrichtung des Forschungsfeldes zum politischen Islam und seine prägenden Debatten und Kontroversen strukturieren:

- Die Moderations- bzw. Transformationshypothese, also die Frage nach dem externen sowie internen Demokratisierungs- und Veränderungspotential islamistischer Bewegungen.
- Die Betonung bzw. Forderung nach der analytischen sowie empirischen Trennung zwischen der Religion des Islam und der politischen Ideologie islamistischer Bewegungen.
- Die Versuche, eine einheitliche Terminologie für die Erfassung der zahlreichen und heterogenen islamistischen Bewegungen zu entwickeln.

Das erste zentrale Element der aktuellen Erforschung des politischen Islam, die Moderations- und Transformationshypothese zum politischen Islam, besteht aus zwei zu unterscheidenden, wenn auch in der Empirie zusammenhängenden, Dimensionen:

Erstens, die De-Radikalisierung gewalttätig operierender islamistischer Bewegungen in dem Sinne, dass diese ihre militanten Flügel entwaffnen und entmachten und parallel dazu ihren bewaffneten Widerstand gegen andere politische Gruppierungen und die Institutionen ihres lokalen politischen Systems oder weltpolitische Ordnungsstrukturen aufgeben. Dieser Schritt kann in der Regel als eine Vorstufe auf dem Weg zur politischen Inklusion ehemals gewaltbereiter is-

---

das Verhältnis zwischen der systemtheoretischen Gesellschaftstheorie Luhmanns und der Politikwissenschaft gesondert über eine spezifische Begriffswahl zu kennzeichnen. Das Rezeptionsverhältnis beider Bereiche stellt einen eigenständigen Untersuchungsbeitrag dar, welchen diese Arbeit nicht leisten kann und wird. Es werden daher die Begriffe der *Gesellschaftstheorie* oder *Systemtheorie der Politik* verwendet, um den von Luhmann grundgelegten und in dieser Arbeit genutzten Theorieansatz zu bezeichnen.

lamistischer Bewegungen angesehen werden.¹²⁹ Zu dieser Dimension kann auch der innerislamistische Wettbewerb zwischen dschihadistischen und institutionell operierenden Bewegungen des politischen Islam gezählt werden, da in der Regel erwartet wird, dass elektorale Erfolge und zivile Fortschritte institutionell eingebundener islamistischer Bewegungen die Popularität und die Rekrutierungsmöglichkeiten dschihadistischer Bewegungen verringern.¹³⁰

Zweitens, die ideologische Moderation und auch organisatorische Veränderung in dem Sinne, dass bereits im politischen Betrieb eingebundene islamistische Bewegungen ihre radikalen politischen Positionen in Bezug auf die Einrichtung einer theokratisch-islamisch politischen Ordnung abschwächen, die Weigerung, mit nicht-islamistischen politischen Kräften und staatlichen Institutionen zu kooperieren, aufgeben und letztlich sogar die Demokratisierung- und Reformierung von (oftmals autokratischen) politischen Systemen mit vorantreiben.¹³¹

Im Bereich der ersten Dimension der Transformationshypothese, der De-Radikalisierung militanter islamistischer Bewegungen, existieren Studien zu De-Radikalisierungsprozessen der Muslimbruderschaft in Ägypten, der Islamischen Gruppe Ägyptens, der libanesischen Hizb-Allah (Partei Gottes), der palästinensischen Hamas (ein Ableger der Muslimbruderschaft), der kurdischen Arbeiterpartei, der indonesischen Bewegung für ein freies Aceh und der Jammu- und Kaschmir Befreiungsfront.¹³² Die Ergebnisse für die einzelnen Bewegungen im Kontext jeweiliger regionalpolitischer und internationaler politischer Strukturen fallen dabei unterschiedlich aus. Es lässt sich kein linearer und übergreifender Trend zur De-Radikalisierung erkennen, vielmehr vollziehen sich die Transformationen der untersuchten Bewegungen im Spannungsfeld verschiedener Prozesse. Dazu zählen die inner-islamistischen Auseinandersetzungen um die Legitimität von Gewaltanwendung, die verschiedenen Strategien der westlichen, einheimischen und US-amerikanischen Militär- und Sicherheitsstreitkräfte, der international tätigen Nichtregierungsorganisationen und die verschiedenen innenpolitischen Maßnahmen der Rekonziliation.¹³³ Im Fall der Islamischen Gruppe Ägyptens kann dabei von einer vollständigen De-Radikalisierung gesprochen werden, da diese in den Jahren von 1997 bis 2002 ihren bewaffneten Widerstand

---

129 Vgl. den Sammelband von D.L. Phillips: From Bullets to Ballots und die Begriffsbestimmungen bei O. Ashour: „Lions Tamed?", S. 598-600.
130 Vgl. W. McCants: „Al Qaeda's Challenge".
131 Vgl. die Überblicksstudie von M.A.M. Salih: Interpreting Islamic Political Parties.
132 Vgl. D.L. Phillips: From Bullets to Ballots und O. Ashour: „Lions Tamed?".
133 Vgl. D.L. Phillips: From Bullets to Ballots, S. 197-231.

gegen das damalige Regime von Husni Mubarak aufgegeben hat.[134] Ein besonderer Stellenwert in der Eindämmung militanter islamistischer Bewegungen wird dem Ausbau gut funktionierender politischer und wirtschaftlicher Strukturen zugesprochen, da dieser die Erfolgschancen der politisch-institutionell agierenden islamistischen Bewegungen erhöhe, was vor allem am Fall von al-Qaida nach der Tötung von Osama Bin Laden (1957-2011) und in Folge des sogenannten Arabischen Frühlings konstatiert wurde.[135]

Im Bereich der zweiten Dimension der Transformationshypothese, der Demokratisierung und Moderation der ideologischen Positionen islamistischer Bewegungen, ihrer Organisationsstrukturen und der Verbesserung ihrer Kooperationen mit anderen politischen Gruppierungen, haben sich einige anders gelagerte Ergebnisse herausgestellt.[136] Zunächst ist es wichtig darauf hinzuweisen, dass die Forschungen der letzten Jahre viel Licht in das Aktivitätsspektrum politisch agierender islamistischer Bewegungen gebracht und deren Strategien und Taktiken jenseits der zuvor weit verbreiteten Annahme einer monolithischen Ablehnung jeglicher politischer Kooperation und demokratischer Strukturen beleuchtet haben.[137] Jüngere Forschungen decken dabei die große regionale Verteilung politisch agierender islamistischer Bewegungen von Nord- und Nordostafrika, über den Mittleren Osten und die Golfregion bis nach Südostasien ab.[138] Drei übergreifende Aspekte sind im Hinblick auf die veränderten politischen Strategien und Taktiken islamistischer Bewegungen zu erwähnen. Erstens verfügen islamistische Parteien mittlerweile über gefestigte Mitgliedschafts- und Finanzierungsstrukturen, die denen etablierter Parteiensysteme vergleichbar sind.[139] Zweitens hat dies jedoch noch nicht zu einer Angleichung ideologischer Positionen an westliche Vorstellungen einer liberalen Demokratie geführt[140]. Diese bleiben weiterhin stark durch islamische Bezüge geprägt, wobei die türkische Regie-

---

134 Vgl. O. Ashour: „Lions Tamed?", S. 596-597.
135 Vgl. die Argumentationen bei A. Harris: „The Uncertainties of Change" und W. McCants: „Al Qaeda's Challenge".
136 Den besten inhaltlichen, konzeptuellen und theoretischen Überblick bietet M.A.M. Salih: Interpreting Islamic Political Parties.
137 Diese Erkenntnis betonen vehement A. Ghanem/M. Mustafa: „Strategies of Electoral Participation by Islamic Movements".
138 Vgl. die einzelnen Studien im Band von M.A.M. Salih: Interpreting Islamic Political Parties.
139 Vgl. ebd., S. 1-2.
140 Vgl. die kritische Einschätzung von B. Tibi: „Islamism and Democracy" und Ders.: „Why They Can't be Democratic".

rungspartei AKP hier die Ausnahme bildet und ohne starke religiöse Bezüge auskommt.[141] Drittens wird herausgestellt, dass die politische Inklusion islamistischer Parteien in verschiedene politische Systeme und die damit einhergehende Einbeziehung in den politischen Wettbewerb um Wählerstimmen und politisch einflussreiche Positionen zur Ausbildung neuer politischer Kooperationen sowie zu ideologischen Neupositionierungen geführt hat.[142] Als besonders signifikantes Beispiel wird in diesem Zusammenhang die ägyptische Muslimbruderschaft herangezogen, die sich in ihrer politischen Positionierung immer wieder an ändernde politische Umstände anpasste und durch einen personalen Generationenwechsel auf verschiedenen organisatorischen Ebenen betroffen ist.[143]

Für beide Forschungsdimensionen der Transformationshypothese, die De-Radikalisierung und die Moderation islamistischer Bewegungen, lassen sich auf der Basis des aktuellen Forschungsstandes einige übergreifende Aussagen treffen. Es bleibt weiterhin schwierig, eine durchgehend empirisch gedeckte Trennung von militanten und damit radikalen Bewegungen und institutionell, d.h. politisch, aktiven Bewegungen vorzunehmen. Zwar zeichnet sich die bereits erwähnte Trennung des Aktivitätsspektrums dschihadistisch-militanter und politisch-institutionell operierender islamistischer Bewegungen ab, dennoch lassen sich politisch aktive islamistische Bewegungen zumeist nicht als moderat bezeichnen. Dafür differieren die politischen Positionen der politisch inkludierten islamistischen Bewegungen in Bezug auf Demokratie, US-amerikanische Außenpolitik und beispielsweise den Israel-Palästina-Konflikt noch zu stark von westlich-liberalen Positionen und außenpolitischen Wertvorstellungen. Daher ist es letztlich auch zweifelhaft, wie erfolgsversprechend führende Policy-Empfehlungen sind, die zur Verbesserung der westlich-islamischen Beziehungen und der Eindämmung des internationalen Terrorismus die Kooperation mit den sogenannten moderaten islamistischen Kräften unterstreichen.[144] Die methodologische und theoretische Ausrichtung der aufgeführten Studien basiert hauptsächlich auf zwei Paaren von Analysekategorien: Individuum/ Gruppe und Ideologie/

141　Vgl. C. Kurzman/I. Naqvi: „Do Muslims Vote Islamic?", S. 51. Dieser Aufsatz bietet eine sehr detailreiche Analyse der elektoralen Performanz zahlreicher islamistischer Parteien bei 89 Wahlen in 21 Ländern.

142　Vgl. die Analysen von E. Wegner/M. Pellicer: „Left-Islamist Opposition Cooperation in Morocco" und M. Browers: Political Ideology in the Arab World.

143　Vgl. M. El-Ghobashy: „The Metamorphosis of the Egyptian Muslim Brothers".

144　Vgl. dazu zwei aktuelle außenpolitische Analysen: J.L. Esposito: „The Future of Islam and U.S.-Muslim Relations" sowie M. Lynch: „Islam Divided Between Salafijihad and the Ikhwan".

Verhalten, über die in Einzelfallstudien verschiedene Kausalmechanismen und kausale Erklärungen der Ursachen der Transformation islamistischer Bewegungen erarbeitet werden.[145] Die zentralen Publikationen sind daher weitestgehend methodologisch individualistisch ausgerichtet, durch handlungstheoretische Modellannahmen gekennzeichnet und entsprechen in diesem Sinne dem Mainstream aktueller politikwissenschaftlicher Forschung. Die theoretischen Leitkonzepte der Erforschung der politischen Transformationsprozesse islamistischer Bewegungen stammen neben motivationspsychologischen Ansätzen, die im Rahmen dieser Arbeit keine Rolle spielen, aus dem übergeordneten politikwissenschaftlichen Bereich der Demokratie-, Autokratie- und Transformationsforschung.[146]

Für die Frage nach der generellen, also thematisch übergreifenden begrifflichen Fassung des politischen Islam ist zu beachten, dass im historischen Detail die Ausdifferenzierungs- und Verbreitungsprozesse islamistischer Bewegungen deutlich komplexer[147] sind, als sie im Rahmen dieser Untersuchung exemplarisch in Kapitel 1.1 dargestellt werden konnten und bis heute gibt es weder eine konzise Gesamtdarstellung der Entwicklungsgeschichte islamistischer Bewegungen noch einen Forschungskonsens über die Verortung islamistischer Aktivitäten im größeren Kontext islamischer Politik.[148] Der politische Islam stellt einen sehr vielschichtigen Untersuchungsgegenstand dar, der eng mit der politischen Ideengeschichte des Islam[149] und den vielfältigen Entwicklungen der jüngeren Historie mehrheitlich islamischer Staaten verbunden ist. Nichtsdestotrotz betonen prominente sozialwissenschaftliche Beobachter islamistischer Bewegungen das Bestehen zentraler Identifikationsmerkmale des politischen Islam. Die diesbezügliche Annahme lautet, dass die verschiedenartigen Bewegungen des politischen Islam durch historische Entwicklungspfade und durch einen umfangrei-

---

145 Diese Aspekte arbeitet J. Schwedler: „Can Islamists Become Moderates?" in seinem Besprechungsaufsatz sehr detailliert heraus.

146 Vgl. ebd.; O. Ashour: „Lions Tamed?", S. 600-605 und M. El-Ghobashy: „The Metamorphosis of the Egyptian Muslim Brothers", S. 375-376.

147 Vgl. P. Mandaville: Global Political Islam, S. 1-4, der auf die große Bandbreite der Politik der islamischen Welt und die damit verbundene Schwierigkeit der Identifizierung islamistischer Strömungen hinweist.

148 Eine sehr informative, tabellarisch und typologisch aufbereitete Übersicht verschiedener politisch-religiöser und politisch-kultureller Strömungen der islamischen Welt findet sich in: A.M. Rabasa et al.: The Muslim World after 9/11, S. 5-25.

149 Vgl. Publikationen zur politischen Ideengeschichte des Islam: A. Black: The History of Islamic Political Thought; H. Enayat: Modern Islamic Political Thought; B. Tibi: Der wahre Imam und W.M. Watt: Islamic Political Thought.

chen Korpus islamistischer Semantiken verbundenen seien. Um zusätzlich islamistische Bewegungen in analytischer sowie empirischer Hinsicht von der Religion des Islam unterscheiden zu können, wird für eine Trennung von Islam und politischem Islam plädiert.[150] Dieses Plädoyer dient zwei hauptsächlichen Funktionen:

- Eine Identifikation oder Gleichsetzung von Islam und islamistischen Bewegungen soll vermieden werden. Der Islam ist eine monotheistische Weltreligion mit vielfältigen Differenzierungen (sunnitischer Islam und schiitischer Islam usw.) sowie verschiedenen Sekten und Untergruppierungen (Alewiten, Drusen, Sufis etc.), dessen wissenschaftliche Bearbeitung in unterschiedlichen Disziplinen (Geschichtswissenschaften, Islamwissenschaften, islamische Theologie, Religionswissenschaften und Religionssoziologie) stattfindet.[151] Die sozialwissenschaftliche Perspektive zielt dabei nicht auf die Erfassung der theologischen Auslegung und Anwendung religiöser Vorschriften ab, sondern konzeptualisiert den Islam als kulturelles und religiöses System einer historisch gewachsenen Zivilisation.[152]
- In Anerkennung des Unterschiedes von Islam und politischem Islam sollen jedoch die Beziehung zwischen beiden Gegenstandsbereichen bzw. empirischen Phänomenen anerkannt und sorgfältig herausgearbeitet werden. Anhänger islamistischer Bewegungen sind Muslime und islamistische Bewegungen greifen zur Erreichung ihrer politischen Ziele in selektiver Weise auf

---

150 Vgl. zum Unterschied von Islam und politischem Islam: B. Tibi: Islamism and Islam, Kapitel 1; J. Bale: „Islamism and Totalitarianism", S. 74; B. Tibi: „Political Islam as a Forum of Religious Fundamentalism and the Religionisation of Politics", S. 99-106; Ders.: Political Islam, World Politics and Europe, S. 1-36 und Ders.: Islam Between Culture and Politics, S. 1-14. In diesen Textstellen betont Tibi nicht nur die große Bedeutung der Trennung von Islam und politischem Islam, sondern arbeitet auch die jeweiligen Differenzen in Bezug auf ideologische Ausrichtung, kulturelle Bedeutung und politische Wirkung heraus.

151 Vgl. für eine Übersicht W. Ende/U. Steinbach: Der Islam in der Gegenwart; B. Tibi: Im Schatten Allahs, S. 91-120 und J. Esposito: The Oxford Encyclopedia of the Modern Islamic World.

152 Vgl. B. Tibi: Der Islam und das Problem der kulturellen Bewältigung sozialen Wandels, S. 20-46. Einen guten Einblick in die methodischen Schwierigkeiten einer umfassenden Betrachtung des Islam als Weltreligion und Weltzivilisation bieten auch die einleitenden Bemerkungen von M.G.S. Hodgson: The Venture of Islam Bd. 1, S. 22-67.

historische Elemente der Zivilisationsgeschichte des Islam oder auf theologische Elemente der Religion des Islam zurück.

„In the case of Islamism, the religionization of politics means the promotion of a political order that is believed to emanate from the will of Allah and is not based on popular sovereignty. Islam itself does not do this. As a faith, cult, and ethical framework, it implies certain political values but does not presuppose a particular order of government. Islamism grows out of a specific interpretation of Islam, but it is not Islam: it is a political ideology that is distinct from the teaching of the religion of Islam."[153]

Der politische Islam wird im Anschluss an dieses Verständnis als eine primär politische Ideologie aufgefasst, die auf einer puritanischen, d.h. besonders strikten und fundamentalistischen Interpretation des Islam beruht. Ungeachtet der großen Vielfalt an islamistischen Bewegungen ist ihr politisches Ziel i.d.R. die Einrichtung einer auf islamischen Rechtsvorstellungen basierenden Staats- oder politischen Ordnung sowohl in mehrheitlich muslimischen Gebieten als auch in Gebieten mit muslimischen Minderheiten.[154] Dabei ist jedoch zu berücksichtigen, dass die Terminologie zur Beschreibung und Identifikation islamistischer Bewegungen in den vergangenen Jahrzehnten sehr unterschiedlich gehandhabt wurde. Es bestehen daher so diverse Begriffe wie bspw. politischer Islam, Islamismus, radikaler Islam, radikaler Islamismus, religiöser Fundamentalismus, islamischer Fundamentalismus und islamistischer Terrorismus. Kurzum: Zusätzlich zu den entsprechenden Pendants in den verschiedenen Sprachen, in denen dementsprechende Untersuchungen oder Selbstbeschreibungen islamistischer Bewegungen verfasst werden[155], kursieren in der öffentlichen Debatte sowie in

---

153 B. Tibi: Islamism and Islam, S. 1.
154 Vgl. J. Bale: „Islamism and Totalitarianism", S. 79-81; B. Tibi: „Political Islam as a Forum of Religious Fundamentalism and the Religionisation of Politics", S. 101 u. 105-106 sowie B. Rubin: Political Islam, S. 1-19.
155 Bassam Tibi hat mich in Bezug auf die Verwendung des Begriffs des politischen Islam und des islamischen Fundamentalismus in arabischer Sprache auf folgende zentrale Veröffentlichungen hingewiesen: H. Mustafa: al-Islam al-Siyasa fi Misr (Der Politische Islam in Ägypten); M. Dharif: al-Islam al-Siyasa fi al-Watan al-Arabi (Der politische Islam in der arabischen Welt); M. Said al-Ashmawi: al-Islam al-Siyasi (Der Politische Islam) und H. al-Hanafi: al-Usuliyya al-Islamiyya (Islamischer Fundamentalismus). D.M. Varisco: „Inventing Islamism", S. 36 datiert die erste Verwendung des Begriffes Islamismus auf F.A. Neale: Islamism aus dem Jahr

der wissenschaftlichen Forschung verschiedenste Fassungen des Begriffs des politischen Islam. Doch trotz der intensiv geführten Debatte um die angemessene begriffliche Erfassung der Bewegungen des politischen Islam gehen zahlreiche Bestimmungsversuche davon aus, dass den unterschiedlichen Begriffen dasselbe empirische Phänomen zugrunde liege und durch eine geschickt gewählte Definition des Begriffs des politischen Islam die große Menge an islamistischen Bewegungen terminologisch erfasst werden könne. Die Ablehnung der Verwendung eines einheitlichen Begriffs zur Erfassung islamistischer Bewegungen wird dagegen weniger häufig artikuliert.[156]

Zusammenfassend gilt daher: Die wissenschaftliche Analyse und begriffliche Erfassung des politischen Islam bleibt bis heute umstritten und ist eng mit staatlichen Politiken, Sicherheitsmaßnahmen – gerade rechtlicher Art – und militärischen Aktionen gegenüber islamistischen Bewegungen verbunden. Daher bestehen sowohl hohe methodologische als auch theoretische Anforderungen für das Studium des Islamismus:

- Eine theoriegeleitete empirische Untersuchung muss *erstens* dazu in der Lage sein, das Wechselverhältnis der politikwissenschaftlichen Analyse islamistischer Bewegungen und ihrer politischen Aktivitäten mit den (westlichen sowie nicht-westlichen) politischen Stellungnahmen und Reaktionen[157] auf diese Bewegungen selbst zu reflektieren. Sie muss also das methodologische Potential besitzen, auf die gesellschaftliche Einbettung wissenschaftlicher Beobachtung angemessen reagieren zu können.
- *Zweitens* muss das herangezogene theoretische Modell umfangreich genug angelegt sein, um die weltweite Verbreitung und globale Dynamik islamistischer Bewegungen, ihre verschiedenen Organisationsformen und die semantischen Grundlagen ihrer politischen Ideologie ausreichend zu erfassen. Islamistische Bewegungen befinden sich in regionalen und in globalen Kontexten, verfügen aufgrund ihrer vielfältigen Organisationsstrukturen über einen weiträumigen Aktivitätsraum und speisen ihre politische Ideologie aus

---

    1854. In diesem Fall wurde der Begriff des Islamismus allerdings noch für die Religion bzw. Zivilisation des Islam verwendet.

156   Vgl. die sehr perspektivenreich und unterschiedlich argumentierenden Aufsätze in: R.C. Martin/A. Barzegar: Islamism und in dem Sonderheft der Fachzeitschrift Totalitarian Movements and Political Religions, Bd. 10, H. 2 (2009).

157   Vgl. die Analyse offizieller Erklärungen und Stellungnahmen zu islamistischen Terroranschlägen der EU und in der ägyptischen und saudi-arabischen Presse von H. Behr/L. Berger: „The Challenge of Talking about Terrorism".

einem vielfältigen Spektrum islamistischer Ideen, das eng mit der jüngeren Zeitgeschichte der islamischen Zivilisation verbunden ist.
- *Drittens* ist es in Anbetracht der bereits bestehenden Analysen, die einen globalisierungstheoretischen bzw. transnationalen Theorierahmen zur Analyse islamistischer Bewegungen verwenden, sinnvoll, ein Theoriekonzept zu benutzen, das eine weltgesellschaftliche Komponente enthält.

Die systemtheoretische Gesellschaftstheorie der Politik verfügt unter diesen Bedingungen sowohl über eine hohe Anschlussfähigkeit an die politikwissenschaftliche Forschung und Theoriebildung und bietet darüber hinausgehend auch zahlreiche theorieinterne Voraussetzungen, auf die soeben identifizierten Anforderungen adäquat zu reagieren. Dies gilt auch in Bezug auf das in Kapitel 1.3.3 bereits umrissene Konkurrenzverhältnis zu drei anderen großen theoretischen Paradigmen in der Politikwissenschaft bzw. der sozialwissenschaftlichen Disziplinen generell, nämlich:

- Der rationale methodologische Individualismus und die entsprechende Handlungstheorie.[158]
- Ansätze des Neo-Institutionalismus.[159]
- Die in Deutschland und Europa wirkmächtige Governance-Forschung.

Zwar mag aus dem Bereich der Rational Choice-basierten Forschung gegenüber einer Anwendung der systemtheoretischen Gesellschaftstheorie der Politik der Vorwurf geäußert werden, dass mit der nicht vorhandenen Akteursperspektive[160]

---

158 Vgl. die Einführungen in das Rational-Choice-Paradigma von V. Kurz: Rational Choice und C. Etzrodt: Sozialwissenschaftliche Handlungstheorien sowie die grundlegenden Arbeiten zu einem strukturtheoretischen Individualismus von U. Schimank: Handeln und Strukturen und H. Esser: Soziologie, Band 1: Situationslogik und Handeln. Zuletzt vgl. einen Band, der die Verbindungslinien vom methodologischen Individualismus zu den zahlreichen Theorien des Institutionalismus aufzeigt, nämlich I. Katznelson/B.R. Weingast: Preferences and Situations.
159 Vgl. zentrale Übersichtspublikationen in diesem Bereich: J.W. Meyer: „World Society, Institutional Theories, and the Actor"; A.A. Stein: „Neoliberal Institutionalism"; R.D. Reisz/M. Stock: „Theorie der Weltgesellschaft und statistische Modelle im soziologischen Neoinstitutionalismus"; A. Hasenclever: „Liberale Ansätze zum ‚demokratischen Frieden'"; K. Senge/K.-U. Hellmann: Einführung in den Neo-Institutionalismus und S. Schieder: „Neuer Liberalismus".
160 Vgl. K. Japp: „Politische Akteure".

bei Luhmann der zentrale sozialwissenschaftliche Zugang zur Erklärung des Verhaltens islamistischer Bewegungen fehle. Gegen dieses im Theorieteil dieser Studie diskutierte, angebliche Manko einer systemtheoretischen Analyse des politischen Islam werden die besonderen Leistungsmerkmale der luhmannschen Gesellschaftstheorie der Politik ins Feld geführt. Als konstruktivistisch und differenztheoretisch angelegte Gesellschaftstheorie konzipiert sie soziale Phänomene nicht als feste und stabile Einheiten, sondern als das Ergebnis vielschichtiger Beobachtungs- und Kommunikationsprozesse der modernen Weltgesellschaft. Auch muss sich die Systemtheorie der Politik im Anschluss an Luhmann nicht vor dem Paradigma der Governance-Forschung verstecken, da durch ihre Ebenendifferenzierung und durch die verschiedenen Operationsweisen moderner Funktionssysteme der Weltgesellschaft aktuelle Probleme globaler politischer Steuerungsversuche erfasst und analysiert werden können.[161] Das letzte Argument für die Auswahl der luhmannschen Gesellschaftstheorie der Politik für eine Analyse des politischen Islam liegt in ihrer universaltheoretischen Theorieanlage.[162] Diese nimmt die Form einer umfassend angelegten Gesellschaftstheorie mit den Großbereichen der sozialen Ebenendifferenzierung in Interaktion, Organisation und (Welt-)Gesellschaft, der funktionalen Differenzierungstheorie und ihrer kommunikations- sowie evolutionstheoretischen Bestandteile[163] an, die folgende Zugänge zum Phänomen des politischen Islam ermöglichen:

- Die universaltheoretische Anlage der luhmannschen Gesellschaftstheorie kann dazu beitragen als „Reflexionstheorie"[164] zwischen den Teilergebnissen der politikwissenschaftlichen Erforschung des politischen Islam zu vermitteln.[165]
- Die Differenzierung von drei zentralen Ebenen der sozialen Strukturbildung (Interaktion, Organisation und Gesellschaft) kann der Überwindung der Trennung von Mikro-, Meso- und Makroforschung sowie der Erfassung des politischen Islam jenseits der Individual- und Organisationsebene[166] dienen.

---

161 Vgl. D. Kerwer: „Governance in a World Society".
162 Vgl. A.C. Gaiser: Das Potential und Design von Universaltheorien.
163 Vgl. die Zusammenfassung von U. Schimank: „Einleitung".
164 Vgl. N. Luhmann: Die Wissenschaft der Gesellschaft, S. 699-701.
165 Vgl. A.C. Gaiser: Das Potential und Design von Universaltheorien, S. 5-8.
166 Vgl. J. Schwedler: „Can Islamists Become Moderates?", der diese Orientierung vieler aktueller Studien herausarbeitet.

- Die gesellschaftstheoretische Perspektive auf Politik als funktional ausdifferenziertes Teilsystem kann die gesellschaftliche Einbettung politischer Prozesse berücksichtigen.[167]
- Um an die Debatte politischer Ordnungen jenseits des Staates anzuschließen, bietet Luhmanns Ansatz eine weltgesellschaftliche Ausrichtung, die in dieser politikwissenschaftlichen Arbeit als Konzept des weltpolitischen Systems zur Anwendung kommt.[168]
- Die radikal konstruktivistische Theorieanlage der systemtheoretischen Gesellschaftstheorie ermöglicht die stetige Mitberücksichtigung der wissenssoziologisch relevanten Verquickung von wissenschaftlicher Forschung mit ihren Untersuchungsgegenständen[169], die im Bereich einer versicherheitlichten Debatte um den politischen Islam von großer Relevanz ist.
- Letztlich verfügt die luhmannsche Gesellschaftstheorie auch über das theoretische Instrumentarium, evolutionäre Strukturentwicklungen der modernen Gesellschaft zu analysieren, was in besonderer Weise durch die Berücksichtigung von Semantiken[170] geschieht und für die Analyse des politischen Islam von hoher Bedeutung ist.

1.5 FORSCHUNGSFRAGEN, FALLAUSWAHL UND UNTERSUCHUNGSDESIGN DER STUDIE

Bis zu diesem Punkt der Arbeit ist es erreicht worden, zentrale historische Entwicklungsschritte islamistischer Bewegungen, das Forschungsfeld zum politischen Islam sowie den Zustand der politikwissenschaftlichen Auseinandersetzung um Konzepte jenseits des Nationalstaates in ihren forschungsleitenden Annahmen und Themenstellungen zu skizzieren. Anschließend wurde aufgezeigt, über welche besonderen Möglichkeiten die systemtheoretische Gesellschaftstheorie der Politik im Anschluss an Niklas Luhmann verfügt, um unter diesen Bedingungen einen neuen Blick auf das politisch und öffentlich sowie politikwissenschaftlich umstrittene Phänomen des Islamismus zu werfen. In Anbetracht des dabei umrissenen Forschungsstandes werden es folgende drei Fragestellun-

---

167 Vgl. M. Albert: „Modern Systems Theory and World Politics", S. 54-64.
168 Vgl. ergänzend zu den Ausführungen von M. Albert noch: E. Czerwick: Politik als System, S. 171-186.
169 Vgl. die Einschätzung von S. Guzzini: „Constructivism and International Relations", S. 208.
170 Vgl. N. Luhmann: Ideenevolution.

gen sein, die anhand von theoriegestützten Fallanalysen dreier islamistischer Bewegungen in dieser Untersuchung bearbeitet werden:

- *Forschungsfrage 1:* Hat bei den untersuchten islamistischen Bewegungen eine Moderation ihrer semantischen Positionen stattgefunden und kam es zu einer organisatorischen Transformation in dem Sinne, dass diese Bewegungen ihre gewaltbereiten Flügel abgelegt bzw. sie sich als Parteien einem nicht-islamistischen Publikum (als Mitglieder und als Wähler) geöffnet haben? Lässt sich bezüglich dieser Entwicklung islamistischer Bewegungen ein Trend identifizieren? Hat die politische Performanz von islamistischen Bewegungen einen demokratisierenden oder reformierenden Einfluss auf das jeweilige politische System?
- *Forschungsfrage 2:* Lassen sich eine analytische und empirische Trennung von Islam und politischem Islam begründen und identifizieren? Welche Verbindungslinien bestehen zwischen der Religion und Zivilisation des Islam und den Bewegungen bzw. der Ideologie des politischen Islam?
- *Forschungsfrage 3:* Ist es im Anschluss an eine theoretisch gestützte Analyse der herangezogenen islamistischen Bewegungen weiterhin überzeugend, von einem zusammenhängenden Phänomen des politischen Islam zu sprechen, welches über eine allgemein definierte Terminologie erfasst werden kann? Welche Spezifikationen müssen auf der Basis einer differenz- und beobachtungstheoretisch angelegten Gesellschaftstheorie der Politik in der begrifflichen Fassung islamistischer Bewegungen vorgenommen werden?

Die für die Beantwortung dieser Fragestellungen besonders geeigneten Fallbeispiele islamistischer Bewegungen sind die ägyptische Muslimbruderschaft und ihr 2011-2013 bestehender Parteiableger, die Partei für Freiheit und Gerechtigkeit, die türkische Regierungspartei AKP sowie die als Terrornetzwerk bezeichnete al-Qaida. Alle drei Bewegungen stammen aus dem sunnitischen Islamismus.[171] Diese Eigenschaft ist aber nicht das alleinige Auswahlkriterium – selbst wenn es gute Argumente für die Auswahl von sunnitischen islamistischen Bewegungen gibt. Dazu könnte man heranziehen, dass die überwiegende Mehrheit der Muslime Sunniten sind, mit den Muslimbrüdern der Ursprung des politischen Islam im sunnitischen Islam liegt oder die aktuellsten Entwicklungen im Spektrum des politischen Islam aus dem Bereich des sunnitischen Islam stam-

---

171 Vgl. zur Entstehung und Verbreitung sunnitischer und schiitischer Glaubensformen im Islam: B. Tibi: Einladung in die islamische Geschichte, Kapitel 1; S. Husain: „SHI'I ISLAM" und M.E. Marmura: „SUNNI ISLAM".

men. Der ausschlaggebende Grund für die Auswahl dieser drei Fallbeispiele ist vielmehr, dass diese das gesamte Spektrum der in den drei Fragestellungen angesprochenen Charakteristika (in Bezug auf Organisationsstruktur, Operationsweise und ideologische Ausrichtung) abdecken. Die AKP bietet sich diesbezüglich an, da sie als Nachfolgepartei früherer islamistischer Parteien in der Türkei als ein weit fortgeschrittener Kandidat des angenommenen Transformationsprozesses islamistischer Bewegungen angesehen werden kann und ihre Analyse somit vielversprechende Ergebnisse in Bezug auf die Auswirkungen der politischen Inklusion islamistischer Bewegungen erwarten lässt. Die ägyptische Muslimbruderschaft ist als erste islamistische Bewegung der Weltgeschichte ein generell signifikantes Fallbeispiel. Im Hinblick auf die Transformationshypothese kommt ihr jedoch die besondere Eigenschaft zu, aufgrund ihrer dschihadistischen, also gewaltbereiten, Vergangenheit und ihrer in der Post-Mubarak-Ära zunächst elektoral sehr erfolgreichen politischen Einbindung beide Dimensionen der Transformationshypothese abzudecken. Hinzukommt, dass die Muslimbruderschaft viele zentrale Denker des politischen Islam hervorgebracht hat und damit für die semantischen Überlegungen dieser Arbeit eine große Rolle spielt. Die al-Qaida ist letztlich der geeignete Kandidat für die erste Dimension der Transformationshypothese, also die De-Radikalisierung militanter, islamistischer Bewegungen und das Konkurrenzverhältnis zwischen militanten und politisch institutionalisierten islamistischen Bewegungen. Eine Analyse der al-Qaida bietet darüber hinausgehend die Möglichkeit, ihre netzwerkartige Organisationsform, die sich gerade von den Organisationsstrukturen und Mitgliedschaftsbedingungen der Muslimbrüder stark unterscheidet, gesellschaftstheoretisch fundiert zu analysieren. In der Summe ist zu erwarten, dass aus der Analyse dieser drei Fälle sehr aussagekräftige Schlüsse auf die Beantwortung der drei Forschungsfragen zu erwarten sind.

1.6 AUFBAU UND VORGEHENSWEISE

Die zur Beantwortung der Forschungsfragen gewählte Vorgehensweise dieser Studie lässt sich über einen Rekurs auf die gängigen politikwissenschaftlichen Forschungsarten[172] und Untersuchungstypen[173] folgendermaßen skizzieren:

---

172 Die folgenden Ausführungen zu verschiedenen Arten politikwissenschaftlicher Forschung basieren auf der Klassifikation von B. Kittel: „Eine Disziplin auf der Suche nach Wissenschaftlichkeit", S. 582.

Die verschiedenen Arten politikwissenschaftlicher Forschung gliedern sich übergreifend in empirische und nicht-empirische Untersuchungen. Während auf Seiten empirischer politikwissenschaftlicher Forschung zwischen beschreibendem, theoriebezogenem Vorgehen, das interpretativ und theorieübergreifend ausgerichtet sein kann, und qualitativen und quantitativen Ansätzen unterschieden wird, kann die nicht-empirische Forschung rein theoretisch und normativ, theoriegeschichtlich oder als allgemein gehaltene Erörterung auftreten. Als Untersuchungstypen politikwissenschaftlichen Arbeitens kann man die Frage nach Begriffen und konzeptionellen Weiterentwicklungen, deskriptiv-komparative Fragestellungen, das kausal-analytische Vorgehen, normative Analysen und die Evaluation unterscheiden. Diese Arbeit versteht sich an diese Klassifikationen anschließend als eine beschreibende und theoriebezogene empirische Untersuchung von drei zentralen Fragestellungen zum politischen Islam am Beispiel ausgewählter Fälle, die zusätzlich stark an begrifflichen und konzeptionellen Weiterentwicklungen im Bereich einer empirischen Anwendung der luhmannschen Gesellschaftstheorie der Politik und der terminologischen Erfassung islamistischer Bewegungen interessiert ist. An die Stelle einer kausal-analytischen Begründungsform tritt die aus den wissenschaftstheoretischen Überlegungen Luhmanns hervorgehende Begründungsform der funktionalen Äquivalenz. Die Feinstruktur des Untersuchungsdesigns orientiert sich an der Nutzung von Fallstudien für die sozialwissenschaftliche Theoriebildung und an einer offenen, an Typenbildung angelehnten sowie qualitativen Vorgehensweise.

Diese Arbeit ist dabei als Sekundäranalyse verfasst, die sich auf das bereits in sehr großer Menge vorhandene Material zum politischen Islam stützt. Das herangezogene Datenmaterial besteht aus deutsch- und englischsprachigen Publikationen von wissenschaftlichen Fachverlagen und Fachzeitschriften sowie außeruniversitären Forschungseinrichtungen und stammt aus verschiedenen Fachdisziplinen wie den Regionalstudien, den Islamwissenschaften, der Politischen Theorie oder den außen- und sicherheitspolitisch ausgerichteten Bereichen der Internationalen Beziehungen. Die Materialgrundlage dieser Arbeit – und dies gilt auch für die im 3. Kapitel dieser Arbeit vorzunehmende Erarbeitung eines angemessenen Theorieapparates zur Analyse der Fallstudien – ist daher durchaus als multidisziplinär zu bezeichnen. In Bezug auf die politikwissenschaftliche Debatte um die Internationale Politische Theorie, also um die angemessene politiktheoretische Erfassung grenzüberschreitender Phänomene, folgt diese Unter-

---

173 Die Erläuterungen zum Untersuchungstyp dieser Arbeit orientieren sich an den fünf, idealtypisch denkbaren Forschungsfragen, die C. Daase und J. Junk: „Problemorientierung und Methodenpluralismus in den IB" auf S. 130-131 erörtern.

suchung dem Vorschlag, Internationale Politische Theorie primär gegenstandsbezogen zu verstehen (vgl. Kapitel 1.3.1 dieser Arbeit). Sie vollzieht den Schritt der Verbindung politikwissenschaftlicher Teildisziplinen dabei unter der zur Hilfenahme einer gesellschaftstheoretischen Perspektive und mit Blick auf die weltweite Verbreitung islamistischer Bewegungen. Trotz der hohen Bedeutung demokratietheoretischer Überlegungen für eine Analyse der Transformationshypothese zum politischen Islam ist diese Untersuchung nicht dezidiert normativ ausgerichtet. Sie basiert nicht auf vorab formulierten und erkenntnisleitenden demokratischen Wertvorstellungen und Institutionenarrangements, sondern auf den in Kapitel 3.9 dargestellten inhaltlichen Überlegungen einer Systemtheorie der Demokratie.

Der Aufbau der Studie gliedert sich zunächst in die Erarbeitung der methodischen Grundlagen, indem im 2. Kapitel Niklas Luhmanns Überlegungen zur sozialwissenschaftlichen Methodologie und die sozialwissenschaftliche Literatur in diesem Bereich miteinander abgeglichen und verbunden werden. Im 3. Kapitel werden die Grundlagen und anwendungsorientierten Elemente der luhmannschen Gesellschaftstheorie der Politik erarbeitet und zusammen mit einer Einführung in zentrale Denker und Themen der islamistischen Ideengeschichte im 4. Kapitel für eine Fallanalyse der AKP, al-Qaida und Muslimbruderschaft genutzt. Im 5. Kapitel kommt es zu einer schrittweisen Beantwortung der Forschungsfragen und einer abschließenden Reflektion auf die Ergebnisse dieser Studie.

2. Niklas Luhmanns methodologische Ansprüche an die Gesellschaftstheorie und die Methodologie der Sozialwissenschaften

2.1 EINLEITENDE VORBEMERKUNGEN

Eine begründete Auswahl des in dieser Arbeit bearbeiteten Forschungsproblems, der erkenntnisleitenden Fragestellungen[1] und der herangezogenen Untersuchungseinheiten ist in der Einleitung zu dieser Untersuchung vorgenommen worden. Dort wurde zusätzlich dargestellt, dass im Zentrum dieser Untersuchung eine Anwendung der luhmannschen Gesellschaftstheorie der Politik steht, um die große Menge an bestehenden Forschungsergebnissen zum politischen Islam in der Form von drei Fallstudien systematisch im Lichte der artikulierten Fragestellungen zu untersuchen. Das methodische Konzept dieser Untersuchung steht dabei vor drei wesentlichen Herausforderungen:

- Erstens behandelt diese Untersuchung mit dem Phänomen des politischen Islam einen Untersuchungsgegenstand, der sowohl in seiner begrifflichen Bestimmbarkeit kontrovers diskutiert wird, als auch eine über das wissenschaftliche Interesse hinausgehende politische Bedeutung besitzt.
- Zweitens wird mit der luhmannschen Gesellschaftstheorie ein Ansatz mit besonderen methodologischen Voraussetzungen verwendet.
- Drittens wird die luhmannsche Gesellschaftstheorie für die Analyse von Materialien verwendet, die aus der ganzen Bandbreite sozialwissenschaftlicher Untersuchungen zum politischen Islam stammen.

---

1 Wichtige Aspekte zur Entwicklung von Fragestellungen finden sich bei T. Bernauer et al.: Einführung in die Politikwissenschaft auf S. 72-73.

Deshalb beginnt der Methodenteil mit Überlegungen zum Verhältnis von universitärer und außeruniversitärer[2] Forschung und den daraus folgenden Konsequenzen für die Erforschung von Bewegungen des politischen Islam. In diesen Bereich gehört auch eine Auseinandersetzung mit dem möglichen Spannungsverhältnis der Universaltheorie Niklas Luhmanns[3] und den erkenntnistheoretischen Problemen, die in der Orientalismus-Debatte aufgeworfen wurden.[4] Diese Erörterung mündet in die Ausformulierung eines islamologischen Vorgehens, um eine angemessene sozialwissenschaftliche Analyse des politischen Islam zu ermöglichen. Daran schließt sich eine detaillierte Argumentation für die Verwendung von breit anwendbaren, die einzelnen sozialwissenschaftlichen Disziplinen teilweise verbindenden methodologischen Standards an. Diese sehr allgemein formulierten Standards werden danach in einen Dialog mit den spezifischen methodischen Anforderungen der luhmannschen Gesellschaftstheorie gebracht, um beide Bereiche in ein tragfähiges Untersuchungsdesign zu überführen.

2.2 Zum Verhältnis von universitärer und ausseruniversitärer Forschung und die Erforschung des politischen Islam

Diese Untersuchung behandelt einen Gegenstand, der in der gegenwärtigen Forschung, aber auch in der entsprechenden öffentlichen Debatte, umstritten diskutiert wird. Dadurch ergibt sich eine von Beginn an mit zu reflektierende Verschränkung von wissenschaftlichem, politischem und öffentlichem Interesse. Diese Verschränkung liegt nicht nur an dem Gegenstand selbst – ohne Frage kommt der zukünftigen Entwicklung und Gestalt islamistischer Bewegungen eine große politische Bedeutung zu –, sondern sie ergibt sich ebenfalls aus einem veränderten Verhältnis von universitärer zu außeruniversitärer Forschung.[5] Erweitert man nämlich die wissenschaftstheoretische Innenperspekti-

---

2 Unter dem Begriff *außeruniversitärer Forschung* können u.a. Forschungseinrichtungen wirtschaftlicher Unternehmen, die in Deutschland prominenten Forschungsgesellschaften (wie z.B. die Max-Planck-Gesellschaft, Fraunhofer Gesellschaft oder Helmholtz-Gesellschaft), aber auch internationale Zusammenschlüsse wie das Intergovernmental Panel on Climate Change (IPCC) gefasst werden.
3 Vgl. A.C. Gaiser: Das Potential und Design von Universaltheorien.
4 Vgl. E. Said: Orientalism.
5 Vgl. A. Bammé: Science Wars.

ve[6] auf die kontroversen Auseinandersetzungen um die Positionen des Postmodernismus und Poststrukturalismus und analysiert die organisatorischen und strukturellen Veränderungen der Hochschullandschaft[7], ergibt sich ein vielschichtiges Bild. Neben der organisatorischen Professionalisierung der Hochschulverwaltung öffnet sich die ehemals abgeschlossene Diskursgemeinschaft der universitären Wissenschaft und nimmt eine lockere, netzwerkartige Gestalt an. Ein erhöhter Legitimationsanspruch an die Wissensproduktion innerhalb von Universitäten, deren Evaluation durch externe Einrichtungen, Konkurrenzdruck durch außeruniversitäre Forschungseinrichtungen und der Fokus auf angewandte, drittmittel-basierte Forschung entzaubern universitäre Wissenschaft teilweise und drohen die Neutralität der Grundlagenforschung zu gefährden.[8] In einer *polykontexturalen* Gesellschaft[9] ist die universitär organisierte Wissenschaft nicht mehr der einzige Anbieter von wirkmächtigen Beschreibungen gesellschaftlichen Geschehens.[10]

„Wissenschaft, die als ‚ein Geschäft wie jedes andere auch' betrieben wird, äußert sich jetzt in weit stärkerem Maße als früher darin, dass Forscher mit vielen anderen um knappe Ressourcen konkurrieren müssen und dadurch bei ihren Geldgebern nur allzu leicht in entsprechende Abhängigkeiten geraten können [...]. Die bisher gültigen internen Qualitätskriterien wissenschaftlicher Arbeit verlieren ebenfalls an Einfluss."[11]

Letztlich wird der Anspruch an die universitäre Wissenschaft herangetragen, vor allem gesellschaftlich – d.h. ökologisch, ökonomisch, politisch, sozial wie technologisch – relevantes Wissen zu produzieren und weniger im Selbstkontakt zu operieren (Vgl. den Abschnitt „Leaving the Ivory Tower"[12]). Dabei gerät die inneruniversitäre Organisation der Wissensproduktion in der Form einzelner Disziplinen unter Druck, wird als erkenntnishemmend bezeichnet und interdisziplinäre Forschung als effektivere und innovativere Bearbeitung gesellschaftlicher

---

6 Vgl. J.H. Zammito: A Nice Derangement of Epistemes.
7 Vgl. B.M. Kehm: Hochschule im Wandel.
8 Vgl. A. Bammé: Science Wars, S. 13-19.
9 Vgl. die Erläuterungen dieses Begriffs bei N. Luhmann: Die Gesellschaft der Gesellschaft, S. 36 und 88.
10 Vgl. P. Weingart: Wissenschaftssoziologie, S. 127-141, vor allem S. 134; N. Luhmann: Die Gesellschaft der Gesellschaft, S. 36-37 und Ders.: Die Wissenschaft der Gesellschaft, S. 627-634.
11 A. Bammé: Science Wars, S. 19.
12 Vgl. ebd., S. 85-87.

Problemlagen gekennzeichnet.[13] Unabhängig vom tatsächlichen Wissenszuwachs durch interdisziplinäre Forschungsprojekte[14] und ungeachtet der bestehenden Stabilität wissenschaftlicher Disziplinen an den Universitäten bilden diese Zeitdiagnosen einen ersten, relevanten Kontext für diese Untersuchung.

Zunächst mahnen sie zur Vorsicht, die von wissenschaftsexternen Stellen an die Erforschung des politischen Islam herangetragenen Ansprüche kritisch zu reflektieren. Die gewachsenen semantischen Strukturen der wissenschaftlichen Disziplinen, ihre Klassiker und ihre wesentlichen Grundfragen bilden ein erkenntniserzeugendes Gerüst, welches nicht beliebig – je nach außerwissenschaftlichem Interesse – gegen das Gerüst von anderen Disziplinen ausgetauscht oder mit einzelnen Elementen anderer Disziplinen kombiniert werden kann. Wissenschaftliche Erkenntnisproduktion ist auf die fachlich gewachsenen Strukturen angewiesen. Zusätzlich ist es angebracht, die Grenzen einer wissenschaftlichen Untersuchung deutlich zu machen und allzu überzogene externe Ansprüche an die Leistungsfähigkeit wissenschaftlichen Arbeitens abzuweisen.[15] Z. B. bleibt das Primat der Entscheidung im Bereich der Außen- wie Innenpolitik in den Händen der Politik. Wissenschaftliche Expertise kann dabei nur Rat gebend zur Seite stehen.[16] Für diese Arbeit folgt daraus, drei Aspekte der sozialwissenschaftlichen Erforschung des politischen Islam im Hinblick auf die öffentlich wie politisch als relevant erachteten Erkenntnisziele deutlich zu machen:

- Eine exakte, analytisch reichhaltige und anwendungsfähige Definition des politischen Islam zu entwickeln.

---

13 Vgl. ebd., S. 72-75; J.A. Jacobs/S. Frickel: „Interdisciplinarity", S. 48 und A. Barry/G. Born/G. Weszkalyns: „Logics of Interdisciplinarity", S. 20-22. Diesen Sachverhalt kennzeichnet P. Weingart: Die Stunde der Wahrheit auf S. 15 mit dem Begriff der Transdisziplinarität.

14 Deutliche Kritik an der postulierten Überlegenheit interdisziplinärer Forschung üben J.A. Jacobs/S. Frickel: „Interdisciplinarity", S.60.

15 Vgl. die deutliche Analyse der selbstreferentiellen Geschlossenheit des Wissenschaftssystems und die damit verbundene Warnung vor einer Inflationierung des Wahrheitsmediums im jeweils unter externen Rechtfertigungsdruck gesetzten Bereich von N. Luhmann: Die Wissenschaft der Gesellschaft, S. 622-623.

16 Vgl. B. Bliesemann de Guevara/F. P. Kühn: Illusion Statebuilding, S. 16, die in Bezug auf das komplexe Wechselverhältnis von sozialwissenschaftlicher Expertise und dem Politikfeld des *statebuilding* zu einer ähnlichen Einschätzung geraten. P. Weingart: Die Stunde der Wahrheit, reflektiert auf S. 127-170 sehr ausführlich über das Verhältnis von wissenschaftlicher Beratung zu politischer Entscheidung.

- Die soziale Operations- und Organisationsweise islamistischer Bewegungen theoretisch anspruchsvoll zu modellieren.
- Die inhaltlichen Dimensionen der islamistischen Semantiken wie auch des öffentlichen Umgangs mit dem politischen Islam zu reflektieren.

Letztlich kann auch auf die Besonderheit der luhmannschen Gesellschaftstheorie verwiesen werden, dass sie ein interdisziplinäres Interesse mit der Weiterentwicklung fachlicher Traditionen der Soziologie verbindet und auf diese Weise eine überzeugende Mischung aus interdisziplinären Neuerungen und fachlichen Beständen bildet.[17] Durch den Rückgriff auf die von Niklas Luhmann entwickelte Gesellschaftstheorie wird diese Arbeit daher dazu in der Lage sein, die aus verschiedenen Disziplinen stammenden Forschungsergebnisse zum politischen Islam aus einer einheitlichen, fachuniversalen Theorieperspektive zu analysieren.[18] Diese Eigenschaft der luhmannschen Gesellschaftstheorie wird im folgenden Abschnitt in der Auseinandersetzung mit dem Begriff des Orientalismus und im Sinne einer islamologischen Methode konkretisiert. Anschließend wird in den nachfolgenden Kapiteln 2.4 bis 2.6 durch den Rekurs auf die allgemeinen Aspekte methodischen Vorgehens sichergestellt, eine tragfähige Analyse der herangezogenen und aus verschiedenen Disziplinen stammenden Materialien herzustellen.

---

17 Vgl. zunächst die Kritik von W. Reese-Schäfer: Politische Theorie heute, S. 3 an der überkommenen Trias der politikwissenschaftlichen Theoriebildung (normativ-ontologisch, kritisch-dialektisch und empirisch-analytisch) und dann die Kennzeichnung des luhmannschen Vorhabens als interdisziplinär: Ders.: Politische Theorie der Gegenwart in achtzehn Modellen, S. 54 und die Ausführungen von N. Luhmann: Soziale Systeme, S. 15-29.

18 Vgl. A.C. Gaiser: Das Potential und Design von Universaltheorien, S. 5-8, die sogar so weit geht, Universaltheorien als Ergebnis eines Paradigmenwechsels in der Organisation von Wissen und Theorien der modernen Gesellschaft aufzufassen.

2.3 DER UNIVERSALITÄTSANSPRUCH DER LUHMANNSCHEN GESELLSCHAFTSTHEORIE UND DIE ISLAMOLOGIE BASSAM TIBIS

Im Zuge der Dekolonialisierungsbewegungen des 20. Jahrhunderts[19] auf dem afrikanischen Kontinent, in den Gebieten des Mittleren Ostens und im britischen Kolonialreich des indischen Subkontinents kam es zur Artikulation neuer politischer und kultureller Konzepte und Ideen.[20] Diese Reaktion auf den vorangegangenen Einbruch der europäischen Kultur-, Rechts- und Verwaltungsmuster in die vorkolonialen Ordnungsmuster und die damit einhergehende Akkulturationsprozesse[21] führte im Zuge der neu gewonnen politischen Eigenständigkeit der dekolonialisierten Gebiete zu Hoffnungen auf eine neue und gerechtere Gesellschaftsordnung.[22] In diesem besonderen historischen Kontext kam der Veröffentlichung von *Orientalism* im Jahr 1978 durch Edward Said (1935-2003) eine zentrale Bedeutung zu. Said arbeitete in seinem Werk heraus, auf welche Weise der Orient als soziales Konstrukt, mit oftmals negativen Konnotationen versehen, überhaupt erst durch die aus Europa stammende Orient-Forschung und die koloniale Vorherrschaft europäischer Staaten hervorgebracht worden war:

„The Orient was almost a European invention, and had been since antiquity a place of romance, exotic beings, haunting memories and landscapes, remarkable experiences. [...] Orientalism expresses and represents that past culturally and even ideologically as a mode of discourse with supporting institutions, vocabulary, scholarship, imagery, doctrines, even colonial bureaucracies and colonial styles."[23]

Saids Konzept hatte eine enorme Wirkung auf die Erforschung des sogenannten Orients (umfasst geographisch den Mittleren Osten, den indischen Subkontinent und Ostasien) und eröffnete neuartige Perspektiven auf die, durch die westliche Zivilisation hervorgebrachte Beschreibung und Kontrolle der nicht-westlichen

---

19 Vgl. W. Reinhard: „Colonization and Colonialism, History of". Reinhard datiert den Beginn der Dekolonialisierung auf die Unabhängigkeitserklärung der USA 1776 und spricht von 6 Etappen, die mit dem Zusammenbruch der Sowjetunion enden.
20 Vgl. dazu B. Tibi: „Politische Ideen in der Dritten Welt während der Dekolonisation".
21 Vgl. exemplarisch B. Tibi: Der Islam und das Problem der kulturellen Bewältigung sozialen Wandels, besonders Kapitel I, IV und das Nachwort.
22 Vgl. J.D. Kelly: „Postcoloniality".
23 E. Said: Orientalism, S. 1-2.

Welt.[24] Er ebnete damit den Weg für Forschungs- und Theorievorhaben verschiedenster Provenienz, die sich dem Status des kulturell bedingten, epistemischen Relativismus widmen.

„Said's *Orientalism* signals an important epistemic break in Western social science and humanities, as is evident in the further research it inspired."[25]

Infolgedessen kam es nicht nur zu Ansätzen, die Selbstbeschreibungen des Westens und die westliche Vorherrschaft in Bereichen der Erkenntnisgewinnung kritisch zu reflektieren[26], sondern auch dazu, neue, nicht-westliche Perspektiven auf politische Ideen und Theorien in der politik- sowie sozialwissenschaftlichen Forschung zu berücksichtigen. Diese bis heute fortwirkenden interdisziplinären Ansätze können Großteils unter dem Sammelbegriff der postkolonialen Theorie gefasst werden.[27] Kurzum, im Zuge der Kontroverse um den Orientalismus-Begriff wurde die sogenannte eurozentrische Perspektive der Geschichtsschreibung und Gesellschaftsbeschreibung als ein Ergebnis und eine Fortsetzung der militärischen, technologischen und epistemischen Dominanz des westlichen Kolonialismus verstanden und teilweise diskreditiert.[28] Eine kritisch-distanzierte Einschätzung des Orientalismus als wissenschaftliches Forschungsprogramm findet sich im Werk des syrischen Philosophen Sadiq al-Azm (*1934).[29]

Ungeachtet der Kritik an der Arbeit von Edward Said[30] ist es notwendig, einige Aspekte der Orientalismus-Debatte im Rahmen dieser Arbeit zu reflektieren, da der politische Islam als Untersuchungsgegenstand nicht-westlichen Ursprungs ist und die luhmannsche Gesellschaftstheorie als soziologisches Theorieprojekt u.a. auf den Krisenerfahrungen des Europas des 19. Jahrhunderts beruht und damit als eurozentriert bezeichnet werden kann.[31] Es stellt sich dem-

---

24 Vgl. R.G. Fox: „Orientalism".
25 Ebd., S. 10978.
26 Vgl. F. Coronil: „Occidentalism".
27 Vgl. J.D. Kelly: „Postcoloniality" sowie M. do Mar Castro Varela/N. Dhawan: Postkoloniale Theorie, S. 11-54.
28 Vgl. die zugespitzte Einschätzung der Wirkung des Orientalismus-Begriffs auf die Geschichtswissenschaften von J. Osterhammel: „Alte und neue Zugänge zur Weltgeschichte", S. 22.
29 Vgl. S. al-Azm: „Orientalism and Orientalism in Reverse".
30 Vgl. R.G. Fox: „Orientalism", S. 10977-10978.
31 Eurozentriert wird in diesem Fall neutral verwendet und bezeichnet schlicht die eurozentrische Auswahl der historischen und empirischen Bezüge des luhmannschen The-

nach die Frage, ob die wissenschaftliche Analyse nicht-westlicher Phänomene auf der Basis westlicher Theorie- und Begriffsrahmen erkenntnistheoretischen Beschränkungen unterliegt.[32] Diese Beschränkungen lägen in der jeweils durch die Theorie erzeugten Perspektive auf den Untersuchungsgegenstand.[33] Denn mit den Worten des indischen Historikers Dipresh Chakrabarty (*1948) formuliert, liegt das in der Orientalismus-Debatte entfaltete erkenntnistheoretische Problem darin, dass:

„[…] die Gedankenwelt, die während des Zeitalters der europäischen Expansion und Kolonialherrschaft entstand, erscheint zur Beschreibung und Analyse der eigenen (nichtwestlichen) Geschichte und Gesellschaft ebenso unverzichtbar wie ungenügend."[34]

Die zentrale Referenz in der Theoriearchitektur der luhmannschen Gesellschaftstheorie zur Bearbeitung dieses Problemkomplexes ist ihr Universalitätsanspruch, d.h. alles Soziale als Gegenstandsbereich erfassen zu können.[35] Merkmale einer Universaltheorie sind dabei[36]:

- Die Theorie muss sich selbst als Gegenstand erfassen können.
- Sie enthält ihre eigene Erkenntnistheorie.
- Sie verfügt über eine vernetzte, kohärenztheoretische, nicht-hierarchische Theoriestruktur.
- Sie muss möglichst ohne Perspektive oder Spezialisierung angelegt sein.[37]

---

orieprojekts und seine (durchaus eigenwillige) Fortführung des soziologischen Diskurses der Moderne.

32 Im Bereich der Politischen Theorie wird diese Reflexion zunehmend unter dem Begriff der *comparative political theory* subsumiert und behandelt. Vgl. A.F. March: „What Is Comparative Political Theory?". Eine systematische Betrachtung der sich daran anschließenden Fachdebatte und der Versuch, diese Überlegungen zu einer Methode weiter zu entwickeln, findet sich bei H. Zapf: „Von der Heuristik zur Methode?".

33 In intensiver Auseinandersetzung mit der europäischen Geistesgeschichte von Kant und Hegel, über Husserl und Heidegger, bis hin zu Foucault und Derrida spürt L. Binder: Islamic Liberalism in Kapitel 3 „Deconstructing Orientalism" den Schwierigkeiten einer möglichst unverzerrten Analyse des Islam nach.

34 D. Chakrabarty: Europa als Provinz, S. 11.

35 Vgl. N. Luhmann: Soziale Systeme, S. 7-14.

36 Vgl. A.C. Gaiser: Das Potential und Design von Universaltheorien, S. 77.

37 Vgl. ebd., S. 83-84.

Luhmanns Gesellschaftstheorie erfüllt diese Ansprüche und ihre Theoriearchitektur ist bewusst darauf ausgerichtet. Die einzige Beschränkung liegt in ihrer speziellen Ausrichtung auf den Gesellschafts- und damit Kommunikationsbegriff, sodass sie vor allem im interdisziplinären Anschluss nicht gänzlich dem Anspruch einer rein unspezifisch angelegten Universaltheorie gerecht wird.[38] Diese Einschränkung ihrer theoretischen Perspektive auf sozialwissenschaftliche Fragestellungen ist jedoch zunächst einmal nicht ausreichend, um erkenntnistheoretische Argumente gegen ihre Anwendung auf den politischen Islam zu generieren. Eine erkenntnistheoretische Kritik an Luhmanns Gesellschaftstheorie könnte jedoch im Lichte der Orientalismus-Debatte bei ihrer Genealogie ansetzen. Luhmann gewinnt seine Gesellschaftstheorie nämlich in der Auseinandersetzung mit den soziologischen Klassikern der europäischen Moderne und auf der Basis vor allem der europäischen Gesellschaftsstrukturentwicklung.[39] Es ist aber dabei zu berücksichtigen, dass er seine gesellschaftstheoretischen Grundbegriffe so allgemein formuliert, dass diese ohne die Gefahr einer perspektivischen Verzerrung auf den Untersuchungsgegenstand des politischen Islam anwendbar sind. Dies gilt auch für die Ausrichtung der luhmannschen Gesellschaftstheorie als Theorie der modernen Gesellschaft. Luhmann hält eine kritische Distanz zu einem normativen Projekt der Moderne ein[40], reflektiert die blinden Flecken der Modernisierungstheorie[41] und verfügt insgesamt über ein komplexes Vokabular an gesellschaftstheoretischen Grundbegriffen[42], das bspw. die Kritik an der Konzeption der Weltgesellschaft auf der Basis des Primats der funktionalen Differenzierung als okzidental geprägt[43] entkräftet. Zusätzlich bietet die Anlage der

---

38 Vgl. ebd., S. 78-84. Gaiser moniert die Verquickung von Universaltheorie und Gesellschaftstheorie bei Luhmann insofern, als dass er dadurch den Kommunikationsbegriff zu stark in den Mittelpunkt seiner Überlegungen stelle und damit den Anschluss an den interdisziplinären Diskurs (vor allem der Neurowissenschaften) verlöre.

39 W. Reese-Schäfer: „Politische Ideengeschichte", S. 512 konstatiert vor allem in Bezug auf die semantischen Analysen Luhmanns einen „unverbesserliche(n)r Eurozentrismus [Änderung T.H.]".

40 Vgl. N. Luhmann: Die Gesellschaft der Gesellschaft, S. 19-22.

41 Vgl. ebd., S. 1082-1088.

42 Vgl. B. Holzer: „Wie »modern« ist die Weltgesellschaft?", der die Kritik an der Vollrealisierung der funktionalen Differenzierung in nicht-westlichen Gebieten aufnimmt und sehr differenziert darstellt, dass die systemtheoretische Gesellschaftheorie über weitere Grundbegriffe verfügt, um diese Problematik zu behandeln.

43 Vgl. G. Wagner: „Der Kampf der Kontexturen im Superorganismus Gesellschaft", S. 218-219.

systemtheoretische Gesellschaftstheorie als Universaltheorie die Möglichkeit, bei aller gebotenen Vorsicht im Umgang mit Luhmanns Konstruktionsbedingungen einer Universaltheorie[44], die bestehenden sozialwissenschaftlichen Forschungsergebnisse über den politischen Islam aus einer theorieeinheitlichen Perspektive zu reflektieren.[45]

Letztlich befasst sich Luhmann selbst mit den verschiedenen Spielarten des erkenntnistheoretischen Relativismus, die häufig unter dem Begriff der Postmoderne zusammengefasst werden und nimmt zu ihren gesellschaftstheoretischen Implikationen Stellung. Dabei weist er daraufhin, dass die These Jean-François Lyotards (1924-1998) vom Ende der *Großen Erzählungen* autologisch verwendet ein Widerspruch sei, da sie selbst als eine *Große Erzählung* aufgefasst werden müsse.[46] Dies hat zur Konsequenz – auch in Anbetracht der Relativismus- und Pluralismus-Debatte[47] –, die Vielfalt und Dynamik von Selbstbeschreibungen zuzulassen und universalistische Theorien in ihrer Erzeugung von funktional äquivalenten Forschungsperspektiven anzuerkennen[48]:

„Wenn aber die Eigenart postmoderner Beschreibungen in der Problematisierung von Unterscheidungen und in der Temporalisierung der sie markierenden Formen liegt […] verlangt eine heute adäquate Gesellschaftstheorie (ebenso wie eine Theorie der postmodernen Kunst), auf den bloßen Genuß des Wiedererkennens zu verzichten und die Theoriekonstruktion aus sich selbst heraus zu beurteilen."[49]

---

44 T. Khurana: „Supertheorien, theoretical jetties und die Komplizenschaft der Theorien" entwickelt mit Hilfe der Überlegungen von Jacques Derrida überzeugende Vorsichtsmaßnahmen beim Rückgriff auf die universaltheoretischen Ansprüche Niklas Luhmanns.

45 Vgl. A.C. Gaiser: Das Potential und Design von Universaltheorien, S.6-7. Dort wird der Unterschied zwischen Universaltheorien und fachspezifischen Partialtheorien betont. Partialtheorien kommt zwar eine hohe Bedeutung bei der Detailforschung zu, es fehlt ihnen aber die Möglichkeit, einen übergeordneten Rahmen für die gewonnene Menge an Detailwissen herzustellen.

46 Vgl. N. Luhmann: Die Gesellschaft der Gesellschaft, S. 1144.

47 Vgl. ebd., S. 155 und dort auch Fußnote 211. Die wissenschaftstheoretische Kontroverse um das Verhältnis von kulturellem Relativismus und religiösen Fundamentalismen mit absolutistischen Geltungsansprüchen findet sich sehr gut abgebildet in dem Tagungsband der Praemium Erasmianum Foundation: The Limits of Pluralism.

48 Vgl. N. Luhmann: Die Gesellschaft der Gesellschaft, S. 1145.

49 Ebd., S. 1149.

Dies bedeutet im Endeffekt, die universal ausgerichteten Grundbegriffe der luhmannschen Gesellschaftstheorie in der Anwendung auf den politischen Islam und die damit einhergehende Erzeugung von Forschungsergebnissen zuzulassen, dabei aber die universalistische Grundausrichtung dieser Theorieanlage mit zu reflektieren. Es ist jedoch nicht zu vergessen, dass die so gewonnenen Ergebnisse nicht als universal gültige Aussagen über den politischen Islam, sondern als kontingente und damit wiederum kritisierbare Beschreibungsangebote des politischen Islam zu verstehen sind. Dies sind zentrale Konsequenzen einer Gesellschaftstheorie, die universal ausgerichtet ist, also möglichst viele empirische Gegenstandsbereiche zu beschreiben und möglichst viele sozialwissenschaftliche Forschungsperspektiven in einer einheitlichen Theoriearchitektur zu verbinden versucht, aber selbst-reflexiv angelegt und konstruktivistisch verstanden wird und somit die selbst erzeugten Grenzen ihrer wissenschaftlichen Informationsgewinnung anerkennt.[50] Auf diese Weise ist die luhmannsche Gesellschaftstheorie der Politik dazu in der Lage, über die in der Orientalismus-Debatte reflektierten Grenzen der Erkenntnisgewinnung von sozialwissenschaftlichen Konzepten westlichen Ursprungs hinauszugehen und ihre universaltheoretische Ausrichtung[51] für die Analyse nicht-westlicher Phänomene zu verwenden.[52] Dies gilt insbesondere dann, wenn die Geschichtswissenschaft in der Erforschung des historischen Verhältnisses von *Okzident* und *Orient* bereits so weit vorangeschritten ist, die Grenzen der Orientalismus-Kritik und ihrer Methode der Diskursanalyse aufzeigen zu können: Einerseits gab es vor dem Höhepunkt des europäischen Kolonialismus im 19. Jahrhundert und 20. Jahrhundert eine Phase im 18. Jahrhundert, in der die von der europäischen Aufklärung geprägte Repräsentation Asiens weniger durch die Verstrickung von Machtausübung und Wissensgewinnung geprägt war. Andererseits wandelte sich die europäische Repräsentation Asiens seit der Mitte des 20. Jahrhunderts deutlich, sodass schlussendlich eine reflektierte und faire wissenschaftliche Analyse der AKP, der al-Qaida und der

---

50 Vgl. N. Luhmann: „Das Erkenntnisprogramm des Konstruktivismus und die unbekannt bleibende Realität".

51 Vgl. dazu die sehr systematische Interpretation des universaltheoretischen Designs der luhmannschen Überlegungen und dessen Einbettung in die politikwissenschaftliche und sozialwissenschaftliche Theoriebildung bei S. Lange: Niklas Luhmanns Theorie der Politik, S. 21-27 und S. 38-40.

52 Vgl. die Argumentation von S. Stetter: World Society and the Middle East, S.13, der eine universalistische, jedoch kulturell und regional sensitive Theorie als notwendig für die Überwindung der Orientalismus-Skepsis erachtet.

Muslimbrüder auf der Basis der luhmannschen Gesellschaftstheorie der Politik gewährleistet werden kann.[53]

An diese Argumentation für eine Verwendung von Luhmanns Überlegungen schließen konsequenterweise der erkenntnistheoretische und forschungspragmatische Nutzen einer sozialwissenschaftlichen Betrachtung von Phänomenen der Religion und Zivilisation des Islam im Sinne der Islamologie an.[54] Tibis Methode der Islamologie ergibt sich zunächst aus einem Anschluss an die frühe Kritik Maxime Rodinsons am Orientalismus-Begriff.[55] Sie weist darüberhinausgehend auf, dass der Blick des Orientalismus eine analytische Engführung darstellt, die die eigens formulierte Kritik an sogenannten essentialisierenden oder kulturalistischen Analysen des modernen Islam nicht positiv aufzulösen vermag. Lediglich das konsequente Verlassen des philologischen Paradigmas[56] und die Hinwendung zu einer sozialwissenschaftlichen und historisch ausgerichteten Herangehensweise[57] ermöglichen es, die Versprechen der Orientalismus-Debatte einzulösen und einen vorurteilsfreien Blick auf den politischen Islam zu ermöglichen. Denn es gilt:

„This Islamological study of real Islam is located in the study of international conflict within international relations and is combined, in an interdisciplinary manner, with the sociology of religion, as well as with cultural and development studies. I should make clear that I do not only dissociate my work equally from Western Orientalism and from the response to it that is defined as an Orientalism in reverse, but also from the rhetoric of a ‚clash of civilizations'."[58]

Folglich bietet die Islamologie die nötige Erfahrung und die erforderlichen Werkzeuge für die Erforschung der islamischen Zivilisation und die luhmannsche Gesellschaftstheorie der Politik bietet den umfänglichen theoretischen Apparat dazu, um über das wechselseitige Verhältnis von Semantik und Gesellschaftsstruktur die Funktions- und Operationsweise moderner islamistischer Bewegungen zu identifizieren. Diese methodisch-theoretische Synthese bildet den Rahmen der nachfolgenden Analysen.

---

53 Vgl. dazu die konzeptuellen und historischen Überlegungen von J. Osterhammel: Die Entzauberung Asiens, S. 15-37.
54 Vgl. das Plädoyer von B. Tibi: „Zivilisationskonflikte und Kulturdialoge".
55 Vgl. Ders.: „Maxime Rodinson, der Islam und die westlichen Islam-Studien".
56 Vgl. Ders.: Einladung in die islamische Geschichte, S. 108-112, S. 117-125 und S. 184-190.
57 Vgl. Ders.: Kreuzzug und Djihad, S. 27-30.
58 Ders.: Islam's Predicament with Modernity, S. 5.

2.4 ALLGEMEINE GRUNDELEMENTE DES UNTERSUCHUNGSDESIGNS SOZIALWISSEN-SCHAFTLICHER UNTERSUCHUNGEN

Um der multidisziplinären Verteilung der Forschungsergebnisse zum politischen Islam, dem inner- wie außeruniversitären Interesse an der Analyse dieser Bewegungen und der umfangreichen Theoriearchitektur der systemtheoretischen Gesellschaftstheorie methodisch kontrolliert zu begegnen, soll in diesem und dem folgenden Unterkapitel dafür gesorgt werden, die Verfahrenstechniken der Sozialwissenschaften und die Ansprüche Luhmanns an die Gesellschaftstheorie in einen fruchtbaren Dialog zu bringen. Dies dient der weitergehenden Verbreiterung der wissenschaftstheoretischen Basis dieser Untersuchung. Zu diesem Zweck wird in diesem Kapitel unter Bezugnahme auf aktuelle Publikationen zur sozialwissenschaftlichen Methodologie für die Verwendung weithin akzeptierter und sehr allgemein formulierter Grundelemente eines sozialwissenschaftlichen Untersuchungsdesigns argumentiert.

Das weite Feld der sozialwissenschaftlichen Methodenliteratur lässt sich in einem ersten Schritt in Arbeitstechniken der Datenerhebung und der Datenauswertung sowie eigenständige methodologische Literatur unterscheiden. Die ersten beiden Bereiche beinhalten spezifische Anweisungen und Vorgehensweisen, um valide Daten zu gewinnen und daran anschließend konsistente und stichhaltige Forschungsergebnisse abzuleiten.[59] Der zweite Bereich der sozialwissenschaftlichen Methodologie befasst sich unabhängiger von spezifischen Vorgehensweisen der Datenerhebung und Datenauswertung mit der Analyse und Erstellung von allgemeinen Grundsätzen valider und kontrollierter Forschung.[60] Verbindendes Merkmal der Datenerhebung und der Datenauswertung ist die Ausrichtung sozialwissenschaftlicher Forschung auf ein theoriegeleitetes, empirisch angelegtes Vorgehen.[61] Dieser Hinweis schließt die nicht-empirische Forschung im Bereich der Politischen Theorie und Ideengeschichte nicht aus der sozialwissenschaftlichen Methodologie aus.[62] Trotz der stark theoretischen Ausrichtung dieser Arbeit orientiert sie sich an dem Modell ‚empirischer Sozialfor-

---

59 Vgl. S.-U. Schmitz/K. Schubert: Einführung in die politische Theorie und Methodenlehre und R. Schnell/P.B. Hill/E. Esser: Methoden der empirischen Sozialforschung.
60 Vgl. K.-D. Opp: Methodologie der Sozialwissenschaften.
61 Vgl. R. Schnell/P.B. Hill/E. Esser: Methoden der empirischen Sozialforschung, S.11.
62 Vgl. H. Zapf: Methoden der Politischen Theorie. Weitere Methoden der politischen Ideengeschichte finden sich bei H. Bluhm: „Politische Ideengeschichte im 20. Jahrhundert".

schung', um die eigene Erkenntnisgewinnung methodisch kontrollieren zu können. Diesem Modell folgend beginnt der Forschungsprozess mit der Auswahl des Forschungsproblems, daran schließen sich Theoriebildung und dadurch mögliche konzeptspezifische Operationalisierung sowie die Bestimmung der für das eigene Vorhaben benötige Untersuchungsform an. Nachdem die Auswahl der Untersuchungseinheiten vorgenommen worden ist, ergibt sich die Durchführung des Vorhabens aus dem Dreischritt von Datenerhebung, Datenerfassung und Datenanalyse.[63] Darüber hinausgehend reflektiert die sozialwissenschaftliche Methodologie wissenschaftsimmannente Problemstellungen, die der theoriegeleiteten empirischen Forschung zu Grunde liegen. Ein Bereich beschäftigt sich darin mit der Struktur, dem Informationsgehalt und der Begriffsbildung sozialwissenschaftlicher Aussagen.[64] Neben der Diskussion über die Art und Weise der Modellbildung (Erklären, Verstehen oder Voraussage sozialer Phänomene) bilden die Logik sozialwissenschaftlicher Theoriebildung, die Kritik sowie die empirische Überprüfung sozialwissenschaftlicher Theorien einen zusätzlichen Bereich methodologischer Überlegungen.[65] Auch die Verbindung von sozialwissenschaftlicher Forschung zur sozialen Praxis und die Rolle von Werten in der Wissenschaft werden in diesen Publikationen untersucht.[66]

Versucht man möglichst allgemeine und verbindliche Elemente eines sozialwissenschaftlichen Untersuchungsdesigns zu identifizieren, stößt man zunächst auf eine große Zahl von unterschiedlichen Ansätzen. Angesichts der Aufteilung von methodischen Überlegungen auf die einzelnen Disziplinen, Subdisziplinen, quantitative wie qualitative Ansätze sowie die jeweils vorherrschenden Theorierahmen[67] fällt es schwer, von einem einheitlichen und gesicherten sozialwissenschaftlichem Untersuchungsdesign auszugehen:

„Methodological divisions within the contemporary social sciences are therefore deep and complex, involving disciplinary, subdisciplinary, theoretical, methodological, philosophical, as well as old-fashioned ideological cleavages."[68]

---

63 Vgl. T. Bernauer et al.: Einführung in die Politikwissenschaft, S. 62-71 und R. Schnell/P.B. Hill/E. Esser: Methoden der empirischen Forschung, S. 8 (Abbildung 1-1: Phasen des Forschungsprozesses).
64 Vgl. K.-D. Opp: Methodologie der Sozialwissenschaften, S. 19-45, S. 106-137 und S. 144-169.
65 Vgl. ebd., S. 170-221.
66 Vgl. ebd., S. 222-250.
67 Vgl. J. Gering: Social Science Methodology, S. 1-2.
68 Ebd., S. 2.

Auch der Umgang mit dieser methodischen Vielfalt ist umstritten. Auf der einen Seite gibt es Vertreter, die diese Vielfalt und Differenz der Methoden als großen Vorteil für den Wissenszuwachs der (sozial-)wissenschaftlichen Fächer ansehen.[69] Auf der anderen Seite gibt es gute Gründe, ein der Vielfalt der Ansätze zugrundeliegendes, relativ einheitliches Verständnis der sozialwissenschaftlichen Methoden anzunehmen. Als Gründe werden angeführt:

- Ein einheitliches Grundverständnis werde benötigt, um Gütekriterien zur Auswahl zwischen den einzelnen Ansätzen auszubilden.
- Ein grundsätzlicher epistemologischer Relativismus unterminiere den Wahrheitsanspruch der Sozialwissenschaften.
- Ein einheitliches Grundverständnis werde benötigt, um den Kontakt zwischen universitärer Wissensproduktion und der Gesellschaft herzustellen.
- Jegliche interdisziplinäre Zusammenarbeit sei auf einheitliche Grundstandards angewiesen.[70]
- Die Differenzen der einzelnen methodischen Konzepte seien eher stilistischer als grundsätzlicher Natur und auch nicht dazu geeignet, alle Ansätze systematisch zu ordnen.[71]

Bündelt man diese einzelnen Argumente, findet sich schließlich das ausschlaggebende Argument für die Formulierung und Verwendung eines einheitlichen methodologischen Rahmens: Die Kulmination des sozialwissenschaftlichen Wissens sei nur auf der Basis des Bestrebens nach einem solchen einheitlichen Rahmen möglich. Ohne das Bestreben einheitliche Standards der sozialwissenschaftlichen Forschung auszubilden, existierten die einzelnen Ergebnisse der Disziplinen und Subdisziplinen unverbunden nebeneinander her und bildeten keinen gemeinsamen Ausdruck sozialwissenschaftlicher Forschungsanstrengungen.[72] Die verbindlichen gemeinsamen Ziele der Sozialwissenschaften sind aus dieser einheitlichen Perspektive die Verbesserung der bestehenden Forschungsfragen, des gegenwärtigen Theorieangebots, der Qualität des Datenmaterials und der Auswertung bzw. des Gebrauchs eben dieses Datenmaterials.[73] Diese als Se-

---

69 Der bekannteste Vertreter eines radikalen Methodenpluralismus ist P. Feyerabend: Wider den Methodenzwang. Vgl. dazu auch J. Gering: Social Science Methodology, S. 3.
70 Für diese vier Aspekte vgl. J. Gering: Social Science Methodology, S. 4-5.
71 Vgl. G. King/R.O. Keohane/S. Verba: Designing Social Inquiry, S. 4-5.
72 Vgl. J. Gering: Social Science Methodology, S. 5-6.
73 Vgl. G. King/R.O. Keohane/S. Verba: Designing Social Inquiry, S. 14-33.

kundärstudie[74] angelegte Untersuchung schließt sich somit denjenigen Überlegungen in dieser Debatte an, die ein möglichst einheitliches methodologisches Grundverständnis und Vorgehen in der sozialwissenschaftlichen Forschung anstreben. Um aussagekräftiges Material zusammenzutragen und daraus valide Schlüsse zu ziehen, besteht diese Arbeit daher aus drei methodischen Kernbereichen: einer Begründungsform, einem Untersuchungsdesign und zentralen Begriffen und Konzepten.[75]

2.4.1 Die Art der Begründungsform

Eine idealtypische Untergliederung der sozialwissenschaftlichen Begründungsformen besteht aus der Erklärung, der Voraussage und dem Verstehen sozialer Sachverhalte.[76] Die erste Begründungsform wird meistens mit quantitativ-statistischen Verfahren in Verbindung gebracht und basiert auf der Annahme kausaler Zusammenhänge sozialer Sachverhalte und deren modellhafter Erklärung durch sozialwissenschaftliche Forschung.[77] Ihr ,Gegenmodell' findet sich in der Begründungsform des Verstehens. Diese Vorgehensweise fokussiert stärker auf die Evidenz subjektiver Erfahrungen, die Rekonstruktion der Alltagswelt der Akteure sowie ihrer Handlungsmotive.[78] Die Begründungsform der Voraussage steht quer zur Unterscheidung von Erklären und Verstehen, da sie sich beider Formen bedienen kann. Sie unterscheidet sich von beiden Formen darin, dass ihr Erkenntnisinteresse nicht auf dem nachträglichen Erklären oder Verstehen von sozialen Sachverhalten basiert, sondern auf der Prospektion möglicher Ereignisse.[79]

---

74 Vgl. R. Schnell/P.B. Hill/E. Esser: Methoden der empirischen Forschung, S. 251-252.

75 Vgl. J. Gering: Social Science Methodology, S. 21 und 23. Die im Folgenden dargestellten drei Kernbereiche orientieren sich an der methodologischen Trias *propositions*, *research design* und *concepts* von Gering.

76 Vgl. K.-D. Opp: Methodologie der Sozialwissenschaften, S. 46-105 sowie zur Dichotomie von *Erklären* und *Verstehen*: R. Greshoff/G. Kneer/W.L. Schneider: „Die ,Verstehen-Erklären-Kontroverse' als Debatte um die methodischen Grundlagen der Sozial- und Kulturwissenschaften", S. 7-11.

77 Vgl. K.-D. Opp: Methodologie der Sozialwissenschaften, S. 48-63 und G. King/R.O. Keohane/S. Verba: Designing Social Inquiry, S. 76-77.

78 Vgl. K.-D. Opp: Methodologie der Sozialwissenschaften, S. 66-73. Eine sehr informative Einführung in die Methode des Verstehens bietet G. Rosenthal: Interpretative Sozialforschung.

79 Vgl. K.-D. Opp: Methodologie der Sozialwissenschaften, S. 76-89.

Diese Untersuchung ordnet sich keinem dieser drei Idealtypen sozialwissenschaftlicher Begründungsformen zu. Sie folgt vielmehr dem Vorschlag von Gary King, Robert O. Keohane und Sidney Verba sozialwissenschaftliche Begründungen als eine zweiseitige Form zu konzeptualisieren – mit einer deskriptiven und einer kausalen Seite – die jedoch beide einem einheitlichen Grundverständnis der Inferenz unterliegen.[80] Dies ermöglicht es, eine Vielzahl von grundsätzlichen Auseinandersetzungen um die Basisformen sozialwissenschaftlicher Begründungen, die vor allem auf der tradierten Dichotomie von qualitativen und quantitativen Ansätzen bzw. des Verstehens und Erklärens beruhen, zu umgehen.[81] Diese Untersuchung orientiert sich an der Methode der deskriptiven Inferenz. Diese Methode analysiert soziale Phänomene – wie in dieser Arbeit den politischen Islam – durch eine systematische Zusammenstellung wesentlicher Informationen zum Untersuchungsgegenstand. Dieses Vorgehen ähnelt stark dem funktionalistischen Verständnis von Niklas Luhmann. Aus einer Kritik an kausalen Modellvorstellungen heraus[82] entwickelt dieser die Methodik der funktionalen Äquivalenz. Parallel zu King, Verba und Keohane wird dadurch die Kausalbeziehung zu einem Anwendungsfall funktionaler Ordnung[83]:

„Die Funktion ist keine zu bewirkende Wirkung, sondern ein regulatives Sinnschema, das einen Vergleichsbereich äquivalenter Leistung organisiert. Sie bezeichnet einen speziellen Standpunkt, von dem aus verschiedene Möglichkeiten in einem einheitlichen Aspekt erfaßt werden können."[84]

Im Rahmen dieses Vorgehens werden soziale Phänomene durch die Erstellung möglichst umfassender Beschreibungen systematisch erfasst. Durch die Anferti-

---

80 Vgl. G. King/R.O. Keohane/S. Verba: Designing Social Inquiry, S. 7-8 für die Einführung ihres Konzepts der *inference* sowie S. 34-74 für die genaue Explikation der *descriptive inference* und S. 75-114 für das Konzept der *causal inference*.
81 Vgl. N. Luhmann: Die Gesellschaft der Gesellschaft, S. 37-38. Es soll erwähnt werden, dass in den jüngsten diesbezüglichen Fachdebatten zunehmend kritisiert wird, dass King, Verba und Keohane ihr Konzept der Inferenz zu stark am Ideal quantitativer Ansätze orientiert hätten. Vgl. dazu H.E. Brady/D. Collier: Rethinking Social Inquiry.
82 Vgl. dazu ergänzend die Kritik von N. Luhmann an der sozialwissenschaftlichen Variablenbildung: Die Gesellschaft der Gesellschaft, S. 37-38.
83 Vgl. N. Luhmann: „»Nomologische Hypothesen«, funktionale Äquivalenz, Limitationalität" und Ders.: Soziologische Aufklärung 1, S. 14-16.
84 N. Luhmann: Soziologische Aufklärung 1, S. 14.

gung solcher Beschreibungen lassen sich letztendlich Muster in der Funktionsweise sozialer Phänomene wissenschaftlich abbilden.[85] Konsequent zu Ende gedacht, steht Luhmanns methodische Ausrichtung seiner systemtheoretischen Gesellschaftstheorie nämlich quer zur Unterscheidung von Erklären und Verstehen. Auf der einen Seite wird Kausalität zu einem möglichen Anwendungsfall funktionaler Äquivalenz und damit aus wissenssoziologischer Perspektive zu einer möglichen Beobachtungsform des Wissenschaftssystems. Auf der anderen Seite steht Sinn als zentraler Begriff der systemtheoretischen Gesellschaftstheorie in einer herstellbaren Verbindungslinie zu einer Soziologie des Verstehens, beruht dabei aber auf einem rein analytischen und nicht-hermeneutischen Kommunikationsbegriff.[86] Die Orientierung bei der Begründungsform dieser Arbeit an einer deskriptiven Inferenz entspricht am ehesten diesem methodischen Grundverständnis Luhmanns und ermöglicht die Erstellung eines komplexen methodischen Designs, das durch die nachfolgenden Elemente und Ausführungen ergänzt wird.

2.4.2 Das Untersuchungsdesign

Das Untersuchungsdesign dieser Arbeit ist durch drei grundlegende Elemente gekennzeichnet. *Erstens* ist diese Arbeit als theoretisch angeleitete Sekundärstudie zu ausgewählten Fällen des politischen Islam angelegt. Sie gewinnt ihre Ergebnisse daher durch eine systematische Analyse des bestehenden Forschungsmaterials zum politischen Islam und nicht durch die Erzeugung neuer Primärdaten. Sie bedient sich dazu der luhmannschen Gesellschaftstheorie der Politik. Um die Besonderheiten dieses Theorieansatzes zu erarbeiten, werden die Überlegungen zur Mikro-Makro-Unterscheidung in den Sozialwissenschaften erörtert.

Zweitens lässt sich ihre Methode der Informationsgewinnung am Präzisesten mit dem Begriff einer offenen, theoriegeleiteten Studie beschreiben. In Verbindung mit der Begründungsform der deskriptiven Inferenz, d.h. einer Erkenntnisgewinnung aufgrund einer detailreichen und damit möglichst vielschichtigen Beschreibung der Untersuchungsgegenstände, zielt diese Studie auf die Entwicklung von theoriegestützten, mehrdimensionalen Typen islamistischer Bewegungen ab. Um dieses methodische Vorgehen genauer zu konturieren, wird auf die

---

85 Vgl. G. King/R.O. Keohane/S. Verba: Designing Social Inquiry, S. 43.
86 Vgl. A. Göbel: „Verstehen und Erklären bei Niklas Luhmann". Eine detaillierte Darstellung des Sinnbegriffs bei Luhmann bietet dazu ergänzend R. Schützeichel: Sinn als Grundbegriff bei Niklas Luhmann.

Dichotomie von qualitativen und quantitativen Ansätzen in den Sozialwissenschaften eingegangen.

Drittens bedient sich diese Untersuchung der Methode der Fallstudienanalyse. Sie arrangiert das herangezogene Datenmaterial zum politischen Islam in der Form distinkter Fälle islamistischer Bewegungen (AKP, al-Qaida und Muslimbrüder) und analysiert diese systematisch aus der Perspektive der systemtheoretischen Gesellschaftstheorie der Politik. Der Fokus der Darstellung der verwendeten Fallstudienmethode liegt auf der Weiterentwicklung von sozialwissenschaftlichen Theorieprogrammen mit Hilfe von Fallanalysen.

2.4.3 Definitionen von Grundbegriffen und theoretischen Konzepten

Grundsätzlich unterschieden wird zwischen der Explikation verwendeter Grundbegriffe und der Explikation herangezogener Theorieelemente, den sogenannten Konzepten.[87] Unter dem Konzept einer empirischen Untersuchung werden diejenigen zentralen Begriffe gefasst, die sowohl in der verwendeten Theorie, der postulierten Fragestellung und den zu untersuchenden Hypothesen vorkommen und diese Elemente einer wissenschaftlichen Untersuchung verbinden. Dies gilt vor allem für den angenommenen Wirkzusammenhang zwischen abhängiger und unabhängiger Variable in kausalanalytischen Untersuchungen.[88] Die vorliegende Untersuchung operiert nicht auf der Annahme kausaler Zusammenhänge zur Erklärung islamistischer Bewegungen, beruht aber dennoch auf der Verwendung verschiedener Konzepte der systemtheoretischen Gesellschaftstheorie. Die Funktion der Definition verwendeter Begriffe liegt darin, ihnen beobachtbare bzw. messbare Indikatoren zuzuordnen. Daher gehen die Konzeptspezifikation und Begriffsdefinition Hand in Hand, um so das theoretische gewonnene Grundgerüst der wissenschaftlichen Untersuchung zu operationalisieren, d.h. empirisch anwendbar zu machen.[89] Die zentrale Form der Begriffsdefinition in der sozial-

---

87 Vgl. J. Gering: „What Makes a Concept Good?". Zusätzlich betonen R. Schnell/P.B. Hill/E. Esser: Methoden der empirischen Forschung die große Bedeutung der Konzeptspezifikation für die theoriegeleitete Forschung (S. 11 u. 128), verdeutlichen aber auch sehr detailliert die Möglichkeiten und Probleme bei der Definition von Grundbegriffen (S. 50-52). K.-D. Opp: Methodologie der Sozialwissenschaften dagegen trennt weniger scharf zwischen beiden Dimensionen und favorisiert die Vorgehensweise der operationalen Definition (S. 122-126).
88 Vgl. T. Bernauer et al.: Einführung in die Politikwissenschaft, S. 68-69 und S. 79.
89 Vgl. R. Schnell/P.B. Hill/E. Esser: Methoden der empirischen Forschung, S.11.

wissenschaftlichen Forschung ist die Nominaldefinition, die zwischen dem Definiendum und dem Definiens unterscheidet.[90]

„Eine Nominaldefinition hat also zwei Bestandteile: Den Ausdruck, dessen Bedeutung als bekannt vorausgesetzt wird – genannt das *Definiens*, also der definierende Ausdruck –, und den Ausdruck, der synonym mit dem Definiens sein soll – genannt das *Definiendum*, also der zu definierende Begriff."[91]

Im Gegensatz zur früher gebräuchlicheren Form der Begriffsdefinition, der Realdefinition, die auf die Beschreibung des Wesens, des Kerns oder der Natur eines zu definierenden Sachverhalts abzielt[92], ist die Nominaldefinition eine kontingente Festsetzung oder Konvention der Bedeutung eines Begriffs. Diese Untersuchung zielt in ihrem Schlusskapitel darauf ab, eine adäquate Bezeichnung des politischen Islam in der Form einer analytischen Nominaldefinition zu generieren. Dabei orientiert sie sich zusätzlich am Modell der komplexen Definition, die über eine reine Festsetzung hinausreicht und ebenfalls eine Bedeutungsanalyse des zu bestimmenden Begriffs sowie die Verwendung empirisch validierter Bedeutungsmerkmale beinhaltet.[93] Diese Arbeit stellt demnach auf zwei unterschiedliche Weisen Bezug zur idealtypischen Verwendung von definierten Begriffen und Konzepten in der sozialwissenschaftlichen Forschung her: Während der Begriff des politischen Islam aufgrund seiner höchst umstrittenen Begriffsfassung erst im Ergebnis dieser Untersuchung einem terminologischen Bestimmungsversuch zugeführt, also bis dato lediglich eine knappe Arbeitsdefinition des politischen Islam verwendet wird, werden die zentralen Konzepte der systemtheoretischen Gesellschaftstheorie der Politik im Theorieteil hinsichtlich ihrer Genese erörtert und unter Einbeziehung der aktuellsten Sekundärliteratur zu Luhmanns Studien zur Anwendung in den Fallstudien ausgearbeitet.

2.5 Das Untersuchungsdesign dieser Arbeit

Niklas Luhmann setzt sich in seinen gesellschaftstheoretischen Schriften intensiv mit den bestehenden methodologischen Debatten der Sozialwissenschaften auseinander. Seine bewusst eingenommene Distanz zu den dort artikulierten Prob-

---

90 Vgl. ebd., S. 50.
91 K.-D. Opp: Methodologie der Sozialwissenschaften, S. 108.
92 Vgl. ebd., S. 113.
93 Vgl. ebd., S. 120-121.

lemstellungen methodisch kontrollierter Forschung und Theoriebildung[94] kann auf zwei Momente des luhmannschen Theorieprojekts zurückgeführt werden. Auf der einen Seite erweitert Luhmann die Ansprüche an die Methodologie der sozialwissenschaftlichen Theoriebildung. Dies beruht auf dem zentralen Ziel der luhmannschen Überlegungen: Errichtung einer Universaltheorie der Gesellschaft.[95] Mit diesem Ziel ergeben sich für die sozialwissenschaftliche Theoriebildung Ansprüche, die nach Luhmann zuvor nicht ausreichend reflektiert worden sind.[96] Auf der anderen Seite bedient er sich bei der Entwicklung seiner Gesellschaftstheorie einer konstruktivistischen Position, die die klassischen Vorstellungen einer gänzlich objektiven, d.h. gesellschaftsexternen Methodik und Methodologie der Sozialwissenschaften verwirft:

„Von einer konstruktivistischen Position aus gesehen kann die Funktion der Methodik nicht allein darin liegen, sicherzustellen, daß man die Realität richtig (und nicht irrig) beschreibt. Eher dürfte es um raffinierte Formen der systeminternen Erzeugung und Bearbeitung von Informationen gehen. Das heißt: Methoden ermöglichen es der wissenschaftlichen Forschung sich selbst zu überraschen."[97]

Nichtsdestotrotz kann das luhmannsche Theorieprojekt nicht als ein Vorhaben gekennzeichnet werden, dass frei von methodischen Regeln wäre. Vielmehr entwickelt Luhmann in seinem Werk verschiedene Methodiken, um die selbst gesteckten Ziele zu erreichen. Dies sind erstens umfangreiche Überlegungen zum Verhältnis von historischen Detailstudien zur soziologischen Theoriebildung im Bereich der Ideengeschichte.[98] Zweitens gehören dazu differenztheoretische Überlegungen, die vor allem im Bereich der Unterscheidung von System und Umwelt eine tragende Rolle spielen.[99] Drittens führt die konstruktivistische Ausrichtung der systemtheoretischen Gesellschaftstheorie nicht nur zu „Konsequenzen für die Erkenntnistheorie"[100], sondern auch zu methodischen Anforderungen an die soziologische Theoriebildung. Auf diese Herausforderungen re-

---

94　Vgl. N. Luhmann: Die Gesellschaft der Gesellschaft, S. 36-43.
95　Vgl. A.C. Gaiser: Das Potential und Design von Universaltheorien und N. Luhmann: Soziale Systeme, S. 9-14.
96　Vgl. N. Luhmann: Die Gesellschaft der Gesellschaft, S. 43.
97　Ebd., S. 37.
98　Vgl. Ders.: Ideenevolution, S. 234-252.
99　Vgl. Ders.: Die Gesellschaft der Gesellschaft, S. 60-78.
100　Vgl. Kapitel 12 von Ders.: Soziale Systeme sowie A. Göbel: „Zwischen operativem Konstruktivismus und Differenzierungstheorie".

agiert Luhmann vor allem mit den Überlegungen zu den Besonderheiten und der Anwendung der Beobachtung 2. Ordnung.[101]

Es wurde im vorangegangenen Kapitel für ein möglichst einheitliches methodologisches Grundverständnis in den Sozialwissenschaften argumentiert und eine starke Ähnlichkeit zwischen der Begründungsform der deskriptiven Inferenz und der luhmannschen Vorgehensweise der funktionalen Äquivalenz identifiziert. Diese Annäherung zwischen sozialwissenschaftlicher Methodologie und den Überlegungen von Niklas Luhmann soll im Bereich des grundlegenden Untersuchungsdesigns dieser Arbeit fortgeführt werden. Ziel ist es, auf diese Weise das Phänomen des politischen Islam mit Hilfe der luhmannschen Gesellschaftstheorie prägnanter zu analysieren als dies bisher geschehen ist, ohne dabei jedoch eine rein systemtheoretische Neubeschreibung dieses Untersuchungsgegenstandes anzufertigen. Vielmehr sollen die spezifischen methodologischen Anforderungen der systemtheoretischen Gesellschaftstheorie bei der Konfiguration des Untersuchungsdesigns berücksichtigt und mitreflektiert werden. Die grundlegenden Strukturen des Untersuchungsdesigns stammen jedoch aus dem ‚traditionellen' Diskurs der sozialwissenschaftlichen Methodologie, um die Ergebnisse dieser Untersuchung für den breiteren Diskurs der sozialwissenschaftlichen Forschung zum politischen Islam anschlussfähig zu machen. Ein ergiebiger Verbindungspunkt zwischen systemtheoretischer Gesellschaftstheorie und sozialwissenschaftlicher Methodenreflektion ist dabei zunächst das Feld der sogenannten Mikro-Makro-Unterscheidung.

2.5.1 Die Mikro-Makro-Unterscheidung und die systemtheoretische Gesellschaftstheorie

2.5.1.1 Die übergeordnete sozialwissenschaftliche Debatte

Zentrales Strukturmerkmal einer Gesellschaftstheorie ist ihr Mehrebenenaufbau. Unabhängig von den jeweiligen Ausformulierungen in den einzelnen gesellschaftstheoretischen Ansätzen unterscheidet man zwischen einer Mikro- und einer Makroebene gesellschaftlicher Prozess- und Strukturbildung.[102] Die maßgebliche Aufteilung gesellschaftlicher Phänomene auf die Mikro- und Makroebene liegt auch dem politikwissenschaftlichen Verständnis sozialen Geschehens zu-

---

101 Vgl. N. Luhmann: „Das Erkenntnisprogramm des Konstruktivismus und die unbekannt bleibende Realität" und M. Füllsack: „Geltungsansprüche und Beobachtungen zweiter Ordnung".

102 Vgl. H. Esser: Soziologie, Band 2, S. 59-61.

grunde und ist damit nicht nur ein Moment gesellschaftstheoretischer Überlegungen. Die wesentliche Bedeutung dieser beiden Ebenen hebt Hartmut Esser aus der Perspektive des methodologischen Individualismus folgendermaßen hervor:

„Alle sozialen Systeme ‚bestehen' letztlich nur über die Beiträge individueller Akteure zu ihrem Prozessieren. Insofern sind soziale Systeme notwendigerweise *Mehrebenen-Systeme* mit (mindestens) einer *Mikro-* und einer *Makro-*Ebene."[103]

Während die Unterscheidung zwischen einer Mikro- und einer Makroebene als allgemein verbindlich und akzeptiert in den einzelnen sozialwissenschaftlichen Disziplinen gilt, ist das Verhältnis zwischen den Ebenen der sozialwissenschaftlichen Erklärung einerseits und der sozialen Struktur- und Prozessbildung andererseits stark umstritten und je nach Theorieansatz sehr verschieden expliziert.[104] In einem ersten Schritt ist es angebracht, die beiden Extrempositionen dieser Sozialebenendifferenzierung respektive dieser sozialwissenschaftlichen Erklärungsstrategie genauer zu kennzeichnen. Unter dem Begriff der Mikro-Ebene fasst man die sozialen Phänomene auf individueller Ebene zusammen. Dazu können persönliche Einstellungen, Präferenzen und Werte sowie subjektive Entscheidungen gehören. Unter dem Begriff der Makroebene summiert man die großflächigen Sozialstrukturen der einzelnen Gesellschaftsbereiche Politik, Wirtschaft und Recht etc.; aber auch großflächige Strukturveränderungen wie Modernisierungs- oder Säkularisierungsprozesse werden als Makro-Phänomene bezeichnet. Ein Kernbereich sozialwissenschaftlicher Forschung respektive sozialwissenschaftlicher Theoriebildung besteht darin, soziale Phänomene als einer dieser Sozialebenen zugehörig zu kennzeichnen, um sie durch die spezifische Wechselwirkung zwischen den Sozialebenen einer Erklärung zugänglich zu machen. Dabei treten vor allem ontologische, methodologische sowie metatheoretische Problembereiche[105] auf, die im Folgenden differenzierter dargestellt werden, um eine Einordnung der systemtheoretischen Gesellschaftstheorie in diese Mikro-Makro-Unterscheidung zu ermöglichen.

---

103 Ebd., S. 59.

104 Auf diesen wichtigen Unterschied in der Verwendungsweise der Mikro-Makro-Unterscheidung, einerseits als Erklärungsstrategie und andererseits als angenommene Realitätsebenen, weist besonders hin: B. Heintz: „Emergenz und Reduktion", S. 3.

105 Vgl. dazu die Kapiteleinteilung von J. Greve/A. Schnabel/R. Schützeichel: Das Mikro-Makro-Mikro-Modell der soziologischen Erklärung.

Liegt bei der Erklärung eines sozialen Phänomens und bei seiner Einordnung auf eine der Sozialebenen die Präferenz der jeweiligen Theorie auf der Mikroebene, wird diese als *methodologischer Individualismus* bezeichnet.[106] Liegen Erklärungsstrategie und Einordnung dagegen auf der Makro-Ebene wird eine solche Theorie als *methodologischer Holismus* bezeichnet.[107] Aus Sicht der ersten Position resultieren makrosoziale Phänomene lediglich aus der Summe individueller Entscheidungen und Handlungen. Sie sind aus Mikro-Phänomenen zusammengesetzt und müssen aus einer Mikro-Perspektive heraus erklärt werden.[108] Ihnen kommt damit in einem ontologischen Verständnis keine eigenständige Existenz zu. Theorien und Erklärungsansätze des Typs methodologischer Holismus schreiben makrosozialen Phänomenen eine erkenntnistheoretische Autonomie zu. Zu ihrer Erklärung wird kein Rückgriff auf individuelle Verhaltensweisen oder Eigenschaften benötigt und sie werden durch soziale Phänomene auf derselben Aggregatebene erklärt.[109]

Keine dieser beiden Extrempositionen hat sich als alleinig erfolgreich erwiesen. Vielmehr besteht in der sozialwissenschaftlichen Debatte eine dynamische Abfolge von vorherrschenden Erklärungsstrategien und -modellen.[110] Eine Möglichkeit der detaillierteren Typisierung von Verbindungen zwischen der Mikro- und der Makro-Ebene besteht darin, Transformationsregeln zu formulieren, die erklärungstechnisch den Übergang von einer Ebene auf die andere sicherstellen. Auf diese Weise lassen sich drei idealtypische Zusammenhänge zwischen Mikro- und Makro-Ebene formulieren:

- *Parallelismus*: Es besteht eine strikte Äquivalenz zwischen Mikro- und Makroebene. Konkrete, individuelle Phänomene sind notwendige und hinreichende Erklärungs- und Entstehungsbedingungen für dazugehörige Phänomene auf der Makro-Ebene. Der stärkste Kritikpunkt an diesem Typ des Zusammenhangs von Mikro- und Makro-Ebene ist der komplizierte empirische Nachweis einer solchen 1-zu-1-Beziehung.[111]
- *Lokalismus*: Die Beziehung zwischen der Mikro- und Makro-Ebene ist weniger strikt gefasst. Ein Makro-Phänomen muss zwar durch die Referenz auf Mikro-Phänomene erklärt werden, für die Erklärung einzelner Makro-

---

106 Vgl. D. Rios: „Social Complexity and the Micro-Macro Link", S. 773.
107 Vgl. ebd.
108 Vgl. ebd.
109 Vgl. ebd.
110 Vgl. Heintz: „Emergenz und Reduktion", S. 1.
111 Vgl. D. Rios: „Social Complexity and the Micro-Macro Link", S. 777-778.

Phänomene können jedoch verschiedene Klassen von Mikro-Phänomenen herangezogen werden. Es herrscht keine 1-zu-1-Beziehung.[112]

- *Konvergentismus*: Phänomene auf der Mikro-Ebene sind nicht durch verbindende Eigenschaft gekennzeichnet, die zur direkten Erklärung eines Makro-Phänomens herangezogen werden könnten. Vielfältige Faktoren auf der Mikro-Ebene werden zwar als verantwortlich für Makro-Phänomene angesehen, eine klare Verbindung kann aber nicht hergestellt werden. Es können lediglich regelmäßige Konvergenzen zwischen Mikro- und Makroebene identifiziert werden.[113]

2.5.1.2 Emergenz und Reduktion

Ein weiterer Ansatz für die tiefergehende Analyse und Systematisierung der Mikro-Makro-Unterscheidung besteht darin, das komplementäre Begriffspaar der *Emergenz* bzw. der *Reduktion* auf jene Unterscheidung anzuwenden. Emergenz bezeichnet den Sachverhalt, dass Eigenschaften von Makro-Phänomenen nicht auf die Eigenschaften ihrer Bestandteile reduziert werden können. Dies gilt in einem ontologischen sowie in einem erkenntnistheoretischen Sinne. Dieser Begriff findet seit dem 20. Jahrhundert eine vielfältige Anwendung in den Naturwissenschaften, der Philosophie und den Sozialwissenschaften. Sein Ursprung wird Überlegungen von John Stuart Mill (1806-1873) zugeschrieben.[114] Der Begriff der Reduktion ist ebenfalls ein interdisziplinär verwendeter Begriff, der den Sachverhalt zu bestimmen versucht, Makro-Phänomene – dies können z.B. gesellschaftliche Phänomene, aber auch Bewusstseinsleistungen sein – auf grundlegendere Mikro-Phänomene (Personen oder Gehirnzellen) zu reduzieren. Komplementär zu Ansätzen der Emergenz zielt diese Perspektive der Reduktion auf die ontologische wie erkenntnistheoretische Reduktion von Makro-Phänomenen auf Mikro-Phänomene ab. Vor allem im Bereich der Neurowissenschaften und der Philosophie des Geistes werden wesentliche Probleme von reduktiven Ansätzen unter den Stichworten der *Supervenienz* und der *vielfachen Realisierungsmöglichkeit* diskutiert.[115]

---

112 Vgl. ebd., S. 778-779.
113 Vgl. ebd., S. 780.
114 Vgl. M. Buchmann: „Emergent Properties".
115 Vgl. G. Oddie: „Reduction, Varieties of". Spezifisch zum Problem der multiplen Realisierung vgl. B. Heintz: „Emergenz und Reduktion", S. 8-10 und einen umfassenden Überblick über die zentralen Positionen und Debatten zum Emergenzbegriff bieten J. Greve/A. Schnabel: „Einleitung".

Auf der einen Seite zeigt die Verbindung des Mikro-Makro-Problems mit dem Begriffspaar von Emergenz und Reduktion auf, dass dieses Problem kein spezifisch sozialwissenschaftliches ist. Vielmehr befassen sich ebenfalls die Evolutionsbiologie, die Thermodynamik sowie die Neurowissenschaften mit dem problematischen Verhältnis von Mikro- zu Makro-Phänomenen.[116] Auf diese Weise zeigen sich die Überlegungen in den sozialwissenschaftlichen Disziplinen als anschlussfähig an die Überlegungen in naturwissenschaftlichen Disziplinen. Was gegenseitige Lernprozesse und die Überwindung von Defiziten in der sozialwissenschaftlichen Diskussion durch neue Perspektiven ermöglicht.[117] Auf der anderen Seite kann das Verhältnis von Mikro- und Makro-Ebene mit Hilfe dieses Begriffspaares nochmals präziser gefasst werden. Neben der eingangs erwähnten Unterteilung in eine Erklärungsstrategie (Welcher Erklärungszusammenhang besteht zwischen der Mikro- und der Makro-Ebene?) und in ontologische Annahmen über den Realitätsstatus von verschiedenen Ebenen der sozialen Wirklichkeit (Sind Makro-Phänomene eigenständig oder gänzlich abhängig von Ereignissen auf der Mikro-Ebene?) verlangt die Verwendung des Begriffspaares Emergenz/ Reduktion die präzise Klärung des Verhältnisses beider Ebenen. Dadurch lässt sich die anfänglich eingeführte Dichotomie von methodologischem Individualismus bzw. Holismus um zwei mittlere Positionen ergänzen und es ergeben sich vier analytische Grundpositionen zum Umgang mit der Mikro-Makro-Unterscheidung in den Sozialwissenschaften[118]:

- Radikaler methodologischer Holismus (starke Emergenz).
- Radikaler methodologischer Individualismus (keine Emergenz).
- Moderater methodologischer Individualismus (schwache Emergenz).
- Moderater methodologischer Holismus (schwache und starke Emergenz).

Dieser Aufstellung folgend muss eine hinreichend detaillierte Perspektive auf die Mikro-Makro-Unterscheidung das Maß der Emergenz der Makro-Ebene im Verhältnis zur Mikro-Ebene angeben können. Sie muss zusätzlich das Verhältnis zwischen beiden Ebenen bestimmen können und ein entsprechendes Erklä-

---

116 Vgl. B. Heintz: „Emergenz und Reduktion", S. 2.
117 Vgl. ebd., S. 5-19, dort greift Heintz auf die wissenschaftstheoretischen Überlegungen zu Emergenz und Reduktion in der Philosophie des Geistes zurück und macht diese Überlegungen für die soziologische Theoriebildung fruchtbar. Dieses Vorgehen findet sich auch bei R. Mayntz: „Emergence in Philosophy and Social Theory".
118 Vgl. die Abbildung von G. Albert: „Moderater methodologischer Holismus", S. 389.

rungsmodell beinhalten. Auf der Basis dieser differenzierten Betrachtungsweise ist es möglich, die systemtheoretische Gesellschaftstheorie aus der Perspektive der Mikro-Makro-Unterscheidung zu betrachten sowie die grundlegenden Theorieentscheidungen der systemtheoretischen Gesellschafstheorie in die Überlegungen zur Mikro-Makro-Unterscheidung einzuordnen.

2.5.1.3 Die Mikro-Makro-Unterscheidung und die systemtheoretische Gesellschaftstheorie

Wendet man die aus der disziplinenübergreifenden Debatte zur Mikro-Makro-Unterscheidung gewonnenen Kategorien auf die systemtheoretische Gesellschaftstheorie an, ist zunächst Vorsicht geboten. Es ist wichtig, diese Universaltheorie sozialer Systeme nicht als eine reine Makrotheorie anzusehen.[119] Die Ebenendifferenzierung der systemtheoretischen Gesellschaftstheorie in Interaktion, Organisation und Gesellschaft ist nicht gänzlich gleichzusetzen mit der Unterscheidung von Mikro- und Makroebene in der allgemeinen sozialwissenschaftlichen Theoriebildung und -diskussion.[120] Die anders gelagerte Ausrichtung der luhmannschen Konzeption von verschiedenen Ebenen der sozialen Wirklichkeit lässt sich daher zunächst sehr gut über das Begriffspaar der Emergenz und Reduktion erschließen. Denn:

„Die im letzten Abschnitt eingeführten Begriffe lassen sich selbstverständlich nur mit Einschränkungen auf die soziologische Mikro-Makro-Diskussion übertragen. Sie geben jedoch eine Art ‚Heuristik' an die Hand, um die in der Soziologie vorgebrachten Auffassungen zu präzisieren und eine neue Perspektive auf das Mikro-Makro-Problem zu gewinnen."[121]

So lassen sich im großen Feld der soziologischen Theorieprogramme *eliminative* Theorien, die Makro-Phänomene als vollständig durch Mikro-Phänomene zu ersetzend verstehen (z.B. die Überlegungen von Randall Collins), *reduktionistische* Theorien, die Makro-Phänomene weitestgehend auf individuelle Entscheidungen und Handlungen zurückführen (Rational Choice-Theorien) sowie *Emergenztheorien*, die die Eigenständigkeit von Makro-Phänomenen betonen – vor allem Émile Durkheim, Talcott Parsons (1902-1979) und Niklas Luhmann –,

---

119 Vgl. B. Heintz: „Emergenz und Reduktion", S. 22.
120 Vgl. A. Nassehi: „Die Theorie funktionaler Differenzierung im Horizont ihrer Kritik", S. 105-106.
121 B. Heintz: „Emergenz und Reduktion", S. 14.

identifizieren.[122] Beachtet man die zentrale Rolle der Kommunikation für die Bildung, das Fortbestehen und die Ausdifferenzierung sozialer Systeme, lässt sich der systemtheoretischen Gesellschaftstheorie zusätzlich eine monistische Sozialontologie unterstellen.[123] Kommunikation ist das Letztelement bzw. die spezifische Operation sozialer Systeme. Die Grenzen des Gesellschaftssystems bilden sich an den Grenzen sinnhafter Kommunikation. Nichtsdestotrotz bietet diese monistische Operationsbasis sozialer Systeme vielfältige Möglichkeiten zur Ausdifferenzierung.[124] Diese ersten und wichtigen Charakterisierungen der systemtheoretischen Gesellschaftstheorie führen jedoch nicht dazu, diese dem Typus der radikalen holistischen Methodologie zuzuordnen.[125] Aufgrund ihrer universalistischen Ausrichtung ‚sprengt' sie vielmehr die vier skizzierten Grundpositionen der Mikro-Makro-Unterscheidung. Trotz einer monistischen Sozialontologie (Kommunikation als basale Operation sozialer Systeme[126]) geht die systemtheoretische Gesellschaftstheorie weder von einer starken Emergenz aus, noch analysiert sie soziales Geschehen lediglich auf der Basis von Makro-Phänomenen. Exakter lässt sich das Emergenz-Verhältnis der einzelnen Ebenen (Interaktion, Organisation und Gesellschaft) als eine hierarchische und inklusive Beziehung kennzeichnen. Im Zuge der sozio-kulturellen Evolution haben sich

---

122 Vgl. ebd., S. 15-19.
123 Vgl. ebd., S. 24.
124 Vgl. zunächst zur zentralen Rolle der Kommunikation für die Bildung sozialer Systeme: C. Baraldi/G. Corsi/E. Esposito: GLU, S. 89-93. Das Kapitel 2 „Kommunikationsmedien" von N. Luhmann: Die Gesellschaft der Gesellschaft, S. 190-412 zeigt die Vielfalt von möglichen, im Laufe der sozio-kulturellen Evolution entstandenen Kommunikationsformen auf.
125 Vgl. auch S. Lohse: „Zur Emergenz des Sozialen bei Niklas Luhmann", der sehr differenziert argumentierend versucht, Luhmanns Gesellschaftstheorie als eine starke Emergenztheorie des Sozialen zu charakterisieren, welche den Anforderungen der Wissenschaftstheorie jedoch nicht gerecht wird. M. E. beachtet Lohse dabei aber nicht, dass das Verhältnis von Kommunikation und Bewusstsein bei Luhmann nicht in der Form rekonstruiert werden kann, wie dies bspw. in reduktionistischen Sozialtheorien mit dem Verhältnis von Gesellschaft und Individuum vorgenommen wird.
126 Als Universaltheorie befasst sich die systemtheoretische Gesellschaftstheorie auch mit dem Phänomen des Bewusstseinssystems, welches nicht auf der Basis von Kommunikation operiert. Aus dieser Perspektive der Umwelt sozialer Systeme müsste man insgesamt von multiplen Ontologien – je nach Systemtyp – sprechen. Vgl. dazu B. Heintz: „Emergenz und Reduktion", S. 22.

zunächst Interaktions- und Gesellschaftssysteme, später auch Organisationssysteme, in verschiedenen Formen und Zusammenhängen herausgebildet. Dabei kann kein Systemtyp auf einen anderen reduziert werden. Stets vollziehen sich gesellschaftliche Systembildungsprozesse über Kommunikationsleistungen innerhalb des vielfältig differenzierten Systems der Gesellschaft[127]: „Die Systemebenen schließen sich gegenseitig nicht aus, vielmehr können die tiefer liegenden Systeme auch in den jeweils höheren Systemen enthalten sein."[128]

Kausalitätsannahmen in anderen sozialwissenschaftlicher Ansätzen werden in der systemtheoretischen Gesellschaftstheorie in der Form wechselseitiger Strukturzusammenhänge zwischen den einzelnen Systemtypen aufgefasst. Die systemtheoretische Gesellschaftstheorie erklärt daher soziale Phänomene nicht durch eine Bevorzugung je der einen oder der anderen Ebene sozialer Systeme, sondern zeichnet sich vielmehr durch die Angabe vielschichtiger Strukturzusammenhänge zwischen den einzelnen Systemtypen aus:

„Die allgemeine Theorie sozialer Systeme [...] klärt immerhin prinzipiell, wie soziale Systeme sich durch Prozesse der Selbstselektion und der Grenzziehung konstituieren. Dieser Konstitutionsprozeß läuft aber unter je besonderen Bedingungen ab, so daß Systemtypen entstehen, die sich nicht aufeinander zurückführen lassen. [...] Daher haben auch die diesen Systemtypen zugeordneten Theorien nur eine begrenzte Tragweite. Keine von ihnen erfaßt die gesamte soziale Wirklichkeit."[129]

Insgesamt beinhaltet die systemtheoretische Gesellschaftstheorie eine Differenzierung von drei Typen sozialer Systeme, das sind: Interaktion, Organisation und Gesellschaft, die auf distinkten Ebenen der sozialen Wirklichkeit angesiedelt sind, jeweils über verschiedene Strukturierungsprinzipien und Operationsweisen verfügen und dazu noch in einem komplexen Wechselverhältnis zueinander stehen. Die Verwendung der systemtheoretischen Gesellschaftstheorie der Politik für die fallbasierte Analyse islamistischer Bewegungen ermöglicht daher die Erarbeitung eines vielschichtigen und komplexen Interpretationsrahmens, der deutlich über die üblichen Positionen innerhalb der Mikro-Makro-Unterscheidung hinausgeht. Aus diesem Aufbau der systemtheoretischen Gesellschaftstheorie ergibt sich für die Erarbeitung des systemtheoretischen Analyserahmens dieser Arbeit ein Fokus auf folgende Theoriebereiche:

---

127 Vgl. ebd., S. 23.
128 Ebd.
129 N. Luhmann: Soziologische Aufklärung 2, S. 13.

- *Die drei Typen sozialer Systeme:* Interaktion, Organisation und Gesellschaft:

Diese drei Ausprägungen stehen im Zentrum der gesellschaftstheoretischen Arbeiten Luhmanns. Da er in Anbetracht der zunehmenden Bedeutung sozialer Protestbewegungen in seinem Spätwerk *Die Gesellschaft der Gesellschaft* kritisch die universelle Anwendbarkeit dieser Trias auf alle sozialen Phänomene reflektiert[130], sollen diese Überlegungen im Theorieteil zum Anlass genommen werden, die aktuellen Überlegungen der Netzwerkforschung in die systemtheoretische Ebenendifferenzierung zu überführen.[131] Insgesamt wird diese Sozialebenenunterscheidung dazu verwendet werden, die Operations- und Organisationsweise islamistischer Bewegungen zu kennzeichnen.

- *Das primäre Strukturprinzip der modernen (Welt-)Gesellschaft*: die funktionale Differenzierung:

Dieses Strukturprinzip bestimmt die gegenwärtige Form des Systemtyps Gesellschaft. Zusätzlich kennzeichnet Luhmann die gegenwärtige Form des Sozialsystems Gesellschaft als Weltgesellschaft.[132] Insofern basiert die weltgesellschaftliche Ausrichtung dieser Untersuchung nicht nur auf dem in der Einleitung erwähnten Mangel an holistischen Untersuchungen des politischen Islam, sondern auch auf der theoretischen Grundsatzentscheidung Luhmanns, die moderne, funktional differenzierte Gesellschaft als Weltgesellschaft zu bestimmen.

- Erarbeitung des *politischen Systems der modernen Weltgesellschaft* und die Kennzeichnung wichtiger *Umweltsysteme*, um die Referenzsysteme für die Operationen islamistischer Bewegungen zu bestimmen:

Ziel dieser Arbeit ist es nicht nur, die Operations- und Organisationsweise islamistischer Bewegungen auf der Basis der systemtheoretischen Ebenendifferenzierung in Interaktion, Organisation und Gesellschaft unter der Berücksichtigung aktueller Netzwerkforschung zu identifizieren, sondern auch deren Operationsweise in der modernen, funktional differenzierten Weltgesellschaft zu kenn-

---

130 Vgl. N. Luhmann: Die Gesellschaft der Gesellschaft, S. 847-865.
131 Vgl. M. Bommes/V. Tacke: „Netzwerke in der *Gesellschaft der Gesellschaft*"; H. White et al.: „Networks and Meaning" und V. Tacke: „Netzwerk und Adresse".
132 Vgl. N. Luhmann: Die Gesellschaft der Gesellschaft, S. 145-171 sowie Ders.: „Die Weltgesellschaft".

zeichnen. Dazu wird das politische System der modernen Weltgesellschaft herausgearbeitet.[133]

- Die Unterscheidung von *Gesellschaftsstruktur und Semantik*:

In der Einleitung wurde dafür argumentiert, ebenfalls die Unterscheidung von Gesellschaftsstruktur und Semantik zur Analyse islamistischer Bewegungen heranzuziehen. Aktuelle Studien, vor allem in den Bereichen der Dschihadismus-Forschung und der Analyse politischer Ideologien, betonen die große Bedeutung von islamistischen Vordenkern und Ideologien für die Erzeugung, Genese und Stabilisierung islamistischer Bewegungen.[134] Aber auch eine konsequente Betrachtungsweise der Differenzierungsformen sozialer Systeme verdeutlicht die besondere Stellung von Semantiken. Ungeachtet der umstrittenen Kennzeichnung von Semantiken als der Strukturentwicklung von Sozialsystemen nachgeordnet, beigeordnet oder vorgeordnet[135] nehmen sie eine zentrale Stellung in der Konstitution von sozialen Systemen ein und sind wesentliche Elemente der soziokulturellen Evolution sozialer Systeme.[136]

---

133 Ziel ist es in diesem Bereich des theoretischen Rahmens, Religion und Politik als weltgesellschaftliche Funktionssysteme mit globaler Reichweite zu modellieren. Vgl. dazu: M. Albert/R. Stichweh: Weltstaat und Weltstaatlichkeit; M. Neves: „Die Staaten im Zentrum und die Staaten an der Peripherie" und P. Beyer: „The Modern Emergence of Religions and a Global Social System for Religion".

134 Vgl D.R. Springer/J.L. Regens/D.N. Edger: Islamic Radicalism and Global Jihad; B. Tibi: Violence and Religious Fundamentalism in Political Islam und M. Torres/J. Jordán/N. Horsburgh: „Analysis and Evolution of the Global Jihadist Movement Propaganda".

135 Vgl. I. Srubar: „Systemischer Materialismus oder Konstitutionsanalyse sinnverarbeitender Systeme?"; R. Stichweh: „Semantik und Sozialstruktur" und U. Stäheli: „Die Nachträglichkeit der Semantik".

136 Vgl. N. Luhmann: Ideenevolution, S. 250 und Ders.: Gesellschaftsstruktur und Semantik, hier: Bd.1, S. 17-19, S. 41-45 enthalten Überlegungen zum Verhältnis von sozio-struktureller Evolution und Ideenevolution.

2.5.2 Offene, theoriegeleitete Vorgehensweise und die Dichotomie quantitativer und qualitativer Sozialforschung

Die sozialwissenschaftliche Methodenlehre ist seit den 1920er Jahren durch die Dichotomie zweier getrennter Forschungskulturen, den Bereichen der quantitativen und qualitativen Methoden, bestimmt. Diese Dichotomie ist bis in die Gegenwart hinein durch ein spannungsreiches Verhältnis dieser beiden Forschungsbereiche zueinander sowie durch die gegenseitige Abgrenzung und Kritik gekennzeichnet. Wie bereits zuvor angedeutet, wirkt sich diese Dichotomie auch auf den Bereich der Standards und Kriterien für gute sozialwissenschaftliche Forschung aus.[137] Grundbegriffe der Methodenlehre wie Reliabilität, Objektivität, Generalisierbarkeit und Repräsentativität werden von quantitativen und qualitativen Ansätzen unterschiedlich definiert.[138] In historischer Perspektive verfestigte sich die Trennung von quantitativen und qualitativen Ansätzen zunächst im Zuge der Kritik quantitativ-orientierter Forscher an der sogenannten Chicago-School in den 1930er und 1940er Jahren. Diese Kritik führte jedoch nicht dazu, dass sich die Vertreter der Chicago-School stärker an quantitativen Idealen empirischer Forschung orientierten, sondern ihrerseits ihre qualitativen Standards stärker reflektierten und eigenständiger formulierten. Beide Forschungsprogramme differenzierten sich dementsprechend entlang der jeweilig artikulierten Kritik aus und grenzten sich immer stärker voneinander ab.[139] Das neu gewonnene Selbstbewusstsein qualitativer Methoden und Forschungsansätze mündete in den 1960er und 1970ern in die Blütezeit dieses Paradigmas.[140] Prominente Beispiele dieser Blütezeit sind die Etablierung des interpretativen Paradigmas[141], des *symbolischen Interaktionismus* nach George Herbert Mead (1863-1931) und Everett Hughes (1897-1983), der *phänomenologischen Soziologie* im Anschluss an die Arbeiten von Alfred Schütz (1899-1959), die von Harold Garfinkel (1917-2011) entwickelte *Ethnomethodologie*, die *interaktionssoziologi-*

---

137 Vgl. U. Kelle: Die Integration qualitativer und quantitativer Methoden in der empirischen Sozialforschung, S. 13.
138 Vgl. A. Przyborski/M. Wohlrab-Sahr: Qualitative Sozialforschung, S. 38-47.
139 Vgl. U. Kelle: Die Integration qualitativer und quantitativer Methoden in der empirischen Sozialforschung, S. 28-35.
140 Vgl. J.R. Hall: „Qualitative Methods, History of", S. 12614.
141 Vgl. D. Brock et al.: Soziologische Paradigmen nach Talcott Parsons, S. 20 und M. Meuser: „Interpretatives Paradigma".

schen Studien von Erving Goffman (1922-1982), bis hin zu den *konstruktivistischen Ansätzen* von Peter Berger (*1929) und Thomas Luckmann (*1927).[142]

Betont man zunächst die Stabilität der Dichotomie von quantitativen und qualitativen Methoden und geht davon aus, dass sie klar voneinander abzugrenzende Lager bildeten, ließen sich beide im Hinblick auf grundlegende Annahmen über das Verhältnis von wissenschaftlicher Forschung und sozialer Realität kennzeichnen. In dieser Hinsicht schreibt man der quantitativen empirischen Forschung i.d.R. eine beobachterunabhängige, objektive Datenerhebung und -auswertung von großen Fallzahlen auf der Basis von standardisierten Verfahren zu. Qualitative Ansätze dagegen stellen die explorative Erkundung kultureller Regeln und Praktiken mit einem besonderen Fokus auf individuelle Sinnsetzungs- und Sinndeutungsvorgänge mit einer Beschränkung auf wenige oder gar Einzelfälle in den Mittelpunkt ihres Forschungsinteresses.[143] Bei genauerem Hinsehen erweist sich hingegen weder die Dichotomie von qualitativen und quantitativen Methodenansätzen als gänzlich stabil, auf die Etablierung sozialwissenschaftlich übergreifender Standards des methodischen Vorgehens wurde bereits hingewiesen, noch agieren die sogenannten Lager in der empirischen Forschungspraxis stets getrennt voneinander. Seit den späten 1970er Jahren werden empirische Forschungsvorhaben mit einer Verbindung von qualitativen und quantitativen Methodenansätzen durchgeführt:

„Die Tatsache, dass qualitative und quantitative Methoden gemeinsam und erfolgreich in empirischen Studien eingesetzt worden sind, hat seit Ende der 1970er Jahre eine Reihe von methodologischen Arbeiten über Methodenintegration und Methodenmix angeregt."[144]

Ergebnis dieser neueren Arbeiten sind verschiedene Strategien, qualitatives und quantitatives Vorgehen miteinander zu kombinieren. Diskutiert wird u.a., dass spezifische Fragestellungen empirischer Forschungsprojekte beide Ansätze benötigen, eine Integration beider Bereiche voranzutreiben, sogenannte Mixed-Methods-Designs zu entwickeln oder multimethodisch ohne größere Syntheseleistung der verwendeten Methoden vorzugehen.[145] Anknüpfungspunkt der hier nur kurz und exemplarisch dargestellten Dichotomie von qualitativen und quan-

---

142 Vgl. J.R. Hall: „Qualitative Methods, History of", S. 12614.
143 Vgl. U. Kelle: Die Integration qualitativer und quantitativer Methoden in der empirischen Sozialforschung, S. 13.
144 Ebd., S. 47.
145 Vgl. ebd., S. 14-17 und S. 39-47.

titativen Ansätzen ist der Zugang zu und die Auswertung von den in der Form von Fallstudien gewonnenen empirischen Daten dieser Untersuchung. Zentral in dieser Hinsicht ist die bereits artikulierte Entscheidung, diese Arbeit als eine offene und theoriegeleitete Herangehensweise an das empirische Material anzulegen. Diese Vorgehensweise wird in den zwei nachfolgenden Unterkapiteln konkretisiert.

2.5.2.1 Luhmanns Kritik an der Dichotomie quantitativer und qualitativer Methoden

Diese Arbeit berücksichtigt die von Luhmann geäußerte Kritik an der Dichotomie von qualitativen und quantitativen Ansätzen[146] sowie seine eigens formulierten Anforderungen an eine sozialwissenschaftliche Methodologie, die dem konstruktivistischen Grundverständnis und den besonderen methodologischen Ansprüchen der systemtheoretischen Gesellschaftstheorie geschuldet sind. Während Luhmann in Bezug auf die Leitunterscheidung von quantitativen und qualitativen Ansätzen betont, dass diese „[...] vor allem ungeklärt [läßt T.H.], wie man *Distanz* zum Gegenstand in *Erkenntnisgewinn* transformieren könne und Milieukenntnisse der sozial erfahrenen Teilnehmer [...] in sozialer Kommunikation sogleich bestätigen und überbieten könne."[147], beziehen sich die besonderen methodologischen Ansprüche der systemtheoretischen Gesellschaftstheorie auf folgende Aspekte:

- Eine systematische Analyse der Bedingungen, warum jenseits des Paradigmas der rationalen Wahl „[...] fast alle möglichen Handlungen und Interaktionen *nicht* zustande kommen."[148]
- Die daraus folgende Verschiebung des zentralen empirischen Untersuchungsfokus vom Individuum (methodologischer Individualismus) auf Kommunikation.[149]
- Die methodologische Präferenz für „*möglichst einfache* Erklärungen"[150] im Rahmen der Konstruktion einer Gesellschaftstheorie zu überwinden.

---

146   Vgl. N. Luhmann: Die Gesellschaft der Gesellschaft, S. 37. Hier schreibt Luhmann scharf: „Die die soziologische Methodendiskussion dominierende Gegenüberstellung von quantitativen und qualitativen Methoden lenkt von den eigentlichen Problemen eher ab."
147   Ebd.
148   Ebd., S. 39.
149   Vgl. ebd., S. 39-40.

- Die Methode des funktionalen Vergleichens verstärkt anzuwenden.[151]
- Methodologische Grundlagen empirischer Forschung und Theoriearbeit als intendierte Begriffsentscheidungen und nicht als a priori bestehende Ausgangslage zu verstehen.[152]

Die Rezeption dieser Anforderungen hat vor allem drei Aspekte genauer beleuchtet und sie damit für die allgemeine Methodenliteratur anschlussfähiger gemacht. Zunächst steht Luhmann in historischer Perspektive mit seinen, an einer Gesellschaftstheorie ausgerichteten methodologischen Anforderungen nicht alleine da. Bereits Theodor W. Adorno betonte im Zuge des Positivismusstreits die besondere Rolle einer der Empirie vorgeordneten Gesellschaftstheorie. Im Hinblick auf die Ergebnisse des Positivismusstreits ist es aber sinnvoll, allzu überzogene Ansprüche an die sozialwissenschaftliche Methodenlehre durch das luhmannsche Projekt der Gesellschaftstheorie abzuschwächen.[153] Die Vorzüge der luhmannschen Überlegungen liegen vielmehr darin, dass seine Gesellschaftstheorie die Komponenten Theorie, Methode und Empirie als Elemente des Wissenschaftssystems zu erfassen vermag und somit Problemstellungen der sozialwissenschaftlichen Methodologie aus der Perspektive systemtheoretischer Gesellschaftstheorie neu beleuchtet werden können.[154] Letztlich kann auch Luhmann den schwierigen Umgang der Soziologie (der Sozialwissenschaften insgesamt) mit ihrem Gegenstand, dem Sozialen, nicht gänzlich auflösen.[155] Seine methodologischen Vorbemerkungen betonen jedoch, dass die Soziologie hinter den Möglichkeiten methodologischer Standards zurückbliebe und den wirklichen, d.h. empirischen Schwierigkeiten durch die Invisibilisierung ihrer methodenbezogenen Grundsatzentscheidungen aus dem Weg ginge.[156] Eine konsequente Verfolgung der luhmannschen Überlegungen würde deutlich weiter reichende Konsequenzen haben:

„Methodische ‚Kontrolle' kann dann nur noch heißen: Einsicht in die epistemologische Verschlingung von Forschung und Gegenstand sowie Folgenabschätzung von Begriffs-

---

150 Ebd., S. 40.
151 Vgl. ebd., S. 42-43.
152 Vgl. ebd., S. 43.
153 Vgl. A. Nassehi: „Gesellschaftstheorie und empirische Forschung", S. 199-203.
154 Vgl. C. Besio/A. Pronzini: „Die Beobachtung von Theorien und Methoden".
155 Vgl. A. Nassehi: „Theorie und Methode", S. 196.
156 Vgl. ebd., S. 195-197. Nassehi bezeichnet dieses Verhalten als Vermeidungsstrategie.

und Unterscheidungsumstellungen. Man kann das dann ‚Theorie' nennen, vielleicht hieße es besser ‚Methode', oder man lässt die Unterscheidung auf sich beruhen."[157]

Diese Überlegungen Nassehis anzunehmen führt dazu, dass sich diese Arbeit keinem der beiden Paradigmen zuordnet. Die planmäßige Ausrichtung dieser Arbeit orientiert sich vielmehr an ihrem Erkenntnisziel: der Analyse von Fällen des sunnitischen politischen Islam mit Hilfe von begründet ausgewählten Konzeptdimensionen der luhmannschen Gesellschaftstheorie der Politik. Damit folgt diese Untersuchung der luhmannschen Direktive, mit Hilfe von theoretisch angeleiteten Sekundärstudien das bestehende Material der sozialwissenschaftlichen Disziplinen zu re-interpretieren.[158] Primäre Ziele sind in dieser Hinsicht die Weiterentwicklung der systemtheoretischen Gesellschaftstheorie der Politik durch ihre empirische Anwendung (vgl. das folgende Kapitel über das Zusammenspiel von Theorieentwicklung und Fallstudienanalyse) sowie die systematische Analyse des politischen Islam auf der Basis der theoretischen Überlegungen.

2.5.2.2 Luhmanns konstruktivistische Methodologie und das qualitative Paradigma

Ungeachtet der starken Kritik von Luhmann an der Dichotomie von qualitativen und quantitativen Methoden lassen sich Ähnlichkeiten zwischen seinen Überlegungen und methodischen Grundüberzeugungen der qualitativen Sozialforschung finden. Hierbei sind es vor allem die konstruktivistischen Grundlagen der systemtheoretischen Gesellschaftstheorie, die in ihren erkenntnistheoretischen Konsequenzen auch in der qualitativen Sozialforschung wiedergefunden werden können.[159] Für Luhmann führt der Konstruktivismus – konsequent zu Ende gedacht – zu einer Auflösung der realistischen wissenschaftstheoretischen Position, die von einer Trennung in Subjekt (Forscher) und Objekt (Untersuchungsgegenstand) ausgeht. Luhmann stellt dagegen die Unterscheidung von System und Umwelt an den Beginn einer Gesellschaftstheorie, sodass die wissenschaftliche Beobachtungsleistung durch erkennende Systeme über die Begriffe der Operation und Beobachtung formuliert wird.[160] Daher stellt Luhmann die Beobachtung

---

157 Ebd., S. 200.
158 Vgl. C. Besio/A. Pronzini: „Die Beobachtung von Theorien und Methoden", S. 392.
159 Vgl. A. Göbel: „Verstehen und Erklären bei Niklas Luhmann", S. 447-448.
160 Vgl. N. Luhmann: „Das Erkenntnisprogramm des Konstruktivismus und die unbekannt bleibende Realität", S. 31-39.

von Beobachtungen, d.h. die Beobachtung 2. Ordnung, ins Zentrum seiner erkenntnistheoretischen Überlegungen:

„Während im Normalverständnis das Beobachten des Beobachtens sich vor allem auf das richtet, *was* ein Beobachter beobachtet (indem es Subjekt und Objekt unterscheidet, sich aber vor allem für das Objekt interessiert), beschreibt der Konstruktivismus ein Beobachten des Beobachtens, das sich dafür interessiert, *wie* der beobachtete Beobachter beobachtet."[161]

Während in der Idealform des sogenannten *Hempel-Oppenheim-Schemas* wissenschaftliche Forschung auf der Validierung deduktiv gewonnener Hypothesen basiere und selbst Poppers Falsifizierungs-Ergänzung dieses Schema nicht wesentlich verändert habe, hält Luhmann diese Modellierung der Forschung für unterkomplex. Er erweitert die zweifache Relation zwischen der logischen Vorannahme empirischer Zusammenhänge (in Form der aus Theorien logisch deduzierter Hypothesen) und dem empirischen Beweis (dem Zugang zur sozialen Realität) durch die Betrachtung dieser Relation selbst und verlagert damit den Fokus wissenschaftlicher Forschung auf den Vergleich.[162] Dies hat zur Folge, dass die doppelten Kausalunterstellungen des *Hempel-Oppenheim-Schemas* (durch Wissenschaft kann erklärt werden und die Realität wird als erklärbar angesehen) dienen:

„[...] dann nicht mehr der Fixierung wissenschaftlicher Erkenntnis, sondern nur noch ihrer Vorbereitung; sie sind nicht mehr die Endform, die es mit dem Status eines logisch deduzierbaren Gesetzes zu bewähren oder zu falsifizieren gilt, sondern sie sind nur Material über das erst noch disponiert wird."[163]

Die daraus abgeleitete Methode der Beobachtung von Beobachtungen existiert laut Luhmann seit dem 18. Jahrhundert und wurde in der Transzendentalphilosophie, der Literatur, der Ideologiekritik und vor allem in der frühen Wissenssoziologie angewendet, um die erkenntnisleitenden Strukturen hinter der menschlichen Wissensproduktion oder die latenten gesellschaftlichen Strukturen hinter

---

161 Ebd., S. 43.
162 Vgl. Ders.: „»Nomologische Hypothesen«, funktionale Äquivalenz, Limitationalität", S. 9-18.
163 Ebd., S. 13.

angeblich neutralen Wissensformationen zu entdecken.[164] In seiner systemtheoretischen Ausformulierung führt der Konstruktivismus jedoch zu weiteren Konsequenzen. Er reagiert nicht nur angemessener auf bestehende Überlegungen der Postmoderne, des Diskursbegriffs und der logischen *Polykontexturalität*, sondern kann „[...] als eine Erkenntnistheorie für eine Gesellschaftstheorie mit ausdifferenziertem Wissenschaftssystem begriffen [...]"[165] werden. Als erkenntnistheoretisches Programm operativ geschlossener, selbstreferentieller Systeme ermöglicht er laut Luhmann sogar eine interdisziplinäre (Quantenphysik, Zellchemie, Neurophysiologie, historisch-soziologischer Relativismus) Konvergenz der Wissenschaftstheorie der modernen Gesellschaft.[166]

Dieses Prinzip der Beobachtung 2. Ordnung samt der Betonung der Beobachtungsabhängigkeit aller wissenschaftlichen Erkenntnis[167] findet sich in der rekonstruktiven Forschungspraxis der qualitativen Sozialforschung wieder. Diese versteht wissenschaftliche Interpretationen als Explikation zweiter Ordnung und ihre Validität beruht auf der adäquaten Rekonstruktion der alltäglichen Wissensbestände. Ziel qualitativer Sozialforschung ist es demnach, Homologien, d.h. wiederkehrende Strukturen, zu finden und Typen sich reproduzierender Verweisungszusammenhänge zu identifizieren.[168] Ganz ähnlich findet sich dieses rekonstruktive Vorgehen bei Luhmann mit dem zentralen, aber nachvollziehbaren Unterschied, dass dieser vor allem auf die Leistung der Theorie fokussiert:

„Die Theorie sieht ihre Leistung dann in der Rekonstruktion der dem Gegenstand zurechenbaren Relationierungen von Relationen und sieht den Test der Einzelrelationen an ihrem exakten Gegenstand nur als Sonderfall, in dem Relationierung und Rekonstruktion der Relationierung zusammenfallen."[169]

Insgesamt ordnet sich diese Untersuchung weder genau dem qualitativen noch dem quantitativen Paradigma zu. Diese Dichotomie ist den sehr allgemein formulierten methodologischen Ansprüchen der systemtheoretischen Gesellschaftstheorie nicht

---

164 Vgl. Ders.: „Das Erkenntnisprogramm des Konstruktivismus und die unbekannt bleibende Realität", S. 44.
165 Ebd., S. 53
166 Vgl. ebd.
167 Vgl. C. Besio/A. Pronzini: „Die Beobachtung von Theorien und Methoden", S. 396.
168 Vgl. A. Przyborski/M. Wohlrab-Sahr: Qualitative Sozialforschung, S. 26-28, S.36-37 und S. 46-47.
169 N. Luhmann: „»Nomologische Hypothesen«, funktionale Äquivalenz, Limitationalität", S. 18.

angemessen und wird durch deren erkenntnis- und kommunikationstheoretische Ausgangspunkte ‚gesprengt'.[170] Diese Arbeit ist jedoch keine rein theoretisch ausgerichtete Nutzung der luhmannschen Gesellschaftstheorie der Politik, sondern strebt ihre empirisch fundierte Weiterentwicklung an. Daher folgt sie auch nicht gänzlich den methodologischen Anforderungen Luhmanns, sondern orientiert ihre Ausrichtung stärker an ihrer empirischen Anwendung. Sie erkennt die Nähe zwischen den erkenntnistheoretischen Konsequenzen der konstruktivistischen Grundlagen der systemtheoretischen Gesellschaftstheorie und bestimmten Elementen der qualitativen Sozialforschung an. Die Methodenausrichtung dieser Arbeit ist eine bewusst offene und theoretisch angeleitete Herangehensweise an das in drei Fallstudien aufbereitete empirische Material, um sowohl Typen islamistischer Bewegungen mit Hilfe der systemtheoretischen Gesellschaftstheorie zu rekonstruieren, als auch aus der Perspektive des methodischen Prinzips der Beobachtung 2. Ordnung wiederkehrende Strukturen als Folge gesellschaftsstruktureller Entwicklungen zu interpretieren. Die qualitative Typenbildung im Anschluss an das idealtypische Verstehen (*erklärendes Verstehen*) bei Max Weber unterscheidet hierbei zwischen eindimensionaler und mehrdimensionaler Typenbildung. Bei der ersteren Variante entspricht die Fallstruktur exakt einem Typus.[171] Bei mehrdimensionaler Typenbildung haben die „[…] Generalisierungsleistungen ihre Voraussetzungen darin, dass die Grenzen des Geltungsbereichs des Typus bestimmt werden können, indem fallspezifische Beobachtungen aufgewiesen werden, die anderen Typen zuzuordnen sind."[172] Diese Untersuchung zielt deshalb darauf ab, mehrdimensionale Typen islamistischer Bewegungen zu rekonstruieren. Die Übertragung der im Zuge dieser Typenbildung gewonnenen Forschungsergebnisse auf die zentralen Fragestellungen beruht damit letztlich auf einer fallübergreifenden Generalisierung der jeweils herausgearbeiteten Fallstrukturen.

2.5.3 Fallstudiendesign und die Weiterentwicklung von Theorien

Für die Verwendung von Fallstudien sprechen drei Gründe: Erstens betont die aktuelle Fallstudienliteratur die gute Eignung von Fallstudien zur Weiterentwicklung von Theorien.[173] Diese jüngere Tendenz in der Fallstudienliteratur kor-

---

170 Vgl. A. Göbel: „Verstehen und Erklären bei Niklas Luhmann", S. 471.
171 Vgl. R. Bohnsack/I. Nentwig-Gesemann: „Typenbildung".
172 Ebd., S. 164.
173 A.L. George/A. Bennett: Case Studies and Theory Development in the Social Sciences, betonen auf S. 5-7 und auf S. 9, dass Fallstudien zur Weiterentwicklung

respondiert sowohl mit der Ausrichtung dieser Arbeit als Sekundärstudie als auch mit ihrem Ziel, die systemtheoretische Gesellschaftstheorie der Politik an empirischen Beispielen weiterzuentwickeln.[174] Zweitens eignet sich ein Fallstudiendesign besonders dazu, im Schlusskapitel dieser Arbeit, die aus den einzelnen Fallanalysen gewonnenen Ergebnisse auf die Hauptgesichtspunkte der politikwissenschaftlichen Debatte über den politischen Islam anzuwenden. Letztlich verfügen die lange als methodisch unsystematisch vorgehend kritisierten Fallstudien seit drei Jahrzehnten über eine intensive und detaillierte Formulierung methodischer Standards.[175] Daher kann im Schlussteil dieser Arbeit auf Ergebnisse zurückgegriffen werden, die methodisch kontrolliert aus drei Fällen islamistischer Bewegungen gewonnen worden sind und daher eine valide Grundlage bieten, stärker fallübergreifende Ergebnisse zu formulieren. Dieses Vorgehen ist ein sinnvoller Kompromiss zwischen der Notwendigkeit, eine Auswahl von islamistischen Bewegungen zu treffen, um ein wissenschaftlich bearbeitbares Material zu handhaben und dem Anspruch, Aussagen stärker genereller Natur zu treffen, ohne dabei lediglich in unsystematischer und methodisch unkontrollierter Weise auf ‚zufällig generierte' Forschungsergebnisse zu rekurrieren:

„Case Study methods involve a trade-off among the goals of attaining theoretical parsimony, establishing explanatory richness, and keeping the number of the cases to be studied manageable."[176]

Letztlich favorisiert die offene Herangehensweise dieser Arbeit die Bearbeitung einiger weniger Fälle, ohne die Untersuchungsergebnisse numerisch oder statistisch, d.h. auf der Basis großer Fallzahlen zu gewinnen.[177]

---

aller Schulen und Formen von Theoriebildung geeignet sind. Vgl. ebenfalls R.K. Yin: Case Study Research, S. 38-39. Ein Beispiel für das Zusammenspiel zwischen theoretischer Vorarbeit, darauf aufbauender empirischer Anwendung sowie einer anschließenden kritischen Reflektion auf die theoretischen Vorannahmen bieten: L.E. Harrison/J. Kagan, Developing Cultures.

174 Wie bereits erwähnt, liegt dies im Hinblick auf Luhmanns methodologische Anforderungen an eine Gesellschaftstheorie in seinem eigenen Interesse. Vgl. dazu C. Besio/A. Pronzini: „Die Beobachtung von Theorien und Methoden", S. 391-396.

175 A. Bennett: „Case Study: Methods and Analysis", S. 1513.

176 A.L. George/A. Bennett: Case Studies and Theory Development in the Social Sciences, S. 31.

177 Vgl. A. Przyborski/M. Wohlrab-Sahr: Qualitative Sozialforschung, S. 45-48, S. 316-322 und S. 335 erörtern die Herstellung von Repräsentativität und die Generali-

Fallstudien gehören seit jeher zum Repertoire wissenschaftlicher Studien und sind in allen großen Disziplinen vertreten. Ihre Formalisierung und Systematisierung in den vergangenen drei Jahrzehnten mündet in der Gegenwart in einen breiten Konsens über die logischen und wissenschaftstheoretischen Grundlagen der Fallstudienanalyse und über ihre – im Verhältnis zu anderen Forschungsmethoden –Stärken und Schwächen.[178] Diese Formalisierungen und Systematisierungen vollzogen sich in einzelnen Etappen. Zu den herausragenden Vertretern gehörten dabei Adam Przeworski (*1940) und Henry Teune (1936-2011), die Anfang der 1970er Jahre die zentralen Fallstrukturen *most similar* und *least similar/ most different* auf der Basis früherer Überlegungen von John Stuart Mill entwickelten. Eine darauffolgende Differenzierung in vielfältige Typen von Fallanalysen wurde durch die Arbeiten von Arend Lijphart (*1936) und Harry Eckstein (1924-1999) vollzogen, die das Spektrum der möglichen Anwendungsgebiete von Fallstudien deutlich erweiterten.[179] Alexander George (1920-2006) legte dann in den 1980er Jahren durch die Entwicklung neuartiger Grundtypen der Fallanalyse (die *within-case analysis* und der fallübergreifende Vergleich) sowie die Etablierung neuer Analysemethoden (den sogenannten Kongruenz Test, das *process tracing* und den strukturierten und fokussierten Vergleich) die Basis für die bis heute andauernde ‚Boomphase' der Fallstudien.[180] Gegenwärtig und auf der Grundlage tausender empirischer Studien, die sich an der Fallstudienmethodik orientiert haben, steht dieser Bereich der sozialwissenschaftlichen (und darüber hinausgehenden) Methodenlehre gefestigt da und besitzt einen eigenständigen Platz neben den quantitativ-statistischen Verfahren der Datenerhebung und -auswertung.[181]

---

sierbarkeit qualitativ gewonnener Ergebnisse über Typenbildung und konzeptuelle Repräsentativität. Vgl. ebenfalls R.K. Yin: Case Study Research, S. 19-20 zur Gegenüberstellung qualitativer Fallstudien (i.d.R. geringe Fallzahl) und quantitativer Fallstudien (i.d.R. große Fallzahl). Zu beachten ist aber, dass diese Gegenüberstellung nicht erschöpfend ist, d.h. nicht alle qualitativen Fallstudien müssen von vornhinein auf einer geringen Fallzahl beruhen, bzw. nicht alle quantitativen Fallstudien operieren auf der Basis einer großen Fallzahl. Vgl. dazu J. Gering: Case Study Research, S. 10.

178 Vgl. A. Bennett: „Case Study: Methods and Analysis", S. 1513 und S. 1517-1518.
179 Vgl. ebd., S. 1514.
180 Vgl. ebd., S. 1515.
181 Vgl. ebd., S. 1516-1518. Sehr informative Ergänzungen zum Status der Fallstudien im Feld der sozialwissenschaftlichen Methoden bieten: J. Gering: Case Study Research, S. 2-8 und R.K. Yin: Case Study Research, S. 3-17.

Eine Fallanalyse kann in einem ersten Schritt als eine empirische Untersuchung verstanden werden, die ein aktuelles Phänomen eingehend beschreibt, erklärt oder explorativ herausarbeitet.[182] Sie unterscheidet sich von anderen Erhebungsmethoden, wie Befragungen, Experimenten, historischen Studien oder Feldforschungen, indem sie darauf abzielt, eine spezifische Untersuchungseinheit (den Fall) von ihrem Kontext (einer historischen Epoche, Personen- und Präferenzenkonstellationen oder sozialen Ritualen usw.) abzugrenzen bzw. ein Phänomen zu analysieren, das von seinem Kontext abgrenzbar ist.[183] Ein Fall ist nach diesem Verständnis ein abgrenzbares Phänomen einer übergeordneten Klasse von Ereignissen, welches zu einem Zeitpunkt oder im Zeitverlauf analysiert wird. Ein Fall ist daher ‚weniger' eine großflächige historische Periode oder ein umfangreiches Ereignis (eine Revolution oder ein Krieg), sondern vielmehr ein nicht typisches oder nicht perfektes Element eben solcher ‚größerer' Sachverhalte in Raum und Zeit. Gleichzeitig ist ein Fall jedoch ‚umfangreicher' als eine auf einzelne Eigenschaften reduzierte Variable im Verständnis einer kausalen Analyse.[184]

„In the view of case study researchers, however, each case includes a potentially large number of observations on intervening variables and qualitative measures of different aspects of the dependent variable, so there is not just a ‚single measure' of the variables or an inherent degrees of freedom problem."[185]

In der Literatur wird eine große Bandbreite verschiedener Grundtypen von Fallstudiendesigns behandelt. Für eine stark kondensierte Wiedergabe und Erläuterung dieser Grundtypen eignen sich zwei kombinierbare Ausgangsunterscheidungen. Die erste und einzelnen Bereichen der methodologischen Überlegungen

---

182 Vgl. R.K. Yin: Case Study Research, S. 18 und S. 21.
183 Vgl. A.L. George/A. Bennett: Case Studies and Theory Development in the Social Sciences, S. 18 und R.K. Yin: Case Study Research, S. 17-20.
184 Vgl. A.L. George/A. Bennett: Case Studies and Theory Development in the Social Sciences, S. 17-18; J. Gering: Case Study Research, S. 17-21 und R.K. Yin: Case Study Research, S. 18-20. A.L. George/A. Bennett: Case Studies and Theory Development in the Social Sciences, S. 20 erläutern die Bestimmung eines Falles am Beispiel des allgemeinen Oberbegriffs der Demokratie. Da sich dieser Oberbegriff in die Unterklassen der föderalen, parlamentarischen und präsidentiellen Demokratie unterteilen lasse, wären Fälle dann konkrete Beispiele aus diesen Unterklassen, wie z.B. die US-amerikanische Demokratie (präsidentielle Demokratie).
185 A. Bennett: „Case Study: Methods and Analysis", S. 1513.

dieser Arbeit entsprechende Typisierung beruht auf der Trias von Erklären, Beschreiben und Explorieren. Aus der Warte dieser Oberbegriffe sozialwissenschaftlicher Forschung lassen sich auch Fallstudien in erklärende, explorative und beschreibende Ansätze unterscheiden.[186] Die zweite wichtige Differenzierung einzelner Fallstudiendesigns orientiert sich an der Anzahl der untersuchten Fälle. Man unterscheidet in dieser Hinsicht zwischen Fallstudien mit einem einzelnen Untersuchungsfall, mehreren Fällen und einer großen Fallanzahl sowie zwischen mehreren Untersuchungszeiträumen bzw. einer räumlichen Differenzierung je einzelner Fälle. Je nach Design liegt der Fokus der Ergebnisgewinnung dann auf der Analyse des einzelnen Falls (*single-case study*), möglicher Teildifferenzierungen innerhalb eines Falls (*within-case study*) sowie dem fallübergreifenden Vergleich (*cross-case study*).[187]

Analog zum Begriff des Erklärens im Rahmen anderer sozialwissenschaftlicher Methoden liegt auch in erklärenden Fallstudien der Fokus auf der Überprüfung kausaler Zusammenhänge – typischerweise repräsentiert durch den kausalen Zusammenhang von x-Variable (unabhängige oder erklärende Variable [*Explanans*]) und y-Variable (abhängige oder zu erklärende Variable [*Explanandum*]).[188] Dieser Typ von Fallstudien operiert derart, dass zuvor auf der Basis theoretischer Überlegungen oder explorativer Vorstudien gewonnene Vermutungen (Hypothesen)[189] über den Zusammenhang von x- und y-Variablen über ein spezifisch gewähltes Fallstudiendesign validiert, modifiziert oder falsifiziert werden. Zentrales Design für erklärende Fallstudien sind *most-similar designs* sowie *most-different designs*.[190] Häufig, aber nicht ausschließlich[191], liegt sol-

---

186 Vgl. R.K. Yin: Case Study Research, S. 6-8.
187 Vgl. J. Gering: Case Study Research, S. 28.
188 Vgl. A.L. George/A. Bennett: Case Studies and Theory Development in the Social Sciences, Kapitel 7 „Case Studies and the Philosophy of Social Science" in welchem die Autoren auf die neue, alternative Kausalerklärung der *causal mechanisms* eingehen und die Unterschiede und Vorzüge zum ‚klassischen' *deduktiv-nomologischen* Erklärungsmodell darstellen. Vgl. dazu kritisch: K.-D. Opp: „Erklärung durch Mechanismen".
189 Vgl. J. Gering: Case Study Research, S. 71.
190 Vgl. ebd., S. 90 sowie A. Bennett/C. Elman: „Case Study Methods in the International Relations Subfield", S. 173-177.
191 Vgl. A.L. George/A. Bennett: Case Studies and Theory Development in the Social Sciences, S. 21. Die Autoren betonen die Möglichkeit, in der intensiven Analyse eines einzelnen Falles vor allem unerwartete Aspekte kausaler Mechanismen identifizieren zu können.

chen Designs eine große Fallzahl zugrunde und die Fallstudien sind von ihrem Genauigkeitsgrad insgesamt eher breit- als tiefgehend angelegt.[192]

Während bei erklärenden Fallstudien auf der Basis mehrerer Fälle die Validität der Ergebnisse stärker auf Repräsentativität ausgerichtet ist, liegt der Schwerpunkt der mehr in den qualitativen Bereich einordbaren, beschreibenden und explorativen Fallstudien auf einem oder wenigen Fällen und somit auf der internen Validität der Ergebnisse.[193] Explorative Fallstudien werden auch für die Erzeugung neuer Hypothesen eingesetzt und können in diesem Sinne als Vorstudien für nachfolgende erklärende Fallstudien bezeichnet werden.[194] Sie verbindet in diesem Kontext aber mit den beschreibenden Fallstudien eine tiefergehende und detailreiche Analyse und Aufbereitung der einzelnen Fälle.[195]

Diese kurz dargestellten Typen möglicher Fallstudiendesigns und die aufgeführten Debatten über die Vor- und Nachteile von Fallstudien, die jeweiligen Charakteristika ihrer Reliabilität und Validität[196] sowie ihrer Verwendungsfähigkeit für die Weiterentwicklung sozialwissenschaftlicher Theorien findet über folgende drei zentrale Elemente Eingang in das Untersuchungsdesign dieser Studie:

Erstens, den *Typ des Fallstudiendesigns*: Das offene Vorgehen dieser Untersuchung wird auch im Design der Fallstudien übernommen. Folglich kommt es weder zu der Identifikation eines Zusammenhangs zwischen abhängigen und unabhängigen Variablen noch zur Anwendung eines der erklärenden Designs *most similar* oder least *similar/ most different*.[197] Der Fokus der Fallstudien liegt analog zur Art der Begründungsform der deskriptiven Inferenz auf einer möglichst detailreichen Beschreibung der drei herangezogenen Fälle islamistischer Bewegungen. Die Rückbindung der Ergebnisse der Fallstudien an die in der Einleitung formulierten Fragestellungen basiert damit auf der Herausarbeitung mehrdimensionaler Typen islamistischer Bewegungen. Die Generalisierbarkeit bzw. Repräsentativität der in den Fallstudien gewonnenen Ergebnisse basiert auf der im letzten Unterkapitel dargestellten Typenbildung qualitativer Sozialforschung, deren Grundlage der sich in den einzelnen Fällen reproduzierende Verweisungszusammenhang ist.[198]

---

192 Vgl. J. Gering: Case Study Research, S. 38.
193 Vgl. ebd., S. 43.
194 Vgl. ebd., S. 71-72.
195 Vgl. ebd., S. 38 und S. 48-50.
196 Vgl. R.K. Yin: Case Study Research, S. 40-45.
197 Vgl. J. Gering: Case Study Research, S. 89-90.
198 Vgl. A. Przyborski/M. Wohlrab-Sahr: Qualitative Sozialforschung, S. 46-47.

Zweitens, *Fallstudien und Theorieentwicklung*: Ein zentraler Unterschied bei der Verwendung von Fallstudien für die sozialwissenschaftliche Theoriebildung ist derjenige zwischen dem Testen von Theorien und ihrer Weiterentwicklung.[199] Der erste Bereich des Testens von Theorien wird vor allem mit solchen Theorien vorgenommen, die konkrete, in Hypothesen überführbare empirische Zusammenhänge postulieren. Diese Hypothesen können dann über die gängigen erklärenden Fallstudiendesigns überprüft werden. Dazu gehört auch die Verfeinerung der in der Theorie postulierten kausalen Zusammenhänge oder Mechanismen durch Fallstudien.[200] Bennett und George präferieren für die Weiterentwicklung von Theorien Analysen weniger Fälle (gerade abweichender Fälle), die dann in einem explorativen Verständnis bisher unbeachtete oder unbekannte kausale Zusammenhänge zu Tage fördern können.[201] Für eine universal angelegte Gesellschaftstheorie, die in der Regel nicht auf die Postulierung konkreter empirischer Zusammenhänge abzielt[202], ist es daher angebrachter, über die Verbindung mit Fallanalysen gezielte konzeptuelle Innovationen anzustreben.[203] Dies bedeutet, die anwendungsorientierten Elemente der systemtheoretischen Gesellschaftstheorie der Politik qualitativ-offen zur theoretischen Interpretation der Fälle zu verwenden. Auf diese Weise können diese Theorieelemente an den empirischen Fallbeispielen verfeinert werden und die mehrdimensionale Typologisierung der einzelnen Fallbeispiele islamistischer Bewegungen unterstützen.

Drittens, *Fallkontext und Konstruktvalidität*: Letztlich müssen die Fallanalysen auf einem überzeugenden Fallkonstrukt basieren und, um sie interpretieren zu können, in einen Kontext eingebettet werden. Die Konstruktvalidität muss bestehen, um die Heranziehung ausreichend gleichartiger Fälle zu gewährleisten[204] und operationalisierbare Merkmale der Fälle identifizieren zu können.[205] Diesen methodischen Anforderungen wird entsprochen, indem alle Fälle jeweils in ihrem politischen, historischen und sozialen Kontext eingebettet werden. Um die Konstruktvalidität weiterhin abzusichern, kommt es im Schlusskapitel dieser Ar-

---

199 Vgl. A.L. George/A. Bennett: Case Studies and Theory Development in the Social Sciences, S. 109.
200 Vgl. ebd., S. 115-124.
201 Vgl. ebd., S. 111-115.
202 Vgl. die Kritik von K. Knorr Cetina: „Zur Unterkomplexität der Differenzierungstheorie".
203 Vgl. A. Bennett/C. Elman: „Case Study Methods in the International Relations Subfield", S. 178-180.
204 Vgl. J. Gering: Case Study Research, S. 50-51.
205 Vgl. R.K. Yin: Case Study Research, S. 41-42.

beit zu einer präzisen Begriffsbestimmung des sunnitischen politischen Islam. Letztlich werden alle drei Fallstudien entlang einer einheitlichen Fallstruktur entwickelt:

- Darstellung der historischen Entwicklung der jeweiligen islamistischen Bewegung.
- Erfassung der Organisationsform der islamistischen Bewegung.
- Charakterisierung der zentralen Operationsweise der jeweiligen Bewegung.
- Identifizierung des Operationsgebietes bzw. der Verbreitung der islamistischen Bewegung.
- Herausarbeitung der inhaltlichen Ziele und Ideologie (Aspekte der Semantik) der islamistischen Bewegung.

2.5.4 Das weltgesellschaftliche Konzept in der Analyse der Fallstudien

Die sukzessive Formulierung weltgesellschaftlicher Ansätze in den Sozialwissenschaften speist sich aus zwei Strömungen: einer Kritik an den frühen Fassungen der Modernisierungs- und Entwicklungstheorie sowie aus der Auseinandersetzung mit den Defiziten einer rein mikrosoziologisch ausgerichteten Analyse utilitaristischer Provenienz. An der frühen Modernisierungs- und Entwicklungstheorie wurde kritisiert, dass sie die Hegemonialstellung der westlichen Gesellschaften zu wenig berücksichtige und gleichzeitig die Entwicklungsgeschichte dieser Gesellschaften zu universell gültigen Entwicklungsstufen essentialisiere.[206] Die mikrosoziologische Ausrichtung sozialwissenschaftlicher Untersuchungen der 1950er und 1960er Jahre besaß dagegen das Defizit, die global bestehenden Gemeinsamkeiten für individuelles Handeln zu wenig zu berücksichtigen und damit das Bestehen weltweit wirksamer Zusammenhänge als Grundlage individuellen Handelns zu übersehen.[207] Die Formulierung weltgesellschaftlicher Konzeptionen beruhte daher auf zwei grundlegenden Argumentationsschritten:

---

206 Vgl. T. Bonacker/C. Weller: „Konflikte der Weltgesellschaft", S. 24-25 und T. Wobbe: Weltgesellschaft, S. 10-12. Einen Überblick zur Entwicklungsgeschichte von Modernisierungstheorien gibt es bei W. Knöbl: Spielräume der Modernisierung und W. Reese-Schäfer: Politische Theorie heute, S. 155-266.

207 Vgl. zwei Interpretationen des Entwicklungsverhältnisses von utilitaristischen und holistischen Analysen in der Soziologie: A. Bergesen: „From Utilitarianism to Globology" und W.E. Moore: „Global Sociology".

- Erstens, der Annahme weltweiter, sozial wirksamer Zusammenhänge, die über die tradierten, regional begrenzten Untersuchungseinheiten der Sozialwissenschaften (Nationalstaaten, Regionen, Nord-Süd oder Ost-West-Trennung) hinausgehen.[208]
- Zweitens, der Annahme, dass diese weltweit wirksamen Zusammenhänge derart stabil seien, sodass es gerechtfertigt sei, eine eigenständige makrosoziale Ebene sozialer Interaktion anzunehmen: die weltgesellschaftliche Ebene, die das Geschehen der übrigen Ebenen der Sozialordnung nachweisbar beeinflusst und als emergente Ebene nicht auf individuelles Verhalten reduzierbar ist.[209]

Die frühe Phase der Entwicklung weltgesellschaftlicher Ansätze in den 1960er und 1970er Jahren war durch eine große Vielzahl konkurrierender Konzeptionen gekennzeichnet. Neben der dominanten Weltsystemanalyse von Immanuel Wallerstein (*1930)[210], die aus einer intensiven Kritik an der Modernisierungstheorie hervorgegangen war und die Weltgesellschaft in Form des kapitalistischen Weltsystems modellierte, entstanden in der Soziologie und in der Disziplin der Internationalen Beziehungen anders gelagerte weltgesellschaftliche Ansätze.[211] Während die Weltsystemanalyse und auch die soziologischen Weltgesellschaftstheorien teilweise auf eine normative Integration der Weltgesellschaft verzichteten und beispielsweise strukturelle Zusammenhänge eines weltkapitalistischen Systems als zentrales Merkmal einer Weltgesellschaft identifizierten, entwickelte sich die politikwissenschaftliche Spielart der Weltgesellschaftstheorien in den

---

208 Wichtige Details zur Entwicklung der Idee der Weltgesellschaft seit dem 18. Jahrhundert in Europa finden sich bei: R. Stichweh: Die Weltgesellschaft, S. 7-10. N. Luhmann datiert die Entstehung der Weltgesellschaft auf das 16. Jahrhundert aufgrund der Vollentdeckung des Erdballs. Vgl. Die Gesellschaft der Gesellschaft, S. 148-149.

209 Vgl. T. Bonacker/C. Weller: „Konflikte der Weltgesellschaft", S. 29.

210 Vgl. ebd., S. 25; S. Stetter: „Introduction: Points of Encounter", S. 4-5 und I. Wallerstein: The Modern World-System.

211 Vgl. J. Greve/B. Heintz: „Die ‚Entdeckung' der Weltgesellschaft", S. 91-109. Besonders einflussreich in der Disziplin der Internationalen Beziehungen sind bis heute die weltgesellschaftlichen Überlegungen der sogenannten Englischen Schule. Vgl. den Klassiker von H. Bull: The Anarchical Society und eine aktuelle Re-Interpretation von B. Buzan: From International to World Society?

Internationalen Beziehungen stärker an dem Ideal einer normativ integrierten, politisch akzentuierten Struktur der Weltgesellschaft.[212]

Trotz der anfänglichen Euphorie und des Bewusstseins in den Sozialwissenschaften für die Defizite regional begrenzter Gesellschaftskonzeptionen (vgl. die Diskussion um den methodologischen Nationalismus[213]) verflachte in den 1980er Jahren das Forschungsinteresse an Weltgesellschaftstheorien. Erst nach der Konsolidierung der Weltgesellschaftstheorien im Rahmen dreier großer soziologischer Theorieparadigmen, dem Neo-Institutionalismus bzw. der sogenannten Stanford School von John Meyer (*1935), der Entwicklungssoziologie von Peter Heintz (1920-1983) und der systemtheoretischen Weltgesellschaftstheorie Niklas Luhmanns kam es in den 1990er Jahren zu einer Renaissance weltgesellschaftlicher Forschung. Eine große Bedeutung kommt dabei sicher dem Erfolg des Globalisierungsbegriffs und der Globalisierungstheorien zu, die in besonderer Weise das sozialwissenschaftliche Bewusstsein für die Bedeutung weltweiter Struktur- und Interaktionszusammenhänge geschärft haben.[214] Dennoch sind Weltgesellschaftstheorien und Globalisierungstheorien voneinander zu unterscheiden.[215] Globalisierungstheorien halten i.d.R. analytisch an der Kopplung von Gesellschaften und Nationalstaaten fest und identifizieren somit Globalisierung primär als Entgrenzung wirtschaftlicher, politischer und sozialkultureller Dynamiken aus der Sphäre des ehemals weitgehend geschlossenen ‚Containers' des Nationalstaates. Weltgesellschaftstheorien dagegen gehen zunächst vom Bestehen eines weltweiten gesellschaftlichen Zusammenhangs aus, d.h. von Gesellschaft als Weltgesellschaft im Singular[216], sodass Globalisierung als interner Strukturbildungsprozess der Weltgesellschaft verstanden wird.[217] Die systemtheoretische Variante der Weltgesellschaftstheorien ist durch die zentrale Stellung des Kommunikationsbegriffs geprägt:

---

212 Vgl. M. Albert: „Politik der Weltgesellschaft und Politik der Globalisierung" und Ders.: Zur Politik der Weltgesellschaft, S. 9-33.
213 Vgl. D. Chernilo: „Social Theory's Methodological Nationalism".
214 Vgl. T. Bonacker/C. Weller: „Konflikte der Weltgesellschaft", S. 27 und H. Tyrell: „Singular oder Plural", S. 3-31.
215 Vgl. N. Luhmann: „Globalization or World Society".
216 Für eine differenzierte Analyse der Modellierung singulärer und pluraler Gesellschaftsvorstellungen in der Weltgesellschaftstheorie vgl. H. Tyrell: „Singular oder Plural".
217 Vgl. T. Bonacker/C. Weller: „Konflikte der Weltgesellschaft", S. 29-30.

„Geht man von Kommunikation als der elementaren Operation aus, deren Reproduktion Gesellschaft konstituiert, dann ist offensichtlich in *jeder* Kommunikation Weltgesellschaft impliziert, und zwar ganz unabhängig von der konkreten Thematik und der räumlichen Distanz zwischen den Teilnehmern."[218]

Daher ermöglicht das systemtheoretische Konzept der Weltgesellschaft dieser Arbeit nicht nur die Analyse räumlich weit voneinander getrennter Fallbeispiele des sunnitischen politischen Islam, da dieses Konzept vom Bestehen weltweiter und für alle Weltregionen wirksamer Kommunikationszusammenhänge der Weltgesellschaft ausgeht[219], sondern ist auch das theoretische Bindeglied zwischen den vier verwendeten Theorieelementen dieser Untersuchung (vgl. das vorangegangene Unterkapitel „Die Mikro-Makro-Unterscheidung und die systemtheoretische Gesellschaftstheorie"). Das nachfolgende Theoriekapitel dieser Arbeit ist demnach darauf ausgerichtet, das Verhältnis von Interaktion, Organisation und Gesellschaft unter Strukturbedingungen der modernen, funktional differenzierten Weltgesellschaft zu formulieren, das weltpolitische System zu kennzeichnen und auch das Verhältnis von Semantik und Gesellschaftsstruktur aus dieser Perspektive zu erörtern. In der Summe schließt diese Untersuchung an die weltgesellschaftliche Forschung an, indem sie islamistische Bewegungen nicht als primär nationalstaatlich begrenzt auftretende Phänomene beobachtet, sondern diese im Rahmen von länderübergreifenden Fallstudien im Spannungsfeld von funktionaler Differenzierung, Ebenendifferenzierung und der segmentären Zweitdifferenzierung des politischen Systems der Weltgesellschaft analysiert. Zusätzlich ist der Fokus dieser Arbeit in der Analyse des politischen Islam durch die Herausarbeitung theoretisch fundierter Typologien islamistischer Bewegungen unter den Bedingungen weltgesellschaftlicher Zusammenhänge bestimmt. Es sei kurz darauf hingewiesen, dass sich diese theoretisch-konzeptionelle Ausrichtung mit Forschungsvorhaben aus dem Bereich der aktuellen historisch-soziologischen Forschung[220] und der welthistorischen Forschung[221] vergleichen

---

218 N. Luhmann: Gesellschaft der Gesellschaft, S. 150.

219 Vgl. ebd., S. 160-171. Hier geht Luhmann vor allem auf den Zusammenhang zwischen Regionen/ regionalen Unterschieden und weltgesellschaftlichen Zusammenhängen ein.

220 Vgl. einen Sammelband zur gegenwärtigen Konfiguration der historischen Soziologie von J. Adams/E.S. Clemens/A. Shola Orloff: Remaking Modernity; den dazugehörigen Besprechungsaufsatz von M. Koenig: „Historical Sociology" und einen klassischen Übersichtsband von T. Skocpol: Vision and Method in Historical Sociology.

ließe, ohne sich jedoch konkret an den dort formulierten methodologischen und theoretischen Vorgehensweisen orientieren zu wollen.

2.6 SOZIALWISSENSCHAFTLICHE METHODOLOGIE GESELLSCHAFTSTHEORETISCH GESEHEN

Niklas Luhmann reflektiert die empirisch arbeitende sozialwissenschaftliche Forschung, die sozialwissenschaftliche Theoriebildung und die Methodologie der Sozialwissenschaften in seinen eigenen wissenschaftstheoretischen Schriften stets aus der Perspektive seines gesellschaftstheoretischen Projekts. Eine hier gezogene Konsequenz seiner methodologischen Reflektionen ist, dass die sozialwissenschaftliche Forschung im Allgemeinen und die Erforschung des sunnitischen politischen Islam im Besonderen keine privilegierte Beobachterperspektive auf die so bezeichnete soziale Realität bietet, sondern als spezifische, wissenschaftlich codierte Beobachtungs- und Kommunikationsform zu verstehen ist. Diese von Luhmann bewusst distanziert zum Alltagsverständnis von Sozialwissenschaftlerinnen und Sozialwissenschaftlern formulierte Perspektive auf die Forschungspraxis mag der Grund für die Unterschiede von Luhmanns Überlegungen zum üblichen methodologischen Diskurs sein.[222] Nimmt man diese Sichtweise jedoch ernst und wendet sie auf das Untersuchungsziel dieser Arbeit an, ergeben sich wichtige Erkenntnisse, die bereits den bisherigen Fortgang dieses Kapitels strukturiert haben, an dieser Stelle jedoch noch einmal zusammenfassend aufgeführt werden sollen:

- Die angeführte Kontroverse um die begriffliche Bestimmung des politischen Islam und die große Vielfalt an Forschungsergebnissen in diesem Bereich lassen sich als Beobachtungs- und Kommunikationsleistungen der funktional differenzierten und *polykontexturalen* Weltgesellschaft verstehen. Eine besondere Stellung als ‚Katalysator' bei der Erzeugung wissenschaftlicher und außenwissenschaftlicher Forschungsergebnisse zum politischen Islam kommt dabei den Ereignissen des 11. Septembers 2001 zu.[223]

---

221 Vgl. die Überblicksbände von J.H. Bentley: The Oxford Handbook of World History; J. Osterhammel: Weltgeschichte und S. Conrad/A. Eckert/U. Freitag: Globalgeschichte.
222 Vgl. A. Nassehi: „Gesellschaftstheorie und empirische Forschung".
223 Vgl. S. Nacke/R. Unkelbach/T. Werron: Weltereignisse. Speziell mit der Interpretation der Anschläge des 11. Septembers 2001 als Weltereignis setzt sich auseinander:

- Zur Genese wissenschaftlich valider Untersuchungsergebnisse in diesem hoch kontingenten Forschungsfeld orientiert sich diese Arbeit an der methodologischen Trias von Begründungsform, Untersuchungsdesign sowie Begriffs- bzw. Konzeptspezifikation und verbindet diese mit den methodologischen Überlegungen Luhmanns.
- Im Anschluss an dieses Vorgehen kann eine hohe wechselseitige Anschlussfähigkeit von ‚klassischer' sozialwissenschaftlicher Methodologie und wissenschaftstheoretischen Überlegungen Luhmanns konstatiert werden. Dies zeigt sich insbesondere durch die Ähnlichkeiten im Bereich der Begründungsform dieser Arbeit (deskriptive Inferenz/ funktionale Äquivalenz) und in der konkreten Modellierung des Untersuchungsdesigns. Dieses Design vermag die Mikro-Makro-Debatte in den Sozialwissenschaften mit der luhmannschen Trias von Interaktion, Organisation und Gesellschaft zu verbinden, darüber hinaus Luhmanns methodologische Überlegungen mit der Unterscheidung von quantitativer und qualitativer Forschung zu vergleichen und letztlich das Fallstudiendesign als leistungsfähige Form für die Weiterentwicklung der systemtheoretischen Gesellschaftstheorie zu identifizieren.

Insgesamt sind es vor allem die hohe begriffliche Darstellungsfähigkeit des luhmannschen Theorieprojekts und seine grundlegende Kennzeichnung im Sinne des operativen Konstruktivismus, die sich als sehr geeignet zeigen, eine Untersuchung zu strukturieren, die dem dynamischen und kontingenten Forschungsfeld des politischen Islam angemessen ist und das Phänomen des Islamismus auf der Basis eines komplexen Untersuchungsdesigns zu analysieren vermag. Diese methodischen Ausgangspunkte entlassen die Sozialforscherin und den Sozialforscher zwar nicht aus der Verantwortung, selbst nach einer exakten Begriffsbestimmung des sunnitischen politischen Islam zu suchen, geben aber gute Gründe, offen für mögliche Verschiebungen in der Fremd- und Selbstbeobachtung dieses Phänomens zu bleiben. Zusätzlich ermöglichen sie es, ein Verständnis für die Dynamik der selbst- und fremdreferentiellen Identitäts- und Eigenschaftszuschreibungen des politischen Islam, die sich aus den zahlreichen Beobachtungsperspektiven (militärisch, sicherheits- und außenpolitisch, wirtschaftlich, je nach wissenschaftlicher Disziplin etc.) der *polykontexturalen* Weltgesellschaft ergeben, zu entwickeln. Damit hat dieses Kapitel erreicht, was möglich und wissenschaftlich notwendig ist: Es kann die Beobachtung des politischen Islam (in der Form eines Fallstudiendesigns) mit Hilfe verschiedener wissenschaftlicher Pro-

---

R. Stichweh: „Der 11. September 2001 und seine Folgen für die Entwicklung der Weltgesellschaft".

gramme[224] – der luhmannschen Gesellschaftstheorie und der sozialwissenschaftlichen Methodologie – profunde oszillieren lassen und somit einer wissenschaftlichen Analyse unterziehen. So dass gilt:

„Das System findet in jeder praktischen Situation Anhalt in Limitierungen und fällt nie ins Leere. Aber es ist trotzdem nicht an dogmatische Setzungen oder ein für allemal akzeptierte limitative Bedingungen gebunden, sondern kann von den Methoden her Theorien und von den Theorien her Methoden auswechseln."[225]

In Anbetracht der umstrittenen Stellung von islamistischen Bewegungen im politischen System der Weltgesellschaft ermöglicht der zu diesem Zeitpunkt erarbeitete methodische Rahmen eine den aktuellen methodologischen Anforderungen der Sozialwissenschaften gerecht werdende Analyse, die aufgrund der autologischen und universaltheoretischen Ausrichtung der systemtheoretischen Gesellschaftstheorie ausreichend Abstand zum Untersuchungsgegenstand einnehmen und gleichwohl über ihre eigenen Konstruktionsbedingungen ausreichend Rechenschaft ablegen kann.

---

224 Vgl. N. Luhmann: Die Wissenschaft der Gesellschaft, S. 403-421.
225 Ebd., S. 403-404.

3. Das weltpolitische System im Spannungsverhältnis von funktionaler Differenzierung und alternativen Differenzierungsformen

Niklas Luhmann kennzeichnet die Architektonik seiner Gesellschaftstheorie selbst als *azentrisch*. Folglich ist sie auf verschiedene Arten und Weisen darstellbar und von ihren Grundbegriffen ausgehend unterschiedlich entwickelbar.[1] Somit finden sich in Luhmanns Schriften verschiedene Herleitungen zentraler Grundbegriffe. Aktuelle Anwendungen und Interpretationen seiner Systemtheorie akzentuieren zusätzlich unterschiedliche Zugangsweisen zu ihren Teilbereichen.[2] Im Rahmen dieser Untersuchung liegt der Ausgangspunkt für die Erarbeitung eines anwendungsfähigen Modells des politischen Systems der Weltgesellschaft auf dem bereits angeführten Universalitätsanspruch der luhmannschen Gesellschaftstheorie. Dies liegt darin begründet, dass die Anwendung eines solchen Modelles nicht lediglich heuristisch erfolgen, sondern die besonderen Analysemöglichkeiten der luhmannschen Gesellschaftstheorie für die Untersuchung des politischen Islam umfänglich zur Entfaltung bringen soll.

Der Universalitätsanspruch der luhmannschen Gesellschaftstheorie beinhaltet keinen Ausschließlichkeitsanspruch, jedoch die Erwartung, „[...] daß sie als soziologische Theorie *alles* Soziale behandelt und nicht nur Ausschnitte (wie zum

---

1 Vgl. N. Luhmann: Soziale Systeme, S. 13.
2 Vgl. A. Jung: Identität und Differenz, S. 11-19 und S. 35, die eine strikt differenztheoretische bzw. differenzlogische Lesart der Überlegungen Luhmanns vornimmt und R. Schützeichel: Sinn als Grundbegriff bei Niklas Luhmann, S. 16-17, der Luhmanns Überlegungen vor allem als *Sinntheorie* auf der Basis der Begriffe Sinn, Form und Beobachtung rekonstruiert.

Beispiel Schichtung und Mobilität, Besonderheiten der modernen Gesellschaft, Interaktionsmuster etc.)."[3] Diese Ausrichtung hat deutliche Konsequenzen für die Architektonik und den Umfang des luhmannschen Theorieprojekts. Der Aufbau dieses Theoriekapitels orientiert sich in Ergänzung zu seiner methodischen Begründung an den spezifischen Theorieelementen, die diesen Universalitätsanspruch ermöglichen.[4] Neben der Trias von System-, Kommunikations- und Evolutionstheorie[5] sind dies der differenzlogische Ansatz der Systemtheorie[6], ihre radikal konstruktivistische Erkenntnistheorie[7] und die aus dem interdisziplinären Anschluss an die Kybernetik und Neurobiologie gewonnenen Konzepte der Autopoiesis und operativen Geschlossenheit.[8]

3.1 ZUR EINBEZIEHUNG DER SYSTEMTHEORETISCHEN GESELLSCHAFTSTHEORIE IN DIE POLITIKWISSENSCHAFTLICHE DEBATTE ZUM POLITISCHEN ISLAM

Im Fortgang dieser Arbeit wurde regelmäßig auf die Einbindung dieser Untersuchung in das vielschichtige Feld der sozialwissenschaftlichen Forschungs- und Theorielandschaft hingewiesen. Dies ist auf der einen Seite dem empirischen Untersuchungsgegenstand dieser Arbeit, dem politischen Islam, geschuldet. Die diesbezüglichen Forschungsergebnisse sind über ein heterogenes und multidisziplinäres Feld verstreut, was bereits dazu geführt hat, ein umfangreiches Untersuchungsdesign zu entwickeln. Auf der anderen Seite trägt auch die Wahl der systemtheoretischen Gesellschaftstheorie zur Komplexität der Bezüge dieser Studie bei. Zentrale Referenz sind in diesem Kontext die Debatten um die Weltgesell-

---

3 N. Luhmann: Soziale Systeme, S. 9.
4 Vgl. die Struktur des Kapitels II von A.C. Gaiser: Das Potential und Design von Universaltheorien.
5 Vgl. N. Luhmann: Die Gesellschaft der Gesellschaft, S. 13 zur grundlegenden Konzeption seiner Gesellschaftstheorie und ergänzend H. Wortmann: „Divergenzen in der Trias von Evolutions-, System- und Differenzierungstheorie" für eine aktuelle Interpretation des Verhältnisses dieser Bereiche zueinander.
6 Vgl. A. Göbel: „Zwischen operativem Konstruktivismus und Differenzierungstheorie" und W. Reese-Schäfer: Niklas Luhmann zur Einführung, S. 62-72.
7 Vgl. A.C. Gaiser: Das Potential und Design von Universaltheorien, S. 41-55.
8 Vgl. ebd., S. 56-63 und N. Luhmann: Soziale Systeme, S. 15-29 zum „Paradigmawechsel in der Systemtheorie" oder der sogenannten „autopoietischen Wende".

schaftstheorie, die auch in den Geschichtswissenschaften nicht ungehört bleiben, und die im Methodenteil dieser Arbeit vorgenommene Verbindung der methodologischen Überlegungen Luhmanns mit Kernbereichen der sozialwissenschaftlichen Methodenlehre. Nichtsdestotrotz ist der disziplinäre Bezugsrahmen dieser Arbeit die politikwissenschaftliche Forschung und Theoriebildung, da in diesem Forschungsbereich die Analyse des Zusammenhangs zwischen dem politischen Islam und dem politischen System der Weltgesellschaft zu verorten und von signifikanter Bedeutung ist. Zusätzlich bilden relevante Bereiche der politikwissenschaftlichen Debatte über den sunnitischen Islamismus den Bezugsrahmen für die abschließende Auswertung der Ergebnisse der einzelnen Fallstudien. Das dieser Untersuchung damit inhärente Spannungsfeld von disziplinärer Verortung und interdisziplinären Bezügen spiegelt sich auch im gegenwärtigen innerwissenschaftlichen Verständigungsprozess der politikwissenschaftlichen Teildisziplinen in der deutschen Politikwissenschaft wider und kann durchaus als Reaktion auf die zunehmende Ausdifferenzierung und Professionalisierung der sozialwissenschaftlichen Disziplinen verstanden werden.[9] Um einen für die politikwissenschaftliche Debatte des politischen Islam gewinnbringenden Import der systemtheoretischen Gesellschaftstheorie vornehmen und ihre durchaus fachfremden Aspekte angemessen berücksichtigen zu können, kommt es im ersten Schritt dieses Theorieteils zu folgenden ‚Vorsichtsmaßnahmen':

- *Erstens* wird die systemtheoretische Gesellschaftstheorie im Rahmen ihrer spezifischen Einbettung in die soziologische Theoriegeschichte gekennzeichnet.
- *Zweitens* werden ihre Verbindungen zur allgemeinen Systemtheorie[10] rekonstruiert.
- *Drittens* werden bei der Rekonstruktion der zentralen Grundbegriffe der luhmannschen Gesellschaftstheorie ihre durch die Werkentwicklung bedingten definitorischen und inhaltlichen Verschiebungen berücksichtigt und expliziert.

Die anschließenden Schritte dieses Theoriekapitels sollen als eine zunehmende Konkretisierung in Bezug auf die Erarbeitung eines für die politikwissenschaftliche Analyse anwendbaren Modells des weltpolitischen Systems verstanden wer-

---

9   Ein interessantes Beispiel für diesen Verständigungsprozess ist das bereits angeführte, in der Zeitschrift für Internationale Beziehungen abgedruckte: „Symposium – Internationale Politische Theorie" in Bd. 17, H. 2, 2010.
10   Vgl. K. Müller: Allgemeine Systemtheorie.

den. Nach einer Erarbeitung zentraler Grundbegriffe kommt es zu einer zusammenfassenden Charakterisierung des derartig ausgeleuchteten Gesellschaftsverständnis Luhmanns. Dabei handelt es sich um das autopoeitische Prozessieren von sinnhafter, symbolisch generalisierter Kommunikation. Diese Charakterisierung bietet in einem anschließenden Schritt die Möglichkeit, relevante Kritik am Gesellschafts- und Differenzierungsbegriffs Luhmanns aufzunehmen. Daraus sollen anwendungsfähige Theorieelemente der systemtheoretischen Gesellschaftstheorie entwickelt werden. Diese umfassen die Ebenendifferenzierung, die funktionale Differenzierung, das politische System der Weltgesellschaft sowie die Unterscheidung von Gesellschaftsstruktur und Semantik. Den Abschluss des gesamten Theoriekapitels dieser Untersuchung bildet die Synthese dieser Theorieelemente zu einem anwendungsfähigen Modell, das zu Beginn des fünften Hauptkapitels dieser Studie abschließend dargestellt wird. Das verbindende Moment hierfür ergibt sich aus dem Spannungsfeld des politischen Systems der Weltgesellschaft zwischen funktionaler und segmentärer Differenzierung.

3.2 LUHMANNS RADIKALISIERUNG DES PARSONSSCHEN FUNKTIONALISMUS DURCH DIE EINBEZIEHUNG DER ALLGEMEINEN SYSTEMTHEORIE

Der *soziologische Diskurs der Moderne* ist durch das Wechselverhältnis der wissenschaftlichen Fundierungsprogramme der modernen Soziologie mit den dynamischen Umbrüchen der Gesellschaftsstrukturen im 19. Jahrhundert gekennzeichnet, welche den Übergang zur modernen, funktional differenzierten Gesellschaft auf besondere Weise erkenntlich machen.[11] Dabei kann die Gründung der wissenschaftlichen Disziplin Soziologie als Ergebnis einer zunehmenden akademischen Professionalisierung der Selbstbeobachtung und Selbstbeschreibung der modernen Gesellschaft aufgefasst werden.[12] Denn: „Niemals vor dem 19. Jahrhundert hatten Gesellschaften einen Raum für ihre eigene permanente und in Institutionen stabilisierte Selbstbeobachtung geschaffen."[13]

---

11 Diesen Aspekt beleuchtet A. Nassehi: Der soziologische Diskurs der Moderne, S. 25-33.
12 Vgl. J. Osterhammel: Die Verwandlung der Welt, S. 55-57.
13 Ebd., S. 56.

Die wesentliche Leistung der Kanonbildung der Klassiker der soziologischen Theorie[14] wird dabei Talcott Parsons zugeschrieben, der in Zeiten einer zersplitterten, jungen Disziplin die Fachursprünge einer allgemeinen soziologischen Theoriebildung wieder aufgenommen hatte.[15] Dieses Projekt vollzog Parsons in den verschiedenen Stufen seiner Werkentwicklung vor allem im Rahmen des von ihm geprägten Strukturfunktionalismus, welcher folgendermaßen gekennzeichnet werden kann:

„Die struktur-funktionale Systemtheorie setzt soziale Systeme mit bestimmten Strukturen voraus und fragt nach den funktionalen Leistungen, die erbracht werden müssen, um den Fortbestand des sozialen Gebildes zu gewährleisten."[16]

Dabei kam Parsons Werk zunächst eine positive und fachkonsolidierende Wirkung in dem Sinne zu, als dass sein Strukturfunktionalismus zur zentralen Referenz der soziologischen Theoriebildung und auch weit über die Fachgrenzen hinaus rezipiert wurde. Danach entwickelte sich wachsende Kritik an seinem als zu stark auf die Bestandserhaltung sozialer Systeme ausgerichtet wahrgenommenen Strukturfunktionalismus, die mit einer Diversifizierung der soziologischen Theoriebildung verbunden war. Erst in der jüngeren Vergangenheit kam es zu einer Renaissance neofunktionalistischer Ansätze und des Neo-Parsonianismus, die sich explizit auf die Theorievorgaben des parsonsschen Werkes beziehen.[17] Niklas Luhmanns systemtheoretische Gesellschaftstheorie ist auf drei zentrale Weisen mit Talcott Parsons als herausragender Figur der Genese und Historie der soziologischen Theoriebildung[18] verbunden:

- *Erstens* erfährt Luhmann einen zentralen Anreiz für die Formulierung seiner Gesellschaftstheorie während seines Aufenthaltes an der Harvard University

---

14 Vgl. eine Einführung in die Anfänge sowie die wissenschaftstheoretischen und gesellschaftlichen Kontexte der frühen Soziologie von K. Morrison: Marx, Durkheim, Weber, S. 1-34.
15 Vgl. H. Joas/W. Knöbl: Sozialtheorie, S. 39.
16 G. Kneer/A. Nassehi: Niklas Luhmanns Theorie sozialer Systeme, S. 36.
17 Vgl. ebd., S. 8 und S. 41-42.
18 Diese Untersuchung stellt die Gesellschaftstheorie Niklas Luhmanns in ihren Mittelpunkt, daher wird von den Diskussionen um die terminologische Bezeichnung der soziologischen Theoriebildung (u.a. Gesellschaftstheorie oder Sozialtheorie) abgesehen. Vgl. dazu ebd., S. 9-12 und G. Lindemann: „Die Gesellschaftstheorie von der Sozialtheorie her denken - oder umgekehrt?", S. 2-6.

1960-1961, als er in direktem Kontakt mit Talcott Parsons stand.[19] Auch im Laufe der luhmannschen Werkentwicklung ist der Strukturfunktionalismus von Parsons regelmäßig die Kontrastfolie, an der Luhmann seine begrifflichen Theorieentscheidungen darstellt und rechtfertigt.[20]

- *Zweitens* generiert Luhmann die Legitimität für sein Theorieprojekt aus seiner Zustandsbeschreibung von einer Soziologie, die sich seiner Meinung nach vor allem in den 1970er und 1980er Jahren in einer Theoriekrise befindet und er optiert dabei – wie Parsons vor ihm – für die Konstruktion einer facheinheitlichen Universaltheorie.[21]
- *Drittens* gewinnt Luhmann zentrale Elemente seiner Gesellschaftstheorie aus fachfremden Disziplinen und sieht die allgemeine Systemtheorie dabei als zentrales interdisziplinäres Projekt.[22]

Diese drei Verbindungslinien zwischen dem Werk von Parsons und Luhmann helfen dabei, wesentliche Entwicklungsschritte des luhmannschen Schrifttums zu kennzeichnen. Noch in den ersten, allgemein angelegten theoretischen Schriften *Soziologische Aufklärung*,[23] die die organisations- und rechtswissenschaftlichen Studien der 1960er Jahre dadurch verlassen haben, dass sie bereits die Zusammenführung der luhmannschen Überlegungen zu einer Theorie der Gesellschaft explizit beinhalten, grenzt sich Luhmann vom Strukturfunktionalismus parsonsscher Prägung ab.[24] Auf der einen Seite löst sich Luhmann von dem ungenauen Verhältnis von funktionalen zu kausalen Erklärungen, indem er seinen Äquivalenzfunktionalismus entwickelt. Auf der anderen Seite überwindet er das Bestandsproblem der Systemtheorie strukturfunktionalistischer Prägung.[25] Luhmann fasst die für ihn bestehenden Defizite der parsonsschen Theorie folgendermaßen zusammen:

---

19 Vgl. H. Joas/W. Knöbl: Sozialtheorie, S. 352.
20 Vgl. N. Luhmann: Einführung in die Systemtheorie, S. 11-40.
21 Vgl. Ders.: Soziale Systeme, S, 7-14 und T. Khurana: „Supertheorien, theoretical jetties und die Komplizenschaft von Theorien", S. 330.
22 Vgl. N. Luhmann: Einführung in die Systemtheorie, S. 41-118, die eine detaillierte Aufstellung der zentralen systemtheoretischen Konzepte enthalten.
23 Vgl. Ders.: Soziologische Aufklärung 1-6.
24 Vgl. H. Joas/W. Knöbl: Sozialtheorie, S. 90-95 und S. 355-359 sowie G. Kneer/A. Nassehi: Niklas Luhmanns Theorie sozialer Systeme, S. 30-40.
25 Sehr prägnant artikuliert findet sich die Kritik Luhmanns an Parsons in dem berühmt gewordenen Band J. Habermas/N. Luhmann: Theorie der Gesellschaft oder Sozialtechnologie, S. 13-14.

„Über die Grenzen einer solchen strukturell-funktionalen Analyse ist er [Parsons, T.H.] sich durchaus im Klaren, aber er sucht sie nicht durch Radikalisierung der funktionalen Fragestellung zu überwinden, sondern in Richtung auf ein Riesenmodell interdependenter Variationen von ungeheuerlicher Komplexität."[26]

Die radikal funktionalistische Wende der parsonsschen Gesellschaftstheorie vollzieht Luhmann zunächst auf der Basis eines Systembegriffs, der noch spürbare Reste eines handlungstheoretisch inspirierten Vokabulars in sich trägt, wie es bei Parsons zu finden war.[27] Die endgültige Loslösung vom analytischen Systembegriff Parsons und die vollständige Verankerung der eigenen Gesellschaftstheorie im interdisziplinären Feld der allgemeinen Systemtheorie vollzieht Luhmann mit der Veröffentlichung von *Soziale Systeme* 1984, der sogenannten „autopoietischen Wende"[28]. Folgende berühmt gewordenen Zeilen Luhmanns fassen dies trefflich zusammen:

„Die folgenden Überlegungen gehen davon aus, daß es Systeme gibt. Sie beginnen also nicht mit einem erkenntnistheoretischen Zweifel. Sie beziehen auch nicht die Rückzugsposition einer ‚lediglich analytischen Relevanz' der Systemtheorie. [...] Der Systembegriff bezeichnet also etwas, was wirklich ein System ist, und läßt sich damit auf eine Verantwortung für Bewährung seiner Aussagen an der Wirklichkeit ein."[29]

Infolge dieser *autopoietischen Wende* gewann die luhmannsche Gesellschaftstheorie diejenige Kontur, die bis heute ihre Außenwahrnehmung steuert. Mit der Einbeziehung der aus interdisziplinären Forschungsbereichen stammenden Ergebnisse der allgemeinen Systemtheorie bedient sich Luhmann eines Forschungsprogramms, das mit universalen Ansprüchen an die eigene Methodologie und den eigenen Beitrag für den wissenschaftlichen Erkenntnisprozess ausgestattet ist.[30] Durch den Rückgriff auf verschiedenartige Überlegungen, die Luhmann aus biologischen, kybernetischen und informationstheoretischen Bereichen der

---

26 Ebd., S. 14.
27 Vgl. ebd., S. 75-84, wo Luhmann vor allem das Verhältnis von Handlung und Sinn thematisiert sowie G. Kneer/A. Nassehi: Niklas Luhmanns Theorie sozialer Systeme, S. 90, die die Zentralität des Handlungsbegriffs im Sinne von Handlungssystemen betonen.
28 Vgl. N. Luhmann: Soziale Systeme, S. 14-29 zur Stellung der neuen Systemtheorie innerhalb seiner Gesellschaftstheorie.
29 Ebd., S. 30.
30 Vgl. K. Müller: Allgemeine Systemtheorie, S. 1-13.

allgemeinen Systemtheorie entnimmt, entfernt er sich von den Hauptentwicklungen der Soziologie und trägt seinen Ansprüchen Rechnung, theoretische Grundbegriffe möglichst quer zur Alltagserfahrung zu entwickeln.[31] Zwar bleibt bei Luhmann eine enge Verbindung zu früheren Formulierungen seiner Gesellschaftstheorie bestehen, doch anhand der zentralen Grundbegriffe *Reduktion von Komplexität* und *Sinn* kann die systemtheoretische Zuspitzung des luhmannschen Werkes im Zuge der *autopoietischen Wende* exemplifiziert werden. Ersterer verfügt in den frühen Schriften Luhmanns über einen Anschluss an die philosophische Anthropologie von Helmuth Plessner (1892-1985) und Arnold Gehlen (1904-1976), die den Menschen als Mängelwesen charakterisieren, für den Institutionen und Werte sinnvolle Reduktionen von Weltkomplexität darstellen. Den Begriff des *Sinns* entwickelte Luhmann ebenfalls bewusst im Anschluss an eine philosophische Tradition: die von ihm als subjektiv-transzendentale Metaphysik bezeichneten Überlegungen Edmund Husserls (1859-1938).[32] Mit der Einbeziehung der Ergebnisse der neueren Systemtheorie[33] wurden beide Begriffe von ihren anthropologischen bzw. subjektiven Bezügen abgetrennt und auf der Basis systemtheoretischer Überlegungen neu begründet.[34]

Die endgültige Charakterisierung der gesellschaftstheoretischen Besonderheiten der luhmannschen Universaltheorie kann mit der Veröffentlichung von *Die Gesellschaft der Gesellschaft* im Jahr 1997 vorgenommen werden. Der bereits in *Soziale Systeme* artikulierte Universalitätsanspruch Luhmanns findet dort seinen zugespitzten Abschluss. Luhmann präsentiert seine Gesellschaftstheorie als konstruktivistisches Theorieunterfangen, das mit den für ihn wesentlichen Erkenntnisblockaden der sozialwissenschaftlichen Gesellschaftstheoriebildung bricht.[35] Seine *autologisch* angelegte, das heißt sich selbst als Gegenstand der eigenen Theorieentscheidungen und gleichzeitig als kommunikatives Ergebnis des gesellschaftlichen Selbstbeschreibungsprozesses erfassende Gesellschaftstheorie[36], verschreibt sich drei Fundierungsprinzipien[37]:

---

31 Vgl. K.D. Bailey: Sociology and the New Systems Theory, S. 1 und N. Luhmann: „Vorbemerkungen zu einer Theorie sozialer Systeme", S. 12.
32 Vgl. H. Joas/W. Knöbl: Sozialtheorie, S. 360-365 und J. Habermas/N. Luhmann: Theorie der Gesellschaft oder Sozialtechnologie, S. 26-31.
33 Eine kritische Perspektive auf die Kohärenz des Forschungsprogrammes der neuen Systemtheorie bietet K. Müller: Allgemeine Systemtheorie, S. 331-348.
34 Vgl. N. Luhmann: Soziale Systeme, S. 45-51, S. 64-65 und S. 92-98.
35 Vgl. Ders.: Die Gesellschaft der Gesellschaft, S. 23-26.
36 Vgl. ebd., S. 1128-1142.
37 Vgl. ebd., S. 35.

- Einem radikalen Antihumanismus, also dem Abrücken davon, dass Gesellschaft aus Menschen besteht und der damit verbundenen Hinwendung zur Zentralität des Kommunikationsbegriffs.
- Dem radikal antiregionalistischen Konzept der Weltgesellschaft, welches vom Bestehen weltweiter kommunikativer Zusammenhänge ausgeht.
- Einem radikal konstruktivistisch ausgerichteten Gesellschaftsbegriff.

Damit können auch die zentralen inhaltlichen Bereiche des Gesamtwerks Luhmanns zusammenfassend gekennzeichnet werden. Ausgangspunkt dafür ist die zentrale Stellung des Gesellschaftssystems für den Aufbau von Luhmanns *Die Gesellschaft der Gesellschaft*:

„Die ihm [Der Text des Buches *Die Gesellschaft der Gesellschaft*, T.H.] zugrundeliegende Systemreferenz ist das Gesellschaftssystem selbst – im Unterschied zu allen sozialen Systemen, die sich in der Gesellschaft im Vollzug gesellschaftlicher Operationen bilden; im Unterschied also zu den gesellschaftlichen Funktionssystemen, aber auch zu Interaktionssystemen, Organisationssystemen oder sozialen Bewegungen, die allesamt voraussetzen, daß sich ein Gesellschaftssystem bereits konstituiert hat."[38]

Von dieser Selbsteinschätzung ausgehend lassen sich in einem ersten Schritt die primär gesellschaftstheoretischen Schriften Luhmanns identifizieren, die sich mit der Ebenendifferenzierung in Interaktion, Organisation und Gesellschaft sowie der funktionalen Differenzierung in einzelne Funktionssysteme befassen. In Übernahme der Systematisierung von Walter Reese-Schäfer[39] besteht dieser erste Werkkomplex aus den drei grundlegenden Theoriebänden *Soziologische Aufklärung*, *Soziale Systeme* und *Die Gesellschaft der Gesellschaft* sowie den einzelnen, teilweise posthum veröffentlichten Analysen zu spezifischen Funktionssystemen. Es wäre jedoch trotz der Zentralität der Gesellschaftstheorie verkürzt, das luhmannsche Gesamtwerk auf diesen Komplex reduzieren zu wollen. Vielmehr lassen sich nach Reese-Schäfer drei weitere Werkkomplexe erkennen, die sich jeweils auf sehr eigenständige Weise mit Teilaspekten der systemtheoretischen Gesellschaftstheorie auseinandersetzen. Dies sind die historisch-semantischen Analysen der vierbändigen Studie *Gesellschaftsstruktur und Semantik*[40], die zahlreichen, durchaus zeitgenössisch akzentuierten politisch-sozialen Analy-

---

38 Ebd., S. 13.
39 Vgl. W. Reese-Schäfer: Niklas Luhmann zur Einführung, S. 7-9, dessen Einteilung in vier Werkkomplexe ich nachfolgend übernehme.
40 Vgl. N. Luhmann: Gesellschaftsstruktur und Semantik.

sen[41] und letztlich die Organisationstheorie, da diese eine besondere Stellung im Frühwerk von Niklas Luhmann einnimmt und auch außerhalb der Soziologie auf eine fruchtbare Rezeption gestoßen ist.[42]

3.3 SYSTEMTHEORETISCHE GRUNDLAGEN DER LUHMANNSCHEN GESELLSCHAFTSTHEORIE

Die für die soziologische und politikwissenschaftliche Rezeption der luhmannschen Gesellschaftstheorie wirkmächtigste Theorieentscheidung liegt in der Übernahme von systemtheoretischen Grundbegriffen und Forschungsergebnissen. Bis heute wird Luhmanns Gesellschaftstheorie vor allem als Systemtheorie wahrgenommen. In Anbetracht der soeben dargestellten Binnendifferenzierungen stellt diese Außenwahrnehmung sicher eine vereinfachende Reduktion der nicht primär systemtheoretisch geprägten Überlegungen Luhmanns dar. Umso relevanter ist es für den Fortgang dieser Untersuchung, die bereits angeführten Phasen der luhmannschen Theorieentwicklung zu berücksichtigen. Diese Phasen sind[43]:

- Eine frühe handlungstheoretische Fassung der Systemtheorie.
- Mitte der 1970er bis 1984: der Höhepunkt einer kommunikationstheoretischen Systemtheorie.
- Der anschließend verstärkte Einbau der Formenanalyse George Spencer Browns (*1923) und eine folglich differenztheoretisch bzw. operativ akzentuierte Systemtheorie.

Die Übernahme der allgemeinen Systemtheorie in Luhmanns Theorieprojekt erfährt dementsprechend ihre Klimax mit der Publikation von *Soziale Systeme* und sie verliert mit der Veröffentlichung von *Die Gesellschaft der Gesellschaft* ihre

---

41 Besonders stark rezipiert wurde von diesem Werkkomplex Ders.: Ökologische Kommunikation.
42 Für einen Beleg kann man die die Sonderausgabe der Fachzeitschrift Organization mit dem „Special Issue on Niklas Luhmann and Organizational Studies" Bd. 13, H 1 (2006) heranziehen.
43 Diese Kurzcharakterisierung der Werkentwicklung Luhmanns findet sich bei R. Schützeichel: Sinn als Grundbegriff bei Niklas Luhmann, S. 16.

zentrale Stellung im Gesamtkonstrukt.[44] Während *Soziale Systeme* mit einer Einführung „Paradigmenwechsel in der Systemtheorie" beginnt, welches eine inhaltliche Auseinandersetzung mit den Forschungsergebnissen der Systemtheorie bietet und daraufhin die Verbindung von System und Funktion dem Kapitel zum Sinnbegriff inhaltlich voranstellt, ist in *Die Gesellschaft der Gesellschaft* eine operative Fassung des Sinnbegriffs der Unterscheidung von System und Umwelt vorgeordnet. Gilt für Luhmann 1984 noch:

„Vor diesem aktuellen wissenschaftsgeschichtlichen Hintergrund verstehen sich die folgenden Überlegungen als ein Versuch, die Theorie sozialer Systeme auf der Grundlage des Entwicklungsstandes der allgemeinen Systemtheorie zu reformulieren."[45]

Ist das Bemerkenswerte an der theorieinternen Schwerpunktverschiebung in *Die Gesellschaft der Gesellschaft*, dass die Inhalte der aus systemtheoretischen Überlegungen übernommenen Konzepte unverändert bleiben, ihre Herleitung jedoch von Luhmann differenztheoretisch vorgenommen wird. Dennoch können aber die interne Struktur der luhmannschen Gesellschaftstheorie, einige ihrer zentralen Theoriekonzepte und die Kritik an ihrem Gesellschaftsverständnis ohne Bezugnahme auf ihre prägende systemtheoretische Fundierung nicht ausreichend vermittelt werden. Deshalb widmen sich die folgenden zwei Unterkapitel zentralen systemtheoretischen Konzepten, die Luhmann aus der allgemeinen Systemtheorie in die soziologische Theoriebildung überführt hat.

3.3.1 Die Unterscheidung von System und Umwelt

Niklas Luhmann kennzeichnet die Entwicklungen auf dem Gebiet der Systemforschung zunächst durch die Unterscheidung von traditionellen Überlegungen zum Systembegriff, der Überlegungen zum Verhältnis von Teil zu Ganzem, zu Gleichgewichtsmodellen und Stabilitätstheorien und dem modernen wie interdisziplinären Strang einer eigenständigen allgemeinen Systemtheorie.[46] Dieser Strang gewann seine zentrale Figur mit Karl Ludwig von Bertalanffy (1901-1972) und seine institutionelle Heimat mit der 1954 gegründeten Society for Ge-

---

44 Vgl. vor allem die unterschiedliche Kapitelreihenfolge in N. Luhmann: Soziale Systeme und Ders.: Die Gesellschaft der Gesellschaft.
45 Ders.: Soziale Systeme, S. 28.
46 Vgl. Ders.: Einführung in die Systemtheorie, S. 42-44 und Ders.: Soziale Systeme, S. 20-22.

neral Systems Research.[47] Die Entwicklungsschritte der allgemeinen Systemtheorie fasst Luhmann rückblickend in drei Phasen zusammen[48]:

- Eine *erste* Phase, in der die wissenschaftlichen Debatten sich mit der Formulierung von Input- und Output-Modellen sowie der Charakterisierung von offenen und geschlossenen Systemen befassten.
- Eine *zweite* Phase, in der die Selbstreferentialität von Systemen in den Mittelpunkt der Forschung rückte.
- Abschließend die *dritte* Phase, in der die aus der Neurobiologie stammenden Konzepte der Autopoiesis und der operativen Geschlossenheit biologischer Systeme zu Referenzpunkten der Systemforschung wurden.

Die jeweils von Luhmann sehr kondensierten Rekonstruktionen der Entwicklungen auf dem Gebiet der allgemeinen Systemtheorie verdecken jedoch den durchaus heterogenen und kontroversen Entwicklungscharakter dieses interdisziplinären Forschungsprogrammes. Wirft man einen zeithistorisch akzentuierten Blick auf die luhmannsche Überführung systemtheoretischer Forschungsergebnisse in die soziologische Theoriebildung, zeigt sich, dass die Systemtheorie in den 1960er Jahren, gewissermaßen während des Zenits des *Bertalanffy-Programmes*, zu einem wissenschaftlich wie auch gesellschaftspolitisch höchst wirksamen Forschungsprogramm geworden war. Die Systemtheorie hatte nicht nur einen erfolgreichen Einzug in die sozialwissenschaftlichen Disziplinen gehalten, sondern war ebenfalls fester Bestandteil einer Überzeugung von der politischen und makro-ökonomischen Steuerbarkeit der modernen Gesellschaft geworden.[49] Auch wenn es verfehlt wäre Luhmann dem Lager einer dezidiert wohlfahrtsstaatlichen Gesellschaftssteuerung zuzuordnen[50], konnte die allgemeine Systemtheorie anschließend nie wieder dieses Maß an wissenschaftlicher Kohärenz ihrer Grundbegriffe und außerwissenschaftlicher Wirksamkeit erreichen. Dieser Aspekt gilt in besonderem Maße für die von Luhmann in *Soziale Systeme* emphatisch durch einen Paradigmenwechsel gekennzeichnete neue Systemtheorie.[51]

---

47 Diese wurde 1988 in International Society for the Systems Sciences umbenannt: http://isss.org/world/index.php [letzter Zugriff am 17.01.2015].
48 Vgl. N. Luhmann: Die Gesellschaft der Gesellschaft, S. 64-68.
49 Vgl. K. Müller: Allgemeine Systemtheorie, S. 311-317.
50 Vgl. W. Reese-Schäfer: Niklas Luhmann zur Einführung, S. 91-95 zur sogenannten Steuerungsdebatte zwischen Niklas Luhmann und Fritz W. Scharpf (*1935).
51 Vgl. K. Müller: Allgemeine Systemtheorie, S. 4-5 und S. 318-359.

Von diesem Blickpunkt auf seine Werkentwicklung aus gesehen, gewinnt Luhmann den systemtheoretischen Kern seiner Gesellschaftstheorie zunächst aus den Ergebnissen der allgemeinen Systemtheorie. Zentrale Merkmale für ihn sind dabei die Übernahme des Konzepts offener Systeme und dessen Zuspitzung als selbstreferentielle Systeme[52], infolge dessen: „[...] die Systeme in der Konstitution ihrer Elemente und ihrer elementaren Operationen auf sich selbst (sei es auf Elemente desselben Systems, sei es auf Operationen desselben Systems, sei es auf die Einheit desselben Systems) Bezug nehmen."[53]

Als weiterer Aspekt für die Ausgestaltung seiner Theorie sozialer Systeme erweist sich der Import des in der Systemforschung konstatierten Komplexitätsgefälles zwischen System und Umwelt, sodass sich System-Umwelt-Beziehungen vor allem unter dem Gesichtspunkt der notwendigen Reduktion von Komplexität durch die Bündelung von spezifischen Bezugspunkten ergeben.[54] Soziale Systeme – von einzelnen Interaktionen bis hin zur Gesamtgesellschaft – werden damit von Luhmann als strukturell an ihre Umwelt angepasste Systeme gekennzeichnet, die sich durch die Erzeugung und Aufrechterhaltung einer Differenz zu ihrer Umwelt konstituieren und stabilisieren.[55] Diese im Rahmen des Forschungsprogrammes der allgemeinen Systemtheorie durchaus empiriegestützte Unterscheidung von System und Umwelt und ihr komplexes Wechselverhältnis zueinander werden von Luhmann letztlich in *Die Gesellschaft der Gesellschaft* differenztheoretisch reformuliert. Er reduziert damit die Ergebnisse der allgemeinen Systemtheorie darauf,

„[...] daß nicht mehr von Objekten die Rede ist, sondern von Unterscheidungen, und ferner, daß Unterscheidungen nicht als vorhandene Sachverhalte (Unterschiede) begriffen werden, sondern daß sie auf eine Aufforderung zurückgehen, sie zu vollziehen [...]."[56]

3.3.2 Autopoiesis und operative Schließung

Während sich die systemtheoretischen Überlegungen zu Charakteristika und Folgen der Ausbildung selbstreferentieller Systeme aus verschiedenen Disziplinen wie Thermodynamik, Biologie, Neurophysiologie, Zellentheorie, Computer-

---

52 Vgl. N. Luhmann: Soziale Systeme, S. 22-25.
53 Ebd., S. 25.
54 Vgl. Ders.: Einführung in die Systemtheorie, S. 167-177.
55 Vgl. Ders.: Soziale Systeme, S. 35.
56 Ders.: Die Gesellschaft der Gesellschaft, S. 60.

theorie, Kybernetik und Informationstheorie speisen[57], lässt sich der Ursprung der Konzepte der Autopoiesis und der operativen Schließung vor allem auf die Ergebnisse der neurobiologischen Kognitionstheorie von Humberto Maturana (*1928) zurückführen, die sich als eine naturalisierte, empirische Erkenntnistheorie bezeichnen lässt.[58] In diesem Sinne versteht Luhmann das Konzept der Autopoiesis als eine Radikalisierung der Theorie selbstreferentieller Systeme.[59] Dabei kennzeichnet er das Konzept durch zwei zentrale Momente, die:

„[...] „Selbstorganisation" im Sinne einer Erzeugung einer Struktur durch eigenen [sic!] Operationen und zweitens mit „Autopoiesis" im Sinne einer Determination des Zustands, von dem aus weitere Operationen möglich sind, durch die Operationen desselben Systems."[60]

Aus der autopoietischen Selbsterzeugung von biologischen Systemen folgert Maturana die operative Geschlossenheit der Systeme. Die Operationen eines Systems wirken im Vollzug seiner Autopoiesis auf das System selbst zurück, verfahren demnach nicht in der Umwelt des Systems und stabilisieren auf diese Weise die notwendige Trennung von System und Umwelt.[61] Was bei Maturana die biologischen Grundlagen einer Kognitionstheorie sind, wird von Luhmann zur Funktionsweise autopoietischer sozialer Systeme verallgemeinert, in denen sich infolge ihrer operativen Schließung:

„[...] das System erzeugt [...] als eine Form, die eine Innenseite, das System, und eine Außenseite, die Umwelt, trennt; und die Innenseite der Form ist eine Seite, auf der allein die Operationen sich reproduzieren können, die die Form, die Differenz, das System produzieren."[62]

Die dargestellten Theoreme der System-Umwelt-Differenz, ihres Komplexitätsgefälles, der Autopoiesis und der operativen Schließung verwendet Luhmann

---

57 Vgl. Ders.: Soziale Systeme, S. 27.
58 Vgl. H.-R. Fischer: „Murphys Geist oder die glücklich abhanden gekommene Welt", S. 10 sowie H. Maturana: „The Origin of the Theory of Autopoietic Systems", S. 121-123.
59 Vgl. N. Luhmann: „Probleme mit operativer Schließung", S. 12.
60 Ders.: Einführung in die Systemtheorie, S. 101.
61 Vgl. H.-R. Fischer: „Murphys Geist oder die glücklich abhanden gekommene Welt", S. 18-25.
62 N. Luhmann: „Probleme mit operativer Schließung", S. 13.

zunächst, um sein zu Beginn noch handlungstheoretisch geprägtes Verständnis einer Theorie sozialer Systeme zu überwinden. Dies geschieht zu Gunsten einer „Entsubjektivierung" der Konzeption sozialer Systeme, die Kritikern zufolge weniger die Schwierigkeiten einer subjektzentrierten Erkenntnis- und Gesellschaftstheorie überwunden, als zu einer Verabsolutierung autopoietischer Systeme geführt habe.[63] Anstelle eines subjektzentrierten Handlungsbegriffes rücken daher die Begriffe der Kommunikation und des Sinns in das Zentrum der luhmannschen Theorie sozialer Systeme. Zusätzlich legt das Konzept der operativen Geschlossenheit autopoietischer Systeme die Grundlagen für das werkgeschichtlich später einsetzende operative Verständnis sozialer Kommunikationsprozesse, die das finale gesellschaftstheoretische Verständnis Luhmanns prägen werden.

3.4 ZENTRALE THEORIEELEMENTE DER LUHMANNSCHEN GESELLSCHAFTSTHEORIE

3.4.1 Kommunikation

Wissenschaftshistorisch gesehen wird laut Luhmann das Verhältnis von Individuum und Gesellschaft im Laufe des 18. und 19. Jahrhunderts zur wesentlichen Problemstellung der sich entwickelnden Soziologie. Den Konzepten des Individuums oder auch des Subjekts werden im Zuge dieser Formierung des neuzeitlichen Individualismus[64] wissenschaftliche Fragestellungen über die Auswirkungen und die Erfassung von Individualität, Einzigartigkeit und Persönlichkeit zugeordnet, die dem Kollektivbegriff der Population gegenüberstehen, welcher mit Überlegungen zu demographischen Entwicklungen und gesellschaftlicher Evolution wissenschaftlich bearbeitet wird. Im Verlauf dieser anthropologischen Fundierung der Soziologie rückt die Integration von Individuen über ihre Rollen in die Gesellschaft ins Zentrum der sozialwissenschaftlichen Forschung und Theoriebildung, wobei der Handlungsbegriff zur allgemeinen Kategorie in der Erfassung und Erklärung sozialer Phänomene wird.[65] Diese Analyse- und Erklärungsstrategie stößt nach Luhmann an drei, für sie nicht zu überwindende Grenzen.

Erstens kann der Handlungsbegriff nicht so exakt bestimmt werden, als dass deutlich würde, wo Handlungen und Handlungsfolgen aufhörten. Dies kann für

---

63 Vgl. die Kritik an dieser *Entsubjektivierung* bei A. Weber: Subjektlos, S. 38-44.
64 Die ausführliche Kennzeichnung dieser Entwicklung findet sich bei N. Luhmann: „Selbstorganisation und Mikrodiversität".
65 Vgl. Ders.: Einführung in die Systemtheorie, S. 247-251.

ihn nicht durch den Motivationsaspekt geklärt werden.[66] Zusätzlich begibt sich die Soziologie in ihrem Versuch, die psychischen oder motivationalen Elemente von Handlungen zu erfassen, in den wissenschaftlichen Zuständigkeitsbereich der Psychologie:

„Die Begriffe Subjekt oder Individuum fungieren dabei nur als Leerformeln für einen in sich hochkomplexen Tatbestand, der in den Zuständigkeitsbereich der Psychologen fällt und den Soziologen nicht weiter interessiert."[67]

Zweitens wird über den Handlungsbegriff nicht klar, wie die Verbindung der zu trennenden Bereiche des Individuums und der Gesellschaft zustande käme.[68] Letztlich konstatiert Luhmann in seiner Analyse des Handlungsbegriffs ebenfalls, dass dieser nicht ausreichend zwischen Erleben und Handeln unterscheiden könne.[69] Luhmanns radikaler und der philosophischen und soziologischen Tradition gänzlich widersprechender Lösungsschritt[70] besteht nun darin, die in der Übernahme der systemtheoretischen Konzepte der Autopoiesis und operativen Geschlossenheit vorbereitete Umstellung auf autonome und selbstbezügliche Systembildungsprozesse aufzunehmen. Damit wird Kommunikation zur universalen und einzigen Operation sozialer Systeme und zu einer emergenten Realität *sui generis* erklärt.[71] Denn:

„[...] nur die Kommunikation ist eine unausweichliche soziale Operation und zugleich eine Operation, die zwangsläufig in Gang gesetzt wird, wenn immer sich soziale Situationen bilden."[72]

Luhmann versteht dabei das durch kommunikative Operationen, und nicht etwa durch individuelle Handlungen, gebildete Gesellschaftssystem als ein System höherer Ordnung[73] und schließt den Menschen als Konglomerat einer Vielzahl

---

66 Vgl. ebd., S. 251-254.
67 Ders.: „Was ist Kommunikation?", S. 113.
68 Vgl. Ders.: Einführung in die Systemtheorie, S. 254-255, wo Luhmann von einer unklaren Verleimungsfunktion der Handlungstheorie spricht.
69 Vgl. J. Habermas/N. Luhmann: Theorie der Gesellschaft oder Sozialtechnologie, S. 75-84.
70 Vgl. G. Kneer/A. Nassehi: Niklas Luhmanns Theorie sozialer Systeme, S. 65.
71 Vgl. N. Luhmann: „Was ist Kommunikation?", S. 115.
72 Ebd., S. 114.
73 Vgl. Ders.: Die Gesellschaft der Gesellschaft, S. 194.

autopoietischer Systeme⁷⁴ (Bewusstsein, Organismus, Immunsystem etc.) aus dem kommunikativ generierten Gesellschaftssystem aus und verlagert ihn in dessen Umwelt.⁷⁵ An dieser Stelle ist es angebracht, darauf hinzuweisen, dass diese Theorieentscheidung Luhmanns nicht im Sinne einer unüberbrückbaren ontologischen Trennung von Mensch und Gesellschaft verstanden werden sollte. Vielmehr ist diese Entscheidung eine konsequente Folgerung aus dem Prinzip der operativen Schließung sozialer Systeme, infolgedessen jeder Systemtyp genau über eine spezifische Operation gebildet und autopoietisch fortgesetzt wird.⁷⁶ Im Falle des Typs sozialer Systeme ist die systemspezifische Operation diejenige der Kommunikation und deren Funktions- und Reproduktionsweise wird dementsprechend in das Zentrum von Luhmanns Gesellschaftstheorie gerückt. Die von Luhmann als gesellschaftliche Konvention bezeichnete Annahme, dass Menschen kommunizieren können⁷⁷ und die damit verbundene Überzeugung der personalen Einheit des Menschen, ist als Binnenorganisation des Kommunikationssystems vielmehr ein Ergebnis der menschlichen Sozialisierung⁷⁸ sowie die Identifikationsleistung eines Beobachters von Kommunikationsprozessen:

„Für einen solchen Beobachter ist es ganz unsinnig, Psychisches, Leibliches und Soziales völlig zu trennen. Ein Beobachter kann also identifizieren, wie ihm das zweckmäßig erscheint oder wie er die Welt, die er beobachtet, am besten ordnen kann."⁷⁹

Doch nicht nur der Mensch wird von Luhmann in die Umwelt des gesellschaftlichen Kommunikationssystems verlagert, auch die Wahrnehmung und das Bewusstsein werden als Elemente des operativ geschlossenen Bewusstseinssystems, das sich über wahrnehmungsbasierte Aufmerksamkeit reproduziert⁸⁰, in der Umwelt der Gesellschaft angesiedelt. Das Verhältnis von Kommunikation und Bewusstsein versteht Luhmann im Anschluss an die Überlegungen von Maturana als „wechselseitig stabilisierte Adaption"⁸¹. Auf der einen Seite lässt sich Kommunikation nur über Bewusstsein reizen, das Bewusstsein stellt also die für

---

74 Vgl. G. Kneer/A. Nassehi: Niklas Luhmanns Theorie sozialer Systeme, S. 66.
75 Vgl. N. Luhmann: Einführung in die Systemtheorie, S. 256-258.
76 Vgl. ebd., S. 288.
77 Vgl. Ders.: „Wie ist Bewusstsein an Kommunikation beteiligt?", S. 37.
78 Vgl. ebd., S. 39 und S. 51.
79 Ders.: Einführung in die Systemtheorie, S. 258.
80 Vgl. Ders.: Einführung in die Theorie der Gesellschaft, S. 106-108.
81 Ders.: „Wie ist Bewusstsein an Kommunikation beteiligt?", S. 40.

eine gelungene Kommunikation notwendigen Aufmerksamkeits- und Wahrnehmungsleistungen bereit. Auf der anderen Seite konstatiert Luhmann, dass „[...] die Kommunikation fasziniert und okkupiert, wenn sie läuft und solange sie läuft, das Bewusstsein."[82] Die Funktionsweise von Kommunikation bestimmt Luhmann in einem operativen Verständnis als eine dreifache Selektion. Kommunikation besteht insofern zunächst aus einer Informationskomponente, die als erste Selektionsleistung eine Auswahl aus dem Selektionshorizont möglicher Kommunikationsinhalte trifft. Diese Information wird dann im Zuge des Verstehens (der dritten Selektion) von seiner Mitteilungskomponente, der zweiten Selektion, unterschieden und erzeugt die Notwendigkeit des Anschlusses einer weiteren Kommunikation, um auf die qua Mitteilung vollzogene Informationsleistung zu reagieren.[83]

„Die These ist, dass die Sozialität nur in der Verschmelzung oder in der Synthese dieser drei Komponenten zustande kommt, dass also Soziales dann entsteht, wenn Information, Mitteilung und Verstehen als Einheit erzeugt werden, mit Rückwirkungen auf die teilnehmenden psychischen Systeme."[84]

Die grundlegende Sequenzierung von Kommunikationsprozessen ist im operativen Vollzug ihrer dreifachen Selektionsleistung binär codiert: durch die Annahme (Ja-Fassung) und Weiterführung oder die Ablehnung (Nein-Fassung) und Beendigung der Kommunikation durch Kommunikation, was der Kommunikation ermöglicht, eine riskante Entscheidungslage zu forcieren.[85]

3.4.2 Sinn

Luhmanns Überlegungen zum Sinnbegriff speisen sich zunächst aus der bereits angesprochenen subjektiv-transzendentalen Metaphysik Husserls, dessen Phänomenologie das Verhältnis von Bewusstsein und Welt in den Fokus stellte. Ziel der Übernahme des Sinnbegriffs in die noch handlungstheoretisch gefärbte Systemtheorie der 1970er Jahre ist die Ersetzung des Handlungsbegriffs als zentraler Kategorie der Soziologie und die Ermöglichung, Erleben und Handeln als glei-

---

82 Ebd.
83 Vgl. Ders.: Einführung in die Systemtheorie, S. 260-261 und S. 288-299.
84 Ebd., S. 261.
85 Vgl. Ders.: „Was ist Kommunikation?", S. 119-120.

chermaßen sinnhafte Reduktionen von Weltkomplexität aufzufassen.[86] Die zugespitzte Fassung des Sinnbegriffs bei Luhmann reformuliert die Überlegungen der Phänomenologie in systemtheoretischer Terminologie. Die in der Phänomenologie subjekthaft und hermeneutisch konzipierten Inhalte sinnhaften Erlebens der Welt werden *entsubjektiviert* und aus komplexitätstheoretischen Überlegungen heraus zu Merkmalen autopoietischer Systeme verallgemeinert. Sinn versorgt in diesem Verständnis komplexe Systeme mit Stabilität und Instabilität.[87] Aus dem Kontrast der operativen Geschlossenheit selbstreferentieller Systeme zur endlosen Offenheit der Welt ergibt sich die Notwendigkeit der sinnhaften Selektion von Anschlussoperationen für autopoietische Systeme[88]:

„Das Phänomen Sinn erscheint in der Form eines Überschusses von Verweisungen auf weitere Möglichkeiten des Erlebens und Handelns. Etwas steht im Blickpunkt, im Zentrum der Intention, und etwas anderes wird marginal angedeutet als Horizont für ein Und-so-weiter des Erlebens und Handelns."[89]

Sinn reproduziert sich daher aus der Differenz von Aktualität und Möglichkeit.[90] Zusätzlich ermöglicht der Sinnbegriff in dieser Fassung den Übergang von der bewusstseinszentrierten Fassung des phänomenologischen Sinnbegriffs zu einem allgemeinen Phänomen autopoietischer Systeme, indem Sinn die operative Schließung von Bewusstseins- und Kommunikationssystem ermöglicht[91], da sowohl Kommunikation als auch Bewusstsein im Medium Sinn operieren. Bewusstseinssysteme zeichnen sich durch sinnhaftes Erleben, Kommunikationssysteme durch sinnhafte Kommunikation aus. Bei beiden Systemtypen wird der Begriff des Sinns formal und ohne den Bezug auf eine empirische oder transzendentale Subjektivität definiert.[92] Das besondere Kennzeichen sinnhaft operierender Systeme ist ihre Temporalisierung, ihre dynamische Stabilität, die sie gewis-

---

86 Vgl. J. Habermas/N. Luhmann: Theorie der Gesellschaft oder Sozialtechnologie, S. 75-84.
87 Vgl. R. Schützeichel: Sinn als Grundbegriff bei Niklas Luhmann, S. 31-41.
88 Vgl. N. Luhmann: Soziale Systeme, S. 96-99.
89 Ebd., S. 93.
90 Vgl. Ders.: Die Gesellschaft der Gesellschaft, S. 50.
91 Vgl. Ders.: „Wie ist Bewusstsein an Kommunikation beteiligt?", S. 49.
92 Vgl. Ders.: Einführung in die Systemtheorie, S 225.

sermaßen in einer andauernden Verkettung von Auswahloperationen[93] um einen
„Aktualitätskern"[94] herum voranschreiten lassen:

„Das geschieht dadurch, daß das jeweils Aktualisierte auf weitere Anschlussmöglichkeiten
verweist. Die nicht gewählten Anschlüsse bleiben als Möglichkeiten erhalten und können
zu einem späteren Zeitpunkt aktualisiert werden."[95]

Damit werden von Luhmann die ursprünglich im Rahmen der Phänomenologie
aus der philosophischen Introspektion und Reflexion auf Bewusstseinsprozesse
gewonnenen Aspekte sinnhaften Welterlebens zur sinnhaften Operation von
Bewusstseins- und Kommunikationssystemen verallgemeinert. Zusätzlich legt
Luhmann den Fokus seiner Theoriebildung auf sinnhaft basierte Kommunikation, da diese die Autopoiesis und Evolution des Gesellschaftssystems steuere.[96]
Dies vollzieht sich über drei verschiedene *Sinndimensionen*, die den Auswahlhorizont des dynamisch stabilisierten Kommunikationsprozesses bilden:

- Die *Sachdimension*: Konturiert den Themenbezug von sinnhafter Kommunikation und die interne Zuschreibung von Erleben bzw. die externe Zuschreibung von Handlungen.[97]
- Die *Zeitdimension*: Verlängert über die Unterscheidung von Vorher und Nachher die Gleichzeitigkeit und damit den Gegenwartsbezug von Kommunikation auf die Sonderhorizonte der Zukunft und Vergangenheit.[98]
- Die *Sozialdimension*: Über die Unterscheidung von Alter und Ego wird Kommunikation personalisiert und mit festen sozialen Systemen identifiziert, was die Identitätsbildung und die Ausbildung von Namen und Adressen ermöglicht.[99]

Auf der einen Seite stellt Luhmann mit diesem Vorgehen große Teile der abendländischen Tradition des Gesellschaftsbegriffs[100] um, indem er Gesellschaft nicht

---

93 Vgl. Ders.: Die Gesellschaft der Gesellschaft, S. 52-54.
94 G. Kneer/A. Nassehi: Niklas Luhmanns Theorie sozialer Systeme, S. 75.
95 Ebd.
96 Vgl. N. Luhmann: Soziale Systeme, S. 127-135.
97 Vgl. ebd., S. 114-115 und S. 123-124.
98 Vgl. ebd., S. 115-116.
99 Vgl. ebd., S. 119-120 und S. 125-126.
100 Eine sehr informative sowie prägnante Zusammenfassung des abendländischen Gesellschaftsbegriffs findet sich bei Ders.: „Gesellschaft".

als das Ergebnis rational entscheidender und handelnder Individuen, sondern als den operativen Vollzug sinnhafter Kommunikation konzeptualisiert. Diese Umstellung vollzieht er im Anschluss an den Strukturfunktionalismus von Parsons auf der Basis einer Einbeziehung von zentralen Ergebnissen der allgemeinen Systemtheorie. Auf der anderen Seite bietet die skizzierte Fassung von sinnhaften Kommunikationssystemen für Luhmann die theorieinterne Option, eine Theorie der modernen Gesellschaft über den nachfolgend einzuführenden Begriff der generalisierten Kommunikationsmedien zu entwickeln.

3.5 THEORIETECHNIK UND METHODE BEI NIKLAS LUHMANN

3.5.1 Sein differenztheoretischer Ansatz

Es ist bereits deutlich geworden, dass neben ihrem variablen, von Luhmann als *azentrisch* bezeichneten Theorieaufbau verschiedene Schwerpunktsetzungen der theorieinternen Fundierung von systemtheoretischen Grundkonzepten zu erkennen sind. Die in *Die Gesellschaft der Gesellschaft* bestimmende Theorietechnik ist als operativer bzw. differenztheoretischer Ansatz zu kennzeichnen, der zwar die aus der allgemeinen Systemtheorie stammenden Überlegungen übernimmt, deren Formulierung Luhmann aber auf die Erkenntnisse des logischen Indikationenkalküls von George Spencer Brown (*1923)[101] umstellt. Dieses Vorgehen theoretische Formulierungen nicht auf letzte, substantielle Einheiten, sondern auf zentrale Differenzen zu basieren[102], findet sich auch in anderen Theorietraditionen. Theorietechnische Anregungen hat Luhmann in diesem Kontext bei Ferdinand de Saussures (1857-1913) sprachwissenschaftlicher Grundlagenarbeit zum späteren Strukturalismus, dem Soziologen Gabriel Tarde (1843-1904), dem Philosophen und Anthropologen René Girard (*1923) und der Informationstheorie des interdisziplinär zu verortenden Anthropologen Gregory Bateson (1904-1980) gefunden.[103]

Die klassische Identitätslogik ist substanzontologisch konzeptualisiert. Ihrem Verständnis nach können beispielsweise Systemeigenschaften beliebiger Systeme auf die ontologisch vorgegebenen und zugrundeliegenden Eigenschaften ihrer basalen Elemente zurückgeführt werden. Die allgemeinen Eigenschaften eines

---

101 Vgl. G. Spencer Brown: Laws of Form.
102 Vgl. N. Luhmann: Einführung in die Systemtheorie, S. 67.
103 Vgl. ebd., S. 67-70.

Systems realisieren sich in seinen konkreten Elementen.[104] Illustrieren lässt sich dieses Verständnis u.a. an einer klassischen Gesellschaftsvorstellung, in der die Gesellschaft aus Menschen bestünde und somit einer Gesellschaftstheorie die Aufgabe zukäme, die allgemeinen Merkmale einer Gesellschaft über die konkreten Eigenschaften ihrer Elemente, in diesem Falle der einzelnen Menschen, zu erklären. Wie bereits angeführt wurde diese Erklärungslast in der Regel dem Handlungsbegriff aufgeladen. Luhmanns Wechsel von einem identitätslogischen zu einem differenzlogischen Grundverständnis der Theoriekonstruktion[105] durchbricht diese wechselseitige Erklärungslast vom Allgemeinen zum Besonderen beziehungsweise vom Besonderen zum Allgemeinen und fasst soziale Phänomene als emergent auf (vgl. Kapitel 2.5.1.2). Sie lassen sich somit nicht in einem substanzontogischem Sinne auf die ihnen zugrunde liegenden Effekte reduzieren[106]:

„Systeme werden demnach nicht anhand ontologisch gegebener Elemente oder eines Bestandes an Elementen definiert, sondern als selbstreferentielle Systeme, die sich in rekursiven Prozessen kontinuierlich selbst produzieren. Somit wird Wandel konstitutiv in die Definition der Identität eines Systems eingeschrieben."[107]

Die zentrale Referenz Luhmanns für diesen Wechsel zu einer rein differenztheoretischen Fundierung theoretischer Grundkonzepte sind die *Laws of Form* des Mathematikers und Logikers George Spencer Brown. Diese grundlagenmathematische Abhandlung unternimmt den Versuch, die Logik wieder auf die Mathematik zurückzuführen[108], um auf diese Weise die seit David Hilberts (1862-1943) Schaffenszeit schwelende Grundlagenkrise der Mathematik zugunsten der formalen Mathematik aufzulösen.[109] Unabhängig von der mathematikinternen Rezeption und Kritik an diesem Vorhaben selbst liest Luhmann die *Laws of Form* vor allem in zweierlei Hinsicht: Auf der einen Seite als erkenntnistheoretische Schrift, die die konstruktivistisch zu verstehende Figur des Beobachters

---

104 Vgl. A. Jung: Identität und Differenz, S. 19-23 und S. 27-29.
105 Vgl. die sehr elaborierte Kritik an der Übernahme differenzlogischer Überlegungen durch Luhmann von B. Hennig: „Luhmann und die formale Mathematik".
106 Vgl. A. Jung: Identität und Differenz, S. 23 und S. 27-29.
107 Ebd., S. 31.
108 Vgl. D. Baecker: „Einleitung", S. 9.
109 Vgl. M. Urban: Form, System und Psyche, S. 23-25 und die Einleitung in G. Spencer Brown: Laws of Form, S. XV-XXIV, in der Spencer Brown eine Übersicht über die mathematischen und philosophischen Bezüge seiner Schrift gibt.

formuliert, auf der anderen Seite als Formenkalkül, das grundlegende Aspekte der Formulierung von Begriffsentscheidungen und Theoriekonstruktionen sowie deren Weltbezug beinhaltet.[110] Der berühmt gewordene Ausgangspunkt George Spencer Browns ist dabei sein Diktum: „Draw a distinction".[111]

„Ein Systemtheoretiker reagiert zunächst einmal auf die Weisung: Triff eine Unterscheidung – und nicht irgendeine Unterscheidung, sondern die Unterscheidung von System und Umwelt, und verwende dabei den *pointer* oder die *indication* so, dass das System bezeichnet wird und nicht die Umwelt. Die Umwelt bleibt draußen, das System ist auf der einen Seite, die Umwelt ist auf der anderen Seite."[112]

Das bedeutet, dass jedwede Operation eines selbstreferentiellen Systems auf der Verwendung asymmetrischer, zweiseitiger Formen basiert, die die Innenseite dieser Form bezeichnen und somit von der nicht-bezeichneten Außenseite, der Umwelt, abgrenzen. Die Verkettung von Operationen, d.h. die Verwendung zweiseitiger Formen im Zeitverlauf, konstruiert den Beobachter oder die Beobachtungsleistung von Systemen im Sinne einer selbstreferentiellen, formbasierten Erkenntnisgewinnung.[113] Diese differenztheoretisch gewonnene Theoriefigur des Beobachters baut auf der Konzeptualisierung autopoietischer, also operativ geschlossener Systeme auf und überführt diese in eine konstruktivistische Erkenntnistheorie.[114] Erkenntnis wird von Luhmann als eine operative, auf der Basis von Unterscheidungen (zweiseitige Formen) hervorgebrachte Konstruktionsleistung autopoietischer Systeme gekennzeichnet. An dieser Stelle der luhmannschen Theoriearchitektonik befindet sich die Selbstcharakterisierung seiner Gesellschaftstheorie als *autologisch*.[115] Die luhmannsche Gesellschaftstheorie ist keine ‚objektive' Theorie, die den außerhalb von ihr befindlichen, substantiell verstandenen Gegenstandsbereich der ‚Gesellschaft' in einem Abbildungs- oder Korrespondenzverständnis erfasst, sondern eine Kommunikationsleistung des Wissenschaftssystems der modernen Gesellschaft. Zugleich gewinnt Luhmann über die Theoriefigur des Beobachters, also der unterscheidungsbasierten Er-

---

110 Vgl. F. Lau: Die Form der Paradoxie, S. 9-29.
111 G. Spencer Brown: Laws of Form, S. 3.
112 N. Luhmann: Einführung in die Systemtheorie, S. 75.
113 Vgl. das Kapitel "Eine formtheoretische Erkenntnistheorie" von F. Lau: Die Form der Paradoxie, S. 143-162.
114 Vgl. N. Luhmann: „Das Erkenntnisprogramm des Konstruktivismus und die unbekannt bleibende Realität".
115 Vgl. Ders.: Die Gesellschaft der Gesellschaft, S. 1128-1142.

kenntnisgewinnung autopoietischer Systeme, seine systemtheoretisch fundierte Analysemethode der Beobachtung 2. Ordnung.

3.5.2 Beobachtung 2. Ordnung

Luhmann kennzeichnet seinen Beobachtungsbegriff und das Konzept des Beobachters als eine konstruktivistische Erkenntnistheorie. Auch wenn Luhmann dieses Paradigma zunächst als eine neue Spielart des Idealismus ansieht, schreibt er ihm doch Charakteristika zu, die über den Idealismus und damit auch über die Kontroverse von Realismus und Idealismus hinausgehen.[116] Luhmanns Positionierung wird an anderer Stelle als operativer Realismus bezeichnet.[117] Erkennen wird von Luhmann im Sinne operativ genutzter Differenzen aufgefasst, was den klassischen Subjektbegriff sprengt und somit autopoietischen Systemen unterschiedlicher Arten (Bewusstseinssysteme, Kommunikationssysteme, Immunsysteme, Zellen etc.) eine allgemein bestimmte Erkenntnisfähigkeit zuweist.[118] Wissen ist nicht durch die Korrespondenz zur oder die Repräsentation von ‚Wirklichkeit' gekennzeichnet, sondern durch die Einführung von Zeit in die operative Beobachtungsleistung von Systemen, die auf diese Weise die Gleichzeitigkeit allen Geschehens nachträglich durchbrechen. Erklärungen verweisen auf vorheriges Geschehen, Reaktionen und Handlungen beziehen sich auf die aktuelle Gegenwart oder Gleichzeitigkeit des Geschehens und Prognosen zielen auf das zukünftige Geschehen ab.[119] Für Luhmann besteht ein disziplinenübergreifender Trend zur Formulierung konstruktivistischer Erkenntnistheorien auf der Basis der Beobachtungsabhängigkeit allen Wissens, der u.a. auch in der Neurobiologie und der Physik zu erkennen sei.[120] Beobachten in diesem Verständnis ist die Handhabung einer asymmetrischen Unterscheidung zur Kennzeichnung einer bestimmten Seite und nicht der anderen. Man könnte bspw. die Welt nach *schönen* und *nicht-schönen* Dingen unterscheiden und auf diese Weise die *schönen*

---

116 Vgl. Ders.: „Das Erkenntnisprogramm des Konstruktivismus und die unbekannt bleibende Realität", S. 32 und S. 47-48. Zwei sehr ausführliche Auseinandersetzungen mit der erkenntnistheoretischen Positionierung Luhmanns finden sich bei W. Rasch: „Luhmanns Widerlegung des Idealismus" und A. Nassehi: „Wie wirklich sind Systeme".

117 Vgl. die Einschätzung von A. Jung: Identität und Differenz, S. 12.

118 Vgl. N. Luhmann: Einführung in die Systemtheorie, S. 147-151.

119 Vgl. Ders.: „Das Erkenntnisprogramm des Konstruktivismus und die unbekannt bleibende Realität", S. 39-40.

120 Vgl. ebd., S. 49-54 und F. Lau: Die Form der Paradoxie, S. 152.

Dinge beobachten. In einer weiteren Operation könnte man diese Unterscheidung reflektieren und verwerfen oder weiter beobachten, indem man weitere Eigenschaften der *schönen Dinge* voneinander differenzierte, sodass gilt:

„Prinzipiell kann ein Beobachter alles beobachten, was er unterscheiden kann, gegebenenfalls auch seine oder andere Beobachtungen (Unterscheidungen). Ein Beobachter kann also beobachten, welche Unterscheidungen andere Beobachter (oder auch er selbst) treffen."[121]

Lediglich die aktuell verwendete Unterscheidung kann nicht während ihres Vollzugs beobachtet werden, was von der Systemtheorie als *blinder Fleck* bezeichnet wird. Man kann also nicht sehen, was man während einer Beobachtung nicht sehen kann. Erst im Nachhinein kann man die zuvor vollzogene Beobachtung reflektieren. Dies wird aber stets in Form einer wiederum asymmetrischen und damit ihrerseits blinde Flecken erzeugenden Anschlussoperation vollzogen.[122] Diese Beobachtung der eigenen Beobachtung oder der Beobachtung anderer Beobachtungen beschreibt Luhmann als Beobachtung 2. Ordnung. Neben George Spencer Brown waren es auch die Arbeiten des Physikers und Kybernetikers Heinz von Foerster (1911-2002)[123], die Luhmann angeregt haben, einen mehrstufigen Beobachtungsbegriff zu formulieren. Das Vorgehen, Andere auf die blinden Flecken ihrer Ansichten hinzuweisen, findet sich laut Luhmann bereits in der Sozialkritik von Karl Marx (1818-1883) oder der Psychoanalyse von Sigmund Freud (1856-1939).[124] In seiner allgemeinen Formulierung einer unterscheidungsbasierten Beobachtung 2. Ordnung wird dieses Vorgehen bei Luhmann zu einer systemtheoretisch fundierten, soziologischen Analysemethode ausgebaut. Ihr Ziel ist es, zu beobachten, mit welchen Unterscheidungen andere Beobachter ihre Beobachtungen konstruieren. Dieses allgemeine Prinzip wird im Rahmen einer durchaus wissenssoziologischen Lesart zu einer Forschungsstrategie, bestehende Aussagen und Daten als kontingent anzusehen, diese also zu deontologisieren[125]:

---

121 F. Lau: Die Form der Paradoxie, S. 157.
122 Vgl. ebd., S. 157-159 und N. Luhmann: Einführung in die Systemtheorie, S. 145-147.
123 Vgl. H. von Foerster: Observing Systems.
124 Vgl. N. Luhmann: Einführung in die Systemtheorie, S. 158-159.
125 Vgl. Ders.: „Das Erkenntnisprogramm des Konstruktivismus und die unbekannt bleibende Realität", S. 35-36.

„Die Beobachtung zweiter Ordnung ist eine Beobachtung erster Ordnung, aber eine Beobachtung erster Ordnung, die auf Komplexitätsgewinn mit Verzicht auf ontologische Letztsicherheit der Daten, Wesensform oder Weltinhalte überhaupt spezialisiert ist."[126]

Zusätzlich weist Luhmann darauf hin, dass die Funktionssysteme der Gesellschaft (Wirtschaft, Politik, Recht etc.) zunehmend auf die Beobachtung 2. Ordnung umstellen. Wirtschaftsteilnehmer beobachten den Deutschen Aktienindex oder Preisindizes zur Einschätzung der wirtschaftlichen Lage und die Politik orientiert sich an demoskopischen Umfragen bezüglich der Akzeptanz bestimmter politischer Positionen oder Entscheidungen.[127]

3.6 ZENTRALE GESELLSCHAFTSTHEORETISCHE ANWENDUNGSKONZEPTE

Die letzten Aspekte der umfangreichen Gesellschaftstheorie Luhmanns, die als Grundlage für die anschließende Erarbeitung eines anwendungsfähigen Modells des weltpolitischen Systems dienen, sind allgemeine Konzepte, die auf der Basis systemtheoretischer Überlegungen von Luhmann gewonnen und von ihm und anderen Autoren vor allem zur Erarbeitung gesellschaftstheoretischer Anwendungskonzepte genutzt wurden. Der Begriff des Anwendungskonzepts wird verwendet, da sowohl die Unterscheidung von *Medium und Form* (theorieinterne Grundlage für den Begriff des symbolisch generalisierten Kommunikationsmediums) als auch das Konzept der *strukturellen Kopplung* sehr allgemeine Theorieunterscheidungen darstellen, die zur Konstruktion verschiedener Konzepte verwendet werden können. Die Unterscheidung von Medium und Form übernimmt an einigen Stellen im Werk die Funktion einer theorieinternen Leitunterscheidung zur Rekonstruktion weiterführender Konzepte[128] und das Prinzip der strukturellen Kopplung kann generell in Anspruch genommen werden, um System-Umwelt- oder System-System-Beziehungen zu charakterisieren.[129]

---

126 Ders.: Einführung in die Systemtheorie, S. 157.
127 Vgl. ebd., S. 160-163.
128 Vgl. ebd., S. 221-246, wo der Begriff des Sinns über die Unterscheidung von Medium und Form eingeführt wird.
129 Vgl. die Zusammenfassung in C. Baralid/G. Corsi/E. Esposito: GLU, S. 186-189.

3.6.1 Symbolisch generalisierte Kommunikationsmedien

Die besonderen Funktionsleistungen von Kommunikationssystemen erarbeitet Luhmann auf der Grundlage der Unterscheidung von Medium und Form. Zusammen mit dem Systemtyp des Bewusstseins operieren beide Systemarten im nicht-transzendierbaren Medium Sinn.[130] Anregungen zur Unterscheidung von Medium und Form gewinnt Luhmann von dem Aufsatz *Ding und Medium* des Gestaltpsychologen Fritz Heider (1896-1988) aus dem Jahr 1926, der sich mit dem Thema der Wahrnehmungsmedien auseinandersetzt. Auf welche Weise ist es möglich, dass Menschen Gegenstände sehen, diese also von anderen Gegenständen oder dem Raum in dem sie sich befinden, abgrenzen können?[131] Luhmann selbst stellt aus Heiders Überlegungen heraus:

„Die Idee des Mediums ist, dass es einen Bereich von losen Kopplungen massenhaft vorkommender Elemente gibt: Luftpartikel, physikalische Lichtträger – ‚Licht' ist kein physikalischer Begriff, aber der Begriff für das Medium, in dem wir etwas sehen."[132]

Im Bereich der Wahrnehmungsmedien sind diese lose gekoppelten Elemente des Mediums selbst nicht sichtbar. Erst die festgekoppelten Formen der jeweiligen Gegenstände sind für uns beim Sehen identifizierbar. Dies gilt z.B. auch für das Hören, währenddessen wir nicht die Luft, das Medium, sondern bestimmte Formen, d.h. Geräusche, wahrnehmen. In bestimmten Grenzfällen jedoch, bei schwierigen Lichtverhältnissen oder einem Sturm, sind die konkreten Formen schwer vom Medium zu unterscheiden und die Wahrnehmungsleistung sinkt rapide. Im Bereich der Sprache ist diese Unterscheidung ebenfalls anwendbar. So wären einzelne Sätze Formen im Medium der Sprache. Neben diesen Grenzfällen, in denen gerade im Bereich der Wahrnehmungsmedien sehr deutlich zu erkennen ist, wie unter bestimmten Bedingungen die Unterscheidbarkeit von Medium und Form und damit auch die Leistungsfähigkeit von Systemen abnimmt, identifiziert Luhmann zwei weitere Kennzeichen des Verhältnis von Medium und Form: Das Beispiel der Sprache verdeutlicht, dass sich das Medium über die Formenbildung reproduziert. Sprache benötigt das Sprechen, das Verwenden von Wörtern. Zusätzlich gilt, dass das lose gekoppelte Medium stabiler als die jeweils fest gekoppelten Formen ist. Bestimmte Wörter können sich ändern, Ge-

---

130 Vgl. N. Luhmann: Die Gesellschaft der Gesellschaft, S. 59.
131 Vgl. Ders.: Einführung in die Systemtheorie, S. 226.
132 Ebd.

räusche klingen ab, das Medium Sprache reproduziert sich aber auch durch andere konkrete Formenbildungen.[133]

Da sprachliche Kommunikation über ihre binäre Codierung in eine Ja-Fassung (Annahme der Kommunikation) und eine Nein-Fassung (Ablehnung der Kommunikation) eine riskante Risikolage forciert, unterliegt die Reproduktion anschlussfähiger Kommunikationsprozesse in sozialen Systemen einer gewissen Unwahrscheinlichkeit. Das evolutionär Besondere ist, dass die Ausbildung von verschiedenartigen Verbreitungsmedien[134] (Luhmann kennzeichnet vor allem Schrift[135], Buchdruck[136] und elektronische Medien[137]) zwar zur Erhöhung der sozialen Redundanz von Informationen beiträgt (ihre großräumigere Verbreitung führt dazu, dass bestimmte Informationen breiter bekannt sind und ihre erneute Kommunikation keinen neuen Informationswert bietet), aber parallel zu einer Verringerung der Kenntnisse dazu führt, dass eine bestimmte Kommunikation generell angenommen oder abgelehnt wird. Symbolisch generalisierte Kommunikationsmedien dagegen sind evolutionäre Errungenschaften, die die Wahrscheinlichkeit der Annahme von Kommunikation regulieren und verbessern.[138]

„Mit Hilfe der Institutionalisierung symbolisch generalisierter Kommunikationsmedien kann also die Schwelle der Nichtakzeptanz von Kommunikation, die sehr naheliegt, wenn die Kommunikation über den Bereich der Interaktion unter Anwesenden hinausgreift, hinausgeschoben werden."[139]

Symbolisch generalisierte Kommunikationsmedien kondensieren evolutionär erfolgreiche Kommunikationsleistungen und überführen diese in stabile Medien. Luhmann folgt mit seiner Konzeptualisierung Überlegungen von Talcott Parsons und Ludwig Wittgenstein zur situationsübergreifenden Wirksamkeit von erfolgreicher Kommunikation, betont aber ebenfalls den Bruch zu den Interaktionsmedien bei Parsons.[140] Vielmehr soll die Bezeichnung „symbolisch" berücksichtigen, „[...] daß in der Differenz eine Einheit liegt, und daß das Getrennte zusam-

---

133 Vgl. ebd., S. 226-228 und C. Baralid/G. Corsi/E. Esposito: GLU, S. 58-60.
134 Einen sehr lesenswerten Überblick bietet N. Luhmann: Einführung in die Theorie der Gesellschaft, S. 113-145.
135 Vgl. Ders.: Die Gesellschaft der Gesellschaft, S. 249-290.
136 Vgl. ebd., S. 291-302.
137 Vgl. ebd., S. 302-311.
138 Vgl. ebd., S. 202-205 und S. 316-317.
139 Ebd., S. 204.
140 Vgl. ebd., S. 318

mengehört, so daß man das Bezeichnende als stellvertretend für das Bezeichnete (und nicht nur: als Hinweis auf das Bezeichnete) benutzen kann."[141]

Die Generalisierungsleistung dieses Medientyps wird demzufolge über eine soziale Konstruktion, das Symbol, stabilisiert, die den Erfolg einer Kommunikation von dem parallelen Bewusstseinszustand, der psychischen Motivation, abkoppelt. Die Selektion einer spezifischen kommunikativen Zumutung (aus dem Sinnhorizont möglicher Kommunikationsinhalte) wird bei korrektem Gebrauch für die anderen Kommunikationsteilnehmer und -teilnehmerinnen zu einem aus kommunikativen Gründen annehmbaren Motivationsfaktor.[142]

Die Ausbildung spezifischer Kommunikationsmedien wie Wahrheit[143], Liebe[144], Eigentum/Geld[145], Kunst[146] oder Macht[147] setzt abschließend vor allem Schrift voraus und wird von Luhmann am Beispiel der griechischen Antike exemplifiziert.[148] Zur vollständigen Entfaltung und Realisierung von symbolisch generalisierten Kommunikationsmedien kommt es letztlich im Vollzug der Ausdifferenzierung von Funktionssystemen der modernen Gesellschaft. Im Zuge dieser Ausdifferenzierung treten die einzelnen Kommunikationsmedien trennscharf auseinander, bilden spezifische Codes und Programme aus und emanzipieren sich von moralischer und religiöser Kommunikation.[149]

3.6.2 Codes und Programme

Sinnbasierte Kommunikationssysteme verfügen als evolutionäre Errungenschaften über Verbreitungsmedien, die die Reichweite der sozialen Redundanz von Informationen erhöhen sowie über symbolisch generalisierte Kommunikationsmedien, die die Annahmewahrscheinlichkeit von Kommunikationsofferten regulieren und verbessern. Im Zuge der funktionalen Differenzierung der modernen Gesellschaft bildeten sich für jedes Kommunikationsmedium spezifische binäre

---

141 Ebd., S. 319.
142 Vgl. ebd., S. 320-321.
143 Vgl. ebd., S. 339-343.
144 Vgl. ebd., S. 344-347.
145 Vgl. ebd., S. 347-351.
146 Vgl. ebd., S. 351-355.
147 Vgl. ebd., S. 355-358.
148 Vgl. ebd., S. 322-332.
149 Moralische und religiöse Kommunikation bildeten zuvor sehr erfolgreiche Medien der Steuerung der Annahmewahrscheinlichkeit von Kommunikationsofferten. Vgl. ebd., S. 230-249 und S. 358.

Funktionscodes aus. Diese binäre Codierung definiert die Einheit des jeweiligen Kommunikationsmediums im Unterschied zu anderen und wirkt als Katalysator der funktionalen Differenzierung. Die Codierung ermöglicht den Komplexitätsaufbau der Funktionssysteme der modernen Gesellschaft, indem sie die Kondensierung und Verkettung funktionsspezifischer Kommunikation bewirkt.[150] So kulminiert politische Kommunikation in der modernen Gesellschaft im Code Regierung/ Opposition und ist folglich darauf ausgerichtet, ob Teilnehmer politischer Kommunikation der Regierung oder der Opposition angehören oder beispielsweise ihre Zugehörigkeit zur Regierung oder Opposition ändern wollen. Diese binäre Codierung ermöglicht die eindeutige Zuordnung von Kommunikationsleistungen zu genau einem Codewert in der Form des Entweder-oder. Im Unterschied zur binären Codierung von Sprache, die keine Bevorzugung der Annahme (Ja-Fassung) oder Ablehnung (Nein-Fassung) von Kommunikationsofferten beinhaltet[151], führt die Ausbildung von funktionsspezifischen Codes zur Etablierung von Präferenzcodes[152] „[...] *und er* [der Präferenzcode, T.H.] *funktioniert zugleich als Legitimation für den Gebrauch des Codes selbst.*"[153] So wie es in der politischen Kommunikation bevorzugt wird an der Regierung beteiligt zu sein, wird es in der wirtschaftlichen Kommunikation bevorzugt Geld oder Eigentum zu haben.[154]

Für den Fortgang der Erarbeitung eines anwendungsfähigen Modelles des politischen Systems der Weltgesellschaft sind noch zwei Aspekte der Binnenstruktur von Kommunikationsprozessen in den Funktionssystemen der modernen Gesellschaft von Interesse. Das ist zunächst die Frage, auf welche Weise in binär codierten Funktionssystemen die Zuweisung von Kommunikationen zum designierten Präferenzwert strukturiert wird. Diese Zuweisung übernehmen für Luhmann Programme. Diese von ihm auch als Zusatzsemantik bezeichneten Programme sind variable Elemente eines jeweiligen Funktionssystems.[155] Während im Wissenschaftssystem der modernen Gesellschaft die Programme der Theorie und der Methode[156] die Einordnung wissenschaftlicher Kommunikation als wahr

---

150 Vgl ebd., S. 387-389.
151 Vgl. N. Luhmann: Einführung in die Theorie der Gesellschaft, S. 164-166.
152 Vgl. Ders.: Die Gesellschaft der Gesellschaft, S. 362-364.
153 Ebd., S. 365.
154 Bei W. Reese-Schäfer: Niklas Luhmann zur Einführung, S. 176-177 findet sich eine ausführliche Auflistung der Codes und Programme der Funktionssysteme der modernen Gesellschaft.
155 Vgl. N. Luhmann: Die Gesellschaft der Gesellschaft, S. 362-363.
156 Vgl. Ders.: „Distinctions directrices", S. 19-20.

oder unwahr regulieren, ist es der Preis, der die Frage nach der Zahlungsfähigkeit oder Eigentumszuordnung im Wirtschaftssystem steuert. Ein weiterer wichtiger Aspekt behandelt den Aspekt, wie die von Luhmann in die Umwelt des kommunikativen Gesellschaftssystems ausgelagerten organischen Grundlagen von Kommunikationsprozessen, der menschliche Körper, theorieintern konzeptualisiert bzw. gesellschaftlich, also kommunikativ, thematisiert werden. Dies geschieht über symbiotische Mechanismen bzw. Symbole.[157] Die soziale Referenz von symbiotischen Symbolen sind Interaktionssysteme, die über die Kommunikation unter Anwesenden, d.h. sich wechselseitig Wahrnehmende, ausgebildet werden.[158] In den Interaktionssystemen regulieren symbiotische Mechanismen die strukturelle Kopplung von Kommunikation, Bewusstsein und der Körperlichkeit der Menschen[159] – und auf diese Weise den kommunikativen Zugang zur organischen ‚Infrastruktur' des Menschen.[160] Unter diese evolutionär ausgebildeten, variablen Symbolstrukturen, die der Funktion dienen, das organische, für die Kommunikation nicht zu ignorierende Geschehen selektiv behandeln zu können[161], fallen in der modernen Gesellschaft so unterschiedliche symbiotische Symbole wie[162]:

- Sexualität (im Funktionssystem der Liebe).
- Bedürfnisse (im Funktionssystem der Wirtschaft).
- Physische Gewalt[163] (im Funktionssystem der Politik u.a. über die legitime Gewalt der Polizei organisiert).

Eine abschließende Illustration der Funktionsweise symbiotischer Symbole wird einer Ausführung von Niklas Luhmann überlassen, die auf lakonische Art ein nicht zu unterschätzendes Verhältnis von Macht und Gewalt zum Ausdruck bringt:

---

157 Luhmann verwendet in „Soziologische Aufklärung 3" den Begriff *symbiotische Mechanismen*, dagegen in „Die Gesellschaft der Gesellschaft" *symbiotische Symbole*.
158 Vgl. N. Luhmann: „Symbiotische Mechanismen", S. 229.
159 Vgl. Ders.: Die Gesellschaft der Gesellschaft, S. 378.
160 Vgl. Ders.: „Symbiotische Mechanismen", S. 230.
161 Vgl. ebd., S. 241.
162 Vgl. Ders.: Die Gesellschaft der Gesellschaft, S. 379-381.
163 Vgl. Ders.: Macht, S. 60-69.

„Der Code für Macht assoziiert zum Beispiel überlegene physische Gewalt, und es wird codewidrig, schließlich undenkbar, daß ein Machthaber versucht, seine Gefolgschaft zu Tränen zu rühren."[164]

3.6.3 Strukturelle Kopplung

Für die Kennzeichnung der Relation von System und Umwelt bestehen nach Luhmann verschiedene Konzepte aus dem Forschungsprogramm der allgemeinen Systemtheorie. Evolutionstheoretisch ausgerichtete Überlegungen zielen vor allem auf die beiden Extrempole der zufälligen Genese des System-Umwelt-Verhältnis oder der natürlichen Auslese von jeweils überlebensfähigen Formen ab. Kybernetische Formulierungen operieren mit dem Konzept des *order from noise*, welches auf die systeminterne Verarbeitung von ungerichteten Umweltinformationen während der systemischen Strukturentwicklung verweist.[165] Luhmann selbst identifiziert ein zentrales Problem, das ein Konzept der System-Umwelt-Beziehungen angemessen inkorporieren muss: Wie ist Strukturentwicklung von Systemen in Beziehung zur Umwelt bei gleichzeitiger Autopoiesis und damit operativer Geschlossenheit möglich? Oder anders formuliert: Wie lassen sich die Autonomie und Autopoiesis eines Systems mit seiner Anpassung und Adaption an Umweltbedingungen zusammenbringen, ohne seiner operativen Geschlossenheit zu widersprechen? Das Konzept, das dieser Anforderung gerecht wird, findet Luhmann mit Maturanas Konzept der strukturellen Kopplung[166], das er für seine eigenen Theoriezwecke übernimmt und anpasst:

„Maturana sagt manchmal, die strukturelle Kopplung stehe ‚orthogonal' zur Autopoiesis, das heißt, es gibt keine Kausalübertragung aus dem Bereich der strukturellen Kopplung in die Autopoiesis, die man dann als eine Art Kausalgesetz bezeichnen könnte."[167]

---

164 Ders.: „Symbiotische Mechanismen", S. 233.
165 Vgl. Ders.: Einführung in die Systemtheorie, S. 118-119.
166 Der Vollständigkeit halber sei an dieser Stelle ein spezieller Unterfall der strukturellen Kopplung erwähnt: Interpenetration. *Interpenetration* ist eine spezielle Form der strukturellen Kopplung, die vorliegt, wenn zwei Systeme ko-evolutiv entstanden sind, also ohne den jeweils anderen Systemtyp nicht existieren können. Das gilt zum Beispiel für Kommunikations- und Bewusstseinssysteme. Vgl. Ders.: Die Gesellschaft der Gesellschaft, S. 108.
167 Ders.: Einführung in die Systemtheorie, S. 120.

Die Lösungsstrategie des Konzepts der strukturellen Kopplung für das Ausgangsproblem der Vereinbarung des Prinzips der operativen Geschlossenheit von autopoietischen Systemen mit ihrer gleichzeitig existierenden Umweltanpassung besteht darin, dass die kausalen Beziehungen zwischen System und Umwelt komplett in den Bereich ihrer jeweiligen strukturellen Kopplung übertragen werden.[168] Zwischen System und Umwelt besteht demnach eine hochspezifische Kopplungsbeziehung und das wechselseitige Kausalverhältnis findet nur in diesem Bereich statt. Luhmann illustriert dies an zwei Beispielen: Die Anpassung des Gehirns an die Umwelt über das Auge und Ohr sowie die Kopplung von Bewusstsein und Kommunikation über Sprache. Während im ersten Fall deutlich wird, dass das Gehirn nur ganz spezifische photochemische und akustische Reize aufnehmen und in handhabbare Wahrnehmungsleistungen zu überführen vermag, verdeutlicht das Beispiel der Sprache, wie hohe kommunikative und bewusstseinsförmige Komplexität durch die Handhabung weniger standardisierter Zeichen und Laute aufgebaut werden kann, während alle anderen Geräusche oder etwa Kritzeleien ausgeschlossen werden[169]:

„Wir können daraus entnehmen, dass die Gesellschaft sich nur über Bewusstsein mit der Umwelt koppelt und es damit keine physikalischen, chemischen und auch keine rein biologischen Einwirkungen auf gesellschaftliche Kommunikation gibt. Alles muss durch das schmale Nadelöhr der Kommunikation geleitet werden."[170]

Neben der angeführten Regulierung von Interdependenzen von System-Umwelt-Beziehungen liegt eine weitere Besonderheit struktureller Kopplungen darin, die analoge Gleichzeitigkeit von verschiedenen, miteinander gekoppelten Systemoperationen zu digitalisieren und damit für einander wechselseitig erreichbar zu machen. Bewusstseinsoperationen und Kommunikationssysteme sind über Sprache miteinander gekoppelt und diese ermöglicht es, dass sich ein „[...] kontinuierliches Nebeneinander in ein diskontinuierliches Nacheinander verwandelt."[171]

Strukturelle Kopplungen sind das Ergebnis von evolutionären Anpassungsprozessen und sie sind die Bedingung dafür, dass existierende autopoietische Systeme an ihre Umwelt angepasst sein können, ohne dass ihre operative Geschlossenheit dadurch durchbrochen würde. Diese evolutionären Anpassungs-

---

168 Vgl. ebd.
169 Vgl. ebd., S. 121-123.
170 Ebd., S. 123.
171 Ders.: Die Gesellschaft der Gesellschaft, S. 101.

prozesse prämieren dabei diejenigen Kopplungen, die die Irritationskapazitäten des jeweiligen Systems erhöhen.[172]

Gesellschaftstheoretisch relevant ist das Konzept der strukturellen Kopplung für das wechselseitige Verhältnis der einzelnen Funktionssysteme zueinander. Luhmann selbst betont in diesem Zusammenhang vehement, dass strukturelle Kopplungen zwischen Systemen und ihren Systemumwelten keine Strukturdetermination des Systems aus ebendiesen Systemumwelten ermöglichen. Es gibt keinen operativen Durchgriff aus der Umwelt in das System. Daher verwendet Luhmann zur Charakterisierung der Wirkungsweise von strukturellen Kopplungen auf die jeweilig gekoppelten Systeme die Begriffe der Irritation, Reizung oder Resonanzfähigkeit und bringt damit schwache gegenseitige Steuerungsmöglichkeiten zum Ausdruck. Zusätzlich betont er, dass die Reaktionen eines Systems auf Irritationen aus seiner Umwelt stets systemintern produziert werden.[173] Statt wie in anderen sozialwissenschaftlichen Gesellschaftskonzeptionen auf die Integration der Teilsysteme der Gesellschaft (zum Beispiel durch Politik oder den Staat) abzuzielen, betont Luhmann, dass sich das Verhältnis der einzelnen Funktionssysteme untereinander aus dem Spannungsverhältnis von autopoietischer Reproduktion und struktureller Kopplung ergebe.[174] Ihren größten politikwissenschaftlichen Widerhall findet diese Konzeption wechselseitiger System-Beeinflussungen in der Debatte um die Grenzen und Möglichkeiten politischer Steuerung, in welcher die luhmannsche Steuerungsskepsis starke Kritik erfuhr.[175] In der Soziologie wird das luhmannsche Verständnis von struktureller Kopplung vor allem in Forschungsbereichen zu Dynamiken und Folgen funktionaler Differenzierung rezipiert und wird dabei unter dem Stichwort der Integration der modernen Gesellschaft diskutiert.[176]

---

172 Vgl. Ders.: „Probleme mit operativer Schließung", S. 16-17.
173 Vgl. Ders.: Die Gesellschaft der Gesellschaft, S. 118-120 und Ders.: Einführung in die Systemtheorie, S. 124-126.
174 Vgl. Ders.: Die Gesellschaft der Gesellschaft, S. 778-788.
175 Vgl. die Kritik von R. Mayntz/F.W. Scharpf: „Politische Steuerung - Heute?" sowie die Verteidigung der luhmannschen Steuerungsskepsis bei S. Lange: „Die politische Utopie der Gesellschaftssteuerung".
176 Vgl. U. Schimank: Theorien gesellschaftlicher Differenzierung, Kapitel 4, besonders S. 185-191.

3.7 GESELLSCHAFT ALS DIE AUTOPOIESIS SYMBOLISCH GENERALISIERTER KOMMUNIKATION UND IHRE KRITIK

3.7.1 Was ist das Besondere an der luhmannschen Gesellschaftstheorie?

In einer intensiven Auseinandersetzung mit Parsons, aber auch auf der Basis seiner frühen organisationssoziologischen Schriften, markiert Niklas Luhmann den Handlungsbegriff der Sozialwissenschaften als zentralen Schwachpunkt bei der Konzeption einer Gesellschaftstheorie. Seine Lösungsstrategie kulminiert zunächst in der Ausarbeitung des Sinnbegriffs, den er zur zentralen Kategorie der Soziologie erhebt und in den Mittelpunkt seiner Arbeiten stellt. Im Rahmen der sogenannten *autopoietischen Wende* übernimmt Luhmann zahlreiche Konzepte aus der allgemeinen Systemtheorie in die soziologische Theoriebildung und schafft damit die Grundlage für eine radikale Umgestaltung in der Konzeptualisierung sozialen Geschehens. Das Soziale ist nicht das Ergebnis individuellen Handelns, sondern das emergente Phänomen autopoietisch reproduzierter Kommunikationsleistungen sinnbasierter Systeme.[177] Am Ende seiner Schaffenszeit generiert Luhmann eine Gesellschaftstheorie, die sich zunehmend von ihren strikt systemtheoretischen Grundlagen löst und eine differenztheoretische Form annimmt. Zusammenfassend sollen vier herausstechende Merkmale der luhmannschen Gesellschaftstheorie gekennzeichnet werden:

- *Gesellschaft besteht nicht aus rationalen Handlungen von Akteuren oder Subjekten.* Gesellschaft wird von Luhmann als ein funktional sowie ebenendifferenziertes[178] und autopoietisch reproduziertes Kommunikationssystem konzeptualisiert, dessen zentrale Kommunikationsleistungen über binär codierte und von Programmen gesteuerte, generalisierte Kommunikationsmedien erzeugt werden.

---

[177] Ausgehend von den theoretischen Konsequenzen des Konzepts der strukturellen Kopplung findet sich dieser Kern der luhmannschen Gesellschaftstheorie sehr pointiert dargestellt an dieser Stelle: N. Luhmann: Einführung in die Systemtheorie, S. 272-275.

[178] Vgl. H. Tyrell: „Zweierlei Differenzierung".

- Ein *konstruktivistisches Wissenschaftsverständnis*, das als operativer Realismus[179] charakterisiert zwei Aspekte betont: Erstens ist die Erarbeitung einer Gesellschaftstheorie ein autologisches Unterfangen, d.h. sie vollzieht sich bereits im Rahmen gesellschaftlicher Operationen innerhalb eines Funktionssystems der modernen Gesellschaft, dem Wissenschaftssystem. Zweitens wird die bei Parsons vorkommende Verwendung eines analytischen Systembegriffs dadurch aufgehoben, dass die externe Referenz des Systembegriffs die zeitlich strukturierten Operationen vielfältiger autopoietischer Systeme sind, die sowohl die evolutionäre als auch materielle Voraussetzung für das Bestehen einer systemtheoretischen Gesellschaftstheorie bilden. Diese Operationen wiederum können so kommunikativ thematisiert erst durch die systemtheoretische Gesellschaftstheorie identifiziert werden.[180]
- *Die Methode der funktionalen Äquivalenz*, deren spezifische Leistung darin besteht, dass sie die hohe Komplexität aktuellen empirischen Geschehens oder historischer Datenmengen auf die Behandlung möglichst allgemeiner Problemlagen zuspitzt.[181] Sehr gelungen formuliert findet sich dieses Vorgehen bei Arlena Jung:

„Das Konzept bzw. der Begriff wird von seinem wissenschaftshistorischen Bezug entkoppelt und funktional als Lösung eines *universellen* Problems auf der abstraktesten Ebene der Reduktion von Komplexität gedeutet."[182]

- Durch diese starke Abstrahierung von den jeweiligen konkreten Ausgangspunkten erreicht Luhmann letztendlich die von ihm angestrebte *universale Erfassung alles Sozialen*. Trotz der möglichen und durchaus vorgenommenen Respezifizierung der allgemein angelegten Begriffe in spezifischen Kon-

---

179 Vgl. die bereits zuvor angeführte Charakterisierung von A. Jung: Identität und Differenz, S. 12.
180 Dieses zirkuläre Verhältnis zwischen der Theorieunterscheidung System/ Umwelt und den Operationen realer autopoietischer Systeme wird besonders detailliert herausgearbeitet von H.-G. Moeller: The Radical Luhmann, S. 78-87 und A. Nassehi: „Wie wirklich sind Systeme?".
181 Vgl. N. Luhmann: Einführung in die Theorie der Gesellschaft, S. 11-13.
182 A. Jung: Identität und Differenz, S. 37.

texten durch Luhmann[183] geschieht diese sehr allgemeine Begriffsbildung jedoch zu Lasten einer empirischen Absicherung seiner Gesellschaftstheorie.[184]
- *Interdisziplinarität* als konsequentes Prinzip bei der Erarbeitung von Grundbegriffen und Konzepten: Luhmann beschränkt sich keinesfalls darauf, seine Gesellschaftstheorie disziplinintern aus den bestehenden Begriffen und theoretischen Problemlagen der Soziologie zu entwickeln, sondern überführt regelmäßig Ergebnisse aus zahlreichen nicht-sozialwissenschaftlichen Disziplinen in seine Theorieanstrengungen.

Mit dieser Ausrichtung und internen Struktur seines Theorieprogrammes steht Luhmann nicht isoliert von internationalen Trends der sozialwissenschaftlichen Wissenschaftstheorie da. Aktuelle Publikationen in diesem Bereich artikulieren vielschichtige Kritik an zentralen methodologischen Programmen – wie beispielsweise der positivistischen Grundausrichtung der Sozialwissenschaften[185] und der Modellierung des Rationalitätskonzepts für Theorien der rationalen Wahl.[186] Da Luhmann für seinen Theorieaufbau die Option wählt, den methodologischen Untiefen dieser Debatten durch eine Umstellung seiner Grundbegriffe gewissermaßen zu entgehen, sind für die wissenschaftstheoretische Einschätzung seines Theorieprogrammes in stärkerem Maße die Debatten um die Genese, Dynamik und Strukturierung interdisziplinärer Ansätze in den Sozialwissenschaften relevant.[187]

Luhmanns Theorieprojekt zeigt sich aus der Perspektive der Forschung zur Interdisziplinarität als ein Projekt, dass gezielt die Grenzen zur naturwissenschaftlichen Forschung und Theoriebildung überschreitet, um die sozialwissenschaftliche Theoriebildung für disziplinäre Grenzen überschreitende Entwick-

---

183 Vgl. ebd., S. 37-38.
184 Vgl. N. Luhmann: Einführung in die Theorie der Gesellschaft, S. 176-178 über die inflationären bzw. deflationären Tendenzen von generalisierten Kommunikationsmedien. Auf S. 177 spitzt Luhmann die diesbezüglichen Auswirkungen seiner Theoriebemühungen zu: „Natürlich ist die Systemtheorie ein inflationärer Faktor in der Wissenschaft, mit schwacher Deckung in der Empirie."
185 Vgl. P. Maniacs: „The Social Sciences Since World War II".
186 Vgl. J. Zamora-Bonilla: „Rationality in the Social Sciences ".
187 Vgl. die detaillierten Informationen zu den konkurrierenden Begrifflichkeiten und der historischen Genese interdisziplinärer Forschung in den Sozialwissenschaften von J. Thompson Klein: „Interdisciplinary Approaches in Social Sciences".

lungen anschlussfähig zu halten.[188] Jedoch ist zu konstatieren, dass in diesem Bereich noch nicht ausreichend geklärt ist, wie interdisziplinäre Forschung konzeptuell genau zu bestimmen und empirisch exakt zu erfassen sei und welche gesellschaftspolitischen Dynamiken ihre Entwicklung beeinflussten.[189] Auch wenn Luhmann eine sehr große Distanz zu postmodernen Ansätzen pflegt[190], ist es nur konsequent, seine Gesellschaftstheorie aus der übergeordneten Perspektive der sozialwissenschaftlichen Theorienlandschaft dem Lager der poststrukturalistischen oder postpositivistischen Paradigmen zuzuordnen, die sich in Abgrenzung zum positivistischen Ideal folgendermaßen charakterisieren lassen:

„The model of physical sciences and a laws-and-instances ideal of explanation was being supplanted by a case-and-interpretation model and symbolic form analogies. Social scientists were increasingly representing society as a game, a drama or a text, rather than a machine or a quasi-organism."[191]

Biographisch kann bezüglich der dem luhmannschen Werk inhärenten Spannung zwischen einer disziplinären Verortung in der Soziologie und seinen vielfältigen interdisziplinären Bezügen kurz darauf hingewiesen werden, dass Luhmann zunächst Rechtswissenschaften studierte und als Jurist Verwaltungsbeamter war, bevor er seine akademische Laufbahn begann. Dies kommentiert Luhmann in einem Interview aus dem Jahr 1985 folgendermaßen:

„Persönlich habe ich mich dann aber auf diese berufliche Wandlung eingelassen. An einem Lehrstuhl für Soziologie war ich deshalb besonders interessiert, weil man als Soziologe alles machen kann, ohne auf einen bestimmten Themenbereich festgelegt zu sein."[192]

Letztlich gewinnt Luhmann seine disziplinäre Verortung als Soziologe vor allem über die zentrale Stellung des Gesellschaftsbegriffs für seine Theoriearchitektur. Er betont dabei die lange, aus der Antike stammende Tradition des Gesell-

---

188 Vgl. den Begriff des Beobachters, den Luhmann für besonders anschlussfähig für verschiedene Disziplinen hält. Dies ist explizit zu finden in N. Luhmann: "Das Erkenntnisprogramm des Konstruktivismus und die unbekannt bleibende Realität", S. 53.
189 Vgl. die kritische Analyse des Zustands interdisziplinärer Forschung in den USA von J.A. Jacobs/S. Frickel: „Interdisciplinarity".
190 Vgl. N. Luhmann: Die Gesellschaft der Gesellschaft, S. 1143-1149.
191 J. Thompson Klein: „Interdisciplinary Approaches in Social Sciences", S. 36.
192 N. Luhmann: Archimedes und wir, S. 141.

schaftsbegriffs und generiert die Plausibilität sowie Legitimität seines eigenen Vorhabens aus der diesbezüglichen Zentralität des Gesellschaftsbegriffs für die soziologische Theoriebildung. Auch spielen für ihn die radikalen Veränderungen der Gesellschaftsstrukturen und damit auch des Verständnisses von Gesellschaft im Übergang zur Moderne eine wichtige Rolle.[193] Nichtsdestotrotz hat Luhmanns quer zur gängigen handlungs- und akteurtheoretischen sowie empirisch ausgerichteten Sozialforschung angelegte Gesellschaftstheorie in der Politikwissenschaft und der Soziologie eine kritisch distanzierte Rezeption erfahren. Die dabei für eine Fallanalyse islamistischer Bewegungen relevante Kritik der politikwissenschaftlichen und soziologischen Rezeption der luhmannschen Gesellschaftstheorie beschäftigt sich mit der Tragfähigkeit des Gesellschaftsbegriffs als zentraler Kategorie der soziologischen Theoriebildung[194], der empirischen Nachweisbarkeit und theoretischen Konsistenz des Konzepts der Weltgesellschaft[195] sowie der autopoietischen, d.h. nicht akteurbasierten Fassung gesellschaftlicher Differenzierung.[196] Diese Kritik wird im Folgenden kondensiert dargestellt, um die Feinstruktur eines anwendungsorientierten Modelles des weltpolitischen Systems weiter konturieren zu können.

3.7.2 Die politikwissenschaftliche und soziologische Kritik an der systemtheoretischen Gesellschaftstheorie

Die politikwissenschaftliche Kritik an der Soziologie Luhmanns bricht sich stark an der neuartigen Perspektive, die diese für die politikwissenschaftliche Reflektion auf ihre eigenen Forschungsgegenstände und Theorieprogramme ermöglicht. Im Lichte des komplexen luhmannschen Analyserahmens erscheint die Politikwissenschaft als zu staatsfixiert bei der Analyse politischer Phänomene und sie erfährt ebenfalls lehrreiche Anregungen für eine weniger starke Gegenstandsorientierung. Damit wäre schließlich auch eine distanziertere Positionierung zur eigenen Forschung möglich[197]:

---

193 Vgl. die kondensierte Darstellung der Ideen- und Strukturgeschichte des Gesellschaftsbegriffs von Ders.: „Gesellschaft".
194 Vgl. H. Fisching: „Ist der Begriff ‚Gesellschaft' theoretisch haltbar?".
195 Vgl. G. Wagner: „Die Weltgesellschaft".
196 Vgl. U. Schimank: „Der mangelnde Akteurbezug systemtheoretischer Erklärungen gesellschaftlicher Differenzierung".
197 Vgl. K.-U. Hellmann: „Einleitung", S. 24-26.

„Denn im Unterschied zur Wissenschaft der Politik betrachtet die politische Soziologie das politische System nicht in Gegenüberstellung zur Gesellschaft, sondern als ein gesellschaftliches Teilsystem, dessen gesellschaftliche Relevanz sich gerade aus seiner universalen Zuständigkeit für eine spezifische Funktion erschließt."[198]

Darüber hinausgehend konstatierten prominente Vertreter des Faches den konkreten Ergebnissen der Arbeiten Luhmanns jedoch einen geringen Erfolg. Zwar böte die Dezentrierung der Politik zu einem Funktionssystem der Gesellschaft einen praktischen Nutzen für die aktuelle politikwissenschaftliche Forschung[199], aber die Erträge der luhmannschen Detailstudien zum Funktionssystem der Politik und zum Staat des politischen Systems erwiesen sich als wenig fruchtbar und anschlussfähig. Ihnen wird zugeschrieben, die Bedeutung der funktionalen Differenzierung im Verhältnis zur segmentären Differenzierung des politischen Systems in einzelne Staaten überzubetonen[200] und in ihren materialen Analysen zwischen einem realistischen und konstruktivistischen Staatsverständnis zu changieren.[201] Alles in allem habe sich die Gesellschaftstheorie der Politik Luhmanns im Anschluss an die sogenannte *autopoietische Wende* zu sehr von konkreten empirischen Fragestellungen entfernt[202] und sei zunehmend mit ihren selbst erzeugten Theorieproblemen beschäftigt:

„Nur wer operative Geschlossenheit sagt, wird auch nach struktureller Kopplung gefragt – Probleme einer theorieeigenen Sprache. Nicht zuletzt deshalb ist die Theorie auf diesem Niveau vor allem mit sich selbst beschäftigt."[203]

Die soziologische Kritik an der Architektur der luhmannschen Gesellschaftstheorie setzt an zentralen Stellen an, die generell für die soziologieinterne Auseinandersetzung mit dem Gesellschaftsbegriff bedeutsam sind. Sie betont zunächst, dass schon aus soziologiehistorischer Perspektive die prononcierte Stellung des Gesellschaftsbegriffs in Luhmanns Theorieaufbau umstritten sei und ihre kommunikative Fassung zusätzliche Probleme produziere, die von ihm letztendlich

---

198 Ebd., S. 23.
199 Vgl. die umfangreiche Analyse von S. Lange: Niklas Luhmanns Theorie der Politik.
200 Vgl. K. Holz: „Politik und Staat".
201 Vgl. K. von Beyme: „Der Staat des politischen Systems im Werk Niklas Luhmanns", S. 135-138.
202 Vgl. ebd., S. 147.
203 K.-U. Hellmann: „Einleitung", S. 23.

nicht ausreichend gelöst würden.[204] Wenn Kommunikation das basale Letztelement der Gesellschaftsbildung darstelle, ließen sich weder der Beginn und das Ende konkreter Gesellschaftsformationen empirisch genau bestimmen, noch in Anbetracht von kulturellem Austausch und Technologietransfers die Grenzen der von Luhmann vor dem Umbruch in die moderne Weltgesellschaft beschriebenen Regionalgesellschaften voneinander unterscheiden. Dies gelinge auch nicht unter der Zuhilfenahme der Verdoppelung des Gesellschaftsbegriffs in eine strukturelle Komponente und eine semantische Repräsentation von der Gesellschaft in der Gesellschaft im Sinne diverser Weltbegriffe. Im Rahmen dieser Kritik wird der rein kommunikationstheoretisch gefasste Gesellschaftsbegriff Luhmanns als ein zu ausgedünnter Einheitsbegriff ausgezeichnet, der lediglich die notwendigen Bedingungen bei der Ausbildung von Gesellschaftsstrukturen erfassen könne.[205]

Weiterhin lässt sich diese Bemängelung an der rein kommunikativ gefassten Konzeptualisierung des Gesellschaftsbegriffs am Weltgesellschaftsbegriff Luhmanns fortsetzen. In diesem Zusammenhang wird betont, dass sich der soziologische Trend zum Weltgesellschaftsbegriff als ein durchaus politisch intendiertes Elitenprojekt der westlichen Staaten nach dem Zusammenbruch der UdSSR interpretieren ließe, welches in seiner soziologischen Fassung vom Weltraumzeitalter und der damit erschlossenen globalen Perspektive geprägt sei. Vor allem in ihrer systemtheoretischen Fassung mit einem minimalistischen Kommunikationsbegriff übersähe die Weltgesellschaftsforschung kulturelle Disparitäten und Heterogenitäten, die zu Gunsten eines einheitlichen Begriffs der Weltgesellschaft ausgeblendet würden.[206] Zugespitzt ließe sich formulieren, dass ein nichtnormativer und allgemein bestimmter Begriff globaler Kommunikationszusammenhänge die kulturellen Gegenbewegungen zu strukturellen Globalisierungsprozessen – im von Bassam Tibi so bezeichneten Spannungsverhältnis von struktureller Globalisierung und kultureller Fragmentation – zu wenig berücksichtigte, die sich an der Politisierung von Religionen wie des Islam und ethnischen Identitäten besonders deutlich zu erkennen gäben.[207]

---

204 Vgl. H. Fisching: „Ist der Begriff ‚Gesellschaft' theoretisch haltbar?", der darstellt, dass zwar Durkheim und Parsons für einen universalen Gesellschaftsbegriff optierten, aber Max Weber (1864-1920) und Georg Simmel (1858-1918) darauf verzichteten.
205 Vgl. ebd.
206 Vgl. die generelle Kritik am soziologischen Konzept der Weltgesellschaft von G. Wagner: „Die Weltgesellschaft".
207 So B. Tibi: „Global Communication and Cultural Particularisms".

Die Theorie sozialer bzw. funktionaler Differenzierung nimmt einen hohen Stellenwert innerhalb soziologischer Gesellschaftstheorien ein, sodass auch in Hinblick auf diese allgemeine Komponente soziologischer Gesellschaftsbegriffe Kritik an Luhmanns Überlegungen formuliert worden ist. Die Theorie sozialer Differenzierung entstand als soziologische Reaktion auf die gesellschaftlichen Umbrüche der Moderne und befasst sich mit der Rationalisierung von gesellschaftlichen Teilsystemlogiken sowie der daraus entstehenden Ambivalenz zwischen Integration und Desintegration.[208] Dabei gilt sie als „[...] das dienstälteste und schon deshalb elaborierteste Konzept soziologischer Gesellschaftstheorie [...]."[209] Historisch gesehen haben sich die verschiedenen Theoriestränge zur sozialen bzw. funktionalen Differenzierung nicht linear entwickelt und für Hartman Tyrell (*1943) bestehen drei vorklassische Hauptlinien innerhalb dieser Theoriefamilie[210]:

- Die biologisch inspirierte „Organismusanalogie", die zuerst von Herbert Spencer (1820-1903) entwickelt wurde.
- Die Überlegungen von Adam Smith (1723-1790), die sich als „Korrelationszusammenhänge" einer sich wandelnden Sozialstruktur bezeichnen lassen.
- Wilhelm Diltheys (1833-1911) Konzept einer „Kreuzung sozialer Kreise".

Nach Tyrell lässt sich die luhmannsche Konzeption sozialer Differenzierungsprozesse der modernen Gesellschaft in der Form von autopoietischen und funktional ausdifferenzierten Funktionssystemen sowohl als funktionale Radikalisierung der parsonsschen Überlegungen als auch zur diltheyschen Tradition zugehörig kennzeichnen.[211] Ihre zeitgenössischen ‚Konkurrenten' sind vor allem die Ideen Jürgen Habermas (*1929) und des enger an Parsons anschließenden Neofunktionalismus.[212] Die soziologische Kritik an Luhmanns Theorie funktionaler Differenzierung betont drei Schwächen: Erstens lasse sich die theoretisch gewonnene Modellierung der Funktionsweise einzelner Funktionssysteme auf der Basis spezifischer Codes empirisch nicht stringent nachweisen und diese funkti-

---

208 Vgl. U. Schimank: Theorien gesellschaftlicher Differenzierung, S. 8-14.
209 A. Nassehi: „Die Theorie funktionaler Differenzierung im Horizont ihrer Kritik", S. 98.
210 Vgl. H. Tyrell: „Zur Diversität der Differenzierungstheorie", S. 119-123 und S. 129-145.
211 Vgl. ebd., S. 144-145.
212 Vgl. A. Nassehi: „Die Theorie funktionaler Differenzierung im Horizont ihrer Kritik", S. 99.

onale Zugangsweise zu sozialen Differenzierungsprozessen nivelliere die Vielschichtigkeit sozialer Realitäten.[213] Zweitens böten die typischen systemtheoretischen Erklärungsstrategien zur Entstehung funktionaler Differenzierung keine ausreichende Explikationskraft. Sie seien nicht dazu in der Lage, funktionale Differenzierung als Explanandum zu behandeln, was nur durch die Einbeziehung einer Akteurperspektive in die systemtheoretische Fassung sozialer Differenzierungsprozesse zu ermöglichen sei.[214] Letztlich unterscheide Luhmann im Anschluss an die sogenannte *autopoietische Wende* nicht mehr ausreichend zwischen zwei zu trennenden Momenten seines Systembegriffs: Einer rein kommunikationstheoretischen Lesart von Systemen als Sinn konstituierende Systeme und einer ordnungstheoretischen Lesart von Systembildungsprozessen. Deshalb konzipiere er die einzelnen Funktionssysteme überwiegend auf der Basis der kommunikationstheoretischen Fassung des Systembegriffs und käme auf diese Weise zu einer idealisierten und wissenssoziologischen Zugangsweise bei der Analyse von konkreten Funktionssystemen, die durch eine empirisch ausgerichtete ordnungstheoretische Lesart von Organisationszusammenhängen ergänzt werden müsse.[215]

Insgesamt berühren diese dargestellten Kritikpunkte zentrale Komponenten der luhmannschen Gesellschaftstheorie und weite Teile ihres Aufbaus: ihren Bezug zur sozialen Realität, ihre funktionale Argumentationsweise, die darauf beruhende Generalisierungsstrategie ihrer Ergebnisse sowie ihre Betonung der autopoietischen Fassung sozialer Systembildungsprozesse, die bewusst eine subjekthafte Fundierung der sozialen Realität verwirft. Es ist diese Entscheidung Luhmanns, die Gesellschaft über die Operationsweise von Kommunikation zu bestimmen und – dem Theorem der operativen Geschlossenheit folgend – das Strukturprinzip großflächiger Systembildungsprozesse der modernen Gesellschaft über ihre binäre Codierung auf der Basis generalisierter Kommunikationsmedien zu kennzeichnen, die dabei die wesentlichen Momente der politikwissenschaftlichen sowie soziologischen Kritik erzeugt.

Bezüglich der verschiedenen Kritikpunkte an der luhmannschen Gesellschaftstheorie ist festzustellen, dass aus einer wissenschaftstheoretischen Perspektive zwei Ebenen der Kritik zu trennen sind. Da ist auf der einen Seite diejenige Kritik, die aus einer Perspektive des methodologischen Individualismus Kommunikationsprozesse nicht als autopoietisch, d.h. selbsttragend und selbst-

---

213 Vgl. K. Knorr Cetina: „Zur Unterkomplexität der Differenzierungstheorie".
214 Vgl. U. Schimank: „Der mangelnde Akteurbezug systemtheoretischer Erklärungen gesellschaftlicher Differenzierung".
215 Vgl. V.H. Schmidt: „Die Systeme der Systemtheorie".

reproduziert, sondern als intentional, d.h. bewusstseinsgesteuert, versteht.[216] Diese Art von Kritik berührt die luhmannsche Entscheidung, soziologische Theoriebildung bereits grundlagentheoretisch nicht auf individuellen Handlungen, sondern auf einem kommunikations- und systemtheoretischen Verständnis zu basieren. Auf der anderen Seite lässt sich Kritik an der Modellierung funktionaler Differenzierungsprozesse als autopoietisch und auf binär codierten Funktionssystemen basierend als eine ordnungs- und aggregationstheoretische Kritik bezeichnen.[217] Aus ihrer Perspektive ist es nicht nachvollziehbar, dass Differenzierungsprozesse und großflächige Strukturentwicklungen der Weltgesellschaft nicht akteur- und normengebunden bzw. nicht durch regionale Besonderheiten hervorgebracht werden. Diese Form der Kritik betont, dass weltweite Kommunikations- und Differenzierungsprozesse auf kleinere Einheiten sozialen Geschehens heruntergebrochen werden müssten und nur durch die aktive Teilnahme dieser verständlich seien.[218]

Letztlich wird die Berücksichtigung dieser Kritik jedoch nicht den Weg gehen, eine Synthese zwischen den kritischen Anmerkungen aus den Reihen der Politikwissenschaft und der Soziologie sowie Vertretern und Anhängern der luhmannschen Gesellschaftstheorie zu entwickeln. Diese Vorgehensweise im Sinne eine Synthese von Akteur- und Systemtheorie wäre eine unsaubere Vermengung verschiedener grundlagentheoretischer Ausgangspositionen. Vielmehr gilt es, diese unterschiedlichen Zugangsweisen zur sozialwissenschaftlichen Theoriebildung in ihrer Eigenständigkeit zu respektieren und ihr wechselseitiges Anregungspotential zu nutzen.[219] Daher kommt es im abschließenden Abschnitt zu einer ‚Rettung' der systemtheoretischen Gesellschaftstheorie, indem ihre spezifischen Vorzüge gegenüber konkurrierenden Zugängen zur sozialwissenschaftlichen Theoriebildung betont werden. Die aus der dargestellten Kritik gewonnenen Anregungspotentiale für die Erarbeitung eines empirisch anwendungsfähi-

---

216 So die Position von R. Greshoff: „Ohne Akteure geht es nicht!".
217 Vgl. T. Schwinn: „Brauchen wir den Systembegriff?", S. 448-449, der überzeugend zwischen der grundlagentheoretischen und ordnungs- bzw. aggregationstheoretischen Ebene bei der Auseinandersetzung zwischen Akteur- und Systemtheorien unterscheidet.
218 Vor allem in Bezug auf soziale Differenzierungsprozesse argumentiert für diese Position U. Schimank: „Wie Akteurkonstellationen so erscheinen, als ob gesellschaftliche Teilsysteme handeln - und warum das gesellschaftstheoretisch von zentraler Bedeutung ist".
219 Hier folge ich dem Fazit von T. Schwinn: „Brauchen wir den Systembegriff?", S. 458-459.

gen Modelles des weltpolitischen Systems werden dafür genutzt, aktuelle Weiterentwicklungen der systemtheoretischen Gesellschaftstheorie zu inkorporieren. Denn die zahlreichen Weiterentwicklungen im Anschluss an Luhmanns originäre Überlegungen sind oftmals aus Kontroversen mit nicht-systemtheoretischen Ansätzen in der politikwissenschaftlichen und soziologischen Theoriebildung hervorgegangen und in einem gewissen Sinne auch sensibler für die ‚systemtheorie-externen' Anforderungen an die politikwissenschaftliche Forschung.

3.7.3 Zusammenfassung der Kritik und die Konsequenzen für die Erarbeitung eines anwendungsfähigen Modelles des weltpolitischen Systems

Nimmt man Luhmanns bewusst gewählte Ausrichtung seiner Gesellschaftstheorie ernst, die inkongruent zu den Erwartungen der meisten Sozialforscherinnen und Sozialforschern angelegt ist[220], dann lässt sie sich in Anbetracht der an ihr geübten Kritik am überzeugendsten ‚retten', indem man ihrem Anspruch, die Gesellschaftstheorie tiefer zu legen[221], konsequent folgt und deshalb ihre kommunikative und operative Ausrichtung besonders akzentuiert. Nur dann lassen sich die besonderen Vorzüge bei der Verwendung eines grundlegenden und umfassenden Gesellschaftsbegriffs für eine empirische Analyse des politischen Islam nutzen: „Denn in diesen Grundbegriffen konvergieren alle Detailprobleme des Faches wie im Brennpunkt eines Hohlspiegels und heizen die Temperatur der Auseinandersetzung auf."[222]

Ein solcher Rückgriff auf die luhmannsche Gesellschaftstheorie ermöglicht es *erstens*, empirische Untersuchungsgegenstände und die für ihr Verständnis relevanten Umweltbedingungen nicht im Sinne rein ‚objektiv' vorliegenden Sachverhalte aufzufassen, die es nur gilt, möglichst unvermittelt über eine wissenschaftlich ‚neutrale' Beobachtung zu erfassen. Vielmehr befindet man sich als wissenschaftlicher Beobachter bereits innerhalb eines semantisch wie strukturell konturierten Forschungsfeldes und beobachtet auf der Basis der dort vorzufindenden begrifflichen Beobachtungsinstrumente einen wiederum vielfach unterschiedlich gebrochenen und kommunikativ hervorgebrachten Untersuchungsgegenstand.

---

220 Vgl. die Einschätzung von H. Willke: „Die Gesellschaft der Systemtheorie", S. 197-199.
221 Vgl. ebd., S. 197.
222 Ebd., S. 195.

Der Rekurs auf die Besonderheiten des systemtheoretischen Gesellschaftsbegriffs ermöglicht es *zweitens*, diese Ausgangsbedingung für eine theoriegeleitete und empirische Analyse islamistischer Bewegungen nutzbar zu machen. Diejenigen Gesellschaftsstrukturen, die den politischen Islam hervorbringen und seine vielschichtige Beobachtung unter weltgesellschaftlichen Bedingungen ermöglichen, werden nicht als stabil und konstant aufgefasst, sondern operativ über generalisierte Kommunikationsmedien und ihre Beobachtungsleistungen auf der einen Seite und die evolutionär gebildeten Ebenen gesellschaftlicher Formenbildung auf der anderen Seite realisiert. Diese Perspektive auf die moderne, funktional differenzierte Gesellschaft formuliert Armin Nassehi folgendermaßen:

„Die Gestalt der funktional differenzierten Gesellschaft ist also nicht einfach durch die fest stehende, stabile Existenz von Funktionssystemen gegeben, sondern durch die operative Anschlussroutine von Kommunikationen, die unterschiedliche Systemzusammenhänge emergieren lassen und sich dadurch füreinander indifferent halten können."[223]

Infolgedessen werden im anschließenden Unterkapitel folgende ‚Konstruktionsanweisungen' oder ‚Vorsichtsmaßnahmen' für die Entwicklung des Modelles eines weltpolitischen Systems berücksichtigt, die die bereits zuvor aus methodologischer Perspektive entwickelten Theorieelemente im Lichte der diskutierten Kritikpunkte ergänzen und konkretisieren:

- Die *soziologische Kritik* an der systemtheoretischen Konzeptualisierung der funktionalen Differenzierung wird insofern aufgenommen, als dass Differenzierung als evolutionäres Ergebnis im Übergang zur modernen Gesellschaft bestimmt und Funktionssysteme in Relation zu Interaktions- und Organisationssystemen unter weltgesellschaftlichen Bedingungen betrachtet werden.
- Die *Kritik am Primat der funktionalen Differenzierung* der modernen Weltgesellschaft wird aufgenommen, um weitere Differenzierungsformen gesellschaftlicher Strukturentwicklungen stärker zu berücksichtigen. Neben der segmentären Differenzierung und der Unterscheidung in Zentrum und Peripherie ist dies die Debatte um die Effekte von Inklusion bzw. Exklusion. Das weltpolitische System wird infolgedessen als ein funktional differenziertes System modelliert, das sich im Spannungsfeld verschiedener gesellschaftlicher Differenzierungsformen reproduziert.

---

223 A. Nassehi: „Die Theorie funktionaler Differenzierung im Horizont ihrer Kritik", S. 102.

- Letztlich ist es auch in Anbetracht der *herrschenden Kritik an Luhmanns gesellschaftstheoretischer Fassung einer politischen Theorie* sinnvoll, Semantiken in der Genese und Reproduktion kommunikativer Prozesse in das Theoriemodell zu inkorporieren. Auf diese Weise soll die als zu abstrakt und generalisierend gekennzeichnete Vorgehensweise funktionaler Argumentationen überwunden und eine ‚näher' am empirischen Untersuchungsgegenstand operierende Vorgehensweise ermöglicht werden.

3.8 ANWENDUNGSORIENTIERTE ELEMENTE DER LUHMANNSCHEN GESELLSCHAFTSTHEORIE DER POLITIK

Das Ziel dieses Unterkapitels ist es, die im Einleitungskapitel angesprochenen Neujustierungen innerhalb und zwischen den politikwissenschaftlichen Teildisziplinen aufzunehmen und diese unter Berücksichtigung der methodischen Grundlagen des Untersuchungsdesign dieser Arbeit in ein anwendungsfähiges Theoriemodell zu überführen. Dabei ist zu berücksichtigen, dass die empirischen Veränderungen der Politik der Gegenwart vor allem dahingehend politikwissenschaftlich erforscht worden sind, welchen Veränderungsprozessen nationalstaatliches Regieren durch die anhaltende Bildung internationaler, supranationaler und globaler politischer Arrangements unterworfen ist.[224] Es ist daher zu großen empirischen Anstrengungen gekommen, die Strukturveränderungen des modernen Staates unter diesen Bedingungen zu identifizieren.[225] In der Summe sind die Resultate dieser Forschungsanstrengungen als zunehmender Vertrauensverlust in die Steuerungsfähigkeit gesellschaftlicher Prozesse durch die moderne Politik wahrgenommen worden[226], was jüngst in Versuche mündete, politische Strukturbildungsprozesse aus einer globalen Perspektive zu konzipieren.[227] Eine Gesellschaftstheorie der Politik im Anschluss an Niklas Luhmann kann als ein theoretisches Unterfangen verstanden werden, das auf diese Veränderungen in der

---

224 Exemplarisch ist an dieser Stelle vor allem M. Zürn: Regieren Jenseits des Nationalstaates zu nennen.

225 Vgl. die Forschungsergebnisse des Bandes von S Leibfried/M. Zürn: Transformationen des Staates.

226 Vgl. die theoretische Studie von K. von Beyme: Theorie der Politik im 20. Jahrhundert.

227 Vgl. M. Albert: Zur Politik der Weltgesellschaft und Ders./R. Stichweh: Weltstaat und Weltstaatlichkeit.

Struktur der modernen Politik angemessen zu reagieren vermag.[228] Insofern kann diese pointierte Charakterisierung der luhmannschen Theorie von Uwe Schimank den nachfolgenden Arbeitsschritten als Leitmotiv vorangestellt werden:

„Dass die moderne Gesellschaft ‚ohne Spitze und Zentrum' ist, ‚Polykontexturalität' anstelle einer normativ verbürgten Einheit zeigt, soziale Ungleichheit ein nachrangiges Phänomen darstellt, Moral ebenso wie politische Steuerung kaum funktionieren kann, stattdessen Evolution ohne Fortschritts – oder auch nur Überlebensgarantie herrscht: Diese und weitere Einschätzungen stellen nachhaltige Irritationen des gesellschaftlichen Konsens dar."[229]

Es ist umfassend dafür argumentiert worden, dass die Verwendung der luhmannschen Gesellschaftstheorie der Politik zur Erstellung eines anwendungsfähigen Theoriemodelles für die Analyse der Performanz dreier zentraler islamistischer Bewegungen gerechtfertigt und gut begründet ist. Diese Theorie der Politik ist zusätzlich ausreichend ausgestattet, um den empirischen Herausforderungen der Politikwissenschaft und den Ansprüchen ihren innerfachlichen Theoriedebatten adäquat zu begegnen. Ihr eigenständiges und quer zum sozialwissenschaftlichen Konsens, der stärker die Bedeutung der Individual- und Organisationsebene sozialer Wirklichkeit betont, ausgerichtetes Theoriedesign erschwert jedoch ihren Anschluss an die politikwissenschaftliche Theoriebildung. Daher sind die nachfolgenden Ausführungen nicht als „systemtheoretischer Purismus"[230] zu verstehen, sondern als eine Rekonstruktion eines Modells des weltpolitischen Systems, das auf den Vorarbeiten Niklas Luhmanns beruht, nach seinem Tod aber vielfältig und ergebnisoffen weiterentwickelt worden ist.

3.8.1 Interaktion, Organisation und Gesellschaft aus evolutionärer Perspektive

In der Auseinandersetzung mit den vorherrschenden Positionen soziologischer Forschung und mit der Übernahme systemtheoretischer Überlegungen entwickelt Luhmann drei grundlegende Typen sozialer Systeme. Diese drei Formen sozialer Systembildung (Interaktion, Organisation und Gesellschaft) bilden sich zu verschiedenen Zeitpunkten der soziokulturellen Evolution aus und grenzen sich je-

---

228 Vgl. die Ergebnisse von S. Lange: Niklas Luhmanns Theorie der Politik.
229 U. Schimank: „Einleitung", S. 8.
230 Vgl. die von M. Albert: Zur Politik der Weltgesellschaft auf S. 41 artikulierten Vorsichtsmaßnahmen beim Umgang mit Luhmanns Universaltheorie.

weils durch spezifische Formen der Selbstselektion und Grenzziehung voneinander ab.[231] Interaktionssysteme entstehen, wenn „[...] Anwesende sich wechselseitig wahrnehmen."[232] Sie grenzen sich kommunikativ von anderen Systemen über das Prinzip der Anwesenheit ab:

„Diese Systemgrenze zeigt sich darin, daß man nur mit Anwesenden, aber nicht über Anwesende sprechen kann; und umgekehrt nur über Abwesende, aber nicht mit ihnen. Wie jederman weiß, macht es für die Selektion der Themen einen erheblichen Unterschied aus, mit wem man über wen spricht."[233]

Diese Form eines sozialen Systems, zu dem man heterogene Interaktionen wie Kabinettsitzungen, Unterrichtsstunden oder Skatrunden zählen kann, ist in ihrer kommunikativen Informationsbearbeitung stark begrenzt. Dieser Systemtyp kann keine hohe Komplexität erreichen, da jeweils nur ein Thema und ein Beitrag gleichzeitig prozessiert werden können, was sich als sehr zeitintensiv darstellt.[234] Organisationssysteme hingegen gewinnen aus der Perspektive soziokultureller Evolution erst in komplexeren Gesellschaftsordnungen an Bedeutung. Sie schieben sich zwischen Interaktionssysteme und das anschließend beschriebene Gesellschaftssystem. Auf der einen Seite schaffen es Organisationssysteme über Mitgliedschaftsregeln künstliche Verhaltensweisen der Organisationsmitglieder langfristig zu stabilisieren, auf der anderen Seite ermöglichen sie eine zeitliche und sachliche Generalisierung bei hoher Flexibilität. Sie zeichnen sich gegenüber Interaktionssystemen demnach durch eine enorme Komplexitätssteigerung aus. Grenzziehung und Selbstselektion von Organisationssystemen vollzieht sich über Mitgliedschaft.[235] Die zentrale Operation von Organisationssystemen ist die Kommunikation von Entscheidungen.[236] Das Gesellschaftssystem als dritter grundlegender Typ ist das umfassende Sozialsystem. Seine Grenzen sind die Grenzen möglicher und sinnvoller Kommunikation. In diesem Verständnis ist es nicht etwa die Summe aller Interaktionen, sondern ein System höherer Ordnung. Als dieses muss es beispielsweise die Grenzen der Interaktionssysteme mitsystematisieren.[237] Das Gesellschaftssystem unterliegt dem Prinzip

---

231 Vgl. N. Luhmann: Soziologische Aufklärung 2, S. 10.
232 Ebd.
233 Ebd.
234 Vgl. ebd., S. 11.
235 Vgl. ebd., S. 12-13.
236 Vgl. Ders.: Die Gesellschaft der Gesellschaft, S. 830.
237 Vgl. Ders.: Soziologische Aufklärung 2, S. 11.

der Geschichtsbildung. Seine Struktur entsteht im Laufe der soziokulturellen Evolution durch die von früherer Kommunikation in Gang gesetzten Selektionsprozesse. Die soziokulturelle Evolution hat zu einer zunehmenden Differenzierung der drei Ebenen der Sozialorganisation (Interaktion, Organisation und Gesellschaft) geführt. Waren in Stammesgesellschaften Interaktionssysteme und Gesellschaftssystem nahezu identisch, verfügten regional limitierte Hochgesellschaften trotz einer hohen Integration von Gesellschaftssystem und Interaktionssystemen bereits über erste Formen von Organisationen. In der Gegenwart ist das einzige Gesellschaftssystem die Weltgesellschaft, die durch eine starke Differenzierung aller drei Systemtypen gekennzeichnet ist.[238] Ihr zentrales Strukturierungsmerkmal ist das Primat funktionaler Differenzierung. Das Gesellschaftssystem besteht aus verschiedenen, voneinander abgetrennten und geschlossenen Funktionssystemen, die sich jeweils auf die Erfüllung spezifischer Funktionen (Wirtschaft, Recht, Politik etc.) für das Gesamtgesellschaftssystem spezialisiert haben.[239]

Diese Differenzierung von grundlegenden Typen sozialer Systembildung in evolutionärer Perspektive spielt für die Analyse islamistischer Bewegungen aus forschungsstrategischen und theoretischen Gründen eine wichtige Rolle. Zunächst muss darauf verwiesen werden, dass bei der Analyse islamistischer Bewegungen die soziale Bewegungsforschung Einzug in die Islamwissenschaften und Regionalstudien gezogen hat und dort in steigendem Maße Anwendung findet.[240] Die sozialtheoretische Analyse und Erklärung des Mobilisierungserfolges, der Verbreitung und Durchsetzung islamistischer Bewegungen und Ideen gewinnen infolgedessen an Zulauf und ergänzen die gängigen Methoden der Islamwissenschaften und der Regionalstudien. Aus der Perspektive der systemtheoretischen Gesellschaftstheorie kam es bisher zu mehreren Konzeptualisierungen des islamistischen Terrorismus unter dem Eindruck der Ereignisse des 11. September 2001.[241] Diese vorliegenden Forschungsperspektiven machen insgesamt

---

238 Vgl. ebd., S. 12-14.
239 Vgl. Ders.: Die Gesellschaft der Gesellschaft, S. 595-608.
240 Vgl. C.W. Ernst/R.C. Martin: „Introduction", S. 12; A. Bayat: „Islamism and Social Movement Theory"; C. Rosefsky Wickham: Mobilizing Islam, S. 4-8 und Z. Munson: „Islamic Mobilization".
241 Vgl. die systemtheoretischen Beiträge in T. Kron/M. Reddig: Analysen des transnationalen Terrorismus; zusätzlich K. Japp: „Terrorismus als Konfliktsystem" und Ders. „Zur Soziologie des fundamentalistischen Terrorismus". Die in diesen Beiträgen artikulierten Überlegungen stellen eine anregende Kritik an der politikwissenschaftlichen Forschung zum Phänomen des islamistischen Terrorismus dar, sind je-

deutlich, dass eine den bestehenden empirischen Daten zum vielfältigen Aktivitätsspektrum islamistischer Bewegungen angemessene Forschung mehr und mehr Anleihen aus der sozialwissenschaftlichen Theoriebildung benötigt, um soziale Zusammenhänge über ihre deskriptive Erfassung hinaus analysieren zu können. Letztlich wird für die systemtheoretische Gesellschaftstheorie der Politik aus diesen Forschungszusammenhängen aber auch deutlich, dass sie für eine empirisch angemessene Erfassung islamistischer Bewegungen über die statische Typologie von drei Typen der sozialen Systembildung hinausgehen muss.[242]

Ein Blick in die jüngsten, posthum herausgegebenen Schriften Luhmanns und aktuelle Studien zu seinem Werk bietet ausreichend Möglichkeiten, diese statische Trias von Interaktions-, Organisations- und Gesellschaftssystem zu ergänzen. Einen sinnvollen Ausgangspunkt dafür bietet Luhmanns eigene Charakterisierung des Zusammenhangs dieser drei Ebenen seiner Gesellschaftstheorie.[243] Das Gesellschaftssystem umfasst nach seinen eigenen Aussagen einerseits alle übrigen sozialen Systeme in dem Sinne, dass das Gesellschaftssystem die evolutionär entstandenen, generalisierten Kommunikationsmedien[244] für alle anderen Formen sozialer Systeme bereithält und auch die Grenzen sozialer Kommunikationsmöglichkeiten darstellt, denn: „Die Einheit des Gesellschaftssystems liegt also lediglich in der Angrenzung nach außen, in der Form des Systems, in der operativ reproduzierten Differenz."[245] Andererseits werden die anderen Formen sozialer Systembildung autopoietisch reproduziert, verfügen demnach über Autonomie bei der Bildung ihrer kommunikativen Operationen und verbleiben gleichzeitig in einem engen Kopplungsverhältnis untereinander und mit dem Gesellschaftssystem. Aufgrund dieses zwischen struktureller Kopplung und autopoietischer Reproduktion changierenden Verhältnisses der einzelnen sozialen Systeme greift Luhmann an einer Stelle in *Die Gesellschaft der Gesellschaft* auf eine ungewöhnlich theorieferne Charakterisierung zurück: „Die Großformen der

---

doch für eine Anwendung in dieser Arbeit zu sehr auf den Konnex von Islamismus und Terrorismus beschränkt und blenden folglich die empirische Vielfalt islamistischer Bewegungen aus.

242 Vgl. die Kritik von H. Wortmann: „Divergenzen und Konvergenzen in der Trias von Evolutions-, System- und Differenzierungstheorie", S. 103, die Luhmann einen typologischen Essentialismus unterstellt.
243 Vgl. N. Luhmann: Die Gesellschaft der Gesellschaft, S. 79.
244 Vgl. ebd., S. 316-412.
245 Ebd., S. 90.

gesellschaftlichen Teilsysteme schwimmen auf einem Meer ständig neu gebildeter und wieder aufgelöster Kleinsysteme."[246]

Während Luhmann die Differenzierung in Interaktions-, Organisations- und Gesellschaftssystem vor allem mit Hinblick auf die Ausarbeitung ihrer jeweiligen Reproduktionsmechanismen verfasst hat und nur wenig über ihre wechselseitigen Verbindungen geschrieben hat, sind diese Verbindungen in der jüngeren Zeit in verschiedenen Studien stärker in den Blick genommen und ausgearbeitet worden und lassen sich zusammenfassend in dieser Form kennzeichnen:

- Im Hinblick auf den Zusammenhang von Interaktion und Gesellschaft wird betont, dass Interaktionssysteme unter aktuellen weltgesellschaftlichen Bedingungen nicht an Einfluss verlieren, sondern vielmehr in der Form von Interaktionssystemen mit globaler Ausrichtung an Bedeutung für weltgesellschaftliche Strukturentwicklungen gewinnen.[247]
- Im Bereich der Organisationssysteme wird an dem Anschluss von Luhmanns Überlegungen an die Organisationsforschung[248] sowie an der theorieinternen Weiterentwicklung gearbeitet. Zusätzlich kommt es im Bereich der theorieinternen Weiterentwicklung zu einer genaueren Beleuchtung des Zusammenhangs von Interaktions- und Organisationssystemen.[249] Auch wird die entscheidungsbasierte Kommunikationsfähigkeit von Organisationssystemen[250] dazu verwendet, den Zusammenhang von Organisationen und gesellschaftlichen Funktionssystemen zu identifizieren.[251]
- Letztlich kommt es zu einer Erarbeitung von möglichen Typen sozialer Systeme, die von Luhmann selbst erst spät in der Werkentwicklung vorgenommen wurden und wenig ausgearbeitet vorliegen: Netzwerke und Protestbewegungen. Für Luhmann sind Protestbewegungen in der Peripherie des politischen Systems anzusiedeln, strukturell eng an das System der modernen Massenmedien gekoppelt und reproduzieren sich über eine Themenbildung, die stark zwischen den Protestierenden und dem Ziel oder den Gegnern der

---

246 Ebd., S. 812.
247 Vgl. B. Heintz: „Soziale und funktionale Differenzierung".
248 Vgl. R. Hasse/G. Krücken: „Der Stellenwert von Organisationen in Theorien der Weltgesellschaft" und D. Seidl/K.H. Becker: Niklas Luhmann and Organization Studies.
249 Vgl. D. Seidl: „Organization and Interaction".
250 Vgl. N. Luhmann: Organisation und Entscheidung, S. 388-390.
251 Vgl. G. Kneer: „Organisation und Gesellschaft" und T. Liekweg: „Strukturelle Kopplung von Funktionssystemen ‚über' Organisationen".

Protestierenden unterscheidet.[252] Diese Ausführungen Luhmanns haben Einzug in die Erforschung sozialer Bewegungen gehalten.[253] Der Netzwerkbegriff wird bei Luhmann entweder konnexionistisch, d.h. als rekursive Vernetzung von kommunikativen Operationen oder als ein soziales Netzwerk, also eine alternative Form eines sozialen Systems, konzeptualisiert.[254] Für den Gebrauch in dieser Untersuchung wird ein systemtheoretisch formuliertes Verständnis sozialer Netzwerke[255] übernommen, welches diese als eine parasitäre Form von Kommunikation in dem Sinne versteht, dass sich die an sozialen Adressen orientierende Operationsweise sozialer Netzwerke an die funktional ausdifferenzierte, codebasierte Kommunikation in der modernen Gesellschaft koppelt und diese für weitere kommunikative Anschlüsse öffnet, die durch das Primat funktionaler Differenzierung nicht möglich wären.[256]

Mit Hilfe dieser aktuellen Klärungen und Erweiterungen der Trias von Interaktion, Organisation und Gesellschaft ist ein zentraler Bereich der luhmannschen Gesellschaftstheorie referiert worden. Für die weitergehende Formulierung eines anwendungsfähigen Modells des weltpolitischen Systems steht es jedoch noch aus, zwei weitere Komponenten der seiner Gesellschaftstheorie[257] zu skizzieren: Die Evolutionstheorie Luhmanns, welche die zeitlichen Dimensionen der Gesellschaftsbildung erfasst und die Differenzierungstheorie und damit die Ausbildung von funktionalen Teilsystemen der modernen Weltgesellschaft. Luhmanns Übernahme der von ihm als neo-darwinistisch bezeichneten Evolutionstheorie mitsamt ihrer elementaren Konzepte der Variation, Selektion und Restabilisierung[258] in die Erarbeitung seiner Gesellschaftstheorie ist bereits in der Unter-

---

252 Vgl. N. Luhmann: Die Gesellschaft der Gesellschaft, S. 847-865.
253 Vgl. C. Fuchs: „The Self-Organization of Social Movements".
254 Vgl. M. Bommes/V. Tacke: „Netzwerke in der Gesellschaft der Gesellschaft", S. 9-14.
255 B. Holzer/J.F.K. Schmidt: „Theorie der Netzwerke oder Netzwerk-Theorie?" und V. Tacke: „Differenzierung und/ oder Vernetzung?" bieten einen detaillierten Überblick zu den möglichen Verbindungen zwischen Netzwerk- und Systemtheorie. In dieser Arbeit wird die Option eines systemtheoretisch fundierten Netzwerkverständnisses gewählt.
256 Diese Interpretation findet sich vor allem bei V. Tacke: „Netzwerk und Adresse".
257 Vgl. die etwas von Luhmanns Selbstcharakterisierung seiner Gesellschaftstheorie abweichende Beschreibung durch U. Schimank: „Einleitung", S. 10-11.
258 Vgl. N. Luhmann: Die Gesellschaft der Gesellschaft, S. 451-505.

scheidung von Typen sozialer Ebenenbildung enthalten. Interaktionen, Organisationen, Netzwerke, Protestbewegungen und das umfassende Gesellschaftssystem stehen demnach in einem evolutionären Verhältnis zueinander. Diese evolutionäre Bedingung gesellschaftlicher Systembildung gilt auch für das Primat der funktionalen Differenzierung der modernen Weltgesellschaft. Auch sie ist das Ergebnis eines evolutionären Prozess[259] und somit existieren neben der funktionalen Differenzierung in der modernen Weltgesellschaft weitere, sekundäre Differenzierungsformen. Diese wichtige Erkenntnis, die in der gegenwärtigen Weiterentwicklung der luhmannschen Gesellschaftstheorie deutlicher zum Tragen kommt als in den Ausführungen des Theoretikers selbst, soll im anschließenden Unterkapitel dazu genutzt werden, die moderne Weltgesellschaft als dynamische und vielfältig differenzierte Ebene der sozialen Systembildung zu kennzeichnen.

3.8.2 Die funktionale Differenzierung der Weltgesellschaft und konkurrierende Differenzierungsformen

Im Kontext der soziologischen Verwendung des Differenzierungskonzepts legt Luhmann den Fokus seines eigenen Differenzierungsansatzes auf die theoretische Ausarbeitung zweier verschiedener Arten der Systemdifferenzierung: Die Ausdifferenzierung von verschiedenen Systemen, die dadurch füreinander wechselseitig eine neue Umwelt bilden und die interne Differenzierung eines Systems in Teilsysteme, indem die Differenz von System und Teilsystem für beide die gemeinsame Umwelt bildet.[260] Zentral ist für Luhmann in der evolutionär konzipierten Abfolge von Systemdifferenzierungsprozessen der Wechsel dominanter Differenzierungsformen, welche sowohl die jeweiligen Systemdifferenzierungsprozesse strukturieren als auch die Einsatzmöglichkeiten anderer Differenzierungsformen regulieren.[261] Die vier evolutionär entstandenen Differenzierungsformen sind erstens die segmentäre Differenzierungsform, in der sich Systeme unter dem Gesichtspunkt der Gleichheit unterscheiden, zweitens die Form von Zentrum und Peripherie, drittens die stratifikatorische Differenzierung, in welcher unter dem Gesichtspunkt der regelmäßigen Ungleichheit der Teilsysteme (u.a. Adel/ Volk) differenziert wird und letztlich die funktionale Differenzierung,

---

259 Die sukzessiven Übergänge von segmentärer, zu stratifikatorischer und letztlich zu funktionaler Differenzierung in evolutionärer Perspektive finden sich in ebd., S. 609-776.
260 Vgl. ebd., S. 597.
261 Vgl. ebd., S. 612.

in welcher die Gleichheit in der Ungleichheit der Teilsysteme liegt.[262] In segmentären Gesellschaften werden die Grenzen der Teilsysteme und der Gesellschaftssysteme über Verwandtschaftsbeziehungen und Territorialität gebildet. Nach diesem Verständnis lässt sich der Übergang von segmentärer zu stratifikatorischer Differenzierung darüber plausibilisieren, dass steigende Endogamie in höheren Schichten das Prinzip gleichartiger Verwandtschaftsbeziehungen ablöst und parallel dazu Ungleichheiten (Zentrum/ Peripherie) in der Raumordnung entstehen.[263] Haben sich diese Differenzierungen zwischen Zentrum und Peripherie (beispielsweise in vormodernen Hochkulturen) etabliert (etwa durch Handelszentren) bilden sich Oberschichten in den Zentren aus, erste Funktionskomplexe entstehen (vor allem Religion und Geldwirtschaft) und durch Kämpfe um die Beherrschung der Zentren kommt es zu einer zunehmenden Stratifikation.[264] In stratifizierten Gesellschaften gilt, dass „[...] die Gesellschaft als Rangordnung repräsentiert wird und Ordnung ohne Rangdifferenzen unvorstellbar geworden ist".[265] Es bestehen zunehmend zentralisierte politische Herrschaftsformen samt spezialisierter Priesterschaft, Stände bestimmen die soziale Ordnung und der Territorialstaat beginnt sich zu entwickeln. Die vielfältigen sozialen Systeme einer stratifizierten Gesellschaft werden durch die soziale Form des Haushaltes miteinander gekoppelt.[266] Der Übergang zur funktional differenzierten Gesellschaft wird durch die Ressourcenakkumulation beim Adel und den Ständen begünstigt und vollzieht sich über eine beginnende Monopolisierung von Kommunikationsmedien. Die parallel verlaufende Ausdifferenzierung von Funktionssystemen in Europa lässt sich sehr deutlich an den Religionskonflikten und der Etablierung eines autonomen, territorialstaatlich verfassten politischen Systems erkennen. Beide Prozesse sind von der Entstehung des Buchdrucks und der Bildung der neuzeitlichen Wissenschaften begleitet worden.[267] Die Funktionssysteme der modernen Gesellschaft etablieren sich letztendlich über die Monopolisierung je einer Funktion, die sie für das Gesamtsystem erbringen. Es gibt keine Rangordnung der Teilsysteme der modernen Gesellschaft untereinander und die kommunikativen Abläufe in den jeweiligen Funktionssystemen laufen über die bereits dargestellten Codes und Programme ab. Durch ihre jeweilige Spezialisierung unterliegen sie systemischen Leistungsschwankungen, können damit im

---

262 Vgl. ebd., S. 613.
263 Vgl. ebd., S. 634-662.
264 Vgl. ebd., S. 663-678.
265 Ebd., S. 679.
266 Vgl. ebd., S. 678-706.
267 Vgl. ebd., S. 707-743.

Notfall nicht die Leistungen anderer Systeme übernehmen und diejenigen Funktionssysteme mit der höchsten Versagensrate beeinflussen die Performanz der anderen jeweils stark.[268]

Das zentrale Merkmal der modernen Gesellschaft ist daher das Primat der funktionalen Differenzierung. Neben die soziale Differenzierung in die Hauptebenen der Interaktion, Organisation und Gesellschaft tritt die sachliche Differenzierung in weitflächige Funktionszusammenhänge. Das Primat der funktionalen Differenzierung hat eine starke Auswirkung auf die Ausgestaltung des umfassenden Gesellschaftssystems der modernen Gesellschaft: Dies wird von Luhmann schon früh in der Form einer Weltgesellschaft aufgefasst und erarbeitet. In seinem ersten umfassenden Aufsatz zur Weltgesellschaft[269] entwickelt er seine Vorstellungen in intensiver Auseinandersetzung mit der Soziologie weltweiter Interaktionen und Zusammenhänge. Als wesentliche Defizite soziologischer Forschung identifiziert er sowohl die enge Assoziation von Politik und Gesellschaft, die damit verbundene Annahme einer normativen Integration der Weltgesellschaft, ferner auch die mangelnde begriffliche Tiefenschärfe, die die essentiellen Aspekte des weltgesellschaftlichen Zusammenhangs nicht zu erfassen vermag.[270] Das seines Erachtens unbestrittene faktische Bestehen weltweiter Interaktionszusammenhänge, die er vor allem in den Bereichen der wissenschaftlichen Forschung und Technologie sowie der globalisierten Wirtschaft sieht, führt er auf die weltgesellschaftliche Dominanz kognitiver, lernbereiter Erwartungen im Gegensatz zur weltgesellschaftlich untergeordneten Rolle normativer und damit lernunbereiter Erwartungen zurück.[271] Zwar sind normative Erwartungen in Sozialsystemen leichter zu institutionalisieren, und in älteren Regionalgesellschaften waren vor allem die normativen Mechanismen der organisierten Symbole des Rechts, der Religion und der Politik die Risikoträger der gesellschaftlichen Evolution, aber diese regional institutionalisierten Sozialordnungen lassen sich nicht direkt auf die Ebene der Weltgesellschaft übertragen. Der evolutionäre und funktionale Primat der Weltgesellschaft verschiebt sich letztlich auf die Bereiche Wissenschaft, Technologie und Wirtschaft.[272] Daher spielen Grenzen für Luhmann eine untergeordnete Rolle für die Konstitution sozialer Systeme der

---

268 Vgl. ebd., S. 743-776.
269 Vgl. Ders.: „Die Weltgesellschaft".
270 Vgl. ebd., S. 51-53. Eine sehr differenzierte Analyse, der von Luhmann der Soziologie vehement unterstellten Gleichsetzung von Gesellschaft und Nationalstaat findet sich bei D. Chernilo: A Social Theory of the Nation-State.
271 Vgl. N. Luhmann: „Die Weltgesellschaft", S. 53-56.
272 Vgl. ebd., S. 56-58.

Weltgesellschaft. Die zeitlich später in der sozialwissenschaftlichen Forschung unter dem Begriff der Globalisierung behandelten Phänomene grenzüberschreitender oder raumübergreifender Interaktionen führt Luhmann infolgedessen auf die Dynamiken der verschiedenen funktionalen Bereiche der Weltgesellschaft zurück, die je nach ihren eigenen Anforderungen Systemgrenzen symbolisieren und institutionalisieren.[273] Letztlich konstatiert er, dass die strukturelle Ungleichheit der Weltgesellschaft weniger „[...] einem Versagen der ‚an sich zuständigen' politisch-rechtlichen Integrationsmechanismen zuzuschreiben ist (und also nur in Richtung auf einen Weltstaat hin gebessert werden könnte) [...]"[274], sondern Ergebnis von unterschiedlichen Institutionalisierungsdynamiken kognitiver und normativer Erwartungen sei, dessen Diskrepanz nur durch „[...] kognitive Mechanismen der Forschung und Planung langsam vermindert werden kann."[275]

Dieser frühen Argumentationsstruktur bleibt Luhmann in der aktuellsten Ausarbeitung seines Weltgesellschaftskonzepts weitestgehend treu. Er passt sie jedoch der Weiterentwicklung seiner systemtheoretischen Gesellschaftstheorie an, reagiert auf die jüngeren Ergebnisse in der sozialwissenschaftlichen Theorie- und Forschungslandschaft und inkorporiert neueste empirische Befunde der Globalisierungsforschung.[276] Auf diese Weise konkretisiert er sein Verständnis der Entwicklung der Weltgesellschaft im Hinblick auf zentrale historische Ereignisse und datiert den Beginn der Weltgesellschaft auf die Vollentdeckung des Erdballs sowie die damit einhergehende Erzeugung einer abgeschlossenen Sphäre sinnhafter Kommunikation, als auch die von Europa ausgehende strukturelle Erschließung des Globus womit die Umstellung der Weltgesellschaftsstrukturen auf das Primat der funktionalen Differenzierung einhergeht.[277] Parallel dazu verschiebt Luhmann den früheren Fokus auf die Rolle von kognitiven Erwartungsstrukturen bei der Konstitution der Weltgesellschaft auf die zentrale Stellung des Kommunikationsbegriffs. Da Kommunikation die grundlegende Operation sozialer Systeme darstellt und weltweit anschlussfähig geworden ist, kann das umfassende Sozialsystem der Gesellschaft für Luhmann nur in Form der Weltgesellschaft aufgefasst werden. Als Folge dieser konsequenten Anwendung seiner Theorieentscheidung rücken auch die einzelnen Funktionssysteme der Weltgesellschaft in den engeren Blick bei der Bestimmung der Struktur und Dynamik

---

273 Vgl. ebd., S. 60-61.
274 Ebd., S. 67.
275 Ebd.
276 Vgl. Ders.: Die Gesellschaft der Gesellschaft, S. 145-171.
277 Vgl. ebd., S. 148-149.

der Weltgesellschaft.[278] Als evolutionär entstandene Form wird die Weltgesellschaft zum Motor sozialstruktureller Entwicklungen. Dabei entwickeln sich die einzelnen Regionen der Weltgesellschaft keinesfalls homogen. Vielmehr wirken die einzelnen Funktionssysteme der Weltgesellschaft abweichungsverstärkend. Je erfolgloser einzelne Regionen an spezifischen Funktionsbereichen partizipieren (z.b. am Bildungs- und Finanzbereich), desto erfolgloser nehmen sie i.d.R. auch an anderen weltgesellschaftlichen Funktionsbereichen teil. Regionale Entwicklungsunterschiede sind daher kein Argument gegen die Weltgesellschaft – in der Weise, dass diese nur durch den Rekurs auf regional spezifische und damit regional begrenzte Eigenschaften erklärt werden könnten – sondern Ergebnis der unterschiedlichen Teilnahme und Reaktion von Regionen auf die Strukturvorgaben der Weltgesellschaft.[279] Dieser Argumentationsschritt ermöglicht es ihm, die Ergebnisse der Globalisierungsforschung in Gestalt der systemtheoretischen Analyse der Entwicklungs- und Verbreitungsdynamiken der einzelnen Funktionssysteme zu rekonstruieren und damit theorietechnisch zu vereinheitlichen. Dadurch reduziert er die Vielzahl an sogenannten Globalisierungseffekten auf die Differenzerzeugung eines einheitlichen Gesellschaftssystems.[280] Letztlich nimmt die Weltgesellschaft als umfassendes Gesellschaftssystem damit eine Schlüsselstellung in der Trias von Gesellschaft, Organisation und Interaktion ein. In Anerkennung der berechtigten Kritik an einer fehlenden, konsequenten Anwendung dieser Stellung der weltgesellschaftlichen Ebene auf die verschiedenen Funktionssystemen selbst in den Studien Luhmanns[281] wird diese Schlüsselstellung in den nachfolgenden Unterkapiteln deutlicher artikuliert werden.

Schon in einigen Passagen seines späten Hauptwerkes *Die Gesellschaft der Gesellschaft* formuliert Luhmann selbst Zweifel an der globalen Durchsetzung des Primats funktionaler Differenzierung und artikuliert diese vor allem anhand des Begriffspaares der Inklusion/ Exklusion. Da individuellen Personen in der modernen, funktional ausdifferenzierten Gesellschaft Rollen und Positionen in Sozialsystemen zugewiesen werden, sie auf diese Weise in die Gesellschaft inkludiert werden (was häufig als Vollinklusion beschrieben wird) entwickelt Luhmann aufgrund des Auftauchens von Phänomenen des Ausschluss von Personen aus sozialen Systemen das Konzept der Exklusion. Diese Exklusionserscheinungen werden für ihn durch die Zugangsbedingungen von Funktionssystemen erzeugt, sodass beim Ausschluss aus einem Funktionssystem (wie z.B.

---

278 Vgl. ebd., S. 149-151.
279 Vgl. ebd., S. 162-167.
280 Vgl. ebd., S. 167-171.
281 Vgl. R. Stichweh: „Zum Gesellschaftsbegriff der Systemtheorie", S. 183.

dem Arbeitsmarkt) Folgeausschlüsse aus anderen Funktionssystemen (wie z.b. der Krankenversorgung und dem Wohnungsmarkt) die Konsequenz sein können, bis hin zur Vollexklusion von Personen aus sämtlichen Funktionssystemen der modernen Weltgesellschaft. Da dieses Phänomen in einigen Weltregionen besonders stark auftritt, spricht Luhmann sogar davon, dass sich die Differenz von Inklusion und Exklusion wie ein Meta-Code über die Codes der Funktionssysteme lege.[282] Diese relativ kurzen Ausführungen Luhmanns sind posthum sehr rege rezipiert und weiterentwickelt worden.

Im Zuge dieser Rezeption wird zunächst betont, dass es im Werk Luhmanns drei verschiedene Verwendungen der Unterscheidung von Inklusion und Exklusion gebe. Dazu gehört in *Soziale Systeme* die Anwendung dieser Unterscheidung auf die Explikation der verschiedenen Operationsweisen von psychischen und sozialen Systemen, die später einsetzende Erarbeitung von Inklusions- und Exklusionsbedingungen verschiedener sozialer Systeme (unter Berücksichtigung der Wirkungsweise verschiedener primärer Differenzierungsformen) und letztlich Luhmanns Anwendung dieser Unterscheidung auf die soziale Ungleichheitsforschung.[283] Die posthume Weiterentwicklung dieser Ausführungen Luhmanns bezieht sich besonders auf die beiden letzteren Bereiche. Problematisiert wird dabei, dass Luhmann einerseits in historisch ausgerichteten Teilanalysen herausgearbeitet hat, welche sozialen Inklusionsbedingungen und Exklusionsmechanismen soziale Systeme hervorgebracht haben, was unter Bedingungen der funktionalen Differenzierung vor allem unter der Ausbildung von Leistungs- und Publikumsrollen stattfinde.[284] Dabei schließe er jedoch andererseits – in Verbindung mit der Übernahme des Inklusionsbegriffs von Parsons – in Anbetracht gegenwärtiger Exklusionsphänomene vom modernen Prinzip der Vollinklusion und dem Primat der funktionalen Differenzierung sofort auf die Extremform der Vollexklusion und vernachlässige damit notwendige Übergangsformen.[285] So dass sich behaupten ließe:

---

282 Vgl. N. Luhmann: Die Gesellschaft der Gesellschaft, S. 618-634.
283 Vgl. S. Farzin: Inklusion/Exklusion, S. 10-11. M. Göbel/J.F.K. Schmidt: „Inklusion/Exklusion", S. 88-90, identifizieren in der über Luhmann hinausgehenden systemtheoretischen Forschung zu Inklusion und Exklusion sieben verschiedene Verwendungsarten dieser Unterscheidung.
284 Vgl. S. Farzin: Inklusion/Exklusion, S. 32-37 und M. Göbel/J.F.K. Schmidt: „Inklusion/Exklusion", S. 103-104 (mit einer sehr informativen tabellarischen Aufstellung).
285 Vgl. S. Farzin: Inklusion/Exklusion, S. 39-60.

„Die Radikalität der Thesen zur Exklusion liegt auch in der Ausweglosigkeit der Diagnose; funktionale Differenzierung erzeugt Exklusion durch rationales Operieren der Teilsysteme, womit eine Lösung der Probleme durch fortschreitende Modernisierung und daraus folgende Inklusion unmöglich wird."[286]

Um das Primat der funktionalen Differenzierung der Weltgesellschaft à la Luhmann trotz zu beobachtender Exklusionsphänomene nicht durchgängig durch einen Meta-Code von Inklusion/ Exklusion überschreiben zu müssen, aber dennoch für die empirische Forschung nützliche theoretische Begrifflichkeiten zur Verfügung zu haben, um die vielfältigen, widersprüchlichen Dynamiken und Strukturentwicklungen der Gegenwart erfassen zu können, lassen sich in der Fachdebatte folgende Korrekturen der luhmannschen Konzeption einer funktional differenzierten Weltgesellschaft finden:

- Bestehende *Exklusionsphänomene* reichen nicht aus, um das Primat der funktionalen Differenzierung der Weltgesellschaft in Frage zu stellen. Exklusionsphänomene werden durch regionale Sonderbedingungen von Funktionssystemen oder problematische strukturelle Kopplungen hervorgebracht. Die bestehenden Exklusionsbereiche der Weltgesellschaft sind nicht global miteinander vernetzt und es gibt kaum Informationen über ihre Wirkungsweise.[287]
- Daher ist es angebracht, nicht schematisch von *Vollinklusion und Totalexklusion* auszugehen, sondern empirisch fundiert nach Konstellationen und Mechanismen von Exklusions- und Inklusionsmodi Ausschau zu halten, um Inklusion und Exklusion als mehrdimensionale Vorgänge zu erfassen.[288] Dabei wird beispielsweise vertreten, dass zur Stabilisierung der von Luhmann postulierten kumulativen Exklusionseffekte räumliche Segregation notwendig sei.[289]
- Letztlich reicht es nicht aus, die globalen Unterschiede bei der *Realisierung funktionaler Differenzierung* allein über das Begriffspaar Inklusion/ Exklusion zu bestimmen. Da Luhmann selbst davon spricht, dass Funktionssysteme über sekundäre Segmentierungen strukturiert sind (u.a. Territorialstaaten,

---

286 Ebd., S. 57.
287 Vgl. R. Stichweh: „Inklusion/Exklusion, funktionale Differenzierung und die Theorie der Weltgesellschaft", S. 132.
288 Vgl. S. Farzin: Inklusion/Exklusion, S. 64-65.
289 Vgl. M. Göbel/J.F.K. Schmidt: „Inklusion/Exklusion", S. 113.

Märkte, wissenschaftliche Disziplinen)[290], ist es sinnvoll eine weitere, evolutionär gebildete, jedoch in den Hintergrund getretene Differenzierungsform in das Strukturprinzip der modernen Gesellschaft mit aufzunehmen: Die Unterscheidung in Zentrum und Peripherie.[291] Auf diese Weise können in der Weltgesellschaft Zentren ausgemacht werden, in denen sich historisch gesehen die funktionale Differenzierung nicht nur zuerst ausgebildet hat, sondern die bis heute einen Inklusionssog für die peripheren Regionen der Weltgesellschaft darstellen und dominante Strukturentwicklungen vorgeben. In der Peripherie der Weltgesellschaft dagegen sind die Codes und Programme der Funktionssysteme nur unvollständig realisiert. Informale Strukturen und Netzwerke füllen daher die Lücken der Formalstruktur funktionaler Differenzierung[292], sodass abschließend eine vielschichtige Perspektive auf Dynamiken und Strukturentwicklungen der Weltgesellschaft in ihrer Peripherie, das können auch Peripherien des Zentrums sein, entwickelt werden kann:

„In der ‚Semiperipherie' schließlich werden Funktionsbereiche wie Politik, Wirtschaft und Wissenschaft durchaus unterschieden, sie werden aber in den Dienst von Reziprozitätsnetzwerken gestellt. ‚Modern' ist eine derart regional differenzierte Weltgesellschaft in dem Sinne, dass funktionale Differenzierung selbst dort, wo sie allenfalls in Ansätzen erkennbar ist oder parasitiert wird, den Spielraum anderer Differenzierungsformen und die Inklusionschancen von Reziprozitätsnetzwerken definiert."[293]

Nach diesem Verständnis bleibt die funktionale Differenzierung die dominante Form weltgesellschaftlicher Strukturentwicklung. Bestimmte Überlegungen im luhmannschen Spätwerk und posthume Weiterentwicklungen machen es jedoch möglich, die moderne Weltgesellschaft als das umfassende Sozialsystem der Gegenwart zu charakterisieren, das für die kommunikative Generierung sozialer Systeme nicht nur verschiedene Sozialebenen (Interaktion, Organisation, Protestbewegungen und Gesellschaft), sondern auch konkurrierende Differenzierungsformen (segmentär, funktional, Zentrum/ Peripherie und Inklusion/ Exklusion) bereithält. Für den Fortgang dieses Unterkapitels steht noch aus, die für die Analyse islamistischer Bewegungen zentralen Funktionssysteme der modernen Weltgesellschaft zu erarbeiten: Das weltpolitische System und seine strukturellen Kopplungen.

---

290 Vgl. N. Luhmann: Die Gesellschaft der Gesellschaft, S. 760-761.
291 Vgl. B. Holzer: „Wie »modern« ist die Weltgesellschaft?", S. 357-359.
292 Vgl. ebd., S. 361-367.
293 Ebd., S. 367.

3.8.3 Das weltpolitische System

Ganz im Sinne der bisher erarbeiteten Ausrichtung der luhmannschen Gesellschaftstheorie ist das moderne politische System der Weltgesellschaft das Ergebnis eines evolutionären Prozesses. Nach diesem Zugang bildeten sich zunächst verschiedenartige, vertikal ausdifferenzierte Herrschaftssysteme heraus, die multifunktionalen Charakter hatten. Dies bedeutet, dass die entsprechenden Dominanzrollen des jeweiligen Herrschaftssystems sich ebenfalls auf militärische, wirtschaftliche und religiöse Sektoren erstreckten.[294] Erst mit der Leistungssteigerung der einzelnen Sektoren der Gesellschaft, die u.a. die Trennung von Religion und Politik ermöglichte, mithin durch die Entstehung von professionellen Fachsprachen, die darüber hinausgehende Ausbildung einer egalitären Statusordnung sowie der funktionalen Differenzierung des politischen Rollensystems, konnte sich ein autonomes politisches System etablieren, das über das physische Gewaltmonopol verfügt.[295] Die Funktion des politischen Systems, deren Durchsetzung wie in anderen Funktionssystemen über spezifische soziale Rollen stabilisiert wird, liegt in der Erzeugung bindender, kollektiver Entscheidungen im Medium der (legitimen) Macht[296]:

„Dabei bezieht sich die Bindung nicht nur auf das politische System selbst, sondern in erster Linie auf das umfassende Sozialsystem der Gesamtgesellschaft, in dem das politische System seine Funktion erfüllt."[297]

Als Zusammenfassung seiner Analyse der Ausbildung eines autonomen politischen Systems entwickelt Luhmann in seiner posthum veröffentlichten Schrift *Politische Soziologie* ein analytisches Modell.[298] Er weist bei der Erläuterung darauf hin, dass dieses soziologische Systemmodell relativ zum Entwicklungsstand der Gesellschaft zu verstehen, also nicht allgemeingültig gemeint sei und funktional äquivalente Ordnungsmöglichkeiten nicht ausschließe.[299] Einerseits illustriert dieses Analysemodell die interne Differenzierung des politischen Systems bezüglich Politik und Verwaltung, wodurch die große Bedeutung von Organisa-

---

294 Vgl. N. Luhmann: Politische Soziologie, S. 51-65.
295 Vgl. Ders.: Macht im System, S. 141-144.
296 Vgl. Ders.: Politische Soziologie, S. 69-79 und zum Aspekt der Legitimität politischer Herrschaft ebd., S. 95-105.
297 Ebd., S. 38.
298 Die dazugehörige Grafik befindet sich in ebd., S. 133.
299 Vgl. ebd., S. 131.

tionen herausgestellt wird. Zusätzlich ermöglicht das Modell über die vier Kreise „Politiker", „fremde politische Systeme", „Personal" und „Publikum", die strukturelle Kopplung des politischen Systems mit den übrigen Gesellschaftsbereichen darzustellen.[300] Andererseits zeigt sich an diesem analytischen Modell sehr deutlich die oben erwähnte Kritik an der nicht konsequent durchgehaltenen weltgesellschaftlichen Perspektive in Luhmanns Studien zu einzelnen Funktionssystemen. Vor allem die aufgeführte Abgrenzung von fremden politischen Systemen führt sprachlich nicht nur einen Plural ein, der es schwer verständlich macht, von nur einem politischen System der Weltgesellschaft zu sprechen, sondern es erzeugt auch den Anschein, Luhmann orientiere sich selbst an dem methodologischen Nationalismus der Sozialwissenschaften und modelliere das politische System primär als territorial oder national abgeschlossene Einheit. Diese Ambiguität bei der Bestimmung des politischen Systems lässt sich jedoch auflösen, wenn man den Blick auf die Stellung des Staates in der Evolution des politischen Systems der Weltgesellschaft richtet.

Die zentrale Stellung des modernen Nationalstaates[301] im politischen System der Weltgesellschaft kennzeichnet Luhmann in diesem Zusammenhang auf eine Art und Weise, die sich zwar dezidiert auf den Forschungsstand in der multidisziplinären Erforschung des Staates bezieht, sich aber aufgrund ihrer systemtheoretischen Perspektive auch deutlich davon abgrenzt.[302] Der Staat lässt sich für ihn nicht auf der Basis einer spezifischen Eigenschaft definieren. Vielmehr kommen ihm verschiedene Funktionen zu:

- *Erstens* die besondere Leitstellung des modernen Nationalstaats innerhalb der Kommunikation des weltpolitischen Systems (Der Staat ist die primäre Adresse der weltpolitischen Kommunikation und jedes Gebiet, das an der weltpolitischen Kommunikation teilnehmen will, ist auf staatliche Organisation angewiesen).
- *Zweitens* die dadurch ermöglichte Einbindung der Regionen der Weltgesellschaft in das weltpolitische System.

---

300 Für eine weitergehende Interpretation dieses analytischen Modells, vor allem der Innendifferenzierung des politischen Systems und seiner strukturellen Kopplung an andere Gesellschaftsbereiche, vgl. ebd., S. 132-148.
301 Vgl. dazu ergänzend die zusammenfassende Entwicklungsgeschichte des modernen Nationalstaats von T. Hasche: Staat und Staatensystem in den Internationalen Beziehungen, S. 33-87.
302 Vgl. N. Luhmann: „Der Staat des politischen Systems", S. 345-346.

- *Letztens* die Funktion von Staatsgrenzen, die nicht nur die besonderen Merkmale staatlich organisierter Politik der Weltgesellschaft ausmachen, sondern ebenfalls zentrale Strukturmuster der Entwicklung und Reproduktion der Weltgesellschaft selbst sind.[303]

Erst wenn man das analytische Modell des politischen Systems und die zentrale Stellung des Staates im politischen System der Weltgesellschaft zusammenführt, ergibt sich der vollständige Blick auf das politische System der Weltgesellschaft. Bestanden im weltgesellschaftlichen Evolutionsprozess zunächst räumlich voneinander abgegrenzte Regionalgesellschaften und eng daran gekoppelte, multifunktionale politische Herrschaftssysteme[304], wurde der aus dem früheren Territorialstaat hervorgegangene Nationalstaat zum dominanten Modell weltpolitischer Ordnung. In der Gegenwart bleibt die Souveränität dieses Nationalstaats zwar zentrales Konstitutionsmerkmal des weltpolitischen Systems[305], die evolutionär ehemals erfolgreiche Kopplung von Recht und Politik in der Form der Verfassung wird jedoch von globalen politischen Strukturmustern überwölbt[306] und es werden neue politische sowie militärische Interventionsformen entwickelt, um Gebiete fehlender oder mangelhafter Staatlichkeit in das weltpolitische System zu inkorporieren.[307] Das politische System der Weltgesellschaft kann demnach nur als Ergebnis der Ko-Evolution politischer sowie weltgesellschaftlicher Strukturen verstanden werden. Ein auf diese Weise konzipiertes Modell überwindet nicht nur die Trennung in Innen- und Außenpolitik und verzichtet konsequenterweise auf den Begriff der Internationalen Beziehungen[308], sondern schafft ebenfalls für den Bereich der Politik den Anschluss an die multidiszipli-

---

303 Vgl. ebd., S. 375-378; U. Schimank: „Weltgesellschaft und Nationalgesellschaften" und R. Stichweh: Die Weltgesellschaft, S. 24-26.
304 Vgl. die Ergebnisse der historisch-komparativen Studien der sogenannten Englischen Schule in Bezug auf die Entstehung und Expansion des europäischen Staatensystems: A. Watson: The Evolution of International Society sowie H. Bull/A. Watson: The Expansion of International Society.
305 Vgl. N. Luhmann: „Der Staat des politischen Systems", S. 379-380 sowie F. Kastner: „Luhmanns Souveränitätsparadox", S. 76.
306 Vgl. M. Albert/R. Stichweh: Weltstaat und Weltstaatlichkeit und A. Fischer-Lescarno: „Luhmanns Staat und der transnationale Konstitutionalismus".
307 Vgl. N. Luhmann: „Der Staat des politischen Systems", S. 379-380 und M. Neves/R. Voigt: „Einleitung", S. 13-14.
308 Vgl. N. Luhmann: Die Gesellschaft der Gesellschaft, S. 159-160.

näre Erforschung von Globalisierungseffekten aus der Perspektive einer einheitlichen Gesellschaftstheorie.[309]

An dieser Stelle wird die im Einleitungskapitel aufgeworfene Gegenwartsproblematik bei der Theoriebildung in den politikwissenschaftlichen Teildisziplinen deutlich, die zwischen den jeweiligen Fachtraditionen und den empirischen Herausforderungen globaler, politischer Strukturbildung changiert. Diese Problematik spiegelt sich auch darin wieder, dass Luhmanns Gesellschaftstheorie der Politik im Teilbereich der Politischen Theorie und im Teilbereich der Internationalen Beziehungen unterschiedlich aufgenommen worden ist. Es wird in den nachfolgenden Konkretisierungen des skizzierten weltpolitischen Systems auf der Grundlage der jüngeren Sekundärliteratur zu Luhmanns Studien jedoch nicht zwischen diesen beiden Rezeptionssträngen unterschieden, sondern beide Stränge werden als zusammenhängende Weiterentwicklungen der politiktheoretischen Überlegungen Luhmanns angesehen. Das bedeutet letztendlich auch, dass sich die Nutzung des theoretischen Analysemodells nicht in die alleinige Richtung einer Anwendung des luhmannschen Werkes für die Theoriebildung in den Internationalen Beziehungen bewegt, wie es in verschiedenen Publikationen vorgenommen wurde[310], sondern auf eine Überwindung von teildisziplinären Grenzen im Sinne der im Einleitungskapitel gemachten Ausführungen zur *Internationalen Politischen Theorie* abzielt. Dieser Punkt ist besonders zu akzentuieren, weil die spezifische Leistungsfähigkeit der luhmannschen Gesellschaftstheorie der Politik bei der Formulierung teilbereichsübergreifender Theorieperspektiven liegt, was einerseits Folge ihres universaltheoretischen Designs[311] ist, und andererseits das zentrale Gegenargument gegen diejenige Kritik an ihr ist, die wenig mit ihrer konstruktivistischen Theorieanlage und ihrer als abstrakt und empiriefern bezeichneten Theoriesprache anfangen kann.[312] In Luhmanns Stu-

---

309 Vgl. M. Albert: „Politik der Weltgesellschaft und Politik der Globalisierung".
310 Vgl. Ders. „Observing World Politics". Aber auch die IB-Theorie des *Internationalen Systems* böte Anschlussmöglichkeiten an die luhmannsche Systemtheorie. Vgl. zu diesem Bereich der Theoriebildung in den Internationalen Beziehungen B. Buzan/R. Little: „The Idea of ‚International System'" und Dies.: International Systems in World History. Eine systematische Zusammenfassung systemtheoretischer Konzeptionen der Weltpolitik bietet E. Czerwick: Politik als System, S. 172-186.
311 Vgl. dazu erneut den Hinweis auf die entsprechenden Interpretationen von A.C. Gaiser: Das Potential und Design von Universaltheorien, S. 6-7 und S. Lange: Niklas Luhmanns Theorie der Politik, S. 21-27 und S. 38-40.
312 Am Schärfsten ist diese Form der Kritik bei K. von Beyme: „Der Staat des politischen Systems im Werk Niklas Luhmanns" zu finden.

dien zum politischen System der Weltgesellschaft steckt die für die politikwissenschaftliche Theoriebildung sehr fruchtbare Möglichkeit, eine theorieeinheitliche Fassung weltweiter politischer Phänomene zu formulieren:

„Üblicherweise unterscheidet man zwischen Außenpolitik und Innenpolitik; aber diese Unterscheidung führt irre, weil Außenpolitik immer auch Innenpolitik ist und innenpolitische Aktivitäten der Staaten zunehmend auch weltpolitische beobachtet, kritisiert und gegebenenfalls korrigiert werden. [...] Das legt es nahe, diese klassische Sprachregelung zu revidieren (oder für den diplomatischen Gebrauch zu reservieren) und sie durch die Unterscheidung von Systemdifferenzierungsebenen zu ersetzen."[313]

Diese Möglichkeit der Reformulierung politiktheoretischer Konzeptionen ist in der posthumen Rezeption Luhmanns umfangreich genutzt worden und kann im Hinblick auf einige inhaltlich zusammenhängenden Bereiche verdichtet werden:

- Die von Luhmann entwickelte *Binnendifferenzierung* des politischen Systems in politisches Zentrum (Verwaltung und Staatsorganisation), die politischen Parteien, die der Vorbereitung kollektiv bindender Entscheidungen dienen, und die Peripherie des politischen Systems, in der soziale Protestbewegungen verortet sind, ist teils kritisch, teils positiv aufgenommen worden.[314] Wichtig für die Analyse der nachfolgenden Fallstudien ist, dass die Binnendifferenzierung des Funktionssystems der Politik theoriekonsistent über die Konzepte der Ebenendifferenzierung und weiterer Differenzierungsformen erweitert und schließlich ausführlicher als von Luhmann vollzogen formuliert werden kann.

- Die *territoriale Zweitcodierung* oder auch segmentäre Binnendifferenzierung des weltpolitischen Systems, deren Bedeutung Luhmann bereits deutlich gemacht hat, wird in der jüngeren Rezeption in seiner Kofundierungs- und Stabilisierungsfunktion für die (Aus-)Differenzierung des politischen Systems der Weltgesellschaft weiterentwickelt.[315]

---

313 N. Luhmann: Die Politik der Gesellschaft, S. 244-245.

314 Vgl. zunächst Luhmanns Ausführungen zum „Doppelkreislauf der Macht" von Politik, Verwaltung und Publikum in Politik der Gesellschaft, S. 253-265, zu politischen Parteien ebd. S. 266-271 und zur Peripherie des politischen Systems ebd., S. 315-318 sowie schließlich die Einschätzung und Einordnung von W. Reese-Schäfer: „Parteien als politische Organisationen in Luhmanns Theorie des politischen Systems".

315 Vgl. K. Holz: „Funktionale und segmentäre Differenzierung der Politik", S. 65 und Ders.: „Politik und Staat", S. 35 und S. 40.

- Luhmanns Hinweis auf die Funktion von organisierter Staatlichkeit als *kommunikative Adresse des weltpolitischen Systems* ist aufgenommen worden, um die Bedeutung von Souveränität für die Entstehung und gegenwärtige Funktionsweise der Weltpolitik genauer zu erfassen. Im Bereich dieser Weiterentwicklung der luhmannschen Überlegungen kann die bedeutsame Stellung von Organisationen im weltpolitischen System zusätzlich genutzt werden, um bestimmte Probleme der Theoriebildung in den Internationalen Beziehungen zu vermeiden und Elemente der Organisationsforschung zu inkorporieren.[316]

Diese aufgeführten Bereiche kulminieren in den Überlegungen von Armin Nassehi zu dem Prinzip „addressierbarer Kollektivität", was der Herstellung und Bereitstellung gesellschaftlicher Sichtbarkeit und Zurechenbarkeit dient.[317] Probleme der einzelnen operativ geschlossenen und daher autonom arbeitenden Funktionssysteme der Weltgesellschaft können über diesen Mechanismus einer Bearbeitung und Entscheidungsfindung im weltpolitischen System zugeführt werden. Nimmt man Nassehis Folgerung auf, dass: „Die eigentliche Tragik des Politischen besteht freilich darin, daß sich *Kollektivitäten* und *Gesellschaft* auseinanderentwickeln [...]"[318], zeigt sich, dass Kollektivitätsformeln die Paradoxie einer funktional ausdifferenzierten Weltgesellschaft nur bedingt verdecken können. Somit ergibt sich ein abschließender Strang der luhmannschen Fassung des weltpolitischen Systems: Die Identifikation der Variationen von Staatssemantiken (Territorialstaat, Nationalstaat, Wohlfahrtsstaat etc.) im Verhältnis zur strukturellen Evolution des politischen Systems seit der Etablierung territorialer Staatlichkeit im Europa der frühen Neuzeit als ein Ergebnis wechselnder Legitimitätsbedürfnisse von Staatsgewalt.[319]

Diese Perspektive, die erstens dafür plädiert, das politische System und den Staatsbegriff nicht gleichzusetzen und zweitens die analytische sowie reale Bedeutung von Staatssemantiken hervorhebt, wird in der aktuellen Rezeption dazu eingesetzt, funktionale Äquivalente staatlich organisierter Politik auf weltgesell-

---

316 Vgl. M. Albert/L. Hilkermeier: „Organizations in/ and World Society"; A. Essmark: „Systems and Sovereignty"; W. Schirmer: „Addresses in World Societal Conflicts" und F. Kastner: „Luhmanns Souveränitätsparadox".
317 Vgl. A. Nassehi: „Politik des Staates oder Politik der Gesellschaft", S. 45-54.
318 Ebd., S. 51.
319 N. Luhmann: Die Politik der Gesellschaft, S. 196-197 enthält die Kurzfassung von Luhmanns dementsprechenden Überlegungen, die dann auf S. 198-227 in der Form einer Analyse der Begriffsgeschichte des Staates ausgeführt werden.

schaftlicher Ebene zu bestimmen.[320] Diese Richtung der Weiterentwicklung von Luhmanns Grundlegung einer Gesellschaftstheorie der Politik ist letztlich besonders dazu geeignet, diejenigen Bereiche seiner Überlegungen zu verbessern, die stark im Paradigma des methodologischen Nationalismus verhaftet sind und sie macht seine Studien anschlussfähig an Forschungen zum transnationalen Recht[321] und die im Einleitungskapitel angesprochene Governance-Forschung.[322]

3.8.3.1 Umwelt des weltpolitischen Systems I: Das Religionssystem der Weltgesellschaft

Luhmann konzipiert die moderne Weltgesellschaft als autopoeitischen Reproduktionszusammenhang funktional ausdifferenzierter Systeme, deren interne Kommunikationsleistung über symbolisch generalisierte Kommunikationsmedien, Codes und Programme abläuft, die untereinander (d.h. extern) System-Umwelt-Beziehungen ausbilden (einfache operative Kopplungen), aus welchen in einigen Fällen spezifische strukturelle Kopplungen hervorgegangen sind.[323] Für den Gebrauch der luhmannschen Gesellschaftstheorie der Politik für die Analyse islamistischer Bewegungen ist es angebracht, zwei weitere Funktionsbereiche der modernen Weltgesellschaft zu kennzeichnen, die sich in der Umwelt des weltpolitischen Systems befinden: das Religionssystem und das Rechtssystem. Analog zum politischen System der Weltgesellschaft bestimmt Luhmann das soziale Phänomen der Religion aller Kritik zum Trotz funktionalistisch.[324] Die gesamtgesellschaftliche Funktion der Religion besteht für ihn darin, Unbestimmbares in Bestimmbares zu überführen:

---

320 Vgl. die entsprechenden Publikationen von M. Albert: „Modern Systems Theory and World Politics" und M. Albert/R. Stichweh: Weltstaat und Weltstaatlichkeit.

321 Vgl. A. Fischer-Lescarno: „Luhmanns Staat und der transnationale Konstitutionalismus".

322 Vgl. D. Kerwer: „Governance in a World Society".

323 Luhmann definiert operative Kopplungen als „[...] momenthafte Kopplung von Operationen des Systems mit solchen, die das System der Umwelt zurechnet [...]", während er auch formuliert: „Von strukturellen Kopplungen soll dagegen die Rede sein, wenn ein System bestimmte Eigenarten seiner Umwelt dauerhaft voraussetzt und sich strukturell darauf verläßt [...]." N. Luhmann: Das Recht der Gesellschaft, S. 441.

324 Vgl. Ders.: Funktion der Religion, S. 9-13. Eine Kritik der funktionalistischen Religionsdefinition bei Luhmann findet sich bei D. Pollack: „Probleme der funktionalen Religionstheorie Niklas Luhmanns".

"Was als spezifische Sinnform des Religiösen, als Numinoses oder Heiliges beschrieben worden ist, läßt sich dann als Resultat eines Prozesses der *Chiffrierung* begreifen, der Unbestimmbares in Bestimmtes oder doch Bestimmbares transformiert."[325]

Die Voraussetzung für die evolutionäre Herausbildung des religiösen Funktionsbereichs war vor allem die Entstehung monotheistischer Religionen, die sich auf deutliche Weise von anderen sozialen Phänomenen der Überführung von Unbestimmbaren in Bestimmbares wie z.b. Mythen abgrenzten, so „[…] daß tradierte Muster der Erlebnisverarbeitung aufgelöst und auf höheren Niveaus der Generalisierung neu formiert werden müssen."[326] Dieser Prozess der sozialen Universalisierung ging mit einer Loslösung der jeweiligen Glaubensinhalte von ethnischen und regionalen Merkmalen einher. Der jeweilige Glaubensinhalt einer universalistisch ausgerichteten Religion ist für alle Menschen formuliert.[327] Neben der Ausdifferenzierung des Religionssystems und seiner Abgrenzung gegenüber anderen Funktionsbereichen (wie beispielsweise dem der Politik), die im christlichen Falle durch die Organisation der Kirche getragen wurde[328], basiert die Vielfalt und Dynamik des gegenwärtigen Religionssystems der Weltgesellschaft auf der gestiegenen interregionalen Mobilität von Religionen, einer fehlenden Implementation systeminterner Evaluation, die zur Insulierung von Religionen führt, und der religiösen Dogmatik, die gewissermaßen als Differential Änderungen in der religiösen Semantik erkennbar, abweisbar und einbaubar macht.[329] Damit ist das Religionssystem der Weltgesellschaft segmentär in eine Vielzahl von Glaubens- und Anschauungsformen differenziert.[330]

Als zentrale Dynamik der Ausbildung und Ausdifferenzierung des modernen Religionssystems der Weltgesellschaft kann der im hochmittelalterlichen Christentum Europas begonnene Säkularisierungsprozess identifiziert werden. In Folge dieses Prozesses hat sich nicht nur der moderne Nationalstaat entwickelt[331], sondern auch das Religionssystem von den übrigen Gesellschaftsbereichen ge-

---

325 N. Luhmann: Funktion der Religion, S. 33.
326 Ebd., S. 37.
327 Vgl. R. Stichweh: „Weltreligion oder Weltreligionen", S. 119.
328 Vgl. N. Luhmann: Funktion der Religion, S. 56 und ausführlicher S. 272-316.
329 Vgl. zur Rolle religiöser Dogmatik ebd. S. 60-61 und ausführlicher S. 72-181 sowie R. Stichweh: „Weltreligion oder Weltreligionen", S. 121-122.
330 Vgl. N. Luhmann: Funktion der Religion, S. 61 und S. 64-66 sowie R. Stichweh: „Weltreligion oder Weltreligionen", S. 119.
331 Vgl. die Analyse von E.-W. Böckenförde: „Die Entstehung des Staates als Vorgang der Säkularisation".

trennt und seine eigene Form eines Funktionssystems ausgebildet.[332] In Anbetracht der seit den 1970er Jahren stark kritisierten Annahmen der Säkularisierungstheorien[333], die von einem generellen Trend der Bedeutungsabnahme von Religion ausgingen, konstatiert Luhmann zunächst folgendes: „Die richtungsbestimmte These der Säkularisierung wird daher durch die viel offenere, aber auch gänzlich unbestimmte Frage nach dem religiösen Wandel in unserer Zeit ersetzt."[334] Deshalb richtet er seine eigenen Überlegungen zur Säkularisierung konsequent an seiner operativ-konstruktivistischen Theorieanlage aus. Auf diese Weise wird der Begriff der Säkularisierung zu einem Beobachtungsschema, mit dem vor allem untersucht wird, „[…] mit welchen semantischen Formen und mit welcher Disposition über Inklusion oder Exklusion von Mitgliedern die Religion auf die Voraussetzung einer säkularisierten Gesellschaft reagiert."[335] Schließlich wird die Religion vor allem „[…] als ein Teilbereich der Kultur beobachtet[…]"[336] und „[…] muß jetzt damit rechnen, in der gesellschaftlichen Kommunikation als kontingent, als Sache einer Option behandelt zu werden."[337]

Die Bestimmung der Religion in Form eines Religionssystems ermöglicht es, aktuelle Ergebnisse der Globalisierungsforschung aus dem Bereich der Religionssoziologie und verwandter Bereiche aufnehmen zu können. Peter Beyer führt hierbei die weltgesellschaftliche Perspektive auf das Religionssystem am Konsequentesten fort. Für ihn zeigen sich Weltreligionen (vor allem der evangelikale Protestantismus und der sunnitische Islam) als weiterhin vitale Bereiche der Moderne[338], deren Potential in der umfassenden Inklusion der Menschheit in ein gleichzeitig vereinheitlichendes und differenzierendes Funktionssystem liegt[339], das alle Weltreligionen umfasst und ihnen einen institutionellen Rahmen gibt, der jedoch schwächer ausgeprägt ist als im Bereich der Politik[340]:

---

332 Vgl. N. Luhmann: Gesellschaftsstruktur und Semantik, Bd. 3, S. 259-357.
333 Vgl. auch die aktuelle Analyse des Status des Säkularisierungsparadigmas von M. Koenig: „Jenseits des Säkularisierungsparadigmas?".
334 N. Luhmann: Die Religion der Gesellschaft, S. 279.
335 Ebd., S. 285.
336 Ebd., S. 312.
337 Ebd., S. 313.
338 Vgl. P. Beyer: „Globalization and Religion".
339 Vgl. Ders.: „The Religious System of Global Society".
340 Vgl. Ders.: „Globalizing Systems, Global Cultural Models and Religion(s)".

"Unlike nations, religions do not have the sort of powerful institutional structure at their disposal that nations do: the religious system, when compared with the political system of global society, is quite weak."[341]

Das Religionssystem der Weltgesellschaft strukturiert sich nach diesem Verständnis entlang je nach Religion unterschiedlich ausgeprägter Organisationssysteme[342], über die mannigfaltigen, in Interaktionssystemen vollzogenen religiösen Rituale[343] und es operiert auf dem kommunikativen Code der Unterscheidung von Transzendenz und Immanenz: „Man kann dann auch sagen, daß eine Kommunikation immer dann religiös ist, wenn sie Immanentes aus dem Gesichtspunkt der Transzendenz betrachtet."[344]

Gerade diese letzten beiden Aspekte, religiöse Rituale und religiöse Kommunikation, markieren die Vielfalt des Religionssystems der Weltgesellschaft, da beide nicht mit dem hohen Formalisierungs- oder Verrechtlichungsgrad politischer Interaktionen und Kommunikationen vergleichbar sind. Ebenfalls werden sie, je nach Religion, von unterschiedlich stark ausgeprägten Organisationsgraden begleitet. Dies gilt insbesondere für den sunnitischen Islam, der über keine den christlichen Kirchen vergleichbare Organisationsstruktur verfügt, sondern in dem traditionell die islamischen Rechtsgelehrten, die Ulama, über die Autorität religiöser Interpretationen verfügen. Deren Autorität ist aber seit der Kolonialzeit besonders stark erodiert und sie befinden sich aktuell in einem ‚Wettbewerb' mit islamistischen Bewegungen oder anderen, weniger professionalisierten Gruppen und Personen um die Auslegung islamischer Orthodoxie und Orthopraxis.[345]

---

341 Ebd., S. 90.
342 Vgl. die spezifische Studie von S. Nacke: Die Kirche der Weltgesellschaft.
343 Vgl. dazu den Problemabriss zur kommunikationstheoretischen Fassung religiöser Rituale bei P. Beyer: „Religion as Communication in Niklas Luhmann's Die Religion der Gesellschaft".
344 N. Luhmann: Die Religion der Gesellschaft, S. 77.
345 Vgl. diese zwei Studien: G. Krämer/S. Schmidtke: Speaking for Islam und M.Q. Zaman: The Ulema in Contemporary Islam.

3.8.3.2 Umwelt des weltpolitischen Systems II: Das Rechtssystem der Weltgesellschaft

Ein zentrales Merkmal des modernen Rechtssystems ist für Luhmann die Positivität des Rechts[346], also die Ablösung des europäischen Rechts von seinen naturrechtlichen Wurzeln und transzendentalen Begründungsfiguren, die letztlich zur Eigenständigkeit rechtlicher Kommunikation führt:

„Seit Benthams Polemik gegen die abstrusen Begründungstheorien des Common Law und seit der rechtsphilosophischen Polemik gegen die unpraktikablen Versuche, Rechtsprinzipien transzendentaltheoretisch zu fundieren (Feuerbach, Hugo), beschreibt das moderne Recht sich als positives Recht."[347]

In intensiver Auseinandersetzung mit der Zeitproblematik gesellschaftlicher Kommunikation und der Stellung von Normen in der modernen Gesellschaft bestimmt er die Funktion des Rechts über die Stabilisierung von normativen bzw. kontrafaktischen Erwartungen. D.h. bei einer Enttäuschung von erwartetem Verhalten unterstützt das Recht die Beibehaltung der normativen Erwartung.[348] Im Anschluss an seine funktionale Ausdifferenzierung, also gewissermaßen mit der Erreichung der gesellschaftlichen Monopolstellung bezüglich der Erfüllung eben dieser gesellschaftlichen Funktion, operiert rechtliche Kommunikation über den binären Code Recht/ Unrecht.[349] Dadurch wird erreicht, dass: „Immer wenn auf Recht bzw. Unrecht referiert wird, ordnet sich eine solche Kommunikation dem Rechtssystem zu."[350] Die jeweilige Zuordnung des richtigen Codewertes (Recht oder Unrecht) wird letztlich, analog zum Ablauf in anderen Funktionssystemen, über Programme innerhalb des modernen Rechtssystems gesteuert.[351]

Für die Ausbildung des modernen Rechtssystems der Weltgesellschaft hält Luhmann die europäische Besonderheit der Doppelung von römischem Zivilrecht einerseits und seinen naturrechtlichen Grundlagen andererseits für ausschlaggebend, die sowohl die Einheit von Politik und Recht ausschloss, als auch

---

346 Vgl. die ideengeschichtlichen Ausführungen zur Positivität des Rechts von M. Neves: „Grenzen der Autonomie des Rechts in einer asymmetrischen Weltgesellschaft".
347 N. Luhmann: Das Recht der Gesellschaft, S. 38.
348 Vgl. ebd., S. 125-138 und S. 199.
349 Vgl. ebd., S. 61.
350 Ebd., S. 70.
351 Vgl. ebd., S. 190-195.

die Konkurrenz zwischen der organisierten christlichen Kirche und einem zur Theokratie tendierendem Kaisertum ermöglichte. Aus dieser ging schlussendlich die Souveränität des frühneuzeitlichen Territorialstaats hervor, also die generalisierte Fähigkeit Gehorsam zu erzwingen und Rechtsmacht auszuüben. Dieser Territorialstaat war der Ausgangspunkt für die Entstehung des Verfassungsstaates bzw. Rechtsstaates, d.h. die verfassungsrechtliche Bindung des konstitutionellen Staates, in der die enge strukturelle Kopplung von politischer und rechtlicher Strukturentwicklung sehr deutlich zum Ausdruck kommt[352]:

„Mit der Rechtsstaatsformel bezeichnet das Rechtssystem nur sich selber, und dann würde man in der Tat besser von ‚rule of law' sprechen. Die Bezugnahme auf den Staat weist darauf hin, daß das Recht (und vor allem: das Privatrecht) sich nur entwickeln kann, wenn politisch Frieden gesichert, also freie Gewaltausübung verhindert werden kann."[353]

Es ist gut verständlich, dass Luhmann bei der Analyse gegenwärtiger Problemlagen und Strukturentwicklungen des Rechtssystems der Weltgesellschaft auf Aspekte stößt, die in ähnlicher Weise im Bereich des weltpolitischen Systems aufgetreten sind. Die enge strukturelle Kopplung von Verfassung und politischem System führt zu dem Eindruck, dass das Rechtssystem der Weltgesellschaft in einem ersten Moment als ein rein territorial segmentierter Funktionsbereich verstanden werden könnte. Doch wie im Bereich des weltpolitischen Systems gibt es für Luhmann hinreichend Gründe vom Bestehen eines jenseits territorial segmentierter Verfassungssysteme liegenden Rechtssystems der modernen Weltgesellschaft auszugehen – und zwar ohne das Vorliegen eines weltweit einheitlichen oder zentralisierten Rechtssystems. Vielmehr betont Luhmann, dass rechtliche Menschenrechtsregime den wichtigsten Indikator eines Rechtssystems der Weltgesellschaft darstellen[354], denn: „Daß die Weltgesellschaft auch ohne zentrale Gesetzgebung und Gerichtsbarkeit eine Rechtsordnung hat, wird man aber kaum bestreiten können."[355]

Zumal sich das weltweite Rechtssystem regional sehr divergent entwickelt und durch jeweilige Pfadabhängigkeiten und Abweichungsverstärkungen geprägt ist, in welchem Zusammenhang Luhmann auch die neue Vitalität der Religionen erwähnt.[356] In der jüngeren Forschung sind diese Überlegungen Luh-

---

352 Vgl. ebd., S. 408-425.
353 Ebd., S. 425.
354 Vgl. ebd., S. 574-582.
355 Ebd., S. 574.
356 Vgl. ebd., S. 572-573.

manns auf verschiedene Weise aufgenommen, fortgesetzt und teilweise modifiziert worden, wodurch sie ein differenzierteres Bild des Rechtssystems der modernen Weltgesellschaft zeichnen. Es sind Luhmanns Aussagen über den engen Zusammenhang zwischen Rechtssystem und dem politischen System in Bezug auf ihre jeweilige segmentäre Differenzierung genauer beleuchtet und Aspekte der Staatsbürgerschaft und Souveränität detaillierter erörtert worden.[357] Dabei liegt der Schwerpunkt der zahlreichen Publikationen darauf, die von Luhmann skizzierten Besonderheiten des Weltrechtssystems jenseits der territorial gebundenen rechtlichen Strukturen zu beschreiben. Dabei wurden folgende Merkmale herausgearbeitet:

- Es wird Luhmann insofern zugestimmt, dass eine graduelle Entkopplung von Verfassung und Staat zu beobachten ist, die zunehmend nicht-staatlich organisierte Rechtsentwicklungen ermöglicht. Luhmann fehle es jedoch an einer differenzierten Analyse der einzelnen Rechtsbildungsebenen (national/ staatlich, Europarecht, Völkerrecht und transnationales Recht).[358]
- Wie im Bereich des weltpolitischen Systems müssen Rechtsbildungsprozesse in den Ländern der Peripherie der Weltgesellschaft mit ergänzendem systemtheoretischen Vokabular (etwa mit Hilfe des Netzwerkbegriffs) analysiert werden, da angesichts von Korruption, Scheindemokratien und rein symbolischen Verfassungen nicht von einer idealtypischen funktionalen Differenzierung ausgegangen werden könne.[359]
- Skeptische Stimmen betonen die Heterogenität des Rechts aus globaler Perspektive noch stärker als Luhmann und kommen zu dem Schluss, dass es keine mundiale rechtliche Universalkultur gebe und ziehen daher auch das Bestehen eines Weltrechtssystems stärker in Zweifel.[360]
- Letztlich zeigt der rechtsvergleichende Blick in evolutionärer Perspektive, dass einige lokale Rechtsregime, vor allem das islamische Recht, weiterhin ohne Positivierung verfahren.[361]

---

357 Vgl. J. Halfmann: „Nationalstaat und Recht der Weltgesellschaft", S. 279-283.
358 Vgl. W. Krawietz: „Identität von Recht und Staat", S. 279-283.
359 Vgl. M. Neves: „Grenzen der Autonomie des Rechts in einer asymmetrischen Weltgesellschaft", S. 382-383.
360 Vgl. W. Krawietz: „Weltrechtssystem oder Globalisierung des Rechts?", vor allem das Fazit auf S. 446.
361 Vgl. K.A. Ziegert: „Weltrecht und regionale Differenzierung", S. 465-466.

3.9 POLITIKWISSENSCHAFTLICHE DEMOKRATIE- UND TRANSFORMATIONSFORSCHUNG UND DIE SYSTEMTHEORIE DER DEMOKRATIE

Die politikwissenschaftliche Demokratieforschung ist eng mit den Ereignissen gravierender politischer Zeitenwenden verbunden. Während die deutsche Politikwissenschaft nach dem Zweiten Weltkrieg als Demokratiewissenschaft zur dauerhaften Etablierung demokratischer Strukturen im Nachkriegsdeutschland beitragen sollte[362], erfuhr die internationale (vergleichende) Demokratieforschung ihren großen Schub in Folge der sogenannten *Dritten Welle der Demokratisierung*[363]. Mit dieser ‚Welle' gingen das Ende der autokratisch-militärischen Regime in Portugal (1974), Griechenland (1974) und Spanien (1975/76) einher und sie hielt bis zum Sturz der zahlreichen kommunistischen Regime des ehemaligen Ostblocks Ende der 1980er und Anfang der 1990er Jahre in Mittel- und Osteuropa an. Auf Seiten der Demokratietheorie und der Ideengeschichte der Demokratie verfügt die politikwissenschaftliche Forschung über einen detaillierten und etablierten Korpus von seit der Antike tradierten Demokratievorstellungen, von seit der frühen Neuzeit beginnenden Institutionalisierungsprozessen demokratischer Systeme bis hin zur gegenwärtigen Problemlage supranationaler und globaler demokratischer Strukturen.[364] Wie auch in anderen Themenfeldern der Politischen Theorie und Ideengeschichte steigt im Zuge der sichtbaren kulturellen und zivilisatorischen Heterogenität internationaler politischer Politiktraditionen gegenwärtig das Interesse an nicht-westlichen Demokratiekonzeptionen und an ihren inhaltlichen Differenzen und Verbindungslinien zum modernen westlichen politischen Denken.[365]

Den wesentlichen zeitgeschichtlichen Kontext einer aktuellen Analyse des politischen Islam stellen die bereits angesprochenen politischen Umbrüche in der MENA-Region nicht nur deshalb dar, weil sie zu elektoralen Erfolgen islamistischer Parteien geführt und den wissenschaftlichen Aufmerksamkeitsfokus von Sicherheitsfragen hin zu Fragen nach dem Demokratisierungspotential verscho-

---

362 Vgl. E. Jesse/T. Thieme: „Diktatur- und Extremismusforschung", S. 292-293 und M. Kneuer: „Transformationsforschung, Systemwechselforschung, Demokratieforschung", S. 265-266.
363 Vgl. den zentralen Klassiker S.P. Huntington: The Third Wave.
364 Vgl. M.G. Schmidt: Demokratietheorien; R. Saage: Demokratietheorien und M. Zürn: Regieren Jenseits des Nationalstaates.
365 Vgl. B. Tibi: Islam in Global Politics; F. Dallmayer: The Promise of Democracy, S. 155-167 und H. Zapf/L. Klevesath: Staatsverständnisse in der islamischen Welt.

ben haben. Vielmehr ist zusätzlich relevant, dass sich die prägende autokratische Grundstruktur der jeweiligen politischen Systeme einem enormen exogenen wie endogenen Wandlungsprozess ausgesetzt sieht.[366] Dies gilt umso mehr, da die autokratischen politischen Systeme dieser Länder bis zum Ende des Jahres 2010 in der politikwissenschaftlichen Forschung noch als äußerst stabil und dem gesellschaftlichen und soziokulturellen Veränderungsdruck als sehr persistent gegenüber angesehen worden sind.[367] Treffender als in diesem Zitat lassen sich die in Transition befindlichen autokratischen Strukturen und die unklare neue politische Situation nach den Umstürzen nicht kennzeichnen:

„Their [Arab rulers, T.H.] repression had left opponents nowhere to gather but the mosque, breathing life and legitimacy into religious movements that would defeat weakened secularists in the aftermath of the Arab Spring. They [Arab ruler, T.H.] had undermined civil society, ensuring that NGOs were under-resourced and under pressure, and limiting the role they could play after the uprisings. And they had strengthened the networks of patronage and nepotism that weakened state institutions and forced people to look to sects or tribes for protection and favours, complicating the transition to new systems of government."[368]

Daher gewinnt die Demokratietheorie und die politikwissenschaftliche Analyse der Transformationsprozesse etablierter demokratischer[369] und autokratischer Systeme[370] an Bedeutung für diese Untersuchung. Denn es gilt für den aktuellen Forschungsstand:

---

366 Vgl. die Studie von N.J. Brown: When Victory is not an Option sowie die Beiträge in S. Kailitz/P. Köllner: Autokratien im Vergleich und H. Albrecht/T. Demmelhuber: Revolution und Regimewandel in Ägypten.
367 Die Stabilitätsmerkmale der autokratischen Systeme der arabischen Länder werden genauer beleuchtet von L. Noueihed/A. Warren: The Battle for the Arab Spring, S. 12-18 und N. Kreitmeyer/O. Schlumberger: „Autoritäre Herrschaft in der arabischen Welt".
368 L. Noueihed/A. Warren: The Battle for the Arab Spring, S. 23.
369 Vgl. für einen Bezug zur zeitgenössischen Diskussion über den Zustand der Demokratie entwickelter Industrieländer den wohl mittlerweile modernen Klassiker von C. Crouch: Postdemokratie.
370 Vgl. die terminologischen und disziplinengeschichtlichen Ausführungen bei M. Kneuer: „Transformationsforschung, Systemwechselforschung, Demokratieforschung", S. 265-271.

„Konzentrierte sich die Transitionsforschung darauf, die Übergänge von Diktatur zu Demokratie, ihre Abläufe und Formen zu beschreiben, so wird die Demokratieforschung über die Untersuchung von Regimeübergängen hinaus Erklärungsansätze und Bewertungsmaßstäbe für den Charakter demokratischer Systeme – und dabei nicht nur für junge oder ‚Neodemokratien', sondern auch für etablierte oder ‚Archäodemokratien' – entwickeln."[371]

In der Summe kann die Demokratie- und Transformationsforschung *erstens* auf eine große Bandbreite aufbereiteter Institutionalisierungsprozesse sowie ideengeschichtlicher Vorstellungen von Demokratie, *zweitens* die Erfassung und Typologisierung von politischen Systemen im Rahmen der international vergleichenden Demokratieforschung und *letztlich* die qualitative sowie quantitative Messung der Qualität von Demokratien zurückgreifen.[372] In diesem Bereich der Qualitätsmessung von Demokratien ist zu betonen, dass die private Forschung verschiedener Nichtregierungsorganisationen eine wirkmächtige Stellung bei der Bereitstellung und Weiterentwicklung von anwendungsfähigen Messindizes einnimmt und sowohl in der universitären politikwissenschaftlichen Forschung als auch im politischen Betrieb eine rege Anwendung findet.[373]

Bezogen auf diesen Forschungsbereich könnte man Niklas Luhmanns Perspektive auf die Demokratie des politischen Systems der Weltgesellschaft zunächst in Richtung einer modernisierungstheoretisch ausgerichteten Demokratietheorie interpretieren.[374] Einem solchen Verständnis nach bestünde die Struktur eines demokratischen politischen Systems in seiner abgeschlossenen Ausdifferenzierung; d.h. einer vollständigen internen Differenzierung in Regierung und Opposition, politische Parteien und Publikum sowie seiner strukturellen Kopplung an eine marktförmig organisierte Wirtschaft und ein verfassungsmäßig fun-

---

371 Ebd., S. 270.

372 Zusammenfassend ergibt sich diese Perspektive aus den Einschätzungen von ebd., S. 271-287 und E. Jesse/T. Thieme: „Diktatur- und Extremismusforschung", S. 292-296.

373 H. Albrecht/R. Frankenberger: „Die ‚dunkle Seite' der Macht", S. 18-25 erörtern die Datensätze des Polity IV-Projekts, von Freedom House und den Bertelsmann Transformation Index. Vgl. auch folgende Analyse von Freedom House selbst: A. Puddington: „The Freedom House Survey for 2011".

374 Vgl. die Einschätzung Luhmanns von W. Merkel: Systemtransformation, S. 69-70 und R. Inglehart/C. Welzel: Modernization, Cultural Change and Democracy für eine aktualisierte Fassung modernisierungstheoretischer Transformationsanalysen.

diertes Rechtssystem.[375] Ein autokratisches politisches System wäre dann im Gegensatz zu dieser idealtypischen Modellierung durch eine Entdifferenzierung zu charakterisieren.[376] Gestützt wird eine solche – eher pragmatische – Interpretation des luhmannschen Demokratieverständnisses zwar durch seine Überlegungen zur evolutionären Genese von demokratischen politischen Strukturen, bei der sowohl die interne Ausdifferenzierung des politischen Systems als auch seine strukturelle Kopplung an rechtliche Positivierungsprozesse und die Ausbildung einer marktförmig organisierten Wirtschaft eine zentrale Rolle spielen.[377] Nichtsdestotrotz wird diese Interpretation dem Umfang einer Gesellschaftstheorie der Demokratie[378] nicht gerecht. Sie unterläuft den großen Aufwand, der bisher betrieben wurde, um die methodologischen und theoretischen Voraussetzungen einer Analyse islamistischer Bewegungen zu erarbeiten und spricht den evolutionstheoretischen Überlegungen Luhmanns ein allzu lineares Grundverständnis zu. Dieses Verständnis bestünde darin, autokratische Systeme lediglich in Relation zu historisch rekonstruierbaren Ausdifferenzierungs- und damit einhergegangenen Demokratisierungsprozessen zu sehen und somit spiegelbildlich als Entdifferenzierung zu konzeptualisieren. Eine solche Auffassung von Autokratie widerspräche auch jüngeren empirischen Analysen zur Autokratieforschung, welche die spezifischen und funktionslogisch von Demokratisierungsprozessen zu unterscheidenden Reproduktions- und Verfestigungsprozesse von autokratischen Systemen herausgearbeitet haben.[379] Passenderweise sind in der neueren systemtheoretischen Forschung Phänomene in der Peripherie des weltpolitischen Systems (wie Korruptionsnetzwerke) und autoritäre politische Systeme (in welchen das Zentrum des politischen Systems versucht, die Operationsweise anderer Funktionssysteme zu kontrollieren) mit Hilfe von Luhmanns politiktheoretischem Vokabular untersucht worden[380], was die Verengung von Luhmanns Theorieanlage auf westliche Demokratien zu überwinden hilft.

Es ist daher möglich, politische Systeme nicht-westlichen Zuschnitts über das erörterte Zusammenspiel verschiedener Differenzierungsformen und die Bedeutung von informellen Netzwerken als parasitäre Begleiterscheinungen un-

---

375 Vgl. W. Merkel: Systemtransformation, S. 69.
376 Vgl. ebd., S. 69-70.
377 Vgl. E. Czerwick: Systemtheorie der Demokratie, S. 63-73.
378 Vgl. die abschließende Beurteilung von ebd., S. 181-183.
379 Vgl. H. Albrecht/R. Frankenberger: „Die ‚dunkle Seite' der Macht".
380 Vgl. die Ausführungen von N. Hayoz: „Regionale »organisierte Gesellschaften« und ihre Schwierigkeiten mit der Realität der funktionalen Differenzierung" und M. Neves: „Die Staaten im Zentrum und die Staaten an der Peripherie".

vollständiger Systemdifferenzierung zu analysieren.[381] Zusätzlich ist der von Luhmann vernachlässigte Bereich der militärischen Gewalt systemtheoretisch erfasst worden. Darin wird konstatiert, dass einerseits Militär und Gewalt als politikinterne Umwelt konzeptualisiert werden können, deren Funktion es ist, politische Kommunikation durch die Beobachtung des Risikos, der Chancen und Gefahren eines Gewalteinsatzes gegen freie Gewalt anschlussfähig zu halten.[382] Andererseits wird herausgestellt, dass sich – analog zur strukturellen Entwicklung des politischen Systems – symbolisch generalisierte Kriegsführung in zunehmender Stabilisierung und Autonomisierung seit der Antike auffinden und analysieren lässt.[383]

Bearbeitet man demnach mit Hilfe von Luhmanns gesellschaftstheoretischen Überlegungen zur Demokratie des weltpolitischen Systems die politikwissenschaftliche *Moderations- und Transformationshypothese* zum politischen Islam, müssen einige theorietechnische Besonderheiten berücksichtigt werden. Zunächst sind Luhmanns Überlegungen zur Demokratie in seinem gesellschaftstheoretischen Werk verstreut und es gibt von ihm keine explizite Systemtheorie der Demokratie.[384] Insofern ist es wenig überraschend, dass seine Ausführungen von der Demokratieforschung nur wenig rezipiert worden sind. Er hat gleichermaßen keine systematische Auseinandersetzung mit dem dort herrschenden Forschungsstand oder gar zentralen Publikationen vorgenommen. Darüber hinaus hat er eine kritische Distanz zu relevanten Konzepten, wie beispielsweise dem der Volkssouveränität, eingenommen.[385] Desweiteren verfügt die systemtheoretische Fassung der Demokratie bei Luhmann über keine dezidierte normative Grundposition oder demokratische Grundüberzeugung.[386] Vielmehr spielen demokratische Normen und Werte für sie eine den Funktionslogiken der einzelnen beteiligten sozialen Systeme untergeordnete Rolle, weshalb sie als eine ‚realistische' Theorie der Demokratie bezeichnet wird.[387] Zwar ließen sich mit der Responsivität des politischen Systems gegenüber gesellschaftlichen Anforderun-

---

381 Vgl. dazu die kritischen Überlegungen von M. Holzinger: „Ist die Weltgesellschaft funktional differenziert", S. 220-224.
382 Vgl. T. Kohl: „Zum Militär der Politik".
383 Vgl. G. Harste: „Society's War".
384 Vgl. E. Czerwick: Systemtheorie der Demokratie, S. 27 und zwei frühe, demokratietheoretische Schriften von N. Luhmann: Legitimation durch Verfahren und Ders. Grundrechte als Institution.
385 Vgl. E. Czerwick: Systemtheorie der Demokratie, S. 19 und S. 46-51.
386 Zur Normativität bei Luhmann vgl. D. Richter: „Normativität in der Systemtheorie".
387 Vgl. E. Czerwick: Systemtheorie der Demokratie, S. 31-33 und S. 45-46.

gen, den politischen Partizipationsmöglichkeiten eines Parteiensystems, der Transformation gesellschaftlicher Anforderungen in politische Entscheidungen und einer abschließenden Vermittlung politischer Entscheidung an das Publikum systemtheoretische Charakteristika demokratischer politischer Systeme identifizieren und ggf. sogar Qualitätsmerkmale entwickeln[388], eine solche Ausrichtung steht aber nicht im Mittelpunkt der luhmannschen Konzeption, die über keine konsistente Definition von Demokratie verfügt.

Luhmanns Ausarbeitungen machen vielmehr deutlich, dass demokratische politische Systeme trotz ihrer nachgewiesenen Entstehungs- und Verfestigungsprozesse nicht die alleinigen evolutionären Motoren der Strukturentwicklungen des weltpolitischen Systems sind. Demokratische Strukturen sind das Ergebnis politischer Kommunikationsprozesse und damit stärker von der Strukturentwicklung des politischen Systems der Weltgesellschaft abhängig als umgekehrt.[389] Dies sollte aber nicht dahingehend verstanden werden, dass Luhmann die besondere gesellschaftliche Leistungsfähigkeit eines demokratischen politischen Systems unterschätzt oder gar abschätzig behandelt. Für ihn ist es wichtig zu zeigen, dass die spezifische evolutionäre Pfadentwicklung der Demokratie erst durch ihre Unterscheidbarkeit von der generellen Strukturentwicklung des weltpolitischen Systems sichtbar wird. Dieser Sachverhalt kann derart zusammengefasst werden, dass sich zunächst politische Strukturen herausbilden, die als Demokratie bezeichnet werden, was zu einer Programmentwicklung führt, die sich auf bestehende politische Strukturen auswirkt und so einen *Pfad der Demokratie* ermöglicht, von dem aus die Möglichkeiten alternativer politischer Strukturbildungen verringert werden.[390] Auf diese Weise etabliert sich ein autopoietischer Reproduktionszusammenhang von demokratischen politischen Strukturen in enger Kopplung mit den weiteren Strukturen des politischen Systems, der nach der Funktionsweise einer demokratischen Eigenrationalität und nicht nach wertebasierten Akteursinteressen abläuft:

„Indessen geht Luhmann nicht davon aus, dass die Demokratie ohne Werte auskommen könnte. Doch sind Werte weder von Menschen durchgesetzt worden noch auf sie bezogen, sondern sie sind evolutionär begründet und von daher in den Strukturen, Funktionen, Reflexionsweisen und Operationsbedingungen des politischen Systems verankert sowie auf dieses ausgerichtet."[391]

---

388 Vgl. Ders.: Politik als System, S. 192-204.
389 Vgl. Ders.: Systemtheorie der Demokratie, S 75-80.
390 Vgl. ebd., 53-57.
391 Ebd., S. 184.

Blickt man zusammenfassend auf den inhaltlichen, methodischen und theoretischen Forschungsstand zum politischen Islam und der politikwissenschaftlichen Demokratisierungsforschung, sind es drei Ergebnisse der systemtheoretischen Konzeptualisierung von Demokratie, die bei der anstehenden Fallanalyse und im Schlussteil dieser Arbeit berücksichtigt werden:

- Die bestehenden Untersuchungen zum politischen Islam im *Kontext der Moderations- und Transformationshypothese* versuchen Zusammenhänge zwischen Wertvorstellungen auf der Individualebene sowie Ideologien auf der Gruppen- bzw. Organisationsebene einerseits und Verhaltensänderungen, wie geändertes politisches Kooperationsverhalten andererseits, herzustellen, um auf diese Weise (kausale) Transformationsmechanismen zu identifizieren. Eine Untersuchung der Transformationshypothese auf der Basis systemtheoretischer Demokratieüberlegungen beleuchtet dagegen die Funktionsweise von Semantiken/ Programmen in der Strukturentwicklung (demokratischer) politischer Systeme und verlässt die Perspektive eines methodologischen Individualismus.
- Oftmals sind Analysen der *demokratischen Performanz islamistischer Bewegungen* und der Qualität der – ihnen zugeschriebenen – politischen Strukturveränderungen sehr stark abhängig von der normativen Grundposition der jeweiligen Untersuchung. Die systemtheoretische Unterscheidung der Strukturentwicklung des weltpolitischen Systems und der Pfadentwicklung, autopoietischen Reproduktion und Eigenrationalität demokratischer politischer Strukturen macht es möglich, von einer primär normativ geleiteten Analyse Abstand zu nehmen, um damit den Blick zu öffnen für die neuartigen Strukturarrangements politischer Systeme nach der Einbindung islamistischer Bewegungen.
- Gerade im Hinblick auf die Umbrüche in Ägypten nach dem Sturz von Husni Mubarak und den damit entstandenen politischen Kampf um die *Neugestaltung der politischen Strukturen der MENA-Region* ist es angebracht, Luhmanns frühe Überlegungen zur *Legitimation durch Verfahren*[392] aufzunehmen und in Kombination mit semantischen Überlegungen für die Analyse der politischen Auswirkungen der Ideen des politischen Islam zu verwenden. Dies soll in dem Sinne verstanden werden, dass diese Ideen Legitimationsbedingungen für politische Kommunikation artikulieren bzw. beinhalten.

---

392 Vgl. N. Luhmann: Legitimation durch Verfahren.

4. Einführung in Aufbau und Vorgehensweise der Fallstudien

Bis zu diesem Punkt der Arbeit wurden die wesentlichen Merkmale der Genese islamistischer Bewegungen und die zentralen Bereiche des Forschungsfeldes zum politischen Islam sowie ihr komplexes Verhältnis zueinander herausgearbeitet, um daraus forschungsrelevante Fragen für den Fortgang dieser Untersuchung abzuleiten. In Anbetracht der aufgezeigten Anforderungen an eine adäquate, theoriegeleitete Bearbeitung dieser Fragestellungen wurde anschließend in einer Auseinandersetzung mit aktuellen Debatten der Politikwissenschaft die luhmannsche Gesellschaftstheorie der Politik als geeignetes Theoriegerüst herausgestellt. Für die Erarbeitung eines leistungsfähigen Untersuchungsdesigns kam es weiterhin zu einem systematischen Abgleich zwischen den gängigen methodologischen Überlegungen in den Sozialwissenschaften und den spezifischen methodologischen Anforderungen, die Luhmann im Rahmen seines Projekts einer umfassenden Gesellschaftstheorie formulierte. Trotz gewisser Differenzen konnte ein den Grundelementen der sozialwissenschaftlichen Methodologie und den Anforderungen der luhmannschen Gesellschaftstheorie gerecht werdendes Untersuchungsdesign erarbeitet werden, welches als eine die Mikro- und Makroebene des empirischen Phänomens islamistischer Bewegungen abdeckende, qualitativ-offene und theoriegeleitete Fallstudie charakterisiert wurde. Im Theoriekapitel kam es, basierend auf einer grundlagenorientierten Erarbeitung der luhmannschen Überlegungen, zur Entwicklung eines für die Fallstudien anwendbaren theoretischen Analyseinstruments. Dabei wurde auf die politikwissenschaftliche und soziologische Kritik an Luhmanns Werk eingegangen und die jüngeren Weiterentwicklungen seines Theorieprojektes sind miteinbezogen worden.

Wie bereits in verschiedenen Passagen des Einleitungs-, Methoden- und Theoriekapitels angesprochen und aufgezeigt wurde, ist die systemtheoretische Gesellschaftstheorie der Politik luhmannscher Provenienz dabei in drei zentralen

Aspekten von einem handlungsorientierten methodologischen Individualismus und/ oder Institutionalismus zu unterscheiden:

- Anstelle eines an verschiedenen Rationalitätskriterien orientierten Handlungsbegriffs verwendet sie einen operativen Kommunikationsbegriff.
- Statt der Bevorzugung einer Ebene des Aufbaus der sozialen Welt gegenüber allen übrigen, d.h. die Perspektive eines methodologischen Individualismus/ Psychologismus oder Kollektivismus einzunehmen[1], sind die unterschiedlichen Formen sozialer Differenzierung wie Interaktions-, Funktions- und Gesellschaftssysteme, aber auch Formen der Segmentierung, Stratifikation und Inklusion/ Exklusion als miteinander verschränkt anzusehen.
- Somit wird die Ordnung und Entwicklung der sozialen Wirklichkeit nicht über strukturgebundene strategische Akteure und Akteurskonstellationen, sondern über sinnbasierte Beobachtungs- und Kommunikationsprozesse verstanden.

Eine systemtheoretische Gesellschaftstheorie der Politik bietet demnach zur Analyse sozialer Phänomene allgemeine Differenzierungs- und Strukturierungsprinzipien weltgesellschaftlicher Kommunikationsprozesse. Um diese Spezifika für die anstehende Analyse in voller Bandbreite nutzen zu können, werden nach einer Erörterung der Bedeutung von Semantiken für die moderne Weltgesellschaft zentrale Inhalte islamischer Doktrinen sowie relevante Überlegungen islamistischer Denker dargestellt, um die semantischen Konzepte islamistischer Bewegungen herausarbeiten zu können. Anschließend kommt es zur Analyse der einzelnen Fälle und ihrer theoretischen Interpretation. Um die zeitlich langfristig ausgerichtete Perspektive der systemtheoretischen Gesellschafstheorie der Politik für die Fallinterpretation zu berücksichtigen, werden die einzelnen Fälle der Muslimbrüder, der AKP und der al-Qaida vom Beginn ihrer Entstehung an beschrieben. Die Fallstudienanalyse beginnt mit den Muslimbrüdern, da diese Bewegung den zeitlichen Beginn organisierter islamistischer Bewegungen darstellt. Ein wichtiger Fokus bei der Bearbeitung der eingangs formulierten Fragestellungen liegt für jedes Fallbeispiel zusätzlich auf dem Zeitraum nach den Terroranschlägen des 11. September 2001 und den jüngsten politischen Umbrüchen des ‚Arabischen Frühlings' in der Region des Mittleren Ostens und Nordafrikas.

---

1 Es sei erwähnt, dass H. Esser: Soziologie, Band 1, auf S. 1-28 die Position vertritt, dass der von ihm ausgestaltete methodologische Individualismus als strukturtheoretischer Individualismus diese Dichotomie überwindet, indem dieser „[...] das Tun der Akteure und die Wirksamkeit der Strukturen gleichermaßen ernst nimmt." (S. 28).

4. Einführung in Aufbau und Vorgehensweise der Fallstudien | 195

Denn der 11. September 2001 kann, wie bereits angesprochen, als Höhepunkt des dschihadistisch operierenden politischen Islam verstanden werden und Transformationsprozesse in Richtung einer angenommenen Moderation islamistischer Bewegung müssten sich daher gerade im Hinblick auf die politischen Konsequenzen des ‚Arabischen Frühlings' identifizieren lassen. Für die Fragestellungen nach dem Verhältnis von politischem Islam und der Religion des Islam sowie der begrifflichen Erfassung islamistischer Bewegungen bleibt aber auch der zeitlich länger gefasste Horizont der Entwicklung dieser Bewegungen relevant. Als Materialgrundlage für die Beschreibung und Analyse der Fälle dienen deutsch- und englischsprachige Publikationen aus der Politikwissenschaft und verwandten Disziplinen. Dazu kommen für die jüngsten Ereignisse im Zuge der Umbrüche des ‚Arabischen Frühlings' auch Medienberichte, sofern zu diesen jüngsten Ereignissen noch keine wissenschaftlich aufbereiteten Fachaufsätze und Fachbücher zur Verfügung standen. Es werden – sofern zugänglich – auch englischsprachige Dokumente und Veröffentlichungen der Bewegungen selbst herangezogen, um die sekundären Informationsquellen zu ergänzen.

Die im vorangegangenen 3. Kapitel dieser Arbeit unternommenen Anstrengungen, ein anwendbares Analysemodell auf der Basis der Gesellschaftstheorie der Politik herauszuarbeiten, werden im Rahmen der anschließenden Fallanalysen in folgenden Schritten genutzt. *Erstens* sind die einzelnen Studien zur Muslimbruderschaft, zur AKP und zur al-Qaida so strukturiert, dass zentrale Begriffe und Grundkonzepte der Gesellschaftstheorie der Politik bereits Verwendung finden. Dies bezieht sich vor allem auf die Einbeziehung der Überlegungen zu den verschiedenen Ebenen der Systembildung (Interaktion, Organisation und Gesellschaft) und zur grundlegenden Funktionsweise des weltpolitischen Systems. D.h. trotz der narrativen Struktur der Fallanalysen werden die jeweiligen strukturellen und semantischen Entwicklungen berücksichtigt und es liegt der Schwerpunkt auf den Aspekten der Organisationsweise islamistischer Bewegungen, ihrer politischen Einbindung und ihrer ideologischen Ausrichtungen und Positionen. Diese stärker implizite Nutzung des erarbeiteten Theorieapparates wird *zweitens* im zusammenfassenden Fazit zu den Fallanalysen durch eine Analyse der Gemeinsamkeiten und Unterschiede der strukturellen und semantischen Entwicklungen von Muslimbruderschaft, AKP und al-Qaida ergänzt. Im Abschlusskapitel werden *drittens* die erörterten Theorieelemente expliziter für die Interpretation herangezogen. Zu Beginn des Schlusskapitels kommt es zur Ausformulierung eines weltpolitischen Systems, um danach die Frage nach dem Moderations- und Transformationspotential der untersuchten islamistischen Bewegungen beantworten zu können. Dabei stehen die demokratietheoretischen Überlegungen Luhmanns im Mittelpunkt. Zur Konzeptualisierung der Begriffe *Islamismus* bzw. *politischer Islam* in ihrem Verhältnis zur Religion des Islam werden *letztlich* stärker die beobachtungstheoretischen Komponenten der luhmannschen Gesellschaftstheorie verwendet.

4.1 ZUM VERHÄLTNIS VON SEMANTIK UND GESELLSCHAFTSSTRUKTUR

Das Verhältnis des Ideenguts, der gepflegten Semantiken[2] der modernen Weltgesellschaft und der Sozialstruktur der Weltgesellschaft konzipiert Luhmann prononciert komplex. Diese Theorieentscheidung ist in letzter Konsequenz nicht auf das häufig in der Literatur zu findende Schema der Nach-, Gleich- oder Vorzeitigkeit von Semantiken gegenüber Sozialstrukturen zu reduzieren. Ein differenzierteres Verständnis der luhmannschen Überlegungen ergibt sich erst aus dem Zusammenspiel seiner sinnbasierten Kommunikationstheorie, den verschiedenen Formen der Differenzierung sozialer Systeme und einer evolutionären Perspektive. Ausgangspunkt für die Interpretation islamistischer Ideen im Kontext der Einbindung islamistischer Bewegungen in das politische System der Weltgesellschaft ist daher die Theorieentscheidung Luhmanns, diese Relation nicht durch die Identifikation von Trägergruppen von Ideen oder Wissensbeständen zu fassen, sondern über die „[...] *Korrelation* oder *Kovariation* von Wissensbeständen und gesellschaftlichen Strukturen [...]."[3] Ideengut muss man nach Luhmann als einen „[...] höherstufig generalisierten, relativ situationsunabhängig verfügbaren Sinn [...]"[4] verstehen, sodass sich im Rahmen der Ideenevolution drei identifizierbare Mechanismen für seine „nicht-identische Reproduktion"[5] herausstellen lassen:

---

2 In Bezug auf den Sprachgebrauch der nachfolgenden Fallstudien soll kurz erwähnt werden, dass nicht nur der Begriff *islamistische Semantiken* verwendet wird. Für eine sprachliche Abwechslung und im Sinne des geläufigen Gebrauchs werden ebenfalls *ideologischen Positionen*, *politische Inhalte* und andere relativ synonyme Begriffe wie *politisches Programm* verwendet. Gemeint sind damit jeweils die verschiedenen *Semantiken* der herangezogenen Fälle islamistischer Bewegungen.
3 N. Luhmann: Gesellschaftsstruktur und Semantik, Bd. 1, S. 15.
4 Ebd., S. 19.
5 Ders.: Ideenevolution, S. 23.

- Semantiken verfestigen sich durch Rückgriff auf Bekanntes, ermöglichen über Differenzschemata Lernen und generieren so ihre Zufallsempfindlichkeit.[6]
- Das sich daraus ergebende kulturelle Kommunikationsnetzwerk prozessiert Differenzen als Informationen. Dies geschieht a) darüber, was als Differenz erfahren wurde und b) darüber, welche Differenz durch die anschließende Kommunikation erzeugt wird. Daraus geht eine „[...] *Abschwächung der Sensibilität für Beliebiges* und eine *Steigerung der Sensibilität für Bestimmtes* [...]"[7] hervor.
- Die damit erzeugte interne Variation der Semantik unterliegt einem dem Komplexitätsgrad der Gesellschaft geschuldeten, externen Selektionsdruck. Es gilt: „Sie [Komplexität, T.H.] begünstigt Formen, die sich bei hoher Komplexität noch halten können und benachteiligt andere, die ihre Überzeugungskraft verlieren, wenn die zu ordnenden Sinnbezüge für sie offensichtlich zu komplex geworden sind."[8] Dies gilt in besonderer Weise bei großflächigen Veränderungen der Gesellschaftsstruktur.[9]

Diese sehr allgemein formulierten Überlegungen zur sozio-kulturellen Evolution, also der Entwicklung von Ideen in ihrem Verhältnis zu Gesellschaftsstrukturen, sensibilisieren den Blick für zwei zu beachtende Merkmale islamistischen Denkens:

- Auf welche Weise knüpfen islamistische Ideen an die überlieferten Traditionsbestände der islamischen Religions- und Zivilisationsgeschichte[10] an? Welche stabilitätserzeugenden Ausschlusskriterien werden ausgebildet und welche neuen Anschlussmöglichkeiten im islamischen Denken werden dadurch ermöglicht?
- Welche variierenden Formen islamistischer Ideen können überzeugen, also gesellschaftliche Kontingenz zufriedenstellend formulieren, und werden damit in die verschiedenen Sozialsysteme, in denen islamistisches Gedanken-

---

6 Vgl. ebd.
7 Ebd., S. 241-242, das Zitat findet sich auf S. 242.
8 Ebd. S. 244.
9 Vgl. ebd., S. 246.
10 Zur Unterscheidung zwischen dem Islam als monotheistischer Weltreligion und dem Islam als zentralem Antriebsmoment einer sich seit dem Wirken des Propheten Mohammed (ca. 570-632) dynamisch entwickelnden Zivilisation vgl. J. Kelsay: Arguing the Just War in Islam, S. 10 und B. Tibi: Im Schatten Allahs, S. 97-120.

gut vorkommt, übernommen? Welche Kernthemen islamistischen Denkens werden durch die Komplexitätsanforderungen verschiedener Sozialsysteme wiederum ausgeschlossen?

Durch diese zwei Fragenkomplexe lässt sich das Zusammenspiel von Semantik und Sozialstruktur als ein wechselseitiges Ausprobieren tragfähiger oder auch nicht-tragfähiger generalisierter Sinnbezüge in variierenden sozialen Systemen verstehen. Oder wie Luhmann es formuliert:

„In der sinnhaften, soziokulturellen Evolution geht es um differenzgesteuerte Erzeugung von Differenzen, die dann unter System/Umwelt-Bedingungen getestet und in Benutzung genommen werden."[11]

Wichtig für die Verwendung der luhmannschen Unterscheidung von Semantik und Gesellschaftsstruktur ist, dass sie es ermöglicht, das Verhältnis beider Bereiche sehr vielschichtig zu konzeptualisieren.[12] Dazu ist es angebracht, Semantiken zunächst als Beobachtungen und Beschreibungen soziostruktureller Evolutionsresultate zu verstehen. Dabei müssen die Strukturen der modernen Weltgesellschaft als operative Ebene der kommunikativen Autopoiesis aufgefasst werden. Da bei genauerer Betrachtung der Strukturbegriff in der Systemtheorie sehr allgemein bestimmt wird, ist es möglich, beide Bereiche – Beobachtung und Beschreibung sowie die Operativität sozialer Systeme selbst – in einem ko-konstitutiven Verhältnis zu erfassen. Semantiken erzeugen die Operationen eines sozialen Systems mit, indem sie Einfluss auf seine code-gesteuerte Autopoeisis haben.[13] Semantiken werden demnach im Laufe dieser Untersuchung nicht allein als nachträgliche Beschreibungen erfolgreicher sozialstruktureller Arrangements oder als vorzeitige Markierungen möglicher sozialstruktureller Entwicklungen verstanden, sondern ebenfalls als Beschreibungen, die Einzug in die Operationsweise code-gesteuerter sozialer Systeme erhalten können und deren Tragfähigkeit somit unter System-Umwelt-Bedingungen getestet wird.

Abschließend ist zu erwähnen, dass diese auf Luhmanns Konzeption des Verhältnis von Semantik und Gesellschaftsstruktur basierende Vorgehensweise bei der Interpretation islamistischer Ideen und Bewegungen von drei anderen

---

11 N. Luhmann: Ideenevolution, S. 45.
12 Vgl. für einen Überblick R. Stichweh: „Semantik und Sozialstruktur", der sehr genau die einzelnen inhaltlichen Bestimmungen und Verwendungen dieses Begriffspaares herausarbeitet.
13 So die Argumentation von U. Stäheli: „Die Nachträglichkeit der Semantik".

Ansätzen in der aktuellen Erforschung des politischen Islam zu unterscheiden ist:

- Ein *erster* Strang in der ideengeschichtlichen sowie politiktheoretischen Analyse islamistischen Denkens basiert auf dem Konzept der politischen Ideologien[14] und plädiert für eine bessere Einbettung der Forschung zu Ideologien in die politische Philosophie und Theorie.
- Ein *zweiter* Strang macht sich die Überlegungen zu den sogenannten politischen Religionen[15] zu Nutze, um das Wechselverhältnis von islamischen Doktrinen, islamistischen Ideen und politischen Ideologien aus einer historischen und auch zeitgenössischen Perspektive besser zu konzeptualisieren.[16]
- *Letztlich* existiert auch ein stark normativ ausgerichteter Debattenstrang. Dieser fordert aus der Warte eines wehrhaften politischen Liberalismus eine inhaltliche Auseinandersetzung mit den Ideen des politischen Islam, um außenpolitisch[17] extremen Formen eines dschihadistischen politischen Islam entgegenzuwirken und innenpolitisch[18] auf die über Migrationsprozesse nach Europa und in die USA gelangten, internationalen Netzwerke des politischen Islam zu reagieren.

4.2 SEMANTIKEN DES SUNNITISCHEN ISLAMISMUS IM KONTEXT ZWEIER DOKTRINEN DER RELIGION DES ISLAM

Um die vielschichtigen Dimensionen zweier Doktrinen der Religion des sunnitischen Islam, Scharia und Dschihad, einzuführen und ihre Re-Aktualisierung in verschiedenen politischen und historischen Kontexten durch sunnitische islamistische Bewegungen und Vordenker herauszuarbeiten, lohnt sich zunächst der Blick auf die besonderen Neuerungen, die die tribale Gesellschaft der arabischen Halbinsel mit der Offenbarung des Islam im Jahr 610 nach Christus erfuhr. Sozi-

---

14 Vgl. M.B. Steger: „Religion and Ideology in the Global Age", dessen Überlegungen auf der Grundlagenarbeit von M. Freeden: Ideologies and Political Theory aufbauen.
15 Vgl. E. Gentile: Politics as Religion.
16 Vgl. die Arbeiten von B. Tibi: „Political Islam as a Forum of Religious Fundamentalism and the Religionisation of Politics"; H. Maier: „Political Religion" und E. Gentile: „Political Religion".
17 Vgl. E.D. Patterson/J. Gallagher: Debating the War of Ideas.
18 Vgl. P. Berman: The Flight of the Intellectuals.

alstrukturell war die arabische Halbinsel des 7. Jahrhunderts durch große arabische und jüdische Familienklans und ökonomisch durch den Karawanenhandel gekennzeichnet. Neben Oasenstädten wie Mekka gab es nur im Jemen größere Städte und ein entwickeltes Staatswesen.[19] Dieses tribale Klansystem war eingebettet in den Einflussbereich dreier regionaler Großmächte: das christliche Äthiopien, das christliche Byzanz und das persische Reich der Sassaniden, das durch den Zoastrismus geprägt war. Es gab keine den einzelnen Stämmen übergeordnete politische Organisation oder kollektive Identität, sondern nur eine lose Konföderation zwischen den Stämmen und lokal begrenzten sozialen Identitäten.[20] Hinzu kam, dass ein religiöser Polytheismus vorherrschte. So huldigten die teils verfeindeten, teils kooperierenden Stämme beispielsweise am Stammesheiligtum der Kaba in Mekka, die heute das weltweit zentrale Heiligtum der Muslime darstellt, ihren verschiedenen Gottheiten.[21] Im Jahr 622 verließen Mohammed und seine Anhänger (die sogenannte *Hidschra/* Auswanderung) unter den Anfeindungen der Stämme in Mekka jene Stadt und ließen sich im benachbarten Medina nieder, zu deren Klans Mohammed schon zuvor Kontakt hergestellt hatte. Dort kam es zur Etablierung der ersten Stadtordnung unter der religiösen und politischen Führung Mohammeds.[22] 630 konnten Mohammed und seine rasant wachsende Anhängerschaft gewaltlos Mekka einnehmen und die Expansion des Islam ging bis zum Tode Mohammeds im Jahr 632 weit über die Grenzen dieser beiden Orte hinaus.[23] In dieser historischen Situation kann die Offenbarung des Islam durch Mohammed und die Unterwerfung (*al-Islam*) der Menschen unter die göttliche Ordnung des einen ungeteilten Gottes (*Tawhid/* die Einheit Gottes) als eine kulturelle Revolution verstanden werden:

---

19 Vgl. B. Tibi: Der wahre Imam, S. 59.
20 Vgl. J. Kelsay: Arguing the Just War in Islam, S. 14.
21 Vgl. ebd., S. 12-15 und B. Tibi: Der wahre Imam, S. 59-60.
22 Die historisch überlieferten Inhalte der Stadtordnung Medinas unter der Führung des Propheten Mohammed werden geschildert und interpretiert bei W.M. Watt: Muhammad at Medina, S. 221-260.
23 Vgl. B. Tibi: Der wahre Imam, S. 60. Weiterführende Details zur Entstehung und Verbreitung des Islam zu Lebzeiten Mohammeds finden sich bei J. Kelsay: Arguing the Just War in Islam, S. 10-27; A. Black: The History of Islamic Political Thought, Kapitel 1; B. Tibi: Der wahre Imam, Kapitel 1 und W.M. Watt: Islamic Political Thought, Kapitel 1.

„This foundational narrative of Islam is one in which Muhammad and his companions participate in a kind of cultural revolution, by which the tribes of the Arabian peninsula are transformed into the *umma*, or community of faith."[24]

Kulturelle Revolution bedeutet an dieser Stelle, dass die zentralen Inhalte des von Mohammed offenbarten Glaubens in direkter Opposition zu dem religiösen Polytheismus der arabischen Stämme und der soziokulturellen Segmentierung in Stammesstrukturen standen. Die Vielgötterei wurde in einen universellen Glauben an einen einheitlichen Gott (*Allah*), die Stammesehre in eine pietistische, auf das Leben nach dem Tode ausgerichtete Lebensführung und die Orientierung an dem Handeln der Vorfahren in die Offenbarung einer wahren Religion überführt.[25] In diesem Transformationsprozess nahm Mohammed[26] eine religiös-spirituelle und politisch-rechtliche Rolle ein, die vom Beginn der islamischen Mission (*Dawa*) an Religion und Politik, Moral, Ethik und Recht miteinander verschränkte:

„Der Islam richtet sich damit seit seinen Anfängen gegen die Stammeszugehörigkeit und predigt eine universell für die gesamte Menschheit gültige Botschaft des Glaubens. [...] Der Prophet hat zu seinen Lebzeiten als Gesandter Allahs diese *Umma* gegen den Rest der Welt mit der Vision angeführt, daß die gesamte Menschheit unter dem Banner des Islam in Frieden leben werde, nachdem der Islam die Welt durch den *Djihad* islamisiert haben wird."[27]

Aus diesem Transformationsprozess heraus, der zu einer schnellen und großflächigen Ausbreitung des Islam und einer tiefgreifenden Veränderung der Sozialstruktur und politisch-rechtlichen Arrangements der tribalen Beduinen- und Karawanenkultur führte, sind die Entstehung und Verfestigung der klassischen Konzepte der Scharia und des Dschihad zu verstehen, die der selektiven islamistischen Re-Aktualisierung zugrunde liegen. Zur Illustration des umfangreichen Spektrum islamistischen Denkens[28] wurden die der Religions- und Zivilisations-

---

24 J. Kelsay: Arguing the Just War in Islam, S. 17.
25 Vgl. ebd.
26 Vgl. zur Einigung der arabischen Stämme unter Mohammed die Ausführungen von W.M. Watt: Muhammad at Medina, S. 78-150.
27 B. Tibi: Der wahre Imam, S. 61.
28 Vgl. B. Tibi: Islamism and Islam, S. 6 benennt sechs zentrale Themen der islamistischen Ideologie: Islam als politische Ordnung (*Nizam Islami*), islamistischen Antisemitismus, Demokratie und institutionellen politischen Islam, terroristischen Dschi-

geschichte des Islam entstammenden Doktrinen der Scharia und des Dschihad ausgewählt, da diese in ihrer islamistischen Neuinterpretation zu den wirkmächtigsten Vehikeln gewalttätiger sowie politisch-institutioneller Kommunikationen des Islamismus zählen.

4.2.1 Scharia und Schariatisierung des islamischen Rechts

Den Doktrinen der Scharia ist bis in die Gegenwart hinein eine starke Ambiguität zwischen Ethik und Moral einerseits und Rechtsvorschriften sowie Rechtstraditionen anderseits inhärent. In der heiligen Schrift der Muslime selbst, dem Koran, kommt das Wort Scharia im Sinne des rechten Weges oder Pfades nur einmal und zwar in Sure 45, Vers 18 vor. Dort heißt es: „*thumma ja'alnaka ala shari'a min al-amr fa attabi'uha/* Wir gaben Dir einen rechten Weg. Befolge ihn."[29] Diese Koranstelle lässt sich als weiterer Ausdruck des zentralen Merkmals des Muslimsein (diejenigen, die sich unterwerfen[30]) verstehen, nämlich den vorgeschriebenen rechten Weg zu folgen, um auf diese Weise: „*al-amr bi al-ma'ruf wa an-nahi 'an al-munkar/* Das Gute zu genießen und das Schlechte zu verbieten".[31] Die Beachtung des neuen vom Islam vorgeschriebenen Weges beinhaltet im gesamten Koran verteilte moralische sowie rechtliche Beschreibungen und Regeln, die die Kultausübung (*Ibadat*), das Verhältnis von Personen untereinander (*Muamalat*) und die Anwendung von körperlichen Strafen (*Hudud*) beinhal-

---

hadismus, die Neuerfindung der Scharia und die Themen der Authentizität und Reinheit. Eine anders gelagerte Themenstellung islamistischen Denkens findet sich bei G. Krämer: Demokratie im Islam und R.L. Euben/M.Q. Zaman: Princeton Readings in Islamist Thought, S. 27-41. M. Tadros: The Muslim Brotherhood in Contemporary Egypt listet auf S. 2-3 sogar zwölf zentrale Themen der islamistischen Ideologie auf.

29 Der arabische Wortlaut ist zitiert nach B. Tibi: Islamism and Islam, S. 159, die deutsche Übersetzung ist angelehnt an Tibis englische Übersetzung. Bei R. Paret: Der Koran, S. 352 lautet diese Stelle: „Hierauf (d.h. nach dem Zeitalter der Kinder Israels) haben wir dich in der Angelegenheit(?) auf einen (eigenen) Ritus festgelegt. Folge nun ihm, und nicht den (persönlichen) Neigungen derer, die nicht Bescheid wissen!".

30 Vgl. J. Kelsay: Arguing the Just War in Islam, S. 9.

31 Der arabische Wortlaut ist zitiert nach B. Tibi: Islamism and Islam, S. 159, die deutsche Übersetzung ist an Tibis Übersetzung ins Englische angelehnt. Bei R. Paret: Der Koran, S. 51, wird Sure 3, Vers 104 mit: "Aus Euch soll eine Gemeinschaft (von Leuten) werden, die zum Guten aufrufen, gebieten, was recht ist, und verbieten, was verwerflich ist.", übersetzt.

ten.[32] Scharia kann daher nicht einfach als islamisches Sakralrecht verstanden werden, sondern umfasst neben den an die Offenbarung des Islam anschließenden Entwicklungen diverser sunnitischer sowie schiitischer Rechtstraditionen und Rechtsschulen den umfassenderen normativen Diskurs der Muslime untereinander und ihr Verhältnis zu Anhängern anderer Religionen.[33] Auch wenn diejenigen Koranstellen, die einen strikt rechtlichen Charakter haben, mit etwa 80 Versen einen deutlich geringeren Umfang als Anweisungen für religiöse Pflichten (etwa 600 Verse) aufweisen[34], nimmt die Entwicklung von rechtlichen Doktrinen und Schulen einen zentralen Raum in der Geschichte des Islam ein[35] und wird auch in der folgenden Darstellung von besonderer Bedeutung sein.

Auf dem Höhepunkt seiner Entwicklung, die das islamische Recht im Zeitraum vom 10. bis zum 12. Jahrhundert erfuhr, umfasste es neben den bereits angesprochenen Rechtsgebieten (*Furu al-Fiqh: Muamalat, Ibadat* und *Hudud*) die grundlegenden Rechtsmethodiken (*Usul al-Fiqh*), die den islamischen Rechtsgelehrten (*Faqhis*, Plural von *Faqhi*) die menschliche Auslegung des göttlichen Rechts ermöglichten.[36] Mit Hilfe des Analogieschlusses (*Qiyas*) und des Konsens der Rechtsgelehrten (*Idjma*) wurden die beiden verbindlichen Quellen des islamischen Rechts – der Koran und die in verschiedenen autoritativen Kollektionen (*Hadithen*) gesammelten Sprüche und Taten des Propheten Mohammed (*Sunna*) – ausgelegt. Der gesamte Komplex der aus den autoritativen Rechtsquellen abgeleiteten Lösungen rechtlicher Problemen und die Befolgung und Legitimität der gewonnenen Rechtsurteile bzw. Rechtsempfehlungen (*Fatwa*) wurde durch den Konsens der Rechtsgelehrten garantiert, der als unfehlbar galt.[37]

„This concept of consensus reflects the emphasis in Sunnī Islam on community and its collective wisdom, guided by the Qur'ān and the sunnah. Thus, Sunnī Muslims have referred to themselves as *ahl al-sunna wa al-jamā'ah* (‚people of the *sunnah* and the community')."[38]

---

32 Vgl. die Ausführungen bei B. Tibi: Islamism and Islam, S. 160; F. Griffel: „Introduction", S. 1 und N. Calder: „LAW", S. 452.
33 Vgl. F. Griffel: „Introduction", S. 1.
34 Vgl. N.J. Coulson: A History of Islamic Law, S. 12.
35 Vgl. die Argumentation bei B. Tibi: Islamism and Islam, S. 158.
36 Vgl. N. Calder: „LAW", S. 452.
37 Vgl. N.J. Coulson: A History of Islamic Law, S. 76-78.
38 J. Marmura: „SUNNI ISLAM", S. 140.

Diese idealtypische Darstellung der Systematik der islamischen Scharia muss jedoch um eine Zusammenfassung ihrer zentralen historischen Entwicklungsschritte ergänzt werden, um nicht die Vielfalt der einzelnen Prozesse zu stark zu vernachlässigen. Denn es gilt zu beachten, dass das System der Scharia-Rechtsprechung bis auf die Mejelle-Kompilation (1869-1876) während der Tanzimat-Periode im Osmanischen Reich[39] niemals eine kodifizierte Form angenommen hatte, sondern als überlieferte Anwendung und Konservierung der Traditionen der einzelnen schiitischen und sunnitischen Rechtsschulen verstanden werden muss.

„It required that participants in a school tradition, whether Sunnī or Shī'ī, preserve loyalty to the tradition by taking into account the interpretative achievement of older masters; the law had to be justifiable by reference to the continuity and established identity of the school."[40]

Für eine zusammenfassende Darstellung der islamischen Rechtsentwicklung ist es angebracht, vier größere Phasen voneinander zu unterscheiden.[41] In der *formativen* Etappe von der Prophezeiung bis zum 9. Jahrhundert etablierte sich zunächst der Koran als Quelle der Rechtsauslegung. Diese Rechtsauslegung beruhte aber noch auf einer engen Verbindung mit früheren Rechtsarten der Region. Gerade in der Zeit nach der Phase der vier rechtsgeleiteten Kalifen, nach dem Schisma von 661 in Sunniten und Schiiten und unter der dynastischen Herrschaft der Umayyaden[42], bildete sich das frühe islamische Recht aus dem Quartett von koranischen Regeln, Gewohnheitsrecht, der Übernahme fremden Rechts (u.a. byzantinisches oder römisches Recht) und lokalen Verwaltungsstrukturen. Dies war dem großen Tempo der islamischen Expansion geschuldet.[43] Erst unter der Herrschaft der Abbasiden[44], die ab 750 das islamische Kalifat führten, entwickelten sich die Grundlagen für eine eigenständige islamische Rechtsordnung. Der Analogieschluss (*Qiyas*) ersetzte sukzessive die als *Ray* (willkürliche Meinung)

---

39 Vgl. ebd., S. 151.
40 N. Calder: „LAW", S. 451.
41 Die Einteilung in drei Hauptetappen der islamischen Rechtsentwicklung durch N.J. Coulson: A History of Islamic Law, S. 5 wird von B. Tibi: Islam's Predicament with Modernity, S. 174-175 durch eine vierte Etappe erweitert. Diese Einteilung wird hier übernommen und um die jeweils angegebenen Details aus anderen Werken ergänzt.
42 Vgl. J. Schacht: An Introduction to Islamic Law, S. 23-27.
43 Vgl. N.J. Coulson: A History of Islamic Law, S. 27-30.
44 Vgl. J. Schacht: An Introduction to Islamic Law, S. 49-56.

bezeichnete Rechtsprechung unter den Umayyaden und die Sprüche und Taten des Propheten Mohammed (*Sunna*) wurden kodifiziert (*Hadith*). Das erste umfassende islamische Rechtswerk, der sogenannte *Muwatta*, wurde von Malik Ibn Anas (715-795) verfasst und den autoritativen Grundstein für das oben skizzierte Idealmodell der islamischen Rechtsprechung bildete das Werk von Mohammed Ibn Idris Asch-Schafii (767-820).[45]

In der *klassischen* Phase des islamischen Rechts vom 10. bis zum 12. Jahrhundert[46] war neben der endgültigen Ausbildung des Idealmodelles der islamischen Rechtsprechung die Etablierung der vier zentralen sunnitischen Rechtsschulen von Bedeutung. Denn die Rechtsprechung wurde von da an nahezu vollständig innerhalb dieser Rechtstraditionen vollzogen. Zusätzlich orientierte sich die schulische Bildung[47] stark an den Vorgaben dieser Rechtsschulen. Neben der Rechtsschule der *Malikiten* und *Schafiiten*, die auf den Werken der oben erwähnten Ibn Anas und Asch-Schafii basieren, entwickelten noch Ahmad Ibn Hanbal (780-855) und Abu Hanifa (699-767) die *hanbalitische* und *hanafitische* Rechtsschule.[48] Das islamische Recht war zu dieser Zeit institutionell von der staatlichen Administration (*al-Siyasa*) getrennt. Diese regelte einerseits, was außerhalb der Zuständigkeit des islamischen Richters (*Qadi*) lag, welcher sich um Familienrecht, Wohltätigkeit, Verträge und zivile Streitigkeiten kümmerte, war andererseits aber auf die *post eventum-Legitimation* der islamischen Rechtsgelehrten angewiesen.[49]

„Their goal, via Shari'a reasoning, was comprehension of the divine path. To this end, they worked with *usul al-fiqh*, the sources of comprehension, meaning a system of agreed upon texts and rules of interpretation by which the learned might craft *al-fatawa*, opinions or responses to questions raised by the faithful, and thus facilitate the Muslim communi-

---

45 Vgl. N.J. Coulson: A History of Islamic Law, S. 40-61. Eine Ergänzung zu der Forschung von Coulson findet sich bei J. Kelsay: Arguing the Just War in Islam, S. 45-61. Die politischen und politisch-ethischen Dimensionen des frühen Islam werden bei B. Tibi: Der wahre Imam, Kapitel 1 behandelt.
46 Vgl. J. Schacht: An Introduction to Islamic Law, S. 57-68.
47 Vgl. N. Calder: „LAW", S. 453.
48 Vgl. ebd., S. 450-451 und A. Sachedina: „Shī'ī Schools of Law", S. 463–464, die die schiitischen Rechtstraditionen aufführen, die aufgrund des Fokus dieser Arbeit auf den sunnitischen politischen Islam nicht weiter behandelt werden. Weitere Ausführungen zu den sunnitischen Rechtsschulen finden sich bei J. Kelsay: Arguing the Just War in Islam, S. 61-72.
49 Vgl. B. Tibi: Islamism and Islam, S. 160 und N. Calder: „LAW", S. 453.

ty's fulfillment of its mission, namely, commanding right and forbidding wrong, for the good of all humankind."[50]

Die *dritte* historische Phase des islamischen Rechts umfasste den mit der kurzen Invasion Ägyptens durch Napoleon Bonaparte (1769-1821) in den Jahren von 1798 bis1802 sichtbar werdenden und im Zuge der Expansion der europäischen Nationalstaaten weiter zunehmenden Einfluss europäischer Rechtsnormen und Rechtsvorstellungen auf die islamische Welt von Nordafrika über den Nahen Osten bis nach Zentral- und Südostasien.[51] Im Verlauf dieses Einbruches kam es beispielsweise in Algerien bereits 1850 zur Übernahme französischen Straf- und Zivilrechts. Im Osmanischen Reich begannen die Rechtsreformen während der Tanzimat-Zeit und Ägypten übernahm 1875 französisches Recht. Auf der einen Seite wurden islamische Rechtstraditionen vor allem in den Gebieten des Wirtschafts-, Handels- und Strafrechts durch kodifiziertes und säkulares Recht ersetzt. Das islamische Recht konnte – mit Ausnahme der Golfstaaten und Saudi-Arabien – nur noch in den Bereichen des Familienrechts und Zivilrechts erhalten werden. Auf der anderen Seite verloren sowohl die islamischen Schulen als auch die islamischen Rechtsgelehrten stark an institutionellem Einfluss und wurden sukzessive durch ein staatliches Schul- und Gerichtswesen ersetzt. Sie behielten jedoch eine starke Stellung inne in Bezug auf die moralischen und ethischen Vorstellungen der Bevölkerung. Zentrale Denker des modernen islamischen Rechts, die inhaltlich sehr vielschichtig auf die neuen Herausforderungen reagierten und das Recht zu modernisieren versuchten, waren Dschamal al-Din al-Afghani (1838-1897), Mohammed Abduh (1849-1905), Raschid Rida (1865-1935) und Ali Abd al-Raziq (1888-1966).[52] Seinen Höhepunkt fand diese Entwicklung mit der Gründung der türkischen Republik unter Mustafa Kemal Atatürk (1881-1938) im Jahr 1923, die 1924 das traditionelle Kalifat als Staatsordnung abschaffte und sich verfassungsrechtlich dem Prinzip des Laizismus verschrieb.

Die *vierte* Phase bei der Entwicklung des islamischen Rechts reicht von der Krise der post-osmanischen Herrschaft in der arabo-islamischen Welt ab den 1920er Jahren bis in die Gegenwart und ist durch zwei miteinander verbundene, jedoch für den Fortgang dieser Einführung in die islamistische Ideengeschichte

---

50 J. Kelsay: Arguing the Just War in Islam, S. 68.
51 Einen guten Überblick zu diesen Entwicklungen bietet A.E. Mayer: „Modern Legal Reform".
52 Vgl. J. Kelsay: Arguing the Just War in Islam, S. 72-90; F. Griffel: „Introduction", S. 8-9 und N.J. Coulson: A History of Islamic Law, S. 149-162.

am Beispiel der Scharia und des Djihads zu trennende Prozesse gekennzeichnet. Von den 1930er bis zu den 1950er Jahren wurden in den meisten islamischen Ländern, die im 19. und 20. Jahrhundert begonnenen Reform- und Abschaffungsprozesse des islamischen Rechts zu Ende geführt, sodass die Scharia nur noch in wenigen Ländern außerhalb des Familien- und Zivilrechts und des moralischen Diskurses eine stärkere Rolle spielte.[53] Seit den 1980ern lässt sich eine Trendumkehr erkennen und es kommt zu einer Zunahme von Scharia-rechtlichen Regelungen in Ländern wie Saudi-Arabien, Iran, Pakistan, Sudan, Afghanistan, Nigeria, Malaysia und Indonesien. Als besonders starke Einflüsse gelten für diese Entwicklung die auf die Lehren von Mohammed Ibn Abd al-Wahhab (1703-1792) zurückgehende sunnitische und in Saudi-Arabien dominierende Staatsdoktrin des Wahhabismus sowie verschiedene, auf dem Wirken des iranischen Revolutionsführers Ruhollah Musafi Khomeini (1902-1989) basierende schiitische Rechtsvorstellungen.[54]

Parallel dazu entwickelte sich ab 1928 der sunnitische Islamismus unter Hasan al-Banna und der von ihm gegründeten Muslimbruderschaft als Reaktion auf die umfangreiche Zurückdrängung islamischer Rechts- und Moralvorschriften in Ägypten unter damaligem britischen Einfluss. Das Besondere an den einflussreichen Schriften islamistischer Denker wie Sayyid Qutb und Sayyid Abu Ala Maududi (1903-1979) ist, dass der über die Formierung und Ausbreitung islamistischer Bewegungen gestärkte ‚Ruf nach der Anwendung der Scharia' (*Tatbiq al-Scharia*) zu einer Option im politischen Prozess vieler sunnitischer Länder wurde.[55] Dabei gilt aber zu beachten, dass diese Re-Aktualisierung islamischer Rechts- und Moralvorstellungen für die Ausgestaltung eines islamischen Staates einen deutlichen Bruch mit den verloren gegangenen islamischen Traditionen der Rechtsprechung darstellt und weit über diese hinausgeht:

„The new shari'a is the overall framework for the transformation of Qutb's rhetorical salvation into a mobilizing ideology. Islamist political internationalism, which is based on an imagined transnational umma, not only requires a shari'a state but also a desecularized world order based on the shari'a."[56]

---

53 Vgl. F. Griffel: „Introduction", S. 10.
54 Vgl. P. Marshall: „Introduction", S. 2-11 und B. Tibi: Islam Between Culture and Politics, S. 145-185.
55 Vgl. B. Tibi: Islamism and Islam, S. 158-168.
56 Ebd., S. 162.

Die Scharia hat nämlich in der islamischen Geschichte nie die Stellung eines Staats- oder Verfassungsrechts eingenommen. Zusätzlich wird in Teilen der Forschung konstatiert, dass die Einführung von Scharia-Recht in den untersuchten Ländern zu Konflikten mit zentralen Menschenrechten (wie der Religions- und Meinungsfreiheit und politischen Rechten) geführt habe und letztlich willkürliche Rechtsentscheidungen befördere.[57]

4.2.2 Dschihad und Dschihadismus

Den religiösen Doktrinen des Dschihad kommt in der Geschichte des Islam ebenfalls eine vielschichtige, wechselhafte und komplexe Bedeutung zu. Vom arabischen Wortlaut her bedeutet Dschihad Anstrengung.[58] Im Kontext der religiösen Mission (*Dawa*) des Islam, das Leben dem rechten Weg entsprechend zu führen und diesen wahren Weg zu verbreiten, beinhaltet dies sowohl eine innere Anstrengung (den sogenannten *großen Dschihad*) als auch die äußere, durchaus gewalttätige Anstrengung (den sogenannten *kleinen Dschihad* oder *Dschihad des Schwertes*). Zu diesen Formen kommen noch weitere Möglichkeiten hinzu, wie diese Anstrengung für die Mission und Gemeinschaft der Muslime (*Umma*) ausgeübt werden könne. Dazu gehören etwa der *Dschihad der Zunge*, also der rhetorische und sprachliche Einsatz für den Islam und die Bemängelung sozialer Missstände, und der *Dschihad des Stiftes*, die schriftliche Auseinandersetzung mit anderen Religionen und das darin enthaltene Werben für den Islam als wahrer Religion.[59]

„It [Djihad, T.H.] means 'struggle' (*jahd*), exertion, striving; in the juridico-religious sense, it signifies the exertion of one's power to the utmost of one's capacity in the cause of Allāh: it is thus the opposite of being inert, the autonym to the word qu'ūd (sitting) in the Qur'ān."[60]

---

57 Vgl. B. Tibi: Islam's Predicament with Modernity, S. 104 und S. 128 und P. Marshall: „Introduction", S. 12-15. Zentral für die Identifikation der grundlegenden Widersprüche zwischen Menschenrechten und Scharia ist an dieser Stelle die grundlegende Analyse von B. Tibi: „Islamic Law/ Shari'a, Human Rights, Universal Morality and International Relations".
58 Vgl. D. Cook: Understanding Jihad, S. 1.
59 Vgl. die terminologischen Ausführungen bei R. Peters: „JIHĀD", S. 369-370.
60 R. Bonney: Jihād, S. 12.

4. EINFÜHRUNG IN AUFBAU UND VORGEHENSWEISE DER FALLSTUDIEN | 209

Für das politikwissenschaftliche Verständnis der Re-Aktualisierung der Dschihad-Doktrinen im islamistischen Diskurs des 20. und 21. Jahrhunderts[61] jedoch spielen die Aspekte des großen Dschihad, die innere Anstrengung für den Islam und die sprachlich-argumentativen Mittel in der Durchführung der islamischen Mission, keine signifikante Rolle. Dies liegt vor allem an der Glorifizierung der militärischen Erfolge der frühen islamischen Expansion zu Lebzeiten Mohammeds und unter den ersten islamischen Dynastien[62]:

„For this reason, we can state confidently that the conquests constitute a confirmatory miracle for Islam; because of the close identification between this miraculous event and the jihad ideology that enabled it to come about, jihad has remained of crucial importance to Islamic culture."[63]

Die Anstrengungen für die islamische Mission waren von Beginn an mit intensiven und vor allem äußerst erfolgreichen militärischen Feldzügen (den *Futuhat-Expansionen*) zunächst gegen einzelne arabische Stämme, dann gegen die einzelnen regionalen Großmächte und schlussendlich bis an die Grenzen der europäischen Königstümer (die Eroberung der heutigen Region Andalusien) verbunden.[64] Diese militärischen Expansionen erforderten Regeln der Kriegsführung, die den militärischen Umgang mit Nicht-Muslimen und mit nicht-muslimischen Territorien regulierten. Diese Regeln fanden ihren Ursprung in zahlreichen koranischen Textstellen.[65] In diesem Sinne verschmolzen die verschiedenen Formen der Anstrengung für die Mission des Islam im Frühislam zu einer primär kriegerisch-militärischen Doktrin:

---

61 Vgl. für eine Übersicht zur dschihadistischen Spielart des politischen Islam B. Tibi: Violence and Religious Fundamentalism in Political Islam und J. Kelsay: „Islamist Movements and Shari'a Reasoning".

62 Vgl. die Argumentation von D. Cook: Understanding Jihad, S. 7, 30 und 48, der darauf hinweist, dass Mohammed selbst 27 militärische Unternehmungen angeführt und 59 weitere organisiert habe (S. 6).

63 Ebd., S. 30.

64 Diese besonderen Eigenschaften der islamischen Expansion führen E. Karsh: Islamic Imperialism sogar so weit, den dadurch zum Ausdruck kommenden islamischen Imperialismus als wirkmächtiges Moment der islamischen Zivilisationsgeschichte zu betonen, welches die politische Entwicklung der arabo-islamischen Gebiete des zerfallenen Osmanischen Reiches bis heute nachhaltig prägt.

65 Vgl. die Ausführungen von B. Tibi: Kreuzzug und Djihad, Kapitel 1.

„The most important function of the doctrine of jihad is that it mobilizes and motivates Muslims to take part in wars against unbelievers, as it is considered to be the fulfillment of a religious duty."[66]

Von der Textgrundlage des Korans ausgehend können vier verschiedene Verstypen in Bezug auf den Dschihad unterschieden werden. Dazu gehören Verse, die nicht-militärische Mittel der Verbreitung oder Verteidigung des Glaubens beinhalten, Verse, die Restriktionen für Kampfhandlungen beschreiben oder Konflikte zwischen den Anweisungen Gottes und den Menschen thematisieren und letztlich Verse, die deutlich den Einsatz gewaltsamer Mittel für die Religion Gottes befürworten.[67] Zusätzlich behandelt der Koran vier verschiedene Eskalationsstufen des Dschihad im Sinne eines aktiven Einsatzes der Muslime für die Verteidigung und Verbreitung des Islam. Gilt es, Nicht-Muslime zu Beginn in einem nicht-konfrontativen Sinne zu begegnen, erlaubt ein längerfristiger Kontakt mit ihnen, eine verteidigende und argumentative Haltung einzunehmen, die in Situationen der Bedrohung der islamischen Mission in eine militärisch-angreifende Haltung übergehen kann, an deren Ende der bedingungslose Kampf mit allen verfügbaren Mitteln steht.[68] Auf der Basis dieser textuellen Grundlage haben sich im Zuge der klassischen Phase der Dschihad-Doktrin, die für das 10. bis 16. Jahrhundert angesetzt wird[69], im Kontext der in Rechtsschulen unterteilten Rechtsgelehrten und ihrer zahlreichen Werke verschiedene Epochen ausgebildet[70]:

- Im Verlauf der früh-islamischen Futuhat-Expansionen wurden die einzelnen konkurrierenden arabischen Stämme vereinigt, die Festigung der koranischen Grundlage der Dschihad-Doktrin nahm Gestalt an und die großen militärischen Erfolge der Gemeinschaft der Muslime wurden in diese Doktrin und das Selbstverständnis der siegesgewissen Muslime inkorporiert.[71]
- Mit der zunehmenden Etablierung der Außengrenzen der islamischen Kalifate entwickelte sich das Verständnis für die Regulierung auswärtiger Angele-

---

66 R. Peters: „JIHĀD", S. 371.
67 Vgl. R. Bonney: Jihād, S. 27-28.
68 Vgl. ebd., S. 25-26.
69 Vgl. D. Cook: Understanding Jihad, S. 49-72.
70 Vgl. die Unterteilung von B. Tibi: Political Islam, World Politics and Europe, S. 44-53, die an dieser Stelle übernommen und durch weitere Quellen ergänzt wird.
71 Vgl. R. Bonney: Jihād, S. 53-90 und D. Cook: Understanding Jihad, S. 5-31.

genheiten und die Unterscheidung zwischen dem Territorium des *Dar al-Islam* (Haus des Friedens) und des *Dar al-Harb* (Haus des Krieges).[72]
- Durchaus vergleichbar mit den Veränderungen der klassisch-islamischen Scharia vollzogen sich die gravierenden Brüche der traditionellen Dschihad-Doktrin im Zuge der Kolonialisierung vieler islamischer Gebiete durch die europäischen Staaten und die damit verbundene Einbettung der ehemaligen islamischen Reiche in die nationalstaatliche Ordnung der Welt.[73]
- Die Ausbildung islamistischer Dschihad-Konzepte geht im sunnitischen politischen Islam auf die Schriften von Hasan al-Banna und Sayyid Qutb zurück, die auch die gewalttätigen Formen der Verbreitung des Islam propagierten, um der kolonialen Zurückdrängung des Islam aus dem öffentlichen ägyptischen Leben entgegenzuwirken.[74] Von zentraler Bedeutung für die großflächige Ausbildung von dschihadistischen Rekrutierungsnetzwerken und gewaltbereiten Gruppierungen des sunnitischen politischen Islam ist der afghanische Widerstandskampf gegen die sowjetische Besatzung. Im schiitischen politischen Islam kommt diese Rolle dem der iranischen Revolution folgenden Krieg zwischen dem Iran und dem Irak von 1980 bis 1988 zu.[75]

Abschließend lässt sich sowohl zur Scharia als auch zum Dschihad sagen, dass beide Konzepte nicht nur eng mit der Geschichte der Religion und Zivilisation des Islam verbunden sind, sondern als „living tradition"[76] bis heute die zivile sowie gewaltsame Dimensionen der Reflektion von Politik in der mehrheitlich islamischen Welt prägen. Das von John Kelsay als „shari'a reasoning"[77] bezeichnete Vorgehen im Islam, nämlich aktuelle und drängende gesellschaftliche Zustände im Lichte der textuellen Grundlagen des Koran, der tradierten Sunna des Propheten Mohammed und unter Rückbesinnung auf große Denker und Texte sowie Rechtsschulen der islamischen Geschichte zu deuten, hält gewissermaßen an. So kommen Scharia und Dschihad einerseits wichtige Artikulations- und Reflektionsfunktionen zu, die es Muslimen in der Gegenwart ermöglichen, über

---

72 Vgl. B. Tibi: Kreuzzug und Djihad, S. 78-81.
73 Vgl. D. Cook: Understanding Jihad, S. 73-92 und für die Analyse der Inkorporation der islamischen Gebiete in die weltweite nationalstaatliche Ordnung vgl. J.P. Piscatori: Islam in a World of Nation-States.
74 Vgl. B. Tibi: Political Islam, World Politics and Europe, S. 59-61.
75 Vgl. D. Cook: „Islamism and Jihadism", S. 181-185.
76 J. Kelsay: Arguing the Just War in Islam, S. 4.
77 Vgl. die Sonderausgabe der Fachzeitschrift Journal of Church and State H. 53, Bd. 1 (2011) zu diesem Konzept John Kelsays.

ethische Dimensionen der Politik und die gerechten Gründe für Krieg und Frieden nachzudenken.[78] Andererseits muss betont werden, dass der politische Islam jedoch sehr stark mit den klassischen Auslegungen und Ausformungen von Scharia und Dschihad bricht. Die Scharia wird beispielsweise aus ihren klassischen Bereichen der Ibadat, Muamalat und Hudud herausgenommen und in die Ausgestaltung der rechtlichen Ordnung eines Staates überführt.[79] Die Dschihad-Doktrin dient in den Veröffentlichungen der großen dschihadistischen Bewegungen, wie etwa der al-Qaida, nicht mehr der quellenbasierten und an Rechtsschulen gebundenen Auslegung und Findung gerechter Kriegsgründe und legitimer Kriegsziele, sondern dem Versuch, Gewalttaten vor einem islamischen Publikum zu legitimieren.[80] Die nachfolgenden Kapitel zu zentralen Vertretern der islamistischen Ideengeschichte führen in den häufig als selektiv bezeichneten islamistischen Zugriff auf die islamische Geistes- und Religionsgeschichte ein und bilden somit eine ideengeschichtliche Basis für die Auswertung der daran anschließenden Fallstudien.

4.3 ZENTRALE VERTRETER DER ISLAMISTISCHEN IDEENGESCHICHTE

Ganz im Sinne der Überlegungen von Roxanne L. Euben und Muhammad Qasim Zaman, dass „[...] even a much larger selection of texts could not capture the full range of arguments and commitments that constitute the Islamist movement [...]"[81], beschränkt sich die Auswahl der nachfolgend eingeführten Denker des politischen Islam auf Hasan al-Banna, Sayyid Abul Ala Maududi, Sayyid Qutb, Yusuf al-Qaradawi (*1926) und Osama bin Laden. Das Ziel dieser stark begrenzten Auswahl ist es, anhand dieser Aktivisten und Vordenker des Islamismus den Ausgangspunkt des organisierten modernen Islamismus (al-Banna)

---

78 Vgl. folgende Analysen: G. Krämer: „Justice in Modern Islamic Thought"; Felicitas Opnis: „Islamic Law and Legal Change" und R.C. Martin: „The Religious Foundations of War, Peace, and Statecraft in Islam".
79 Vgl. B. Tibi: Islamism and Islam, S. 161 und J. Kelsay: „Islamist Movements and Shari'a Reasoning", S. 127.
80 Vgl. die Analyse der dschihadistischen Spielarten des politischen Islam bei B. Tibi: Political Islam, World Politics and Europe, S. 101-127; D. Cook: „Islamism and Jihadism", S. 181-183 und J. Kelsay: „Islamist Movements and Shari'a Reasoning", S. 126-130.
81 R.L. Euben/Q.M. Zaman: Princeton Readings in Islamist Thought, S. 1.

und ihre Radikalisierung (Qutb) einerseits sowie die Inkorporation des Islamismus in die massenmedial und global geprägte Gegenwart in ihrer gewalttätigen (bin Laden) und zentristischen (oft auch als moderat bezeichneten) Variante (Qaradawi) andererseits exemplarisch zu beleuchten. Es werden daher die für das Untersuchungsinteresse dieser Arbeit relevanten Neuinterpretationen der klassischen Doktrinen des Dschihad und der Scharia in den wichtigsten Schriften dieser Autoren beleuchtet sowie die Zusammenhänge und Veränderungen im islamistischen Diskurs untersucht. Für das Verständnis der herangezogenen Autoren ist zu bedenken, dass der Ursprung des politischen Islam als ideologische Strömung und Massenbewegung in den kolonialen Kontexten der vor allem britischen und französischen Vormachtstellung in der arabo-islamischen Welt zu verorten ist. Islamistische Aktivisten, Denker und Schriftsteller[82] standen sowohl in einem engen Verhältnis zu den schrift- und rechtsgelehrten Ulama und den islamischen Modernisten, welche ihrerseits ebenfalls auf die enormen gesellschaftlichen Umwälzungen dieser Zeit reagierten, grenzten sich aber auch scharf von diesen ab, um ihre eigene Identität und Position zu festigen.[83]

4.3.1 Hasan al-Banna

Hasan al-Banna wurde 1906 im nördlich von Kairo gelegenen Dorf Mahmudiyya geboren. Sein Vater hatte vor Ort ein Uhren-Reparatur-Geschäft, war ein sehr angesehener Imam der örtlichen Moschee und ein geachteter Religionsgelehrter. Durch diesen wurde al-Banna in ein salafistisches, also an den Vorvätern des Islam orientiertes, jedoch ebenfalls reform-orientiertes Milieu in großer Nähe zum sogenannten Volks- oder Sufi-Islam eingeführt, das ihn in seiner Kindheit und Jugend stark prägte.[84] Bereits al-Bannas Jugend war durch ein hohes Maß an politischer und religiöser Aktivität und einen strengen Tagesablauf bestimmt. Neben seinem politischen Engagement – 1919 nahm er an Demonstrationen und Streiks gegen die britische Herrschaft in Ägypten teil – wurde al-Banna mit dreizehn Jahren in den Sufi-Orden der Hasafiyya aufgenommen und war Mitglied muslimischer Schülerorganisationen.[85] Seine Schulbildung in der örtlichen Madrasa und später in der weiterführenden Schule von Damanhur war

---

82 Vgl. ebd., S. 1, die eine enge Verbindung dieser gesellschaftlichen Rollen für die Vertreter des politischen Islam betonen.
83 Vgl. ebd., S. 5-13.
84 Vgl. ebd., S. 49-50 und G. Krämer: Hasan al-Banna, S. 1-7.
85 Vgl. R.L. Euben/Q.M. Zaman: Princeton Readings in Islamist Thought, S. 49-50 und G. Krämer: Hasan al-Banna, S. 8-9.

an der Vermittlung von religiösem und praktischem Wissen ausgerichtet. 1923 nahm al-Banna sein Studium an der staatlichen Lehranstalt Dar al-Ulum auf, welche 1872 von Ali Pasha Mubarak (1823-1893) gegründet worden war und einen modernen, westlichen Lehrplan vorsah. Neben modernen Schulfächern waren religiöse Studien und das Studium der arabischen Sprache, Literatur und Poesie in diesem Curriculum vorgesehen. 1927 graduierte al-Banna und bekam seine erste Anstellung als Grundschullehrer in Ismailiyya in der Suezkanal-Zone. Eine Stadt, die trotz der 1922 proklamierten ägyptischen Unabhängigkeit unter starker britischer Kontrolle und Einfluss stand.[86] Während dieser Tätigkeit als Lehrer gründete al-Banna 1928 in Ismailiyya die Muslimbruderschaft (Dschamaat al-Ikhwan al-Muslimun). Ohne behaupten zu wollen, dass die historischen Details dieser Gründung unumstritten wären, spielten die Kontakte al-Bannas zum Sufi-Orden der Hasafiyya und zur Muslimischen Vereinigung Junger Männer sicherlich eine wichtige Rolle für die Bereitstellung ideeller wie auch organisatorischer Ressourcen.[87] Die Organisation, die al-Banna jedoch mit der Gründung der Muslimbrüder ausbildete, war neuartig und legte auf ganz spezifische Weise den Grundstein für die Genese des politischen Islam:

„What we see is a conscious modeling on the pious forefathers (al-salaf al-salih), and the Rightly Guided Caliphs more specifically, in a kind of modernized succession (istikhlaf). Especially significant is the language of patriotism, *jihad* and sacrifice for the sake of the fatherland and the Muslim community."[88]

Während die zentralen Meilensteine bei der Entwicklung der Muslimbrüder in der entsprechenden Fallstudie weiter ausgeführt werden, ist es für die Kennzeichnung der zentralen Ideen al-Bannas gewinnbringend, seine führende Rolle in den ersten beiden Jahrzehnten der Bruderschaft kurz zu umreißen:

- In den ersten Jahren nach der Gründung der Muslimbrüder war ihr Aktivitätsspektrum auf die religiöse Ausbildung und Schulung ihrer Kader und soziale Wohlfahrtsprojekte (wie den Bau von Moscheen und Krankeneinrichtungen) sowie der besseren ländlichen Stromversorgung ausgerichtet. Al-Banna stand in diesen Aktivitäten unumstritten im Zentrum und prägte den

---

86 Vgl. R.L. Euben/Q.M. Zaman: Princeton Readings in Islamist Thought, S. 50; G. Krämer: Hasan al-Banna, S. 11-25 und R.P. Mitchell: The Society of the Muslim Brothers, S. 1-9.
87 Vgl. G. Krämer: Hasan al-Banna, S. 27-28.
88 Ebd., S. 28.

interner Diskurs über seine Reden, Rundbriefe und Handbücher und wirkte nach außen über das Publikationsorgan der Muslimbrüder.[89]
- Seit den späten 1930er Jahren versuchte al-Banna, das Projekt der Muslimbrüder stärker über die politische Arena durchzusetzen und er knüpfte Kontakte zum Königshof und zur nationalen Wafd-Partei. Dies war jedoch von geringem Erfolg gekrönt und er verstrickte sich im Elitenkonflikt zwischen der ägyptischen Monarchie, der britischen Verwaltung und der Wafd-Partei.[90]
- Nicht nur der von 1936 bis 1938 herrschende Aufstand der arabischen Bevölkerung im britisch kontrollierten Palästina sowie die Expansion der Muslimbrüder nach Palästina, sondern auch die Kämpfe der Alliierten und Achsenmächte in Nordafrika veränderten die politische Lage deutlich.[91] Die Muslimbruderschaft gründete paramilitärische Untergruppierungen und es kam zu verschiedenen gewalttätigen Operationen einzelner Anhänger der Muslimbruderschaft, zu denen al-Banna ein doppeldeutiges Verhältnis hatte. Am 12. Februar 1949 wurde al-Banna wahrscheinlich durch die ägyptische Geheimpolizei erschossen.[92]

Ungeachtet der Tatsache, dass al-Banna bis heute im Selbstverständnis vieler Muslimbrüder die zentrale und integrative Person dieser Bewegung darstellt[93], durchbrachen das enorme Mitgliederwachstum der Bruderschaft und die krisengeschüttelten politischen Umstände in den 1940er Jahren die organisatorische sowie inhaltliche Kontrolle al-Bannas über ihre Entwicklung.[94] Dennoch bilden seine überlieferten Schriften[95] die hauptsächliche Wegmarke in der Entstehung

---

89 Vgl. R.L. Euben/Q.M. Zaman: Princeton Readings in Islamist Thought, S. 51 und G. Krämer: Hasan al-Banna, S. 31-39.
90 Vgl. R.L. Euben/Q.M. Zaman: Princeton Readings in Islamist Thought, S. 51-52 und G. Krämer: Hasan al-Banna, S. 47-53 und S. 58-60.
91 Vgl. B. Milton-Edwards/S. Farrell: Hamas, S. 18-34 für historische Details über das britisch kontrollierte Palästina zu dieser Zeit und J. Herf: Nazi Propaganda for the Arab World, der sehr detailliert die Beziehungen zwischen dem nationalsozialistischen Regime Deutschlands und zentralen Personen und Staaten in der arabischen Welt schildert.
92 Vgl. R.L. Euben/Q.M. Zaman: Princeton Readings in Islamist Thought, S. 52 und G. Krämer: Hasan al-Banna, S. 54-56 und S. 70-81.
93 Vgl. die Einleitung von B. Lia: The Society of the Muslim Brothers in Egypt.
94 Vgl. G. Krämer: Hasan al-Banna, S. 75.
95 Eine Übersicht über die Publikationstätigkeit von al-Banna und die überlieferte Literatur findet sich bei ebd., S. 84-86.

des politischen Islam. Zwei Aspekte seiner Schriften, die nicht als intellektuell und kritisch-reflektierend bezeichnet werden können, sondern als zielführende Anweisungen für seine Anhängerschaft verfasst worden waren[96], sind für die Entwicklung der islamistischen Ideengeschichte im Kontext dieser Untersuchung von besonderer Bedeutung:

Erstens artikulierte al-Banna in der Hochphase des durch den britischen Einfluss forcierten kulturellen, politischen und sozialen Wandels in Ägypten vehement den Unterschied zwischen dem islamischen Weg, der verlassen wurde, aber weiterhin von jedem Araber und jedem Muslim gewünscht werde, und dem Weg des Westens.[97] Während der islamische Weg historisch verbürgt sowohl die höchsten Ideale der sozialen und existentiellen Unabhängigkeit als auch die Einrichtung der besten öffentlichen Institutionen für eine Nation ermögliche, wurde der Weg des Westens von al-Banna durch ökonomische Krisen und aufsteigende Diktaturen geprägt charakterisiert.[98] Der Islam bot für ihn demnach eine eigenständige und authentische Alternative zum eingeschlagenen Verwestlichungsprozess. Diese Alternative könne schrittweise durchgesetzt werden, indem von einem durch diesen islamischen Weg geprägten islamischen Land derartige Ausstrahlungseffekte ausgingen, dass andere islamische Länder sich diesem Weg anschlössen und schließlich von einem an den frommen islamischen Vorvätern orientierten islamischen Imperium ausgehend, die gesamte Welt in dieses islamische Projekt miteingeschlossen würde.[99] Um dieses Projekt einer Islamisierung der gesamten Welt weiter zu plausibilisieren, zeigte al-Banna nicht nur praktische Reformen für alle gesellschaftlichen Bereich auf, sondern pries auch die institutionellen Vorzüge des islamischen Weges und setzte sich mit der damaligen Kritik an einer islamisch geprägten Gesellschaft auseinander.[100] Mit dieser Artikulation einer islamischen Gesellschaftsordnung eröffnete und ermöglichte al-Banna es für anschließende islamistische Semantiken, den Islam als ein umfassendes System für das alltägliche Leben, die Ausübung von Religion, die öffentlichen Institutionen des Staates und seine Wirtschaftsordnung sowie die internationalen Beziehungen, in einer scharfen Abgrenzung zur und Auseinandersetzung mit der westlichen Zivilisation, zu kennzeichnen. Die Muslimbruderschaft

---

96 Vgl. ebd., S. 84 und S. 91-92.
97 Vgl. H. al-Banna: „Toward the Light", S. 56-57.
98 Vgl. ebd., S. 58-59.
99 Vgl. ebd., S. 61-62.
100 Vgl. ebd., S. 62-76.

stand für al-Banna dabei als spirituelle Elite und Avantgarde an der Spitze einer graduellen Re-Islamisierungsbewegung.[101]

Zweitens aktualisierte al-Banna für die Durchsetzung dieses Projekts die Dschihad-Doktrin. Auf der Basis einer an den klassischen Formen der islamischen Rechtsschulen angelehnten dreistufigen Auseinandersetzung mit Koranversen[102], der überlieferten Tradition des Propheten[103] und Texten der Rechtsgelehrten[104] konzipierte al-Banna den Dschihad zunächst als eine unumstößliche religiöse Pflicht eines jeden Muslims: „God has imposed jihād as a religious duty on every Muslim, categorically, from which there is neither evasion nor escape."[105] Zusätzlich betonte er, dass der regelbasierte kriegerische Einsatz für den Islam[106] nicht als kleiner Djihad und damit als ein weniger bedeutsamer Einsatz für den Islam bezeichnet werden könne. Dies sei nur eine von den Gegnern des Islam verbreitete Überzeugung, um die Muslime von ihrer Vorbereitung auf den Kampf abzulenken.[107] Letztlich ginge diese Form eines religiös verpflichtenden Kampfes für den Islam soweit, dass auch der Einsatz des eigenen Lebens nicht davon ausgenommen werden könne: „God gives the umma that is skilled in the practice of death and that knows how to die a noble death an exalted life in this world and eternal felicity in the next."[108]

Gewiss ist bei der Interpretation solcher Textpassagen im Werke al-Bannas Vorsicht walten zu lassen, da der politische Kontext ihrer Entstehung von konflikthaften Auseinandersetzungen in und außerhalb Ägyptens gekennzeichnet war.[109] Als grundlegende islamistische Semantiken markieren diese Passagen jedoch den Übergang von der klassischen Dschihad-Doktrin zum modernen islamistischen Dschihadismus, in welchem der Kampf gegen als unislamisch empfundene politische Ordnungen zunehmend in den Mittelpunkt gerät.[110] Insgesamt

---

101 Vgl. G. Krämer: Hasan al-Banna, S. 99.
102 Vgl. H. al-Banna: „On Jihād", S. 134-138.
103 Vgl. ebd., S. 138-146.
104 Vgl. ebd., S. 146-151.
105 Ebd., S. 133.
106 Al-Banna verweist auf die Gültigkeit der klassischen Regeln für den Dschihad und grenzt diese von der, seiner Meinung nach, mörderischen Kriegsführung der westlichen Welt ab. Vgl. ebd., S. 153-155.
107 Vgl. ebd., S. 155.
108 Ebd., S. 156.
109 Vgl. G. Krämer: Hasan al-Banna, S. 100-104.
110 Vgl. B. Tibi: Islamism and Islam, S. 16-17 und Ders.: Political Islam, World Politics and Europe, S. 59-61.

entwarf al-Banna mit seinem selektiven Rückgriff auf verschiedene Elemente der Religion und Zivilisation des Islam den politischen Islam als eine authentische und aktive Re-Islamisierungsbewegung, die sich religiös motiviert gegen den kolonialen Einfluss des Westens zu Wehr setzt und darüber hinausgehend globale Ansprüche hegt.[111]

4.3.2 Sayyid Abul Ala Maududi

Bevor es in dem nächsten Abschnitt um das Leben, Denken und Wirken Sayyid Qutbs geht, kommt es zu einem kurzen Exkurs über einen äußerst wichtigen Vertreter des politischen Islam, den 1903 im südlichen Indien (Aurangabad) geborenen Sayyid Abul Ala Maududi. Maududi ist mit seinen Schriften und seiner politischen Aktivität von großer Bedeutung für Pakistan, Indien und die Region Südostasien, wird jedoch nicht ausführlich behandelt, da er für die Genese der Muslimbruderschaft keine derart herausragende Rolle spielte und spielt wie Hasan al-Banna, Sayyid Qutb oder Yusuf al-Qaradawi. Nichtsdestotrotz ist es für eine Einführung in bedeutsame Personen und Ideen des modernen Islamismus notwendig, drei typische Aspekte des Wirkens Maududis, der in seiner Kindheit eine formelle religiöse Erziehung in Koranschulen erhalten hatte und zunächst als Journalist tätig war[112], zu betonen:

- Maududi gründete 1941 die Dschamaat-e-Islami in Pakistan, welche bis heute in einer Allianz islamistischer Parteien politisch aktiv ist und über Schwesterorganisationen in Indien, Bangladesch, Kaschmir und Sri Lanka verfügt.[113]
- Maududi besaß intellektuellen Einfluss auf andere Vertreter des politischen Islam wie al-Banna, Qutb, Ruhollah Musafi Khomeini und den Palästinenser Abdullah Yusuf Azzam (1941-1989).[114]
- Maududis intellektuelle, religiöse sowie politische Stellung in Pakistan wird von einigen Beobachtern als so weitreichend eingeschätzt, dass jene die Aufnahme von religiösen Bezügen in die 1956 eingesetzte und 1961 und 1973 überarbeitete pakistanische Verfassung auf seinen Einfluss zurückführen.[115]

---

111 Vgl. B. Tibi: Islamism and Islam, S. 144.
112 Vgl. zum biographischen Hintergrund Maududis L. Klevesath: „Islam als System", S. 88-91 und R.L. Euben/Q.M. Zaman: Princeton Readings in Islamist Thought, S. 80.
113 Vgl. R. Jackson: Mawlana Mawdudi and Political Islam, S. 1-2.
114 Vgl. ebd., S. 1-2 und S. 173-177.
115 Vgl. R.L. Euben/Q.M. Zaman: Princeton Readings in Islamist Thought, S. 83.

Maududi stand ebenfalls für eine paradigmatische Form des politischen Islam, in welcher die Religion des Islam als ein hierarchisch und streng organisiertes System zur Übernahme der politischen Macht konzipiert wird, um einen islamischen Staat aufzubauen, der durch die Scharia geleitet wird.[116]

„Ziel des islamischen Staates ist es für Maudūdī somit nicht, durch Pluralität zwischen verschiedenen Interessen zu vermitteln, sondern der klaren Richtschnur des Islam zu folgen. Bestimmte rechtsstaatliche Institutionen und die meisten Aspekte der Gewaltenteilung lehnt er daher ab."[117]

In der Summe ging Maududi in seinem Verständnis des politischen Islam und in seinem politischen Wirken über al-Banna hinaus, indem er die Ziele des politischen Islam stärker auf die Errichtung des islamischen Staates und weniger auf die korrekte moralisch-islamische Erziehung ausrichtete. Daher steht das Werk und Wirken Maududis exemplarisch für staatszentrierte Überlegungen des Islamismus.

4.3.3 Sayyid Qutb

Sayyid Qutb wurde 1906 als ältestes von fünf Geschwistern im oberägyptischen Dorf Musha geboren. Er entstammte einer ehemals wohlhabenden Familie, von der neben Qutb selbst drei weitere Geschwister intellektuell wie praktisch für den Islam aktiv waren und deren Vater als Mitglied der nationalen Wafd-Partei für deren Parteimagazin schrieb. Er besuchte zunächst die örtliche Schule, lernte mit 10 Jahren den Koran auswendig und ging zum Studium, wie auch Hasan al-Banna, an die Dar al-Ulum, um Grundschullehrer zu werden.[118] Er stieg jedoch schnell zum Schulinspektor für das ägyptische Erziehungsministerium auf und war als Schriftsteller in die intellektuellen Diskurse der Hauptstadt Kairo eingebunden. In dieser Zeit der 1930er Jahre verfasste er zahlreiche Aufsätze, Essays, Buchbesprechungen, Gedichte, zwei Autobiographien und eine romantische Erzählung.[119] Erst in den 1940ern widmete sich Qutb stärker islamischen Themen

---

116 Vgl. ebd., S. 81-83 und R. Bonney: Jihād, S. 199-211.
117 L. Klevesath: „Islam als System", S. 98.
118 Vgl. R.L. Euben/Q.M. Zaman: Princeton Readings in Islamist Thought, S. 129; A.B. Soage: „Islamism and Modernity", S. 189 und A.J. Bergesen: The Sayyid Qutb Reader, S. 3.
119 Vgl. R.L. Euben/Q.M. Zaman: Princeton Readings in Islamist Thought, S. 129 und A.B. Soage: „Islamism and Modernity", S. 189.

und er veröffentlichte 1948 mit *Soziale Gerechtigkeit im Islam* [120] seine erste programmatische Schrift in diesem Bereich: „Irgendwann zwischen 1947-48 gelangte Qutb zu der Überzeugung, dass wahre Gerechtigkeit sich nur auf den Islam stützen könne."[121]

Zu einer signifikanten biographischen Wende kam es 1948 mit einem zweijährigen Aufenthalt Qutbs in den USA und zwar am Teachers College Northern Colorado, wo er nicht nur einen Master-Abschluss in Erziehungswissenschaften erlangte, sondern auch für seine Arbeit im ägyptischen Erziehungsministerium das US-amerikanische Schulwesen studieren sollte. Was neben diesen beruflichen Zielen seines Aufenthaltes von seinen Vorgesetzten auch dazu gedacht war, Qutbs strikten moralischen Ansichten entgegenzuwirken, entpuppte sich als Fehlschlag. Er selbst fühlte sich in den USA äußerst isoliert und nahm das dortige Leben als unmoralisch und zutiefst verwerflich wahr.[122] Qutb pilgerte nach seiner Rückkehr nach Ägypten im Jahr 1950 nach Mekka, wo er den arabischen Übersetzer Maududis und damit dessen Schriften kennenlernte. Er trat im Februar 1953 den Muslimbrüdern bei[123] und wurde von der Jugendbewegung der Muslimbrüder begeistert aufgenommen. Innerhalb der Muslimbruderschaft stieg er in raschem Tempo auf und war für deren Propaganda-Abteilung zuständig. Das ägyptische Erziehungsministerium beförderte Qutb nach seiner Rückkehr ebenfalls zu einem hochrangigen Berater, er trat aber nach kurzer Zeit zurück und widmete sich ganz seiner Aktivität als Schriftsteller und seiner Funktion in der Muslimbruderschaft. Sein intellektuelles Wirken fand zu diesem Zeitpunkt seinen letztendlichen Umschwung auf islamische Themen und 1952 erschien der erste Band seines später 30 Bände umfassenden Korankommentars *Im Schatten des Koran*.[124]

Seine bis heute anhaltende Wirkung als islamistischer Vordenker entfaltete sich besonders in denjenigen Schriften, die er in den letzten 10 Jahren seines Lebens unter extremen persönlichen sowie unter konflikthaften politischen Bedin-

---

120 Eine verfügbare englische Ausgabe ist S. Qutb: Social Justice in Islam.
121 L. Klevesath: „Islam als System", S. 94.
122 Vgl. R.L. Euben/Q.M. Zaman: Princeton Readings in Islamist Thought, S. 130; A.B. Soage: „Islamism and Modernity", S. 190 und A.J. Bergesen: The Sayyid Qutb Reader, S. 3.
123 Vgl. L. Klevesath: „Islam als System", S. 102-103.
124 Vgl. R.L. Euben/Q.M. Zaman: Princeton Readings in Islamist Thought, S. 130; A.B. Soage: „Islamism and Modernity", S. 190 und A.J. Bergesen: The Sayyid Qutb Reader, S. 3. Eine aktuelle englischsprachige Ausgabe von Qutbs Koran-Kommentar ist S. Qutb: In the Shade of the Quran.

gungen verfasste. Die Muslimbrüder und Qutb selbst standen in engem Kontakt mit den sogenannten ‚Freien Offizieren', die 1952 in einem Militärputsch[125] die Macht in Ägypten übernahmen. Qutb stieg nach dem Putsch noch weiter auf und war ziviles Mitglied des durch die siegreichen Offiziere gegründeten Revolutionsrates. Qutb gilt heute für diese Übergangszeit als Verbindungsglied zwischen den Muslimbrüdern und Gamal Abdel Nasser. Nachdem die Militärs jedoch nicht die von den Muslimbrüdern geforderten politischen Ziele umsetzten, kam es zu einem Anschlag durch ein Mitglied der Muslimbrüder auf Nasser. Dies machte die Muslimbrüder zu mit allen Mitteln bekämpften Feinden der Militärs. Qutb galt als persönliches Ziel Nassers und wurde 1954 inhaftiert. Im Gefängnis radikalisierten sich seine Schriften unter dem Eindruck seiner Isolation und in Anbetracht der Tötung vieler Muslimbrüder. Seine paradigmatische Veröffentlichung *Zeichen auf dem Weg*[126] erschien das erste Mal 1962. 1964 wurde er für einige Monate frei gelassen. 1965 wurde er jedoch wieder inhaftiert und 1966 hingerichtet, was seine bis heute anhaltende Glorifizierung als für die gerechte Sache des Islam gestorbenen Märtyrers noch stärker beeinflusste, als es bei al-Banna der Fall ist.[127]

„The regime killed a man but inadvertently created a martyr. The next year, many saw the Arab defeat in the Six Days War as a divine punishment for Nasser's persecution of pious Muslims."[128]

Verwendet man al-Bannas Schriften als Kontrastfolie, um die Entwicklung des islamistischen Denkens bei Qutb zu akzentuieren, sind es drei Momente in Qutbs Schriften, die zu betonen sind. *Erstens* nahm Qutb die scharfe Unterscheidung zwischen dem islamischen und dem westlichen Weg auf und spitzte diese unter dem Rückgriff auf spezifische Elemente der Religions- und Zivilisationsgeschichte des Islam bis zum Äußersten zu. Für ihn befindet sich die gesamte Welt in einem Zustand der *Dschahiliyya* (die vorislamische Zeit/ das Zeitalter der vorislamischen Ignoranz) und nur derjenige Islam, der streng an dem Vorbild der frommen Vorväter orientiert ist, könne diesen Zustand überwinden.[129] Mit dieser

---

125 Vgl. zu den historischen Abläufen S.A. Cook: The Struggle for Egypt, Kapitel 2.
126 Vgl. eine erhältliche deutschsprachige Ausgabe: S. Qutb: Zeichen auf dem Weg.
127 Vgl. A.B. Soage: „Islamism and Modernity", S. 190-191 und A.J. Bergesen: The Sayyid Qutb Reader, S. 4-6.
128 A.B. Soage: „Islamism and Modernity", S. 191.
129 Vgl. S. Qutb: „Signposts along the Road", S. 136-142 und Ders.: Zeichen auf dem Weg, S. 22-29.

radikalen Zuspitzung charakterisierte Qutb nicht nur alle muslimischen Länder seiner Zeit als unislamisch, da keines von ihnen an dem Ideal der frommen Vorväter ausgerichtet war, sondern Qutb verließ auch das graduelle Re-Islamisierungsprojekt al-Bannas, da die islamistische Avantgarde, die allein dazu geeignet sei, die Dschahiliyya zu überwinden, jeglichen Kontakt zu der unreinen Welt abbrechen müsse.[130] Als einzige Lösung der materiellen und spirituellen Probleme der Menschheit sah Qutb die Durchbrechung der Dschahiliyya und die Rückkehr zur uneingeschränkten Souveränität Allahs. Denn:

„Diese Ǧāhiliya basiert auf der Rebellion gegen Allāhs Herrschaft auf der Erde; sie überträgt den Menschen eine der größten Eigenschaften Allāhs, nämlich die Souveränität, und macht einige Menschen zu Herren über andere. [...] sie [Ǧāhiliya, T.H.] nimmt die Form an, in der sie für den Menschen das Recht beansprucht, Werte zu kreieren, Gesetze für kollektives Verhalten aufzustellen und einen Lebensweg auszuwählen, ohne darauf zu achten, was Allāh vorgeschrieben hat."[131]

Die von Qutb angestrebte Herrschaft Allahs auf Erden (*Hakimiyyat Allah*) basiert *zweitens* auf einer universellen Konzeption der Scharia, die als Ausdruck der Gesetze Allahs im Zentrum des zu errichtenden islamischen Systems steht:

„Die erste Aufgabe des Islam ist es, menschliches Leben nach diesem Gedankensystem zu formen und ihm eine praktische, reelle Gestalt zu geben, und ein System in der Welt zu errichten, das von Allāh vorgeschrieben wurde [...]."[132]

Damit stehen im Mittelpunkt eines islamischen Systems bei Qutb nicht mehr nur an islamischen Rechtsvorstellungen und politischen Einrichtungen der islamischen Zivilisationsgeschichte angelehnte Institutionen, sondern ein holistisches, unabänderliches und perfektes System der göttlichen Scharia, die damit zum unumstößlichen Ausgangspunkt und zur unablässigen Richtschnur aller Aspekte des menschlichen Zusammenlebens wird.[133] Die radikale Ablehnung aller politischen, kulturellen und sozialen Institutionen, die von Menschen gemacht sind,

---

130 Vgl. Ders.: „Signposts along the Road", S. 142-143 und Ders.: Zeichen auf dem Weg, S. 233-235.
131 Ders.: Zeichen auf dem Weg, S. 29.
132 Ebd., S. 232.
133 Vgl. R.L. Euben/Q.M. Zaman: Princeton Readings in Islamist Thought, S. 132; L. Klevesath: „Islam als System", S. 105 und A.B. Soage: „Islamism and Modernity", S. 192-193.

führte Qutb *drittens* dazu, den Dschihad als ultimativen Kampf zur Herstellung des islamischen Systems und zur Abschaffung der bestehenden repressiven politischen Systeme zu verstehen. Der universellen Botschaft des Islam dürfe keinerlei Widerstand geleistet werden. Man müsse sie akzeptieren und für ihre Durchsetzung müsse ein permanenter Dschihad auch in militärischer Form geführt werden.[134]

Analog zur vorsichtigen Interpretation solcher Textpassagen bei al-Banna müssen die Kontextfaktoren seiner Inhaftierung und der gewaltsamen Bekämpfung der Muslimbruderschaft durch den ägyptischen Staat berücksichtigt werden. Dazu gehört auch, dass sich die beiden Nachfolger al-Bannas an der Spitze der Muslimbruderschaft, Hasan al-Hudaybi (1891-1973) und Umar al-Talmasani (1904-1986), von Qutbs Schriften und Wirkung in der Muslimbruderschaft distanziert haben.[135] Als Semantik, d.h. tradierte Form gesellschaftlicher, in diesem Fall islamistischer Kommunikation, ermöglichten es Qutbs Schriften jedoch, eine noch radikalere Sichtweise auf das als konflikthaft wahrgenommene Verhältnis zwischen westlichen und islamischen Gesellschaftsvorstellungen einzunehmen. Sodass gilt: „The new shari'a is the overall framework for the transformation of Qutb's rhetorical salvation into a mobilizing ideology".[136]

Es ist nach diesem Verständnis die scharfe Kontrastierung zwischen dem einzig richtigen islamischen, nach Qutb durch die göttliche Scharia geformten, Weg und der weltweiten vorislamischen Ignoranz, auf der die semantische Form eines legitimen und bewaffneten Kampfes gegen als unislamisch empfundene Personen und politische Institutionen in der islamischen und westlichen Welt basiert. Diese Kontrastierung wird für den Fortgang dieser Arbeit als ein entscheidendes Merkmal in der Entwicklung des islamistischen Denkens nach Qutb – ohne dabei sein Werk auf dieses Merkmal reduzieren zu wollen – angesehen.[137]

---

134 Vgl. S. Qutb: „In the Shade of the Qur'an" und das Kapitel "Der Ğihād für die Sache Allāhs" in: S. Qutb: Zeichen auf dem Weg, S. 94-137.

135 Vgl. A.B. Soage: „Islamism and Modernity", S. 198 und B.H.E. Zollner: The Muslim Brotherhood.

136 B. Tibi: Islamism and Islam, S. 162.

137 Weiterführende Analysen von Qutbs Einfluss auf die dschihadistischen Strömungen des politischen Islam finden sich bei B. Tibi: Islamism and Islam, S. 44; A.J. Bergesen: The Sayyid Qutb Reader, S. 29-30 und J.C. Zimmermann: „Sayyid Qutb's Influence on the 11 September Attacks".

4.3.4 Yusuf al-Qaradawi

Der noch lebende Yusuf al-Qaradawi wurde 1926 in einem kleinen Dorf nahe dem unterägyptischen Tanta in eine arme Familie geboren. Sein Vater starb, als er 2 Jahre alt war. Al-Qaradawi zeigt sich schnell als ein ausgezeichneter Schüler, der mit 9 Jahren den Koran auswendig konnte. Im Unterschied zu den drei zuvor dargestellten islamistischen Vordenkern wurde er im System der 975 gegründeten al-Azhar Universität ausgebildet. Dies geschah im al-Azhar Institut in Tanta. Nachdem er eine Rede von al-Banna gehört hatte, trat er mit 14 Jahren der Muslimbruderschaft bei. Er reiste für die Muslimbruderschaft durch Ägypten und unternahm für diese 1952 eine Auslandsreise nach Syrien. Während der erbitterten Auseinandersetzungen zwischen den ‚Freien Offizieren' und den Muslimbrüdern der Jahre 1954 bis 1956 wurde er mehrfach für seine Mitgliedschaft in der und seine Aktivitäten für die Muslimbruderschaft inhaftiert. 1961 emigrierte al-Qaradawi nach Katar.[138]

In Katar konnte sich die besondere religiöse und gesellschaftspolitische Bedeutung al-Qaradawis unter der Patronage des Emirs Sheikh Khalifa bin Hamad al-Thani (*1932), der von 1972-1995 den Golfstaat führte, entwickeln. Al-Qaradawi war für die Hauptgebete während des Ramadan zuständig und etablierte sowohl das religiöse als auch das schulische Ausbildungswesen in Katar. Unter dem Einfluss von al-Qaradawi wurde Katar zu einem Rückzugs- und Fluchtort für verfolgte Islamisten. Nach dem Tode Nassers, als es in den 1970er Jahren unter seinem Nachfolger Sadat zu einer kurzen Phase der innenpolitischen Entspannung kam, konnte al-Qaradawi wieder nach Ägypten einreisen, wo er 1973 an der al-Azhar Universität mit einer Arbeit zur islamischen Almosensteuer (*Zakat*) promoviert wurde. Zu dieser Zeit begann al-Qaradawis Bekanntheitsgrad als ein international anerkannter und gefragter islamischer Theologe und Rechtsexperte stark zu steigen und er besuchte Konferenzen auf der ganzen Welt.[139]

Während al-Banna und Qutb für Anhänger des Islamismus aufgrund ihres Todes lediglich noch Ikonen sind, verfügt al-Qaradawi in der Gegenwart über einen eminenten Einfluss auf Muslime in mehrheitlich islamischen Staaten, aber auch auf muslimische Minderheiten in westlichen Einwanderungsländern. Er ist nicht nur islamischer Religions- und Rechtsgelehrter und Prediger, sondern auch ein Aktivist in zahlreichen islamischen und islamistischen Netzwerken und über

---

138 Vgl. R.L. Euben/Q.M. Zaman: Princeton Readings in Islamist Thought, S. 224-225 und B. Gräf/J. Skorgaard-Petersen: „Introduction", S. 2-3.
139 Vgl. B. Gräf/J. Skorgaard-Petersen: „Introduction", S. 3-4.

seine Fernsehsendung *Al-Scharia Wa al-Hayat* (Scharia und Leben) des 1996 in Doha (Katar) gegründeten Fernsehsenders *Al-Dschasira* (wörtlich: Die arabische Halbinsel) einem Millionenpublikum bekannt.[140] Er gilt bis heute als der einzige Proponent des al-Azhar Systems, der gleichzeitig ein anerkanntes Mitglied der Muslimbrüder ist. Dennoch lehnte er 1976 und 2002 das Angebot der Muslimbrüder ab, Oberster Führer dieser Organisation zu werden.[141] Vielmehr lässt er sich von keiner einzelnen islamischen wie auch islamistischen Organisation vereinnahmen und ist über den von ihm 1997 mitbegründeten Europäischen Rat für Fatwa und Forschung, die 2004 von ihm gegründete Internationale Union Muslimischer Gelehrter und die Internetpräsenz IslamOnline.net in einem weiten inhaltlichen und organisatorischen Spektrum aktiv.[142]

Auch für al-Qaradawi steht fest, dass der Islam eine eigenständige Zivilisation bilde und die Religion des Islam aufgrund dessen in der Form eines umfassenden Lebensweges ausgeübt werden solle.[143] Dieser umfassende Lebensweg geht über das westliche Verständnis einer säkularen und privatisierten Religionsausübung hinaus. Er umfasst auf der Grundlage einer für al-Qaradawi im Koran und der überlieferten Tradition des Propheten verankerten Scharia neben den Regeln der korrekten Religionsausübung, die Gebiete des Familien-, Wirtschafts-, Straf- und Handelsrechts sowie das gerichtliche Verfahrensrecht und das internationale Recht. Zusätzlich finden sich für al-Qaradawi in der Scharia die grundlegenden verfassungsrechtlichen Regularien einer Staatsordnung von den Prozeduren der Wahl des Staatsoberhauptes bis zu seiner rechtlichen Entfernung [144] Dabei gilt zu beachten, dass diese Grundlagen der Staats- und Gesellschaftsordnung für Muslime verpflichtend seien und nicht missachtet werden dürften, da es diese permanenten Aspekte der Scharia seien, die die soziale Stabilität und das Überleben der muslimischen Gemeinschaft sicherstellten[145]:

„All these parts of the sharia represent an integral part of Islam. This means that these things must be observed and obeyed. It is not permissible for a Muslim to reject any part of the sharia."[146]

---

140 Vgl. R.L. Euben/Q.M. Zaman: Princeton Readings in Islamist Thought, S. 224.
141 Vgl. H. Tammam: „Yūsuf al Qaraḍāwī and the Muslim Brothers", S. 55-56 und S. 72-73.
142 Vgl. B. Gräf/J. Skorgaard-Petersen: „Introduction", S. 4.
143 Vgl. ebd., S. 5.
144 Vgl. Y. al-Qaradawi: Islamic Law in the Modern World, S. 4-18 und S. 49-50.
145 Vgl. ebd., S. 124.
146 Ebd., S. 50.

Bis zu diesem Punkt herrscht eine große Übereinstimmung zu den angeführten Überlegungen al-Bannas und Qutbs. Die von al-Banna herausgestellte kulturelle, historische und religiöse Identität des Islam, auch gerade im Unterschied zur westlichen Zivilisation, wird übernommen, argumentativ fortgeführt und über die von Qutb in das Zentrum der Distinktion gestellte Scharia vor allem politisch-institutionell und ethisch-moralisch[147] akzentuiert. Die spezifischen Variationen in der islamistischen Semantik, die von al-Qaradawis Werk ausgehen, basieren auf seinen Auseinandersetzung mit den beiden semantischen Polen, die durch al-Bannas und Qutbs Schriften aufgespannt wurden: eine graduelle Re-Islamisierung innerhalb der bestehenden politischen Institutionen einerseits oder die (gewaltsame) Umstürzung der bestehenden, als Dschahiliyya bezeichneten Ordnung andererseits. Die Überzeugung, dass nur der Islam die Lösung für die vorherrschenden gesellschaftlichen Probleme sein könne, die al-Qaradawi in einer programmatischen Schrift *Die islamische Lösung* in den 1960er Jahren artikulierte, gilt weiterhin.[148] Die gewaltsamen Mittel, die im Anschluss an Qutb im Spektrum der islamistischen Bewegungen an Einfluss und Legitimität gewannen, lehnte al-Qaradawi jedoch teilweise ab. Er distanzierte sich in den 1980er Jahren von dschihadistischen Gruppierungen und kritisierte bestimmte Aspekte im Werk von Qutb. Den bewaffneten Kampf palästinensischer Gruppierungen gegen Israel befürwortet al-Qaradawi jedoch weiterhin.[149] Das semantische Konzept, dem sich al-Qaradawi für diese zeitgemäße Aktualisierung des islamistischen Diskurses seit seiner Veröffentlichung *Das islamische Erwachen zwischen Ablehnung und Extremismus*[150] angeschlossen hat und dessen wirkmächtigster Vertreter er geworden ist, ist der sogenannte *Wasatiyya*-Trend (Mitte, Mittigkeit).[151] Es ist wichtig darauf hinzuweisen, dass diese politische Strömung inner-

---

147 Vgl. die für Muslime in nicht-muslimischen Ländern gedachten Überlegungen von Ders.: Erlaubtes und Verbotenes im Islam.
148 Vgl. B. Tibi: Islamism and Islam, S. 96-97 und B. Gräf: „The Concept of Wasaṭiyya in the Work of Yūsuf al Qaraḍāwī", S. 219.
149 Vgl. B. Gräf/J. Skorgaard-Petersen: „Introduction", S. 7-8; B. Gräf: „The Concept of Wasatiyya in the Work of Yūsuf al Qaraḍāwī", S. 221 und H. Tammam: „Yūsuf al Qaraḍāwī and the Muslim Brothers", S. 69-71.
150 Vgl. Y. al-Qaradawi: Islamic Awakening Between Rejection & Extremism.
151 Vgl. B. Gräf: „The Concept of Wasaṭiyya in the Work of Yūsuf al Qaraḍāwī", S. 215, die diese politische Strömung mit Zentrum oder Mitte übersetzt. Eine ausführliche Auseinandersetzung mit dieser Strömung, die deutlich über den Autor al-Qaradawi hinausgeht, findet sich bei M. Browers: Political Ideology in the Arab World, S. 48-76.

halb und außerhalb des politischen Islam nicht mit liberalen oder moderaten Positionen verwechselt werden sollte.[152] Gerade in *Das islamische Erwachen zwischen Ablehnung und Extremismus* äußert al-Qaradawi nicht nur großes Verständnis für religiösen Extremismus, den er euphemistisch als jugendhaften Überschwang charakterisiert, sondern argumentiert auch, dass letztendlich das Abweichen vom Islam in den mehrheitlich islamischen Ländern die wahre Ursache für religiösen Extremismus sei.[153]

Das Wirken al-Qaradawis in diesem Debattenstrang ermöglicht für das islamistische Denken nichtsdestotrotz zweierlei:

- *Erstens* werden die Scharia-rechtlichen Regeln des politischen Gemeinwesens stärker als von Menschen interpretierte und interpretierbare Sachverhalte aufgefasst, was die Rigidität und Abgeschlossenheit der Überlegungen Qutbs reduziert und al-Qaradawis Ideen für die Fragen nach dem Verhältnis von Demokratie und politischem Islam anschlussfähig gemacht hat.[154]
- *Zweitens* artikulieren seine Schriften das Verhältnis von Muslimen und Nicht-Muslimen aus einer differenzierteren Perspektive als einer binären Gegenüberstellung von Islam oder Dschahiliyya und berücksichtigen die Stellung von Nicht-Muslimen in mehrheitlich islamischen Ländern, bzw. das Verhältnis von Muslimen zu Nicht-Muslimen in mehrheitlich nicht-islamischen Ländern. Seine Darlegungen in diesem Bereich werden also einem Zeitalter globaler Migrationsbewegungen stärker gerecht[155], was jedoch nicht bedeutet, dass Apostasie, also der Abfall vom islamischen Glauben, von al-Qaradawi nicht als Angriff auf den Islam angesehen wird.[156]

Insofern bleibt es das Ziel al-Qaradawis, die Aufrechterhaltung einer distinkten islamischen Identität zu ermöglichen und zu verteidigen und in diesem Sinne: „[…] the propagation around the world of a positively connoted image of Is-

---

152 Vgl. B. Gräf/J. Skorgaard-Petersen: „Introduction", S. 8.
153 Vgl. Y. al-Qaradawi: Islamic Awakening Between Rejection & Extremism, S. 15-17, S. 99 und S. 149.
154 Vgl. R.L. Euben/Q.M. Zaman: Princeton Readings in Islamist Thought, S. 226-227 und Y. al-Qaradawi: „Islam and Democracy", S. 230-245.
155 Vgl. A. Caeiro/M. al-Saify: „Qaraḍāwī in Europe, Europe in Qaraḍāwī"; A. Salvatore: „Qaraḍāwī's Maslaha" und Y. al-Qaradawi: Non Muslims in the Islamic Society.
156 Vgl. G. Krämer: „Drawing Boundaries", S. 181–217.

lam both of a religion and a civilisation, in other words: a global Islamic mission (*da'wa*)."[157]

4.3.5 Osama bin Laden

Osama bin Laden wurde 1957 in Riad, der Hauptstadt Saudi-Arabiens, in eine sehr wohlhabende, aus dem Jemen stammende Familie geboren. Sein Vater war ein disziplinierter und religiöser Mann und begründete den Wohlstand der Familie durch eine bis heute unter dem Namen Saudi Binladin Group bestehende Baufirma. Osama bin Laden wuchs in einem konservativen, durch die saudische Strömung des Wahhabismus geprägten Milieu auf und kam früh mit religiösen Gelehrten in Kontakt, die das Haus seines Vaters besuchten. Seine Schulbildung fand in Saudi-Arabien statt und er erlangte durch sie Wissen über den Koran, die islamische Geschichte und die Sunna. Von 1968-1976 besuchte er die in den frühen 1950er Jahren gegründete al-Thaghr-Modell-Schule in Dschidda, die den Kindern der saudischen Elite ein modernes Curriculum der Fächer Mathematik, Englisch, Geschichte, Religion, Biologie und Arabisch bot. In den frühen 1970er Jahren kam bin Laden in Kontakt mit islamistischen Gruppen und Aktivisten.[158] Über bin Ladens Studienzeit ist wenig bekannt. Es gibt Informationen darüber, dass er Management, Ökonomie und Ingenieurswesen an der König Abd al-Aziz Universität in Dschidda studiert habe.[159]

1979 reiste Osama bin Laden das erste Mal nach Pakistan und erfuhr den dschihadistischen Widerstandskampf gegen den sowjetischen Einmarsch aus erster Hand. Stück für Stück engagierte sich bin Laden immer stärker in diesem Konflikt und er wurde schließlich in Afghanistan selbst aktiv. Er etablierte auf der einen Seite militärische Ausbildungscamps und ließ auf der anderen Seite Tunnel und Straßen für den Widerstand bauen. Die zentrale Rolle in dieser biographischen Entwicklung bin Ladens spielte der Palästinenser Abdullah Yusuf Azzam, welcher schon früher im afghanischen Widerstand gegen die sowjeti-

---

157 B. Gräf: „The Concept of Wasaṭiyya in the Work of Yūsuf al Qaraḍāwī", S. 223.
158 Vgl. M. Scheuer: Osama bin Laden, S. 21-45.
159 Vgl. R.L. Euben/Q.M. Zaman: Princeton Readings in Islamist Thought, S. 427. An solchen Stellen einer auf wenigen soliden Quellen basierenden biographischen Episode bin Ladens ist es angebracht darauf hinzuweisen, dass die Rekonstruktion seiner Biographie eine durchaus umkämpfte Angelegenheit ist. Vgl. dazu M. Scheuer: Osama bin Laden, S. 1-20, der seine Biographie mit einer kritischen Analyse der bestehenden Narrative über bin Laden beginnt.

schen Truppen mitkämpfte und über seine Schriften diesen Widerstand internationalisierte.[160]

„[...] the campaign was the first time in centuries that people from all over the Muslim world had gathered together – irrespective of their ethnic and sometimes doctrinal differences – to fight exclusively *for the sake of Islam*."[161]

Der Konflikt in Afghanistan war für zwei zusammenhängende Entwicklungen des dschihadistischen politischen Islam von eminenter Wichtigkeit. Erstens für die Entstehung eines global ausgerichteten islamistischen Kampfes mitsamt dazugehöriger Finanzierungs- und Rekrutierungsnetzwerke, welche sich über Zentralasien bis auf den Balkan und Tschetschenien ausbreiteten.[162] Zweitens legte bin Laden in diesem Konflikt die Grundlagen für die Gründung der *Qaidat al-Dschihad* (Der Basis für den Dschihad oder kurz: *al-Qaida*) im Jahr 1988.[163]

„The idea of establishing that military college was a global issue. Thus, if the jihad in Afghanistan ends, graduates of the college can go anywhere in the world and capably command battles everywhere."[164]

1989 kehrte bin Laden nach Saudi-Arabien zurück und erlebte dort den 2. Golfkrieg mit dem Einmarsch US-amerikanischer Truppen in den Irak. Er richtete seine Kritik daher stärker an den politischen Umständen in seinem Heimatland aus. Nichtsdestotrotz kehrte er zum Jahreswechsel 1990-1991 kurz ins pakistanische Peschawar zurück und sah dort den Beginn des nach dem Abzug der sowjetischen Truppen ausbrechenden afghanischen Bürgerkrieges, in welchem die ethnischen Differenzen der zuvor vereinten Widerstandskämpfer wieder aufbrachen. Seine Koordinationsversuche schlugen fehl und 1991 zog es ihn in das ägyptische Nachbarland Sudan. Dort wurde er vom sudanesischen Präsidenten Umar al-Baschir (*1944) protegiert und fand mit dem sudanesischen Islamisten Hasan al-Turabi (*1932) einen ideologischen Verbündeten. Vom Sudan aus weitete bin Laden das Operationsgebiet der al-Qaida aus und er bereitete spätere Anschläge auf dem afrikanischen Kontinent vor. Während Saudi-Arabien ihm

---

160 Vgl. M. Scheuer: Osama bin Laden, S. 48-78 und R.L. Euben/Q.M. Zaman: Princeton Readings in Islamist Thought, S. 427-429.
161 D. Cook: Understanding Jihad, S. 128.
162 Vgl. ebd., S. 134-135.
163 Vgl. ebd. S. 128-130 und M. Scheuer: Osama bin Laden, S. 71-73.
164 M. Scheuer: Osama bin Laden, S. 67.

schon 1994 die Staatsbürgerschaft entzogen hatte, musste bin Laden 1996 auch den Sudan auf Druck der ägyptischen und US-amerikanischen Regierungen verlassen.[165] So kehrte er im Mai 1996 nach Afghanistan zurück, wo er zunächst von den Paschtunen-Stämmen und später auch von den Taliban sehr positiv aufgenommen wurde.

Die Taliban (*Schüler*; eine Mischung aus dem arabischen *Talib* und der pakistanischen Pluralendung) hatten 1996 durch die Eroberung Kabuls unter der Führung von Mullah Umar (*1959) große Teile Afghanistans erobern können und etablierten ein islamistisches Regime, das auf einer Synthese von rigiden islamistischen Rechtsvorstellungen und lokalen Stammesnormen basierte.[166] Von Afghanistan aus koordinierte bin Laden zunächst die 1998 durchgeführten Anschläge auf US-Botschaften in Kenia und Tansania und den 2000 ausgeführten Angriff auf den US-Zerstörer USS Cole, bevor die Anschläge des 11. Septembers 2001 zu einer von US-Verbänden und NATO-Truppen geführten Invasion Afghanistans und dem Sturz des Taliban-Regimes führten. Fast zehn Jahre später, am 02. Mai 2011, wurde er in Abbottabad in Pakistan durch US-amerikanische Spezialkräfte getötet.[167]

Von den eingeführten Denkern und Schriftstellern des politischen Islam stellt das Schrifttum von Osama bin Laden sicher das unsystematischste Werk dar.[168] Ein führender Biograph und Experte zu Osama bin Laden, Michael Scheuer, hat 159 Dokumente bin Ladens gesammelt, die einen Umfang von 791 Seiten besitzen.[169] Die beiden bekanntesten schriftlichen Äußerungen bin Ladens sind die am 23. August 1996 veröffentlichte *Kriegserklärung an die USA*[170] und der am 23. Februar 1998 veröffentlichte *Aufruf zum Dschihad gegen die Kreuzfahrer*

---

165 Vgl. ebd., S. 79-104; R.L. Euben/Q.M. Zaman: Princeton Readings in Islamist Thought, S. 430 und M. Abou-Taam/R. Bigalke: Die Reden des Osama bin Laden, S. 17 und S. 22-23.

166 Vgl. R.L. Euben/Q.M. Zaman: Princeton Readings in Islamist Thought, S. 409-412.

167 Vgl. ebd., S. 430 und M. Scheuer: Osama bin Laden, S. 105-130. Weitere Einzelheiten der Aktivitäten bin Ladens in der Vorbereitung der Anschläge des 11. Septembers 2001 bis zu seiner Tötung 2011 werden in der Fallanalyse zur al-Qaida dargestellt.

168 Vgl. R.L. Euben/Q.M. Zaman: Princeton Readings in Islamist Thought, S. 426.

169 Vgl. M. Scheuer: Osama bin Laden, S. 19. M. Abou-Taam/R. Bigalke: Die Reden des Osama bin Laden, S. 8 vermuten, dass bin Laden nicht der alleinige Verfasser der Dokumente ist.

170 Vgl. O. bin Laden: „Declaration of War Against the Americans Occupying the Land of the Two Holy Places".

und Juden.[171] Trotz des vergleichsweise geringen Umfangs und der fehlenden Systematik, aber ohne gesondert auf die Unstimmigkeiten darüber einzugehen, welchen persönlichen Einfluss das Werk von Sayyid Qutb auf bin Ladens Schriften hatte oder ob der ägyptische Dschihadist Ayman al-Zawahiri (*1951) diejenige Figur ist, die das Werk und Wirken von bin Laden am Stärksten beeinflusst habe[172], kommt es zu zwei Veränderungen in der islamistischen Semantik, die sich in den Schriften von bin Laden klar identifizieren lassen:

Erstens verschiebt sich der Fokus des dschihadistischen Kampfes von der Bekämpfung lokaler Regierungen islamischer Staaten auf die Bekämpfung des globalen Feindes, d.h. einer von den USA und den Juden bzw. dem Staate Israel geführten und weltweiten Allianz gegen den Islam.[173] So beschrieb bin Laden in seiner Kriegserklärung an die USA zwar die Missstände in seinem Heimatland Saudi-Arabien und betonte, dass alle dortigen Reformversuche gescheitert seien, identifizierte als genuine Ursache für die missliche Lage in den islamischen Ländern jedoch die Allianz der Zionisten und Kreuzfahrer, die es zu bekämpfen gelte, um die Missstände überhaupt beheben zu können[174] und so folgerte er: „Hence, it is essential to hit the main enemy who has divided the umma into small, fragmented countries and pushed it into a state of confusion over the past four decades."[175]

Zweitens wird der gewaltsame Dschihad für die Sache des Islam, der bei Qutb auf die Wiedererrichtung der Souveränität Gottes beschränkt blieb, bei bin Laden nicht nur zur Antwort auf das Gros der von ihm behandelten politischen Probleme, sondern auch zum zentralen Distinktionsmerkmal zwischen Muslimen und Nicht-Muslimen.[176] Es ist der Einsatz für die Vertreibung der Ungläubigen aus den geheiligten islamischen Ländern, der den wahren Muslim ausmache und mit einem Verweis auf den mittelalterlichen Fiqh-Juristen Ibn Taimiyya (1263-

---

171 Vgl. M. Scheuer: Osama bin Laden, S. 110 und S. 113-114.
172 Während in ebd., auf S. 13-14 und auf S. 41-54 dafür argumentiert wird, dass Qutb keinen bis wenig Einfluss auf das Denken von bin Laden gehabt und auch erörtert wird, dass bin Laden den stärkeren Einfluss auf al-Zawahiri gehabt habe, argumentiert J. Calvert: Islamism, S. 233-234 und Ders.: Sayyid Qutb and the Origins of Radical Islamism, S. 288-291 für den starken Einfluss von Qutb und al-Zawahiri auf bin Laden.
173 Vgl. D. Cook: Understanding Jihad, S. 136-141.
174 Vgl. O. bin Laden: „Declaration of War Against the Americans Occupying the Land of the Two Holy Places".
175 Ebd., S. 442.
176 Vgl. R.L. Euben/Q.M. Zaman: Princeton Readings in Islamist Thought, S. 432-433.

1328) argumentiert bin Laden für einen letztlich gänzlich regellosen Dschihad in Zeiten einer existentiellen Bedrohung des Islam.[177] Insgesamt artikulieren die Schriften bin Ladens eine neue Eskalationsstufe in dem dschihadistischen Kampf für den Islam und gegen die westliche Zivilisation[178], die letztlich „[...] collapses the distinctions between national and transnational, offensive and defensive war, ‚near enemy' and ‚far enemy' that have defined most twentieth century Islamist thought".[179]

4.4 DIFFERENZIERUNGSSCHEMATA ISLAMISTISCHER SEMANTIKEN

Die dargestellten Entwicklungslinien islamistischer Semantiken von al-Banna bis bin Laden sind nicht im luftleeren Raum entstanden, sondern in der Auseinandersetzung mit und in Abgrenzung zu anderen politischen und religiösen Strömungen in der islamischen Welt seit dem 19. und 20. Jahrhundert. Dazu gehören der islamische Modernismus, der Salafismus und der panarabischen Nationalismus.[180] Insofern ist es inhaltlich und terminologisch nicht trivial, die spezifischen Merkmale der Ideologie des politischen Islam von anderen intellektuellen Strömungen in der islamischen Welt abzugrenzen. Für eine auf Luhmanns Überlegungen basierende semantische Analyse der anstehenden Fallstudien werden daher weniger eigenständige Themen des islamistischen Denkens[181] herangezogen oder der Kern islamistischen Denkens allein auf die Implementierung des islamischen Rechts, d.h. einer Neuerfindung der Scharia, reduziert[182], um die politische Wirksamkeit islamistischer Semantiken zu beleuchten. Vielmehr ist es in Anbetracht der differenzierungstheoretischen Anlage Luhmanns angebracht,

---

177 Vgl. O. bin Laden: „Declaration of War Against the Americans Occupying the Land of the Two Holy Places", S. 443-444.
178 Vgl. für einen Überblick B. Tibi: Political Islam, World Politics and Europe, S. 41-66.
179 R.L. Euben/Q.M. Zaman: Princeton Readings in Islamist Thought, S. 426.
180 Vgl. zu dem komplexen Wechselspiel dieser verschiedenen politischen und religiösen Strömungen ebda., S. 9-27; M. Browers: Political Ideology in the Arab World; R. Meijer: Global Salafism und B. Tibi: Vom Gottesreich zum Nationalstaat.
181 Vgl. die sechs von B. Tibi: Islamism and Islam, auf S. 6 aufgeführten Kernthemen des politischen Islam.
182 Vgl. R.L. Euben/Q.M. Zaman: Princeton Readings in Islamist Thought, S.11.

drei semantische *Differenzierungsschemata* als grundlegende *Variationsmöglichkeiten* islamistischer Semantiken besonders hervorzuheben:

- Die *Differenzierung innerhalb der islamistischen Semantik* zwischen der islamischen Religion/ Zivilisation sowie der westlichen Zivilisation: Das Spektrum reicht dabei von einer Identifikation des besseren islamischen Weges oder der überlegenen islamischen Lösung á la al-Banna und al-Qaradawi bis hin zur Ablehnung jeglicher Eigenschaften und Merkmale der westlichen Zivilisation bei Qutb als Dschahiliyya und dem zeitlich später anschließenden dschihadistischen Kampf gegen den Einfluss der westlichen Zivilisation.
- Die *spezifischen Eigenschaften*, die den authentischen islamischen Weg kennzeichnen und ihn von alternativen bzw. anderen existierenden Lebenswegen abgrenzen: Bei Qutb und al-Qaradawi stehen jeweils verschiedene Formen der Scharia im Zentrum des islamischen Weges, die seine Abgrenzung zu anderen politischen und religiösen Strömungen ermöglichen. Bei bin Laden ist es der gewaltsame Dschihadismus, der den ‚wahren Muslim' ausmacht.
- Die *Differenzierung zwischen Muslimen und Nicht-Muslimen*: Gibt es eindeutige und kompromisslose Unterschiede zwischen Muslimen und Nicht-Muslimen wie bei Qutb und Bin Laden oder gibt es Wege des regelbasierten Zusammenlebens wie bei al-Banna und al-Qaradawi?

Auf der Grundlage dieser Variationsmöglichkeiten in der islamistischen Semantik wird es im Anschluss an die Fallstudienanalyse möglich sein, die Selektions- und Stabilisierungsmechanismen für die Ko-Evolution und Ko-Variation islamistischer Ideen und Strukturen islamistischer Bewegungen herauszuarbeiten. Es wird demnach darauf ankommen, einerseits zu beleuchten, welche Variationsmöglichkeiten islamistische Semantiken bieten und andererseits herauszuarbeiten, welche Selektionsfaktoren im weltpolitischen System herrschen, um stabile Formen islamistischer Semantiken als ko-konstitutiven Faktor der Strukturentwicklungen der Politik der Weltgesellschaft auszubilden.

5. Die Muslimbruderschaft und der Ursprung des politischen Islam

5.1 Vom islamischen Modernismus zum islamischen Fundamentalismus

Für die Konfiguration der Landschaft von politischen Bewegungen und Ideologien in der Region von Nordafrika bis zum Nahen Osten gilt das bereits angeführte Diktum, dass im Zuge der Niederlage der arabischen Staaten gegen Israel im 6-Tage-Krieg 1967 der Niedergang des panarabischen Nationalismus als politische Leitideologie beschleunigt wurde und der Aufstieg des politischen Islam begann.[1] Während politische Bewegungen und Ideen eines panarabischen Nationalismus in den durch die drastischen Umbrüche geöffneten und bis dato stark umkämpften politischen Arenen großer Teile der MENA-Region keinerlei Rolle mehr spielen, ist der sunnitische politische Islam ins Zentrum dieser Arenen vorgedrungen und stellt(e) entweder eine der Regierungsparteien oder eine der stärksten Oppositionskräfte. Um den vielschichtigen Gründungs- und Entwicklungsprozess der Muslimbruderschaft aus historischer Perspektive kontextsensitiv darstellen zu können, muss beachtet werden, dass panarabischer Nationalismus und politischer Islam bezüglich ihrer jeweiligen Genese und Entwicklung, allen klaren Differenzen zum Trotz, in einem Zusammenhang mit dem islamischen Modernismus stehen, welcher schon dem Namen nach einen deutlichen Bruch mit der islamischen Tradition politischer und religiöser Ordnungsvorstel-

---

1 Zur Genealogie des panarabischen Nationalismus vgl. das Nachwort von B. Tibi: Vom Gottesreich zum Nationalstaat, S. 189-198 und die Quellensammlung von S.G. Haim: Arab Nationalism.

lungen darstellte.[2] Um also das Aufkommen des sunnitischen politischen Islam adäquat einordnen und auch seine aktuellen Transformationen in der MENA-Region im Lichte dieses historischen Ursprungskontextes analysieren zu können, kommt es zunächst zu einer knappen Skizzierung des islamischen Modernismus als wesentlichem Ausgangspunkt des modernen politischen und gesellschaftlichen Denkens im sunnitischen Islam.

Die osmanische Herrschaft, die vom 16. bis 18. Jahrhundert ihren Höhepunkt erreichte und sich vom Balkan über die heutige Türkei, den Kaukasus und den Nahen Osten bis nach Nordafrika erstreckte, basierte nicht nur auf einem militärisch gesicherten Lehnswesen, sondern auch auf dem religiös legitimierten Herrschaftsanspruch der osmanischen Dynastie.[3] Der erste signifikante Einbruch europäischer Herrschafts- und Ordnungsvorstellungen in die Region wird auf die Napoleonische Expedition nach Ägypten 1798 datiert, infolgedessen die traditionelle politische und soziale Ordnung des Osmanischen Reiches bis zur Gründung der modernen Türkei 1923 und der Abschaffung des Kalifats 1924 sukzessive zerbrach. Zu Beginn des 19. Jahrhunderts erreichte die osmanische Provinz Ägypten durch die militärischen Siege des albanischen Offiziers Mohammed Ali (1769-1849) politische Eigenständigkeit und erfuhr unter seiner Herrschaft umfangreiche Reformen nach europäischem Vorbild. Im Kontext dieser politischen und sozialen Strukturveränderungen enstand der islamische Modernismus, der mit den Schriften zentraler Vertreter wie Mohammed Abduh, Dschamal al-Din al-Afghani und Rifaa Rafi al-Tahtawi (1801-1873) die Synthese einer Rückbesinnung auf die islamische Tradition mit der expandierenden europäisch-westlichen Moderne anstrebte.[4] Diese Emulsion der islamischen Tradition mit dem wachsenden kulturellen und politischen Einfluss der aufstrebenden europäischen Kolonialmächte bereitete den Nährboden für die Ansätze des panarabischen Nationalismus. Sein Hauptverteter Sati al-Husri (1882-1968)[5] nahm die Ideen der europäischen Literatur zum Nationalismus auf und bildete über den vormals religiös geprägten Begriff der islamischen Gemeinschaft (*Umma*) einen Kollektivbegriff der arabischen Nation, der durch die zahlreichen Nationalbewegungen des sich auflösenden Osmanischen Reiches aufgenommen wurde.[6]

---

2   Für einen umfangreichen Überblick des politischen Denkens in der islamischen Zivilisationsgeschichte vgl. P. Crone: God's Rule und B. Tibi: Der wahre Imam.
3   Vgl. B. Tibi: Vom Gottesreich zum Nationalstaat, S. 62-63.
4   Vgl. ebd., S. 64-80 und S. 93-103; sowie E.L. Rogan: „The Emergence of the Middle East into the Modern State System".
5   Vgl. B. Tibi: Vom Gottesreich zum Nationalstaat, S. 113-148.
6   Vgl. ebd., S. 82-92.

Der Panislamismus von al-Afghani lehnte als anti-koloniale Ideologie den weiteren kulturellen sowie politischen Vormarsch der europäischen Kolonialmächte ab.[7] Der islamische Fundamentalismus schließlich ging in seiner Abwehrreaktion jedoch deutlich weiter als die Vertreter des islamischen Modernismus, indem er die frühislamische Zeit idealisierte und durch eine Übernahme der wahhabitischen Geistesströmung schließlich jeglichen westlich-europäischen Einfluss als unislamisch ablehnte. Für die Verbindung aus wahhabitischem Denken und islamischem Modernismus steht besonders exemplarisch das Werk von Raschid Rida, der die streng konservativen Momente der hanbalitischen Rechtsschule im islamischen Modernismus weiterentwickelte.[8] Mit Blick auf das intellektuelle Wirken Raschid Ridas wird deutlich, dass der islamische Fundamentalismus in seinem Ursprung keine traditionelle Bewegung war, da er sehr wohl um die technologischen Errungenschaften und Fortschritte der europäischen Kolonialmächte wußte und diese auf einer authentischen Basis übernehmen wollte. Dennoch lässt sich konstatieren, dass „[…] neither 'Abduh nor his student Rashīd Ridā were able to solve the tensions between traditional Islamic precepts and European modernity […]".[9] Die *Crux* des islamischen Fundamentalismus lag also darin, die Erneuerung der islamischen Welt nach dem Zusammenbruch des Osmanischen Reiches auf der Basis der traditionellen religiösen Schriften des Islam und unter dem Druck des Einbruchs der europäischen Gesellschaftsstrukturen und Ideen vollziehen zu wollen. Daher ist es angebracht, die Entstehung des islamischen Fundamentalismus und damit seiner ersten großen Bewegung, der ägyptischen Muslimbruderschaft, als Reaktion auf das Misslingen von Modernisierungs- und Säkularisierungsprozessen in der MENA-Region in der Endphase und nach dem Zusammenbruch des Osmanischen Reiches zu interpretieren.[10]

5.2 DIE GRÜNDUNGSPHASE DER MUSLIMBRÜDER DURCH HASAN AL-BANNA

Die Gründungsphase der Gesellschaft der Muslimbrüder von den späten 1920er Jahren bis in die 1940er Jahre unter der Leitung und dem großen Einfluss ihres Gründers Hasan al-Banna spielt für ihre organisatorische und ideologische Aus-

---

7 Vgl. ebd., S. 75-76.
8 Vgl. ebd., S. 79.
9 J. Hoigilt: Islamist Rhetoric, S. 30-31.
10 Vgl. B. Tibi: Islamischer Fundamentalismus, moderne Wissenschaft und Technologie, S. 12-13.

richtung bis heute eine zentrale Rolle. Sie kann mittlerweile sehr präzise rekonstruiert werden, da eine unter dem ehemaligen ägyptischen Präsidenten Sadat stattgefundene und äußerst aufschlussreiche innerägyptische Auseinandersetzung um die Bedeutung der Muslimbrüder, welche auch auf Memoiren von altgedienten Muslimbrüdern basierte, erschlossen worden ist, weiterhin die Archive der britischen Kolonialverwaltung und der ägyptischen Behörden selbst zugänglich geworden und schließlich die Briefe al-Bannas und die zahlreichen Publikationen der frühen Muslimbruderschaft ausgewertet worden sind. Im Lichte dieser Quellen zeigt sich die Muslimbruderschaft als eine islamistische Graswurzelbewegung mit starkem Rückhalt in der ländlichen und urbanen, unteren Mittelschicht, deren islamisch geprägte Ideologie sich erfolgreich zwischen dem offiziellen Islam des al-Azhar-Systems und den populären Sufi-Orden positionieren konnte und sukzessive ein Bestandteil in der Entwicklung der ersten modernen ägyptischen Parteienpolitik wurde.[11] In der ägyptischen Politik spielten in der Zeit der 1920er, 1930er und 1940er Jahre die Nachwirkungen der britischen Kolonialverwaltung – gerade auf dem Gebiet des unter britischer Kontrolle stehenden Suezkanals – zwar trotz der formalen Unabhängigkeit Ägyptens von Großbritannien im Jahr 1922 weiterhin eine tragende Rolle, aber unter der Regentschaft von König Fuad I. (1868-1936) und seinem Sohn König Faruq I. (1920-1965) bildete sich ein Mehrparteien-System im Rahmen einer konstitutionellen Monarchie heraus. Es dominierte ein liberal-säkularer Nationalismus und in den 17 Kabinetten im Zeitraum von 1923-1950 ging die stärkste parteipolitische Kraft von der Wafd-Partei aus.[12] In diesem politischen Kontext kam es 1928 durch Hasan al-Banna in seiner ägyptischen Heimatstadt Ismailiyya zur Gründung der Muslimbruderschaft.

Zwei Aspekte sind bei diesem Gründungsakt zu berücksichtigen. Erstens waren die Muslimbrüder zu diesem Zeitpunkt nicht die einzige islamisch geprägte Assoziation. Sie stand durchaus in einem Wettbewerb mit ähnlichen Bewegungen, wie beispielsweise der 1927 gegründeten Verbindung Junger Muslimischer Männer. Zweitens ging die Muslimbruderschaft mit großer Wahrscheinlichkeit aus einer Vorgründung, nämlich einer Wohltätigkeitsorganisation des ortsansässigen Hassafi-Ordens hervor. Denn Hasan al-Banna konnte bei der Gründung der Muslimbruderschaft von Beginn an auf die vielen Kontakte seines Vaters und die eigenen Kontakte, die er während seines Studiums in Damhanur geknüpft hatte, zurückgreifen. Der Fokus bei der Erziehung der Mitglieder der Muslim-

---

11 Vgl. B. Lia: The Society of the Muslim Brothers in Egypt, S. 1-13.
12 Vgl. B. Tibi: „Schwache Institutionalisierung als politische Dimension der Unterentwicklung", S. 11-14.

bruderschaft lag auf dem Bereich der Religion und der Moral, also dem Lernen des Korans, der tradierten Überlieferungen zum Leben des Propheten Mohammeds und der ersten Generation von Muslimen. Die Praxis war noch sehr an den Sufi-Orden orientiert: Spiritualität, das Singen von Hymnen und religiöse Prozessionen standen im Mittelpunkt der Veranstaltungen der Muslimbrüder. Mit großem persönlichen Einsatz und mit Hilfe seiner umfangreichen Verbindungen in und um die Stadt Ismailiyya bis zu seiner Studienstadt Kairo trieb al-Banna, auch mit Hilfe eigens durchgeführter Predigttouren durch Ägypten, die Expansion der Muslimbruderschaft voran. Neben der Gründung von Moscheen und Schulen standen für ihn die Ausbildung einer finanziellen Eigenständigkeit und die Neugründung von weiteren lokalen Vertretungen der Muslimbruderschaft im Mittelpunkt.[13] Das besondere Erfolgsrezept al-Bannas, das nicht nur diesem Expansionserfolg zugrundelag, sondern seine Muslimbruderschaft auch klar von den bereits zuvor bestehenden islamisch geprägten Gesellschaften abgrenzbar machte, läßt sich folgendermaßen zusammenfassen:[14]

- Die charismatische Führungsperson al-Banna und seine Fähigkeiten als Redner und Prediger sowie ein verpflichtender Gehorsamseid auf ihn (*Baya*) standen von Beginn an im Mittelpunkt. Al-Banna konnte sich Anfang der 1930er auch gegen interne Konkurrenz durchsetzen und trieb die ideologische Ausrichtung besonders durch seine Schriften voran.
- Die Muslimbruderschaft formulierte auf der Basis eines Verständnisses des Islam als allumfassendes Konzept Programme für soziale, ökonomische und religiöse Reformen Ägyptens, was der Bewegung früh eine politische Ausrichtung gab. Dieser gewissermaßen ‚angewandte' Islam verband die an Bedeutung verlierende traditionelle religiöse Ausbildung mit den neuen gesellschaftlichen Anforderungen, die an die zunehmend urbanisierte Bevölkerung der ägyptischen Unter- und Mittelschicht gestellt wurden.
- Es kam zu groß angelegten und professionell durchgeführten Rekrutierungen neuer Mitglieder und die Organisationsstruktur der Muslimbruderschaft wurde sehr stark vereinheitlicht. Dabei kam es zur Übernahme bereits bestehender islamischer Gesellschaften. Die Mitglieder mussten die Prinzipien der Muslimbruderschaft auswendig lernen, sich der rigiden Kontrolle ihrer Teilnahme an den regelmäßigen Aktivitäten der Bewegung unterwerfen, dafür

---

13 Vgl. B. Lia: The Society of the Muslim Brothers in Egypt, S. 21-43, S. 60-76 und S. 101-109.
14 Vgl. ebd., S. 37 und S. 53 und R.P. Mitchell: The Society of the Muslim Brothers, S. 12-19.

wurde ihnen aber sozialer Aufstieg aufgrund von Leistung und unabhängig von ihrer Herkunft und vormaligem Bildungsstand ermöglicht.

Als signifikantes Ereignis, das den Übergang vom Aufbau der Finanzierung der Muslimbrüder, der Grundlegung ihrer Organisationsstruktur und dem Ausbau der Rekrutierung neuer Mitglieder hin zur aktiven Teilnahme an der ägyptischen Politik kennzeichnete, kann die 5. Generalkonferenz im Januar 1939 gelten. Auf dieser Veranstaltung präsentierte al-Banna seine finale Version eines allumfassenden islamischen Systems und versicherte sich der Stärke seiner Bewegung und des Rückhalts der Mitglieder.[15]

„Internally, then, the fifth conference of 1939 suggested that the Society had assumed its fundamental shape and was sufficiently strong, in its own mind, to flex its muscles publicly albeit cautiously."[16]

Infolgedessen kämpften Teile der Muslimbruderschaft im Widerstand gegen die britische Besatzung Palästinas (1936-1938) und gegen die jüdischen Siedlungspläne nach dem Ende des 2. Weltkrieges. Zusätzlich versuchten al-Banna und andere Führungsmitglieder der Muslimbrüder über den stetig wachsenden Einfluss der Bewegung in der ägyptischen Parteipolitik Fuß zu fassen und kandidierten mehrmals für das ägyptische Parlament. Es kam zu Kooperationen mit der Wafd-Partei, aber auch zur Beteiligung an gewaltsamen Aktionen gegen den ägyptischen Staat und die britische Verwaltung durch Mitglieder der Muslimbruderschaft. Diese Aktivitäten erschienen auf einen ersten Blick wenig wirksam, da al-Banna 1949 ermordet wurde, die Muslimbruderschaft verboten und es zu Verhaftungen von ca. 4000 ihrer Mitglieder sowie zu umfangreichen Gerichtsverfahren gegen sie kam.[17] Jedoch sollten die bis dato ausgebildeten Organisationsmerkmale der feste Bestandteil der Bewegung bleiben, der bis heute ihre große Widerstandsfähigkeit ausmacht.

Auf Seiten der internen Organisationsstrukturen kann konstatiert werden, dass diese ab 1930/1931 von al-Banna entwickelt, im März 1935 auf der 3. Konferenz der Muslimbrüder in einer allgemeingültigen Satzung festgeschrieben und nach einer Revision im September 1945 und Ergänzung im Mai 1948 von al-Bannas Nachfolger an der Spitze der Muslimbruderschaft, Hasan al-Hudaybi,

---

15 Vgl. R.P. Mitchell: The Society of the Muslim Brothers, S. 14-15.
16 Ebd., S. 15.
17 Vgl. ebd., S. 19-34, S. 37-43 und S. 55-79.

übernommen wurden.[18] An der Spitze der Organisationshierarchie mit Sitz in Kairo steht der Oberste Führer (*Murshid*), der den beiden zentralen Gremien, der beratenden Versammlung und dem Führungsbüro, vorsitzt. Diesen drei Gremien unterstehen wiederum zwei Hauptstränge der Organisationsstruktur: einerseits die sogenannten technischen Operationen, die über Sektionen und Kommitees die inhaltliche Arbeit der Muslimbruderschaft übernehmen, andererseits der Feldapparat, der die regionale Strukturierung in Distrikte, Abteilungen und auf der kleinsten Ebene Familien übernimmt.[19] Dabei unterlagen die Mitglieder einem strikten, mehrstufigen Mitgliedschafts- und Selektionssystem, das von der ersten Stufe als Assistent (gültig ab der Unterzeichnung der Mitgliedschaftskarte), über die Stufe eines Anhängers und danach eines aktiven Vollmitgliedes bis zum Kämpfer, der raren und höchsten Mitgliedschaftsstufe, reichte.[20] Daneben zeichnete sich ab Mitte der 1930er Jahre eine zweite Dimension in der Organisationsentwicklung der Muslimbruderschaft ab: Die Entstehung einer internationalen Organisationsstruktur außerhalb bzw. auch teilweise oberhalb der ägyptischen Organisationsebene. Angeregt durch die internationalistische Ausrichtung der Schriften al-Bannas und durchaus mit dem Ziel, die Muslimbruderschaft unabhängiger von ihrem ägyptischen Kernland zu machen, gab es im Laufe der 1930er Jahre verschiedene Ausgründungen. 1937 gab es bereits Ableger im Sudan, Saudi-Arabien, Palästina, Syrien, dem Libanon, Marokko, Bahrain, Pakistan, Dschibuti und einen Ableger in Paris. Diese kleineren Ausgründungen sollten die Keimzellen für eine nach dem 2. Weltkrieg deutlich stärkere internationale Organisationsstruktur der Muslimbrüder bilden.[21]

Es muss demnach festgehalten werden, dass in der Gründungsphase der Muslimbruderschaft originäre Grundlagen ihrer nachfolgenden semantischen und organisatorischen Strukturentwicklungen gelegt worden sind. Auf Seiten der internen Gesellschaftsorgane blieb die strikte hierarchische Ausrichtung der einzelnen lokalen Ebenen unter der Leitung des Obersten Führers und der beiden Beratungs- und Entscheidungsgremien, der beratenden Versammlung und dem Führungsbüro, bis heute intakt. Jüngere Feldforschungen haben zusätzlich ergeben, dass auf Seiten der Mitgliedschaftsbedingungen auch weiterhin sehr strikte

---

18 Vgl. ebd., S. 163 und B. Lia: The Society of the Muslim Brothers in Egypt, S. 93.
19 Vgl. die Organigramme und ausführlichen Erläuterungen von R.P. Mitchell: The Society of the Muslim Brothers, S. 164-181.
20 Vgl. ebd., S. 183.
21 Vgl. ebd., S. 155-156 und A. Pargeter: The Muslim Brotherhood. The Burden of Tradition, S. 99.

Selektions- und Aufstiegsmechanismen in Kraft sind.[22] Zusätzlich bot die grenzüberschreitende Übernahme der in der Frühphase entwickelten Entscheidungsstrukturen die Möglichkeit der Ausbildung von Ablegern der Muslimbruderschaft, die in der Gegenwart nicht nur in den Ländern der MENA-Region (vor allem in Syrien, Libyen, Marokko, dem Sudan, den palästinensischen Autonomiegebieten und Jordanien), sondern auch in der europäischen Diaspora dynamisch voranschreitet. Dabei kam und kommt es zu einer stetigen Auseinandersetzung um die Ausformung der internationalen Organisationsstruktur, die letztlich im Verhältnis zu den nationalen Verbänden nie eine hierarchisch übergeordnete Form einnehmen konnte, also weitestgehend von Kairo aus dominiert wurde und nur eine geringe ideologische Standardisierung ermöglichte.[23] Letztlich entspringt der umkämpften Phase der ägyptischen Politik Ende der 1930er bis zum Ende der 1940er Jahre ein weiter Bestandteil der organisatorischen und semantischen Variationsmöglichkeiten der Muslimbruderschaft: Die Gründung einer bewaffneten Unterabteilung der Organisation, nach innen als Spezialabteilung (*al-Nizam al-Khass*) und nach außen als Spezialapparat (*al Jihaz al-Sirri*) bekannt, die zur Gegenwehr der Muslimbrüder gegen die ägyptische Polizei und Regierung sowie für den Kampf gegen die ägyptische kommunistische Bewegung angelegt worden war und sich an den gewalttätigen Auseinandersetzungen der damaligen Zeit beteiligte.[24] Die dargestellten Ausführungen al-Bannas zur islamistischen Dschihad-Doktrin stellen die semantischen Begleit- und Legitimationsentwicklungen dieser organisatorischen Strukturentscheidung dar.

5.3 Die Muslimbrüder nach dem Putsch der ‚Freien Offiziere'

Nach dem Tode Hasan al-Bannas und der großen Verhaftungswelle von 1949 war die Muslimbruderschaft bis zum Ende des Ausnahmezustands in Ägypten im Jahr 1951 führungslos und es kam zu keinen Treffen des Führungsbüros oder anderer Bereiche der Leitungsebene. Es war schließlich die Wafd-Partei, von der

---

22 Vgl. die Analyse der strikten Mitgliedschaftsbedingungen und hierarchischen Entscheidungsprozesse der Muslimbruderschaft von E. Trager: „The Unbreakable Muslim Brotherhood".
23 Vgl. A. Pargeter: The Muslim Brotherhood. The Burden of Tradition, S. 96-176 und B. Rubin: The Muslim Brotherhood.
24 Vgl. R.P. Mitchell: The Society of the Muslim Brothers, S. 30-32 und A. Pargeter: The Muslim Brotherhood. The Burden of Tradition, S. 177-181.

die Rehabilitierung der Muslimbruderschaft ausging, da sie sich erhoffte, durch die Unterstützung der Bruderschaft eine Stabilisierung der politischen Lage zu erreichen. In Folge dieses Rehabilitierungsprozesses im Rahmen dessen viele der inhaftierten Muslimbrüder freigelassen wurden, konnte nach starken internen Querelen im Mai 1951 ein neuer Oberster Führer, der bereits erwähnte Hasan al-Hudaybi, bestimmt und im Oktober 1951 öffentlich bekannt gemacht werden.[25] Al-Hudaybi war ein ägyptischer Richter mit guten Verbindungen zum Palast und kam von außerhalb der Muslimbruderschaft. Insofern gilt er in den Augen der verschiedenen Historiographen der Bruderschaft als Kompromisskandidat, der einerseits dem ägyptischen Establishment der Monarchie genehm war und andererseits dem starken militanten Flügel der Muslimbrüder, den al-Nizam al-Khass, als kontrollierbar galt.[26] Parallel zu dieser Entwicklung hatte sich 1949 neben Wafd-Partei und Königshaus bereits eine neue politische Kraft, welche die Ausgestaltung des politischen Systems in Ägypten fundamental ändern sollte, ausgebildet. Zu dieser Gruppierung, den sogenannten ‚Freien Offizieren', hatten große Teile der Führungsschicht der Muslimbruderschaft enge persönliche Kontakte. Diese Verbindung ägyptischer Militärs unter der Führung von Mohammed Nadschib (1901-1984) setzte am 23.07.1952 den ägyptischen König Faruq I. ab und übernahm die politische Führung des Landes in der Form eines von ihnen besetzten und ausgeführten Revolutionären Kommandorates. Sie wandelten Ägypten damit offiziell in eine Republik um. Das Führungsbüro der Muslimbrüder sprach sich in einer Verlautbarung am 01.08.1952 positiv über die Machtübernahme durch diese Verbindung aus. Zunächst suchten beide Seiten den gegenseitigen Kontakt. Von Seiten der Militärführung kam es zu Aussagen, dass ein Staat mit islamischer Basis durchaus vorstellbar wäre und al-Hudaybi stellte Forderungen, die Muslimbrüder politisch zu hören. Dennoch verschlechterten sich die Beziehungen der Muslimbrüder und der ‚Freien Offizieren' zusehends.

Während Nasser die Muslimbrüder aufforderte, sich der neuen politischen Einheitspartei (Die Befreiungssammlung) anzuschließen, was al-Hudaybi ablehnte, forderten die Muslimbrüder die Einsetzung der Scharia als Grundlage des neuen politischen Systems. Schließlich verbot die Militärführung die Muslimbruderschaft, indem sie sie als Partei bezeichnete, was deshalb funktionierte, da Parteien bereits am 17.1.1953 verboten worden waren. Von Oktober bis Dezember 1954 kam es von Seiten der neuen ägyptischen Staatsführung zu einer öffent-

---

25 Vgl. R.P. Mitchell: The Society of the Muslim Brothers, S. 80-88.
26 Diese Interpretationen finden sich bei A. Pargeter: The Muslim Brotherhood. The Burden of Tradition, S. 31-33 und S. Khatab: „Al-Hudaybī's Influence on the Development of Islamist Movements in Egypt", S. 454.

lichen Denunziation der Muslimbruderschaft, zur Verhaftung von mehr als 1000 ihrer Mitglieder und offiziellen Prozessen gegen sie, da ihnen vorgeworfen wurde, einen Attentatsversuch auf Nasser, der im Februar 1954 Nadschib als Präsidenten abgesetzt und dessen Nachfolge angetreten hatte, unternommen zu haben.[27]

Bevor sich die Muslimbruderschaft also von ihrer Zerschlagung des Jahres 1949 erholen konnte, kam es zu einer erneuten Verhaftungswelle. Erst 1957, nachdem es etwa 3 Jahre keinerlei offizielle Aktivitäten der Muslimbrüder gegeben hatte, öffnete sich Nasser wieder gegenüber der Muslimbruderschaft und es kam zur Freilassung ihrer Führungsspitze.[28] Die alte Führungsspitze um al-Hudaybi versuchte, die Kontrolle über die Organisation gegen interne Konkurrenten zurückzugewinnen. Andere Impulse kamen jedoch von einem neuen Flügel der Bruderschaft, den sogenannten Qutbisten, den Anhängern von Sayyid Qutb, die gegen eine Kooperation mit Nasser waren und sich auch zunehmend gegen Nasser positionierten.[29] Die gewissermaßen logische Konsequenz dieser Angriffe auf Nasser, der nach der Verstaatlichung des Suez-Kanals und der damit verbundenen Zurückdrängung des britischen Einflusses auf den Höhepunkt seiner politischen Macht zusteuerte, war, dass es 1965 unter dem Vorwurf einer Verschwörung der Muslimbrüder zum Umsturz des Staates zum bis dato heftigsten Schlag gegen sie kam. Neben der Verhaftung von bis zu 27.000 Mitgliedern der Muslimbruderschaft kam es zur öffentlichen Hinrichtung dreier Führungspersonen, darunter war Sayyid Qutb.[30] Von dieser Zerschlagung ihrer Organisationsstruktur sollte sich die Muslimbruderschaft erst unter dem Nachfolger im Amt des ägyptischen Staatspräsidenten, Anwar al-Sadat, erholen.

Das Besondere an der Präsidentschaft Sadats war, dass dieser nicht nur eine sukzessive Abkehr vom politischen und vor allem wirtschaftlichen Kurs seines am 28.09.1970 plötzlich verstorbenen Amtsvorgängers Nasser unternahm, die

---

27 Vgl. die Ausführungen bei S. Khatab: „Al-Hudaybī's Influence on the Development of Islamist Movements in Egypt", S. 456; R.P. Mitchell: The Society of the Muslim Brothers, S. 88-162; B. Rubin: Islamic Fundamentalism in Egyptian Politics, S. 11-12 und B. Zollner: The Muslim Brotherhood, S. 25-39.

28 Vgl. B. Zollner: The Muslim Brotherhood, S. 39-43.

29 Vgl. die Ausführungen von B. Zollner: „Prison Talk", S. 420-421 zur Entstehung dieser von ihr als generationell bedingt bezeichneten Lagerbildung in der Muslimbruderschaft sowie S. Khatab: „Al-Hudaybī's Influence on the Development of Islamist Movements in Egypt", S. 461-464 zu den übrigen Konkurrenten al-Hudaybis um den damaligen Führungskurs der Muslimbrüder.

30 Vgl. B. Rubin: Islamic Fundamentalism in Egyptian Politics, S. 14-15.

sogenannte Öffnung (al-Intifah), sondern Sadat sprach nach einer graduellen Freilassung von inhaftierten Mitgliedern der Muslimbruderschaft ab 1971 im Jahr 1975 sogar eine Generalamnestie für alle Muslimbrüder aus.[31] Er veränderte in Folge seiner Reformpolitik die Organisationsstruktur der 1962 gegründeten ägyptischen Einheitspartei (die Arabische Sozialistische Union) und ergänzte sie um drei Plattformen, um eine größere politische Partizipationsmöglichkeit anzubieten.[32] Zusätzlich stellte er Ägyptens Wirtschaftspolitik unter der Einbeziehung des Internationalen Währungsfonds auf einen wirtschaftsliberalen Kurs um[33] und band sich außenpolitisch zusätzlich nicht mehr an die UdSSR, sondern an die USA. Um für diesen politischen Kurswechsel eine ausreichend starke Legitimationsbasis zu erschaffen, griff Sadat auf einen religiösen Begründungszusammenhang zurück. Er wurde als pietistischer, gläubiger Präsident dargestellt und gab den Muslimbrüdern begrenzten Raum für eine politische Teilhabe.[34] Letztlich sollten die vollständige Rehabilitation der Muslimbrüder zu Beginn der Amtszeit Sadats und ihr erweiterter politischer Spielraum den Ausgangspunkt für ihre Neuausrichtung bilden, deren Konsequenzen bis in die Anfangszeit der Präsidentschaft Mubaraks wirksam blieben.

Für die Organisationsstruktur und die ideologische Ausrichtung der Muslimbruderschaft ergaben sich in der Phase von der Ermordung ihres Gründers al-Bannas 1949 bis zur Ermordung des ägyptischen Präsidenten Sadat 1981 einige Entwicklungen, die weniger als eine wesentliche Veränderung ihrer Organisationsstruktur, als vielmehr im Sinne einer Vervielfältigung potentieller organisatorischer Entscheidungsleistungen und einer Erweiterung handhabbarer semantischer Formen, die in reger Konkurrenz zueinander standen, interpretiert werden können:

Erstens wurde in diesen Jahren, in denen die Organisation oftmals ohne Entscheidungen durch das ägyptische Führungsbüro operieren musste, die bereits angesprochene Etablierung internationaler Strukturen außerhalb des ägyptischen Staatsgebietes weiter vorangetrieben. Als die Mitglieder des militanten Flügels

---

31 Vgl. B. Zollner: The Muslim Brotherhood, S. 48.
32 Vgl. B. Tibi: „Schwache Institutionalisierung als politische Dimension der Unterentwicklung", S. 21-23 und H. Al-Awadi: In Pursuit of Legitimacy, S. 35-38.
33 Vgl. auch die klassische Studie von J. Waterbury: The Egypt of Nasser and Sadat.
34 Gerade der wirtschaftspolitische Kurswechsel unter Sadat und die sozialen und politischen Auswirkungen über seine Ermordung hinaus werden ausführlich von T. Osman: Egypt on the Brink, S. 127-157 geschildert. Die religiösen Legitimationsbestrebungen Sadats und sein Verhältnis zur Muslimbruderschaft werden analysiert von B. Rubin: Islamic Fundamentalism in Egyptian Politics, S. 16-20.

diesen Erfolg nicht-ägyptischer Ableger, der während ihrer Gefangenschaft stattgefunden hatte, nach ihrer Freilassung durch Sadat bemerkten, versuchten sie einerseits die Dominanz des Kairoer Organisationszentrums wiederherzustellen oder verließen andererseits Ägypten in Richtung der neuen Ableger. Auf diese Weise verfestigte sich nicht nur die internationale Organisationsstruktur der Muslimbrüder, sondern es bildeten sich durch den generell wachsenden Einfluss der wahhabitisch geprägten Ideen und der enormen finanziellen Mittel der Golfstaaten auch Teile der Unterstützungsnetzwerke des afghanischen Widerstandskampfes gegen die sowjetische Invasion aus.[35]

Zweitens blieb der zweite Oberste Führer al-Hudaybi trotz seines als weniger autoritär und durchsetzungsstark charakterisierten Führungsstils von bleibendem Einfluss für die Weiterentwicklung der Muslimbruderschaft. So modifizierte er ihre organisatorische Ausgestaltung in der Form, dass es zu einer Erneuerung der Führungsspitze kam. Die neue Position eines Stellvertreters seines Amtes wurde eingerichtet und er versuchte, die nach dem Tode al-Bannas stark gewordene Sektion der militanten al-Nizam al-Khass in ihrem organisatorischen Einfluss einzuschränken.[36] Gerade dieser letzte Aspekt zeigt sich sehr deutlich an einer wichtigen semantischen Auseinandersetzung dieser Zeitperiode. Im Gegensatz zur radikalen Ablehnung des ägyptischen Staates, wie sie vor allem Sayyid Qutb artikulierte, war al-Hudaybi für eine Kooperation mit dem politischen System in dem Sinne, dass es ohne einen revolutionären Umsturz zu einer graduellen Islamisierung der Gesellschaft von unten und damit letztlich des Staates kommen müsse. Das 1969 fertiggestellte, erst 1977 veröffentlichte und al-Hudaybi zugeschriebene Buch *Prediger, Nicht Richter (Duat la Qudat)*[37] zeugt von dieser internen Kontroverse der Muslimbruderschaft, da es als intellektuelles Gegengewicht zum Einfluss Sayyid Qutbs angesehen wird.[38]

Drittens verschob sich nach ihrer nahezu völligen Zerschlagung unter Nasser nach der großen Verhaftungswelle 1965/1966 der Rekrutierungsort der Muslim-

---

35 Vgl. A. Pargeter: The Muslim Brotherhood. The Burden of Tradition, S. 100-117.
36 Vgl. S. Khatab: „Al-Hudaybī's Influence on the Development of Islamist Movements in Egypt", S. 455.
37 Vgl. B. Zollner: The Muslim Brotherhood, S. 65. In der Historiographie zur angesprochenen Publikation Hudaybis verdichten sich die Belege, dass das Buch im Auftrag des ägyptischen Staates durch das al-Azhar-Establishment geschrieben wurde. Vgl. ebd., S. 423-426 und S. Khatab: „Al-Hudaybī's Influence on the Development of Islamist Movements in Egypt", S. 465.
38 Entsprechende Interpretationen finden sich bei B. Zollner: The Muslim Brotherhood, S. 3-15 und Dies.: „Prison Talk", S. 411-412.

bruderschaft ab den 1970er Jahren an die Universitäten. Dort schaffte sie es sukzessive, große Teile der bereits bestehenden muslimischen Studentenvereinigungen zu übernehmen. Der Nebeneffekt dieser Verschiebung des Rekrutierungsklientels von der unteren, ländlichen und urbanen Mittelschicht zu Zeiten al-Bannas zum universitär geprägten studentischen Milieu war letztlich der Start einer neuen und stärker politisch sowie pragmatisch ausgerichteten Ideologie der Muslimbruderschaft.[39] Während in der Führungsspitze also ein Wettstreit um das Verhältnis der Muslimbruderschaft zum ägyptischen Staat herrschte, der von einer mehr apolitischen und graduellen Islamisierung bis zur durchaus gewaltbereiten Ablehnung säkularer staatlicher Strukturen und der Implementierung einer Gottesherrschaft (Hakimiyyat Allah) reichte, wuchs an den Universitäten Ägyptens eine neue und durchaus politisch ausgerichtete Generation der Muslimbruderschaft heran.

5.4 Von den politischen Erfolgen während und nach der Präsidentschaft Mubaraks bis zur erneuten Zerschlagung 2013

Diese neue Generation der Muslimbruderschaft konnte in den 1980er Jahren wachsende Erfolge in den kaum vom ägyptischen Staat kontrollierten Berufsverbänden, den selbst verwalteten Fakultätsräten ägyptischer Universitäten und damit an der Peripherie des politischen Systems erreichen.[40] Dennoch kam es parallel vom Ende der 1970er Jahre bis in die Mitte der 1990er Jahre zu einer Phase eklatanter Gewaltanwendung aus dem islamistischen Milieu Ägyptens. Auf der einen Seite formierte sich zum Ende der Amtszeit von Sadat harsche islamistische Kritik am 1979 geschlossenen Friedensvertrag zwischen Ägypten und Israel, auf der anderen Seite gelang es der Muslimbruderschaft nicht, alle islamistischen Studentenvereinigungen Ägyptens zu übernehmen. Es radikalisierten sich Teile dieser Studentenverbindungen und es sollten ihnen nicht nur der ägyptische Staatspräsident Sadat, sondern auch zahlreiche Zivilisten, Teile des ägyptischen Sicherheitsapparates und Touristen zum Opfer fallen. Husni Mubarak, der den tödlichen Anschlag auf Sadat überlebte, ging noch weit bis in die 1990er

---

39 Vgl. A. Pargeter: The Muslim Brotherhood. The Burden of Tradition, S. 36-44 und H. Al-Awadi: In Pursuit of Legitimacy, S. 42-43.

40 Vgl. die Ausführungen von H. Al-Awadi: In Pursuit of Legitimacy, S. 90-98; A. Pargeter. The Muslim Brotherhood. The Burden of Tradition, S. 44 und M. Zahid: The Muslim Brotherhood and Egypt's Succession Crisis, S. 105-128.

Jahre mit großem sicherheitspolitischen Aufwand gegen die militanten Flügel des ägyptischen Islamismus vor.[41] Ebenfalls öffnete er weiteren politischen Spielraum für die Muslimbruderschaft, von der er sich Unterstützung im Kampf gegen die militanten Gruppierungen erhoffte.[42] Wichtig an dieser Episode des politischen Islam in Ägypten ist, dass die Führung der Islamischen Gruppe Ägyptens (al-Jamaa al-Islamiyya) 1997 dem militanten Kampf gegen den ägyptischen Staat abschwor und 2002 den bewaffneten Arm der Gruppierung stilllegte, sodass zwar noch eine Verbindung zwischen den Muslimbrüdern und den gewaltbereiten Bewegungen bestand:

„This jihadist group and many other similar-minded organizations, collectively known as the ‚*al-Jama'at al-Islamiyya/* Islamist groups' or dubbed *Jama'at al-takfir*, are, for the most, part splinter groups that broke away from the original Muslim Brotherhood Movement."[43]

Diese Verbindung bestand jedoch weniger auf organisatorischer Ebene als viel mehr in der Nähe potentieller Rekrutierungsorte neuer Mitglieder (vor allem den Universitäten) und einer ideologischen Verwandtschaft in ihrer Kritik am ägyptischen Staat. Es vollzog sich in dieser Phase die endgültige Abkehr der Muslimbruderschaft von der Gewaltanwendung: ihre Führungsspitze sprach sich regelmäßig gegen die militanten Aktionen aus und auch personell zeichnete sich ab, dass mit dieser politischen und ideologischen Neuausrichtung der Muslimbrüder unzufriedene Sympathisanten in die militanten Segmente des politischen Islam wechselten. Dem Nachfolger im Amt des Obersten Führers der Muslimbrüder al-Hudaybis, Umar al-Talmasani, wird dabei die entscheidende Rolle zugesprochen, sich gegen die gewaltbereiten Reste der Nizam al-Khass durchgesetzt zu haben und damit den Weg der Muslimbruderschaft zur Partizipation am politischen System Ägyptens während der Regierungszeit Husni Mubaraks geebnet zu haben.

---

41 Vgl. die Rekonstruktion der Genese, der Entwicklung und des Endes der militanten islamistischen Gruppierungen Ägyptens von O. Ashour: „Lions Tamed?". Auf S. 612 seines Artikels schreibt Ashour, dass von 1992 bis 1996 471 Todesopfer unter den Mitgliedern der militanten Gruppierungen, 401 Todesopfer bei den ägyptischen Sicherheitskräften, 306 getötete Zivilisten und 97 getötete Touristen gezählt wurden. Dazu gab es Mitte der 1990er etwa 30.000 Personen, die im Zuge der Maßnahmen der ägyptischen Sicherheitsbehörden inhaftiert wurden.
42 Vgl. H. Al-Awadi: In Pursuit of Legitimacy, S. 57.
43 B. Tibi: Islam's Predicament with Modernity, S. 276.

„Unlike Qutb, who had drawn strict boundaries between ‚genuine' and ‚fake' Muslims, Tilmesani practiced a more flexible strategy and aimed to forge relations with his political and ideological opponents."[44]

Als Schlüsselereignis der ägyptischen Muslimbruderschaft auf ihrem Weg zur neuen politischen Partizipation gelten die Wahlen zum ägyptischen Parlament 1984. Für diese Wahlen schloss al-Talmasani ein strategisches Bündnis mit der Wafd-Partei: Mitglieder der Muslimbrüder durften auf die Liste der Wafd-Partei, dafür bekam die Wafd-Partei Stimmen von Anhängern der Muslimbruderschaft.[45] Auf diese Weise nahm die Muslimbruderschaft, wenn auch inoffiziell und verdeckt, aktiv am politischen Prozess des autoritär geführten Mubarak-Regimes teil. Infolgedessen begann eine zentrale und intensiv geführte interne Debatte um den Umfang dieser politischen Teilhabe, die die ideologische und strukturelle Fortentwicklung der Muslimbrüder bis heute prägt und mit dem gewaltsamen Sturz Mohammed Mursis Anfang Juli 2013 eine weitere Aktualisierung erfahren hat. Um diesen vielschichtigen und knapp 30 Jahre währenden Prozess bündig und systematisch aufzubereiten, werden im Folgenden drei Dimensionen nacheinander dargestellt:

- Die Beteiligung der Muslimbruderschaft an den ägyptischen Parlamentswahlen von 1984 bis 2011-12 und den Präsidentschaftswahlen 2012.
- Die ideologische Ausrichtung der Muslimbruderschaft im Lichte gegenwärtiger Vordenker des politischen Islam.
- Die Entwicklung der Reform- und Wahlprogramme der Muslimbruderschaft bis zum Verfassungsreferendum 2012.

Art und Umfang der Beteiligung an den verschiedenen ägyptischen Parlamentswahlen waren innerhalb der Muslimbruderschaft stets umstritten. Dennoch haben die Muslimbrüder nur die Parlamentswahlen 1990 boykottiert und an allen übrigen Wahlen der Mubarak-Ära (1984 erreichten sie zusammen mit der Wafd-Partei 58 Sitze, davon 8 eigene Sitze; 1987 zusammen mit der Arbeiter-Partei 58 Sitze, davon 36 eigene Sitze; 1995: 1 eigenen Sitz; 2000: 17 eigene Sitze; 2005: 88 eigene Sitze und 2010: 0 Sitze) teilgenommen. Für die einzelnen Wahlen sind die Muslimbrüder wechselnde Koalitionen eingegangen. So arbeiteten sie 2005 beispielsweise mit der zivilgesellschaftlichen Widerstandsgruppe *Kifaya* (wört-

---

44 H. Al-Awadi: In Pursuit of Legitimacy, S. 80.
45 Vgl. B. Rubin: Islamic Fundamentalism in Egyptian Politics, S. 21 und S. 28-31.

lich: Es ist genug) zusammen.[46] Die durchaus pragmatisch ausgerichtete parlamentarische Arbeit der Muslimbruderschaft, ihre Bereitschaft mit verschiedenen Lagern zusammenzuarbeiten und die Differenzierung des islamistischen Spektrums nach der Abspaltung führender Muslimbrüder und der Gründung der *al-Wasat-Partei* (Partei der neuen Mitte) im Jahr 1996 wurde in der Forschung als Kennzeichen des beginnenden Post-Islamismus, also der Einbindung islamistischer Parteien und Ideen in den politischen Mainstream angesehen.[47] Insgesamt haben die Muslimbrüder im Laufe ihrer Parlamentsbeteiligung trotz regelmäßiger staatlicher Repressionen (besonders gewaltsame Repressionen gab es bei den Parlamentswahlen 1995 und 2010) und nur sehr geringem politischen Gestaltungsraum eine bedeutsame Stellung im politischen System unter Mubarak eingenommen. Denn während sie von dem Ziel angetrieben worden war, formal durch den ägyptischen Staat anerkannt und zu einem legitimen Bestandteil der ägyptischen Gesellschaft zu werden, suchte Mubarak mit den Wahlen durchaus eine öffentliche Legitimation, sodass ihre wechselseitige Beziehung „[…] has therefore been shaped largely by their simultaneous pursuit of legitimacy, each on different terms."[48] Daher spitzte sich das Verhältnis beider im Laufe der 2000er Jahre konflikthaft zu, da sich die Anzeichen dafür mehrten, dass Gamal Mubarak, Husni Mubaraks ältester Sohn, zum nächsten ägyptischen Präsidenten aufgebaut werden sollte. Als dann die Muslimbrüder 2005 mit 88 errungenen Parlamentssitzen ihren bis dato größten Wahlerfolg erreicht hatten und sich strikt gegen die Nachfolge Gamal Mubaraks aussprachen, kam es bei den Wahlen 2010 zu größeren Verhaftungswellen und massiven Wahlfälschungen durch den ägyptischen Staat; mit der Konsequenz, dass die Muslimbruderschaft 2010 keinen Sitz im Parlament erringen konnte.[49]

---

46 Vgl. A. Ghanem/M. Mustafa: „Strategies of Electoral Participation by Islamic Movements", S. 397-402; A. Pargeter: The Muslim Brotherhood. The Burden of Tradition, S. 45-46 und S. 57 und M. Zahid: The Muslim Brotherhood and Egypt's Succession Crisis, S. 97-103 und S. 129-152. Die detaillierteste Studie zur Funktionsweise der Wahlen unter der Präsidentschaft Mubaraks stammt von L. Blaydes: Elections und Distributive Politics in Mubarak's Egypt.

47 Diese Einschätzung der politischen Performanz der Muslimbruderschaft findet sich implizit bei M. El-Ghobashy: „The Metamorphosis of the Egyptian Muslim Brothers" und explizit bei J. Stacher: „Post Islamist Rumblings in Egypt", S. 415–432.

48 H. Al-Awadi: In Pursuit of Legitimacy, S. 3.

49 Vgl. A. Ghanem/M. Mustafa: „Strategies of Electoral Participation by Islamic Movements", S. 400-402 und M. Tadros: The Muslim Brotherhood in Contemporary Egypt, S. 19-28.

Die gemeinhin mit dem Begriff des ‚Arabischen Frühlings' bezeichneten politischen Transformationsprozesse in der MENA-Region führten am 11. Februar 2011 zum Sturz Husni Mubaraks und stellten den jüngsten Ereigniskontext der politischen Partizipation der Muslimbrüder dar. Die Massendemonstrationen in Ägypten wurden zu ihrem Beginn durch zahlreiche zivilgesellschaftliche Bewegungen getragen, die bereits seit mehreren Jahren vielfältigen Widerstand gegen das Herrschaftssystem Mubaraks geliefert hatten. Das Besondere war, dass diese Massenproteste zwar zeitlich sehr nah an die äußerst repressiv geführten Parlamentswahlen Ende 2010 anschlossen, in ihnen aber der jahrelange Widerstand verschiedenster Oppositionsgruppen kulminierte. Die Beteiligung der Muslimbrüder an den Massenprotesten im Januar und Februar 2011 wird als zurückhaltend beschrieben. Während jüngere Mitglieder von Beginn an teilnehmen wollten, beteiligte sich die Muslimbruderschaft offiziell erst an den Protesten, nachdem diese voll in Gang gesetzt waren. Durch ihren hohen Organisationsgrad war sie jedoch dazu in der Lage, wichtige Funktionen für die Aufrechterhaltung der Proteste zu übernehmen.[50] Im Gegensatz zu anderen Oppositionsgruppen sprachen sich die Muslimbrüder für schnelle Parlaments- und Präsidentschaftswahlen aus, verkündigten aber zunächst für maximal 35 % der Sitze im ägyptischen Ober- und Unterhaus kandidieren und keinen eigenen Präsidentschaftskandidaten aufstellen zu wollen.[51] Von dieser Ankündigung wich die Muslimbruderschaft in den ersten freien ägyptischen Wahlen Ende 2011 deutlich ab. Mit der Gründung ihrer ersten und erstmalig offiziell vom ägyptischen Staat zugelassenen Partei, der Freiheits- und Gerechtigkeitspartei, war die Muslimbruderschaft dazu in der Lage, die Wahlen zum ägyptischen Unter- und Oberhaus als stärkste Partei für sich zu entscheiden und ihr Präsidentschaftskandidat Mohammed Mursi konnte sich in der zweiten Wahlrunde mit knapper Mehrheit durchsetzen.[52]

---

50 Vgl. T. Hasche: „Politischer Frühling?"; Ders.: „Was von den Protesten übrigblieb" und A. Pargeter: The Muslim Brotherhood. From Opposition to Power, S. 213-217.

51 Vgl. T. Osman: Egypt on the Brink, S. 119-120 und E. El-Din Shahin: „The Egyptian Revolution", S. 58.

52 Im ägyptischen Unterhaus konnte die Freiheits- und Gerechtigkeitspartei mit 216 Sitzen 43,8 % der Parlamentssitze erringen (Vgl. http://eisa.org.za/WEP/egy2012 results1.htm [letzter Zugriff am 31.01.2015]). Im ägyptischen Oberhaus erlangte die Freiheits- und Gerechtigkeitspartei mit 105 Sitzen 58,3 % aller Sitze (http://eisa.org.za/WEP/egy2012results2.htm [letzter Zugriff am 31.01.2015]). In der zweiten Runde der Präsidentschaftswahlen setzte sich der Kandidat der Muslimbrüder, Mohammed Mursi, mit 51,7 % der Stimmen gegen Ahmad Schafiq (48,3%) durch (http://eisa.org.za/WEP/egy2012results.htm [letzter Zugriff am 31.01.2015]).

Innerhalb von knapp eineinhalb Jahren nach dem Sturz Mubaraks war es der Muslimbruderschaft damit gelungen, von einer nur teilweise geduldeten Oppositionsbewegung als stärkste politische Kraft ins Zentrum des politischen System Ägyptens vorzurücken.[53]

Diese Schritte der Muslimbruderschaft von ihrem kompletten gesellschaftlichen Ausschluss unter Nasser bis zur Erlangung der ägyptischen Präsidentschaft im Juni 2012 wurden von einer Diversifizierung der Semantik des politischen Islam begleitet, die für die ideologische Ausrichtung der Muslimbruderschaft eine wesentliche Rolle gespielt hat. Die gedanklichen Grundpositionen des ägyptischen Islamismus spielten sich dabei im Rahmen zweier großer öffentlicher Konfliktlinien ab:

„First, the competition for symbolic power between the Islamist movement and the state has defined Islamic orthodoxy in the public sphere. Second, there is a sharp ideological divide between Islamists and liberal intellectuals."[54]

Zusätzlich lassen sich vier zentrale Gruppen identifizieren, die um die Bedeutung und Deutungshoheit des sunnitischen Islam in Ägypten und darüber hinaus für die islamische Gemeinschaft ringen: Erstens das traditionelle al-Azhar Establishment, zweitens islamistische Prediger, drittens islamistische Zentristen (der Wasatiyya-Trend) und viertens nicht-islamistische muslimische Intellektuelle.[55] Diese Aufzählung von Hoigilt muss angesichts der Wahlerfolge der salafistischen Parteien und Gruppierungen nach dem Sturz Mubaraks[56] noch um den ägyptischen Salafismus erweitert werden, der bereits zuvor kurz erwähnt worden ist. Im Folgenden werden aktuelle politische Überlegungen des Wasatiyya-Trends skizziert, um die Konturen der semantischen Spielräume der Muslimbruderschaft während ihres politischen Aufstiegs von 1984 bis Mitte 2013 umreissen zu können.

Der islamistische Wasatiyya-Trend begann in den 1970er Jahren, als die Golfstaaten, bedingt durch ihren erfolgreichen Erdöl-Export, mehrere Millionen ägyptischer Gastarbeiter anzogen und auf diese Weise ebenfalls ihre deutlich konservativere Auslegung des sunnitischen Islam exportieren konnten.[57] Die seit

---

53 Vgl. auch die Schilderungen von C. Rosefsky Wickham: The Muslim Brotherhood, S. 248-260.
54 J. Hoigilt: Islamist Rhetoric, S.30.
55 Vgl. ebd., S. 36-52. Vgl. auch Z. Baran: The Other Muslims.
56 Vgl. A. El Difraoui: Politisierter Salafismus in Ägypten.
57 Vgl. T. Osman: Egypt on the Brink, S. 89 und S. 95-97.

dieser Zeit zunehmende Bedeutung islamischer Symbole und Werte in der Öffentlichkeit ist in der Wissenschaft durch den Begriff des *Islamischen Erwachens* gekennzeichnet worden. Dem Wasatiyya-Trend wird dabei eine mittlere Position zwischen islamistischen Quietisten und gewaltbereiten Extremisten zugesprochen:

„This moderate Islamic mainstream eschewed the passivity of the religious quietists and called for the transformation of society along Islamic grounds. However, they categorically rejected violent methods as incompatible with the goals they sought."[58]

Die Religion des Islam beinhaltet für die Vertreter dieses islamistischen Trends mehr als ein System von moralisch-rechtlichen und religiösen Vorschriften. Als Zivilisation bärge der Islam ein kulturelles und intellektuelles Reservoir, das über die individuelle Lebensführung hinaus Grundlagen für Erziehung, Kunst, gesellschaftlichen Zusammenhalt, Ökonomie und Politik böte.[59] Für die politisch-programmatische Entwicklung der Muslimbruderschaft sind die Überlegungen von zeitgenösischen Schriftstellern wie dem bereits porträtierten Yusuf al-Qaradawi, aber auch Tariq al-Bischri, Kamal Abu al-Majd und Muhammad Salim al-Awwa[60] ausschlaggebend. Da sich diese Autoren in ihren Schriften auf die Ausgestaltung eines modernen politischen Systems beziehen und nicht die Errichtung eines islamischen Staates vergangener Jahrhunderte vertreten, werden sie auch als „Islamic Constitutionalists"[61] bezeichnet. In ihrer Konzeption eines modernen Staates kommt der Scharia folgende Rolle zu: Die Inhalte der Scharia auf der Basis des Korans und der Sunna sind von jedem Gläubigen aus religiöser Pflicht heraus zu befolgen. Die Scharia beinhaltet zuvorderst die moralischen Grundlagen der Gemeinschaft (*Umma*), ferner auch die Regularien einer islamischen Regierungsführung. Auf diese Weise erzeugt sie die basale Identität und Stabilität in einem islamischen Gemeinwesen.[62] Das Ziel des Staates ist es, die Vorschriften der Scharia zu implementieren. So wird Gerechtigkeit in der Gemeinschaft etabliert. Um entsprechend dieser Argumentation im Interesse der Gemeinschaft (*Maslaha*) staatlich handeln zu können, muss es zu einer mögli-

---

58 R.W. Baker: Islam without Fear, S. 2.
59 Vgl. ebd., S. 12-14 und die entsprechenden Detailanalysen Bakers, wie sie im Inhaltsverzeichnis aufgeführt werden.
60 Vgl. B.K. Rutherford: Egypt after Mubarak, S. 98.
61 Vgl. ebd., Kapitel 3 "Islamic Constitutionalists: The Political Goals of Moderate Islam".
62 Vgl. ebd., S. 102.

cherweise parlamentarischen, aber zumindest menschengemachten Verabschiedung von Scharia-konformen Gesetzen kommen. Dies ist über die islamische Rechtsfigur des *Idschtihad* (unabhängige Auslegung) im Rahmen der wissenschaftlichen Auslegung des islamischen Rechts (*Fiqh*) möglich:

> „This process of interpreting *shari'a* to meet the challenges of daily life is the science of *fiqh*. The theorists maintain a firm distinction between *shari'a* and *fiqh*. *Shari'a* embodies the sublime principles of the faith that transcend time and place. *Fiqh*, in contrast, is the imperfect effort of humans to apply these broad principles to specific conditions."[63]

Aufgrund dieser prononcierten Stellung der Scharia für die Ausgestaltung eines politischen Systems im politiktheoretischen Diskurs des Wasatiyya-Trends kommt islamischen Rechtsgelehrten (*Ulama*) eine starke Stellung im politischen System zu. Diese sollen zwar nicht selbst Gesetze verabschieden[64], jene jedoch im Sinne einer unabhängigen Judikative auf ihre Scharia-Konformität untersuchen können.[65] Damit unterliegt die Regierung innerhalb eines derart ausgestalteten Scharia-Staates[66] der Konsultationspflicht (*Schura*), ist durch einen Vertrag (*Aqd*) an die politische Gemeinschaft gebunden und kann unter bestimmten Bedingungen von der Bevölkerung kritisiert und abgesetzt werden. Den Rahmen für die inhaltliche Ausgestaltung dieses Verhältnisses von Regierung und Bürgern bildet jedoch wiederum die Scharia.[67]

Zusammengefasst lassen sich diese aufgeführten Überlegungen gegenwärtiger islamistischer Schriftsteller vor allem im Kontrast zu liberalen politischen Ideen westlicher Politikvorstellungen sehr gut mit einem abschließenden Blick auf die Konzeption von Zivilgesellschaft charakterisieren. Zivilgesellschaft wird im islamistischen Diskurs mit der islamischen Glaubensgemeinschaft gleichgesetzt, sodass dadurch wiederum den Rechtsgelehrten und dem islamischen Recht eine bedeutsame Rolle in der Ausgestaltung der Zivilgesellschaft zugesprochen wird. Daher kommt ihr nicht die Rolle einer vielschichtigen und unabhängigen gesellschaftlichen Instanz zu, sondern das Ziel der Stärkung der islamischen

---

63 Ebd., S. 103.
64 Vgl. ebd., S. 108.
65 Vgl. ebd., S. 112.
66 Vgl. zu diesem Konzept die kritische Studie zur ideengeschichtlichen Legitimation und politischen Performanz eines Scharia-basierten Staatsmodells seit den rapiden Veränderungsprozessen des ‚Arabischen Frühlings' von B. Tibi: The Shari'a-State, Einleitung, Kapitel 2, 4 und 5.
67 Vgl. B.K. Rutherford: Egypt after Mubarak, S. 109-113.

Gemeinschaft, der Ermöglichung guter islamischer Regierungsführung und der Aufrechterhaltung und Verstärkung islamischer Werte.[68] Diese Ausführungen zeigen sehr deutlich, dass dem Einzelnen, seiner Handlungsfreiheit und seinen Rechten innerhalb der islamischen Gemeinschaft nicht derselbe Status zukommt wie in der Tradition des westlichen politischen Liberalismus, sondern dem Kollektiv der islamischen Umma und den Inhalten der Scharia die Priorität zugesprochen wird. Dieser Zusammenhang zeigt sich vor allem im islamistischen Verständnis von Demokratie, in welcher individuelle Rechte und vom Parlament verabschiedete Gesetze mit der Scharia konform sein sollten[69], sodass für den idealtypischen Kreislauf legitimer politischer Macht aus Sicht der Muslimbrüder gilt:

„Because Egyptian's have Islamic preferences, they will support *shari'a*, and if a democratic regime could accurately translate those preferences into law, then the regime would be both fully democratic and Islamic."[70]

Im Zuge der steigenden Partizipation der Muslimbruderschaft am politischen System Ägyptens unter und nach der Präsidentschaft Mubaraks sowie der damit einhergehenden Transformation ihrer weiterhin religiös fundierten und legitimierten politischen Ideen verfasste die Muslimbruderschaft verschiedene politische Grundsatzprogramme. Bereits im Jahr 1984, als durch das von Mubarak veränderte Parteiengesetz der angesprochene Wandel in Gang gesetzt wurde, verfasste die Muslimbruderschaft zwei Entwürfe eines Parteienmanifests, die nicht öffentlich eingereicht wurden, jedoch die interne Debatte um die politische Partizipation am ägyptischen Staat prägten.[71] Nachdem 1994 ein weiteres politisches Wahlprogramm wenig öffentliche Beachtung fand, wurden in den 2000er Jahren[72] zwei Dokumente veröffentlicht, die die inhaltliche und programmatische Vorarbeit der politischen Partizipation der Muslimbruderschaft nach dem Sturz Mubaraks bilden sollten. 2004 erarbeitete sie eine Initiative für Prinzipien der Reform in Ägypten. 2007 veröffentlichte sie, mit dem Rückenwind des Erfolges bei den Parlamentswahlen 2005, den Entwurf eines Parteiprogramms.

---

68 Vgl. M.C. Browers: Democracy and Civil Society in Arab Political Thought, S. 130-137 und S. 154-155.
69 Vgl. dazu auch die Analysen von B.K. Rutherford: Egypt after Mubarak, S. 113-117.
70 C. Harnisch/Q.Mecham: „Democratic Ideology in Islamist Opposition?", S. 197.
71 Vgl. H. Al-Awadi: In Pursuit of Legitimacy, S. 83-84.
72 Vgl. A. Pargeter: The Muslim Brotherhood. The Burden of Tradition, S. 54-59 und M. Tadros: The Muslim Brotherhood in Contemporary Egypt, S. 12.

Dieser Entwurf entfachte eine große öffentliche Debatte. Grundsätzlich waren die darin geäußerten politischen Positionen in Bezug auf eine starke Stellung der Scharia und islamischer Rechtsgelehrter eine Konzession an die konservativen Teile der Bewegung. Jedoch gingen diese Konzessionen der jüngeren Generation der Führungsriege der Muslimbruderschaft sowie großen Teilen der ägyptischen Öffentlichkeit deutlich zu weit.[73] Die Vorarbeit dieser beiden Dokumente für das Wahlprogramm des 2011 gegründeten Parteiablegers der Muslimbruderschaft, der Freiheits- und Gerechtigkeitspartei[74], liegt darin, dass die finalen Themen des parteipolitischen Konzepts der Muslimbruderschaft erstmalig festgelegt worden waren. Dazu gehören vor allem die Themen der staatlichen Souveränität (Volksherrschaft und der Einfluss der Scharia), der politischen Herrschaftskontrolle (Schura), des politischen Pluralismus und der Staatsbürgerschaft.[75]

In diesem Sinne umfasst das für die zwei Parlamentswahlen der Jahre 2011 und 2012 entworfene Wahlprogramm der Freiheits- und Gerechtigkeitspartei fünf große Themenbereiche, in denen ein modernes, auf den Grundsätzen der Scharia beruhendes politisches System skizziert wird, welches besonderen Wert auf die Rechtssicherheit der Bürgerinnen und Bürger, die Schura als Regierungsprinzip, aber auch die Wahrung und Stärkung des Islam und eine Wiederbelebung der politischen, religiösen und kulturellen Führungsrolle Ägyptens legt.[76] Nach einem ersten Teil über die Identifikation dringender politischer Handlungsfelder (Sicherheitskräfte, wirtschaftliche Lage und Kampf gegen Korruption)[77] kommt es in jenem Wahlprogramm zur Erarbeitung der Charakteristika des Staates, der Natur des politischen Systems und fundamentaler politischer Prinzipien.[78] Zu Beginn dieses Abschnittes wird gleich betont, dass die Errichtung des angestrebten zivilen und islamischen Staates „[...] requires a new constitution, with enlightened principles of Sharia (Islamic law) as its frame of reference and the source to its articles and the subsequent changes in the legal sys-

---

73 Vgl. A. Pargeter: The Muslim Brotherhood. The Burden of Tradition, S. 54-59.
74 Auch nach dem Sturz Mohammed Mursis, der Zerschlagung und Verhaftung zahlreicher Muslimbrüder und weiterer Repressionen durch den ägyptischen Staat ab Juli 2013 ist die englischsprachige Webseite der Freiheits- und Gerechtigkeitspartei weiterhin online zugänglich: http://www.fjponline.com/ [letzter Zugriff am 01.02.2015].
75 Vgl. dazu die sehr informativen und aussagekräftigen Analysen von M. Tadros: The Muslim Brotherhood in Contemporary Egypt, Kapitel 3, 4 und 6.
76 Vgl. Freedom and Justice Party: Election Program (http://www.fjponline.com/uploads/FJPprogram.pdf. [letzter Zugriff am 01.02.2015]).
77 Vgl. ebd., S. 6-9.
78 Vgl. ebd., S. 10-16.

tem."[79] Dabei wird die Rolle der Scharia vor allem im Hinblick auf die Erzeugung von verfassungsmäßig garantierter Rechtssicherheit interpretiert, da ergänzend hinzugefügt wird, dass: „This would safeguard for Egyptian citizens all their social, economic, political and other rights, without prejudice."[80] Als konstitutives Merkmal des Regierungsprinzips in einem auf der Scharia beruhenden islamischen Verfassungsstaat wird die Schura festgelegt. Für diese gilt jedoch, dass sie deutlich über ein politisches Kontroll- und Regulierungsinstrument hinausgeht und großen Einfluss auf das soziale Miteinander besitzt:

„Shura is not merely a political principle governing only the forms of political relations. Indeed, it is a pattern of behaviour and a general approach to managing the various aspects of life in the State, in addition to being a frame of work for faith and a moral guide for the behaviour of individuals and their social relations, instilled in the hearts and minds of individuals, families, societies and the rulers, in order for it to become part and parcel of the patriotic character and an important ingredient thereof, and to engage all citizens."[81]

Im Anschluss an dieses Themenfeld der angestrebten politischen Ordnung werden die Themen der sozialen Gerechtigkeit[82] und der gesellschaftlichen Entwicklung[83] angesprochen. Abschließend behandelt das Wahlprogramm die zukünftige regionale Rolle Ägyptens mit seinem politischen, religiösen, kulturellen und medialen Führungsanspruch im Lichte seiner traditionell besonderen Stellung, die es auf verschiedene Art und Weise zu revitalisieren gelte.[84] Das primäre Verbindungsmerkmal der arabischen Länder Nordafrikas und des Nahen Ostens ist die Religion des Islam und in diesem Sinne kommt den religiösen Institutionen des Landes die Schlüsselrolle in der Wiederherstellung der regionalen Führungsrolle Ägyptens zu:

„The Egyptian people are amongst the oldest and most devoted to their religion. They also have the most respect for the religious morals and values. They consider the religion of Islam the supreme authority and fundamental framework for them in all fields. Therefore, our program relies on religious institutions and expects them to play a prominent role in promoting the various cultural, political, social and other aspects of Egyptian life."[85]

---

79 Ebd., S. 10.
80 Ebd.
81 Ebd., S. 11.
82 Vgl. ebd., S. 17-21.
83 Vgl. ebd., S. 22-34.
84 Vgl. ebd., S. 35-43.
85 Ebd., S. 41.

Die jüngere Verfassungsgeschichte Ägyptens begann im Jahr 1971, als die bis 2011 gültige Verfassung des Landes und das bis heute tätige oberste ägyptische Verfassungsgericht per nationalem Referendum eingerichtet wurden. 1980, noch unter der Regierungszeit Sadats, wurde Artikel 2 dieser Verfassung geändert und die islamische Scharia wurde von einer grundlegenden Quelle zu der grundlegenden Quelle der ägyptischen Gesetzgebung. Was zunächst vor allem eine symbolische Geste gegenüber dem islamistischen Milieu darstellte, wurde ab 1993 in der Rechtsprechung durch das oberste Verfassungsgericht an verschiedenen Fällen zu einer utilitaristischen Theorie und Methodik der Scharia-Rechtsprechung fortentwickelt.[86] Die auf diese Weise bereits existierende Einbeziehung islamischer Rechtsvorstellungen in der ägyptischen Verfassungspraxis und die zentrale Rolle der Scharia im Wahlprogrammes der Freiheits- und Gerechtigkeitspartei lassen erkennen, dass im Zuge des politischen Transformationsprozesses nach dem Sturz Mubaraks der Ausgestaltung der neuen ägyptischen Verfassung eine entscheidende Wegmarke zukam. Mit einigem Abstand zur Annahme dieser Verfassung[87] per Referendum am 15.12. und 22.12.2012[88] zeichnet sich ab, dass für die Muslimbrüder der oberste ägyptische Militärrat, der nach dem Sturz Mubaraks sämtliche Regierungsfunktionen übernommen hatte, die zahlreichen, aber auch zersplitterten liberalen und säkularen Protestbewegungen und die aufstrebenden salafistischen Parteien und Gruppierungen die wichtigsten Gegenspieler im Verfassungsgebungsprozess waren. Folglich verließ sich die Muslimbruderschaft bei der Durchsetzung eines islamisch geprägten Verfassungsentwurfes neben der neu gewonnenen präsidialen Machtfülle durch den Wahlsieg ihres Kandidaten Mursi auf eine Allianz mit dem inhaltlich nahe stehenden salafistischen Lager.[89] Dies hatte zur Konsequenz, dass die Ende 2012 angenommene Verfassung noch stärkere islamische Bezüge bekam als das skizzierte Wahlprogramm vermuten ließ.

Dies läßt sich daran festmachen, dass die Scharia weiterhin in Artikel 2 als die grundlegende Quelle der ägyptischen Gesetzgebung verankert blieb, ihre

---

86 Vgl. die detailreiche Schilderung und Analyse von C. Benner Lombardi: „Islamic Law as a Source of Constitutional Law in Egypt", S. 81–123.

87 Eine englische Übersetzung der Verfassung lässt sich unter dieser Webadresse abrufen: http://www.sis.gov.eg/newvr/theconistitution.pdf [letzter Zugriff am 31.01.2015].

88 Bei einer Wahlbeteiligung von 32,9 % wurde die Verfassung mit 63,8 zu 36,2 Prozent der abgegebenen Stimmen angenommen. Vgl. http://eisa.org.za/WEP/egy2012 referendum.htm (letzter Zugriff am 31.01.2015).

89 Vgl. die detaillierte Schilderung des Verfassungsgebungsprozesses von S. Tadros: „What is a Constitution Anyway?".

Stellung jedoch durch weitere Artikel gestärkt wurde. *Erstens* war es nun die ägyptische al-Azhar, die laut Artikel 4 der Verfassung von 2012 in Angelegenheiten des islamischen Rechts zu konsultieren sei. *Zweitens* wurde die Bedeutung der Scharia in dem neu geschaffenen Artikel 219 erstmalig ausformuliert als: „The principles of Islamic Sharia include general evidence, foundational rules, rules of jurisprudence, and credible sources accepted in Sunni doctrines and by the larger community."[90] *Schließlich* ergab gerade diese weite Definition und der Hinweis auf die Akzeptanz von Scharia-Prinzipien in der breiteren Gemeinschaft in Verbindung mit den Verfassungsartikeln 10, 76 und 81, die Aussagen über die Rolle von Werten in der Familie, der Gesellschaft und dem Gebrauch von individuellen Freiheiten trafen, für einige Interpreten ein Einfallstor für eine Einschränkung von Freiheitsrechten durch Scharia-Prinzipien.[91]

Der immense politische Erfolg des gewonnenen Verfassungsreferendums und damit eine scheinbar komplette Übernahme der ägyptischen Staatsorganisation durch die Muslimbruderschaft waren jedoch nicht von langer Dauer. Rückblickend auf den Sturz von Mohammed Mursi am 03.07.2013, die anschließende Machtübernahme durch das ägyptische Militär, die Einstufung der Muslimbruderschaft als Terrororganisation im Dezember 2013[92] und das positive Referendum über eine neue Verfassung am 08. und 12.01.2014[93] scheint die Muslimbruderschaft nicht dazu in der Lage gewesen zu sein, ihrem „doppelten Dilemma"[94] gerecht zu werden. Mit der Durchsetzung ihres Verfassungsentwurfes mit Unterstützung des salafistischen Lagers und den anschließenden Machtkämpfen mit dem ägyptischen Militär und der Richterschaft machte sie sich die übrig gebliebene Staatselite (den sogenannten *deep state*) zum erbitterten Gegner. Zusätzlich erwies sich die Muslimbruderschaft als nicht dazu fähig, die verbliebenen säkular-liberalen Gruppierungen, die sich selbst als rechtmäßige Träger der Revolution von 2011 sahen, mit in das von ihr dominierte politische System einzubeziehen, was im Sommer 2013 eine erneute Welle von Massenprotesten zur Folge hatte. Die Konsequenzen waren schwerwiegend und katapultierten die Muslim-

---

90 S. 57 der englischen Übersetzung der ägyptischen Verfassung von 2012 (http://www.sis.gov.eg/newvr/theconistitution.pdf [letzter Zugriff am 01.02.2015]).
91 Vgl. die kritische Analyse der Verfassung durch S. Tadros: „What is a Constitution Anyway?", S. 15-16 und S. 20-21.
92 Vgl. Ohne Verfasser: „Egypt government declares Muslim Brotherhood 'terrorist group'".
93 Vgl. Ohne Verfasser: „Ägyptens Wahlkommission verkündet 98,1-Prozent-Ergebnis".
94 Vgl. die erstaunlich genauen Einschätzungen, die C. Rosefsky Wickham: The Muslim Brotherhood, auf S. 268 noch vor der Entmachtung Mursis formulierte.

bruderschaft innerhalb kürzester Zeit von der Spitze des politischen Systems zurück in den Untergrund und damit an den Rand der ägyptischen Politik. Das zeigt sich in besonders deutlicher Weise an den jüngeren, äußerst harschen Gerichtsurteilen gegen Mitglieder der Muslimbruderschaft.[95] Letztlich ist die Muslimbruderschaft auch damit gescheitert, ihr transnationales Netzwerk in der MENA-Region auszubauen und unter der Führung Ägyptens Einfluss auf die geopolitischen Konkurrenzkämpfe dieser Region zu nehmen. Nicht nur konnte das ägyptische Militär durch die Ende Mai 2014 stattgefundenen Präsidentschaftswahlen und den Sieg ihres Kandidaten, Abd al-Fattah al-Sisi (*1954), eine gewisse demokratische Legitimation generieren, sondern die Muslimbruderschaft wurde ebenfalls in Saudi Arabien, wo ihr Einfluss stets äußerst argwöhnisch beobachtet wird, als Terrororganisation eingestuft.[96]

---

95 Vgl. Ohne Verfasser: „Egypt court sets 28 April to rule in trial of Brotherhood leader, 682 others" und N.J. Brown/M. Dunne: „Egypt's Judges Join In".
96 Vgl. die Analyse von E. Iskander Monier/A. Ranko: „The Fall of the Muslim Brotherhood" sowie Berichte über die jüngsten politischen Ereignisse: L. Brozus/S. Roll: „EU-Beobachter unterstützen Ägyptens unfreie Präsidentschaftswahl" und S. Lacroix: „Saudi Arabia's Muslim Brotherhood Predicament".

6. Die AKP und der politische Islam als Regierungspartei

Die Ausgangslogik dieser Fallstudie zur AKP liegt darin, die Endphase des Osmanischen Reiches ab dem 19. Jahrhundert als einen zentralen Ursprungskontext des Feldes islamistischer Bewegungen und Bestrebungen in der modernen Republik der Türkei anzusehen. Diese Logik folgt der weit verbreiteten Ansicht, dass dem Gründungsprozess der Türkei aus dem zerfallenen Osmanischen Reich heraus bis heute wirksame institutionelle Strukturen (Verfassung und die besondere Rolle des türkischen Militärs) und spezifische innenpolitische Konfliktfelder (kemalistische Prinzipien und der erzwungene öffentliche Bedeutungsverlust des Islam sowie die Frage nach der türkischen Identität) entsprungen sind. Deshalb kommt es im ersten Unterkapitel dieser Fallanalyse zur Darstellung der zentralen Ereignisse und Reformen im Osmanischen Reich (vor allem der Tanzimat-Periode), den einzelnen Etappen der Gründung der türkischen Republik im Jahr 1923 und den Inhalten der sogenannten kemalistischen Reformen unter der Präsidentschaft von Mustafa Kemal Atatürk. Die herausgearbeiteten institutionellen Strukturen und innenpolitischen Konfliktfelder werden anschließend für die Interpretation der Entwicklungsgeschichte des islamistischen Milieus der modernen Türkei, der Entstehung der AKP und der Implementation ihrer zentralen politischen Programme und Projekte bis in die Gegenwart verwendet. Diese historisch fundierte Logik der Fallanalyse der AKP sollte jedoch nicht im Sinne eines historischen Determinismus verstanden werden, sondern vielmehr als eine historisch langfristig ausgerichtete Blickweise auf den Einfluss der AKP auf die Türkei. Weitere mögliche Interpretationsansätze werden nicht ausgeschlossen und selbstverständlich ebenfalls herangezogen.

6.1 VON DER TANZIMAT-PERIODE ZUR GRÜNDUNG DER TÜRKISCHEN REPUBLIK

Der Ursprung der Turkstämme liegt im heutigen Gebiet Zentralasien. Bereits in der Spätantike kam es zu ersten überlieferten Berichten über die turkstämmigen Nomadenreiche, deren militärischer und politischer Einfluss sich bis nach Persien und Byzanz und über große Wanderungsbewegungen und die Verbindungen mit Hunnenstämmen bis nach Zentraleuropa erstreckte. Nachdem der turkstämmige Herrführer Seldschuk (Lebensdaten werden sehr vage angegeben – das Todesjahr auf 1038 geschätzt) 970 den Islam durch den Einfluss des persischen Sassaniden-Reiches angenommen hatte, nahm der Zustrom von Turkstämmen ins heutige Anatolien immer mehr zu. Das 11. und 12. Jahrhundert werden als erster Höhepunkt des türkischen Einflusses in dieser Region angesehen. Dieser wurde durch extern ausgelöste Veränderungen zunächst abgeschwächt, sollte später aber zu der zentralen gesellschaftlichen Dynamik für die Region vom Balkan, über den Kaukasus, Anatolien, die Levante und bis nach Nordafrika werden.[1] Denn:

„Nach der Invasion der Mongolen unter Hülagu Khan 1258 ging das Reich des Kalifen von Bagdad nieder; die Welt des Islam verwandelte sich in eine Welt der Kleinstaaterei und vieler Emirate und Lokalfürsten."[2]

In der Folgezeit konnte sich die Dynastie der Osmanen, 1299 durch Osman I. (1281-1324) begründet, immer weiter gegen seine regionalen Konkurrenten (das persische und byzantinische Reich und die Dynastie der Seldschuken) durchsetzen und 1453 wurde Byzanz durch Sultan Mehmed II. al-Fatih (1432-1481; Beiname: Der Eroberer) eingenommen, in Konstantinopel umbenannt und damit das Osmanische Reich gegründet. Neben der schon vorher stattgefundenen Ausdehnung der osmanischen Herrschaft auf den Balkan konnte 1517 Kairo durch die Osmanen erobert werden. Von da an stellten die Osmanen nicht mehr nur die führenden Emire und den Sultan ihres Reiches, sondern sogar den Kalifen und zeigten damit bis 1924 ebenfalls ihren universellen Führungsanspruch in der islamischen Welt an.[3] Da:

---

1 Vgl. U. Steinbach: Die Türkei im 20. Jahrhundert, S. 16-23.
2 B. Tibi: Aufbruch am Bosporus, S. 79.
3 Vgl. U. Steinbach: Die Türkei im 20. Jahrhundert, S. 24-29.

„Im klassischen Islam basierte die Autorität des Kalifen als Imam der islamischen *Umma* auf der ihm unterstellten Gabe, die göttlich legitimierte Ordnung fortzuführen. Konkret bezieht sich dies auf die Eignung des Kalifen, als Bewahrer des Erbes Mohammeds und sein Nachfolger (=Kalif) zu herrschen."[4]

Während der größten Ausdehnung des osmanischen Reiches zur Mitte des 16. Jahrhunderts unter der vier Jahrzehnte dauernden Herrschaft von Süleyman I. (1494-1566) kam es mit der schließlich erfolglosen Belagerung Wiens 1529 sogar zur Bedrohung der europäischen Herrscherhäuser. Ein 1536 zwischen dem Osmanischen Reich und dem Königreich Frankreich unterzeichneter und als *Kapitulationen* bezeichneter Vertrag normalisierte und vertiefte die zahlreichen Beziehungen zwischen den europäischen Monarchien und dem Osmanischen Reich. Der sukzessive Niedergang des Osmanischen Reiches wird neben innenpolitischen Problemen vor allem der militärischen Revolution, d.h. den ab dem 17. Jahrhundert beginnenden Fortschritten der europäischen Monarchien auf dem Gebiet der modernen Militärtechnik, zugeschrieben. In der Folge dieser militärtechnologischen Machtverschiebung, dem Aufstieg und dem Expansionsdrang des russischen Zarenreiches und der Gegenwehr verschiedener europäischer Allianzen verlor das Osmanische Reich Gebiete auf dem Balkan, in der Region des Schwarzen Meeres und auf dem Kaukasus. Wie bereits geschildert, begannen mit der Invasion Ägyptens durch Napoleon Bonaparte die Gebietsverluste in Nordafrika und 1805 erlangte Ägypten unter Mohammed Ali seine (vorübergehende) Unabhängigkeit.[5]

Eine zentrale Reaktion auf diese externen Schocks war die Implementierung verschiedener militärischer, politischer und rechtlicher Reformen, die inhaltlich stark durch die Vorbilder der sich im Industrialisierungsprozess befindlichen europäischen Monarchien beeinflusst waren. Im Zuge der sogenannten *Tanzimat-Reformen* oder der *Tanzimat-Periode* (Phase der Neuordnung), die auf die Zeitspanne von den 1830er Jahren bis zur Einführung der ersten türkischen Verfassung 1876 datiert wird, kam es zu umfassenden Veränderungen in der Ordnung des Osmanischen Reiches.[6] Diese Reformen versuchten, das multiethnische und multireligiöse Reich der Osmanen stärker an den institutionellen und politisch-rechtlichen Strukturmustern der sich herausbildenden europäischen Nationalstaaten aus-

---

4 B. Tibi: Der wahre Imam, S. 33.
5 Vgl. U. Steinbach: Die Türkei im 20. Jahrhundert, S. 29-38 und B. Tibi: Aufbruch am Bosporus, S. 214-221.
6 Vgl. die historischen Untersuchungen von N. Berkes: The Development of Secularism in Turkey, S. 137-200 und B. Lewis: The Emergence of Modern Turkey, S. 40-125.

zurichten, konnten jedoch den weiteren Zerfall seines Territoriums nicht aufhalten. Der sogenannte ‚kranke Mann am Bosporus' geriet gegenüber den expandierenden europäischen Ländern und dem ebenfalls territorial wachsenden russischen Zarenreich immer weiter ins Hintertreffen. Der Kriegseintritt des Osmanischen Reiches auf der Seite des deutschen Kaiserreiches Ende Oktober 1914 sollte schließlich sein Ende bedeuten. Es verlor im Laufe des Krieges nicht nur seine letzten Gebiete auf dem Balkan und in Griechenland, sondern auch auf dem Kaukasus, in Nordafrika und letztlich gegen Frankreich und England ebenfalls Palästina, das heutige Syrien und den heutigen Irak. Nach einer Invasion Istanbuls durch englische und französische Schlachtschiffe und Truppen Ende 1918 unterzeichnete das Osmanische Reich mit dem Vertrag von Sèvres am 10.08.1920 einen Waffenstillstand, der großflächige Gebietsverluste umfasste und einen osmanischen Rumpfstaat zur Folge hatte. Erst durch den militärischen Widerstand der Bewegung der ‚Jungtürken', die in den 1890er Jahren im Exil gegründet, durch ihre Organisation *Komitee für Einheit und Fortschritt* zum großen, national gesinnten Gegenspieler der Herrschaft des Hauses Osman geworden waren, konnte sich die Türkei als moderner und souveräner Nationalstaat behaupten. Unter der militärischen Führung von Mustafa Kemal, dem 1934 durch das türkische Parlament der Beiname ‚Atatürk/ Vater der Türken' verliehen wurde, konnten die Expansionsbewegungen der griechischen Armee, der Engländer und Franzosen in der Levante, der UdSSR auf dem Kaukasus und die Autonomiebestrebungen der Armenier und Kurden gestoppt werden.[7] Die Unterzeichnung des Vertrags von Lausanne am 24.07.1923 festigte die Grenzen des neuen türkischen Staatswesens, das nach der Einberufung der türkischen Nationalversammlung am 11.08.1923, der Benennung der Hauptstadt Ankara am 13.10.1923 und der Einsetzung der neuen Verfassung und Ausrufung der türkischen Republik am 29.10.1923 seine bis heute gültige Grundstruktur finden sollte.[8]

„Its [Vertrag von Lausanne, T.H.] chief significance for Turkey was the re-establishment of complete and undivided Turkish sovereignty in almost all the territory included in the present-day Turkish Republic. At the same time the capitulations, long resented as symbol of inferiority and subservience, were abolished."[9]

---

7 Der in der Türkei höchst umstrittene Genozid an der armenischen Bevölkerung sei an dieser Stelle der Vollständigkeit halber erwähnt, ohne jedoch auf Details eingehen zu können.
8 Vgl. F. Adanir: Geschichte der Republik Türkei, S. 9-33 und U. Steinbach: Die Türkei im 20. Jahrhundert, S. 39-55 und S. 93-120.
9 B. Lewis: The Emergence of Modern Turkey, S. 249.

Als Staatspräsident und Vorsitzender der 1923 gegründeten Volkspartei, welche 1924 in die bis heute bestehende Bezeichnung Republikanische Volkspartei (CHP) umbenannt wurde, setzte Atatürk in den 1920er und 1930er Jahren umfassende Reformen durch. Neben der bereits 1922 vorgenommenen Abschaffung des Sultanats wurde 1924 das Kalifat abgeschafft, alle Angehörigen des Hauses Osman des Landes verwiesen, das Ministerium für geistige Angelegenheiten und geistige Stiftungen abgeschafft und das bis heute bestehende Präsidium für Religionsangelegenheiten (*Diyanet Isleri Baskanligi*) gegründet. 1926 wurde das türkische Bürgerliche Gesetzbuch auf der Basis italienischen Strafrechts und schweizer Zivilrechts eingeführt, 1927 die Scharia abgeschafft und 1928 der Islam-Bezug aus der Verfassung gestrichen. 1928 wurde, nach der Übernahme des Gregorianischen Kalenders im Jahr 1925, ebenfalls die lateinische Schrift eingeführt und 1929 der Arabisch- und Persisch-Unterricht an den Schulen aufgehoben. Auf diese Weise wurde der türkische Staat umfassend säkularisiert und verwestlicht. 1937 wurden die Prinzipien des *Kemalismus* (Nationalismus, Laizismus, Republikanismus, Populismus, Revolutionismus und Etatismus) in die Verfassung aufgenommen.[10] Für die gesellschaftliche Verfasstheit der modernen Türkei bedeutete diese umfassende, staatlich verordnete Modernisierung und Säkularisierung die Entstehung vielschichtiger und komplexer Konfliktlinien, die für den Aufbau und die Analyse der weiteren Fallstudie zur AKP verwendet werden:

- Die anhand der aufgeführten Schritte der türkischen Staatsgründung und der kemalistischen Reformen stattgefundene ‚Säkularisierung von oben' hatte den kompletten Bruch mit der hierarchisch angeordneten und religiös legitimierten Gesellschaftsordnung des Osmanischen Reiches zur Folge, in welcher u.a. die Einordnung von religiösen Minderheiten in das multikonfessionelle Millet-System eine hohe Bedeutung für sozialen Ausgleich und Frieden einnahm.[11]
- Folgen dieser ‚Säkularisierung von oben' sind der heftig geführte politische Deutungskampf um die öffentliche Rolle der Religion des Islam und der Konflikt zwischen den ‚Lagern' der Kemalisten und der Islamisten.[12]
- Ebenfalls ungeklärt bleibt die türkische Identität, was für einige Beobachter auf die Reformen im späten Osmanischen Reich und die Fortführung dieses

---

10 Vgl. F. Adanir: Geschichte der Republik Türkei, S. 34-38 und U. Steinbach: Die Türkei im 20. Jahrhundert, S. 123-144.
11 Vgl. die hervorragende Skizzierung dieser politisch-religiösen Ordnung und ihres Zusammenbruchs bei N. Berkes: The Development of Secularism in Turkey, S. 4-14.
12 Vgl. die Argumentation von U. Azak: Islam and Secularism in Turkey.

Reformprojekts durch Atatürk und die CHP zurückzuführen ist. Zunächst gab es in der Spätphase des Osmanischen Reiches Versuche, eine multiethnische und multikonfessionelle osmanische Identität zu entwickeln. Erst durch das Erstarken der ‚Jungtürken' kommt es im Verlauf des Gründungsprozesses der Türkei zur Durchsetzung einer türkischen Identität.[13]

- Diese türkische Identität ist jedoch eng mit der Bedingung verknüpft, gleichzeitig Muslim zu sein, sodass nicht-islamische bzw. nicht-türkische Minderheiten bis heute schwer integriert werden können[14] und allen kemalistischen Reformen zum Trotz die sozio-kulturellen Einflüsse der osmanischen Gesellschaftsordnung spürbar bleiben.[15]
- Letztlich waren die ‚Jungtürken' vor allem eine Gruppierung innerhalb des osmanischen Militärs und die politische Stärke Atatürks beruhte auf seinen militärischen Erfolgen mit der Sicherung der territorialen und staatlichen Integrität der Türkei. Der Konflikt jedoch zwischen dem Militär und zivilen Vertretern der Politik um die Rolle des Militärs in der Politik bleibt ein bis heute prägendes Feld der türkischen Innenpolitik.[16]

6.2 DIE ISLAMISTISCHEN VORGÄNGERPARTEIEN UND DER WEG ZUR GRÜNDUNG DER AKP

Angesichts dieser zusammengetragenen Informationen zu historisch gewachsenen innenpolitischen Konfliktfeldern der Türkei ist es wenig überraschend, dass eine Analystin bei der Genese des Feldes islamistischer Bewegungen und Parteien in der Türkei zu diesem Schluss gekommen ist:

„That is to say, the inherent peculiarities and paradoxes of Turkish modernity and the subsequent breakdown of its reliability and legitimacy constitute the main grounds for the Muslim intellectuals' critical discourse."[17]

---

13 Vgl. Lewis: The Emergence of Modern Turkey, S. 1-17.
14 Vgl. S. Cagaptay: Islam, Secularism, and Nationalism in Modern Turkey.
15 Vgl. M.E. Meeker: A Nation of Empire.
16 Vgl. die starke Stellung des seit 1961 in der türkischen Verfassung verankerten Nationalen Sicherheitsrates und die drei Militärputsche 1960-61, 1971-73 und 1980-83 dargestellt bei F. Adanir: Geschichte der Republik Türkei, S. 88-115 und C. Rumpf/U. Steinbach: „Das politische System der Türkei".
17 S. Karasipahi: Muslims in Modern Turkey, S. 1.

Im Sinne dieses Interpretationsansatzes haben die von Atatürk verordneten Reformen der politischen, rechtlichen und religiösen Strukturen der türkischen Republik sowie ihres Erziehungs- und Schulwesens nicht zu einer vollständigen Säkularisierung und Verwestlichung der Gesellschaft geführt. Vielmehr bot die politische Ideologie des in den Verfassungsrang erhobenen Kemalismus eine breite Angriffsfläche für muslimische Intellektuelle, die in ihren Schriften die Argumentationslogik Atatürks umdrehten:

„In fact, they [Muslim intellectuals, T.H.] see the West and modernity as the source of all evils in society. Related to this argument, Islam is the unique solution for the well-being and salvation of humanity."[18]

Dabei kommen in diesen Schriften die negativen Konsequenzen des atatürkschen Modernisierungskurses zum Ausdruck. Diese werden in der Vernachlässigung der ländlichen Gebiete der Türkei und dem Desinteresse der kemalistischen Elite an eher ländlichen, oftmals religiös geprägten Werteorientierungen gesehen. So verbanden sich im Diskurs muslimischer Intellektueller schlussendlich Moral und Religion und es wurde die große Bedeutung der benachteiligten und ausgeschlossenen ländlichen Gebiete der Türkei herausgestellt.[19] Konsequenterweise sprachen die türkischen Medien nach dem Wahlerfolg der AKP 2002 auch von einer ‚anatolischen Revolution', die durchaus als Sieg der authentischen, nichtkorrupten Türkei über die säkulare und militärische Elite gesehen wurde.[20] Dieser Lesart entsprechend wird folglich die Politik der AKP als Kulmination der vielschichtigen Transformationsprozesse im islamistischen Milieu der Türkei angesehen.[21]

Der sichtbarste Anfangspunkt dieses Milieus[22] ist die Gründung der Nationalen Ordnungspartei (*Milli Nizam Partisi*) im Jahr 1970 unter der Führung von

---

18 Ebd., S. 8.
19 Vgl. ebd., S. 191-198.
20 Vgl. M. Sen: „Transformation of Turkish Islamism and the Rise of the Justice and Development Party", S. 59.
21 Vgl. B. Duran: „The Experience of Turkish Islamism", S. 5.
22 W. Hale/E. Özbudun: Islamism, Democracy and Liberalism in Turkey, zählen in ihrer Studie auf S. 16 zu diesem Milieu TV-Stationen, Radiosender, Zeitungen, Gewerkschaften, Unternehmerverbände, private Stiftungen, Firmen, religiöse Orden und Schulen (u.a. die Imam-Hatip Schulen). M.H. Yavuz/J.L. Esposito: „Introduction", nennen auf. S. xxvii neben der Bewegung des ‚Milli Görüs' die religiösen Naksibendi Orden und die Gülen-Bewegung als Hauptproponenten des türkischen Islamismus. Im

Necmettin Erbakan (1926-2011), der für Jahrzehnte die prägende Person des türkischen Islamismus werden sollte. Diese Partei wurde im Zuge des 2. Militärputsches wegen unterstellter anti-säkularer Aktivitäten durch das türkische Verfassungsgericht bereits 1971 wieder verboten und geschlossen. Ihre Nachfolgepartei, die Nationale Heilspartei (*Milli Selamet Partisi*), wurde 1972 unter dem Vorsitz von Süleyman Arif Emre (*1923) gegründet, einige Zeit später sollte Erbakan den Parteivorsitz jedoch wieder übernehmen. Die Nationale Heilspartei konnte an zwei verschiedenen Regierungskoalitionen teilnehmen und wurde 1981 – wie alle übrigen Parteien ebenfalls – infolge des 3. Militärputsches verboten. 1983 kam es zur Gründung der Wohlfahrtspartei (Refah Partisi), die (aus einem Großteil der Führungsriege der Nationalen Heilspartei bestehend) ab 1991 im nationalen Parlament vertreten war. Nachdem die Wohlfahrtspartei bei den nationalen Parlamentswahlen des Jahres 1995 158 Sitze (21,4 % der Stimmen) erlangen konnte und mit der Partei des Rechten Weges (*Dogru Yol Partisi*) eine islamistisch geprägte Koalitionsregierung bilden konnte[23], wurde sie 1998, nach einer vorherigen Warnung des Nationalen Sicherheitsrates, durch das türkische Verfassungsgericht verboten. Ihre bereits 1998 gegründete Nachfolgepartei, die Tugendpartei (*Fazilet Partisi*), konnte bei den Parlamentswahlen 1999 zwar nur noch 15,4 % der Stimmen und damit keine Regierungsbeteiligung erlangen, wurde jedoch 2001 durch das Verfassungsgericht wiederum verboten. Dieses Verbot mündete in der Spaltung ihrer Mitglieder und Führungsriege. Es kam zur Gründung von zwei Parteien: Die AKP wurde 2001 unter der Führung von Recep Tayyip Erdogan und Abdullah Gül (*1960), heutiger Staatspräsident der Türkei, gegründet, während eine andere Gruppe, die Erbakan zugeordnet wird, die Partei der Glückseligkeit (*Saadet Partisi*) bildete. Bereits bei den nationalen Parlamentswahlen 2002 sollte die AKP mit 34,3 % der Stimmen die alleinige Regierungsmehrheit erlangen.[24]

Ein zentrales, die islamistischen Bewegungen und Parteien verbindendes ideologisches Konzept wird als Nationaler Ausblick/ *Milli Görüs* bezeichnet und umfasst unter der Synthese nationaler und moralisch-religiöser Werte eine Vielzahl von Elementen. Neben der bereits zu Beginn dieses Unterkapitels angesprochenen anti-westlichen und anti-säkularen Einstellungen ist der türkische Islamismus dieses Milli Görüs geprägt von einem starken Nationalismus und der

---

Folgenden wird nur auf die Entwicklung des ‚Milli Görüs' eingegangen, da die AKP aus diesem Strang des Islamismus hervorgegangen ist.

23 Necmettin Erbakan war dabei von 1996-1997 türkischer Ministerpräsident.
24 Für diese Schilderung der Entstehungsgeschichte der AKP vgl. W. Hale/E. Özbudun. Islamism, Democracy and Liberalism in Turkey, S. 3-5.

Vorstellung der Türkei als der Führungsmacht der islamischen Welt, was regelmäßig zur Charakterisierung dieses Denkens als *Neo-Osmanismus* geführt hat.[25] Der Aufstieg des vielschichtigen islamistischen Milieus der Türkei bis zum Wahlsieg der AKP 2002 wird von Beobachtern in enge Verbindung mit den durch den 3. Militärputsch ausgelösten politischen und sozialen Veränderungen gebracht. Anfang der 1980er Jahre sprach sich die politische Führungselite der Türkei für eine türkisch-islamische Synthese, d.h. für eine Revitalisierung des türkischen Nationalismus und des Islam aus. Vor allem das Militär führte das politische Chaos der 1970er Jahre auf einen Mangel an nationaler Kultur zurück. Die politische Ideologie der sogenannten türkisch-islamischen Synthese hatte sich bereits in den 1970er Jahren entwickelt und stand in enger Verbindung und inhaltlicher Nähe zum türkischen Islamismus, der damals beide durch einen starken Religionsbezug und Nationalismus gekennzeichnet waren. In der Verfassung von 1982 wurde in den Artikeln 24 und 136 die Bedeutung von religiöser und moralischer Kultur betont und der Staat baute mit den Imam-Hatip Schulen das religiöse Erziehungs- und Ausbildungswesen stark aus.[26]

„When the Cold War came to an end in 1991, Turkey had already been in the grip of almost a decade-long propaganda of Sunni Islam and ethnic Turkish nationalism through the government-controlled media monopoly and in the schools of the country."[27]

Zu dieser staatlichen Hinwendung zum sunnitischen Islam und türkischen Nationalismus im Verlauf der 1980er Jahre müssen als weitere Aufstiegsfaktoren des türkischen Islamismus die ebenfalls in den 1980er Jahren beginnenden wirtschaftlichen Liberalisierungs- und Privatisierungsprozesse gezählt werden. Diese haben nicht nur zur sukzessiven Ausbildung einer religiös geprägten Mittelschicht, welche vor allem den Wählerstamm der Wohlfahrtspartei bildete, sondern auch zu einer Stärkung des privaten Sektors islamistischer Mediendienste und Stiftungen geführt, die das staatliche Bildungs- und Medienmonopol sukzessive durchbrachen[28], sodass:

---

25 Vgl. ebd., S. 5-8; B. Tibi: Aufbruch am Bosporus, S. 27-52 und W. Gieler: „Die Neuorientierung der türkischen Außenpolitik zwischen ‚Neo-Osmanismus und regionalem Führungsanspruch'".

26 Vgl. S. Karasipahi: Muslims in Modern Turkey, S. 34 und M. Sen: „Transformation of Turkish Islamism and the Rise of the Justice and Development Party", S. 61-68.

27 A. Carkoglu/E. Kalaycioglu: The Rising Tide of Conservatism in Turkey, S. 15.

28 Vgl. B. Duran: „The Experience of Turkish Islamism", S. 10; W. Hale/E. Özbudun: Islamism, Democracy and Liberalism in Turkey, S. 11-15 und M. Sen: „Transfor-

„[...] es etablierten sich in ihren Lebensstilen islamisch-konservative Wirtschaftseliten, deren zunehmende Präsenz im öffentlichen Leben des Landes das Bild vermittelte, dass eine islamisch-religiöse Grundhaltung vereinbar sein konnte mit dem Streben nach freier Marktwirtschaft, Kapitalismus, Globalisierung und Modernität."[29]

Dennoch muss an dieser Stelle betont werden, dass der Aufstieg des türkischen Islamismus – von der Gründung der Nationalen Ordnungspartei bis zum Vorstoß der AKP in die politische Führungsspitze eines Landes, dessen kemalistische Verfassungsprinzipien in der Zeit nach dem 2. Weltkrieg regelmäßig für eine Intervention des Militärs in die türkische Politik zur ‚Rettung' des säkularen Charakters des Staates genutzt wurden[30]–, nicht ohne eine Identifikation der ideologischen Diskontinuitäten innerhalb dieses heterogenen gesellschaftlichen Milieus verstanden werden kann. Gerade im Hinblick auf die Argumentationslogik dieser Fallstudie, die in der Vorbemerkung und im ersten Unterkapitel erörtert wurde, ergibt sich für das nachfolgende dritte Unterkapitel eine neue argumentative Ausgangslage. Mit dem Erfolg der Parlamentswahlen der AKP im Jahr 2002 verschob sich die Ausrichtung ihres politischen Programms signifikant. Die Partei brach öffentlich mit der Ideologie des Milli Görüs und beschreibt sich seitdem als islamisch-konservativ.[31] Der Islam ist für die AKP weiterhin eine Quelle von erstrebenswerten Normen für die individuelle Lebensführung, aber nicht mehr eine politische Ideologie zur Lösung gesellschaftlicher Probleme.[32] Im Fokus der politischen Programmatik der AKP und ihrer staatlichen Projekte standen mit ihrer Regierungsübernahme der EU-Beitrittsprozess der Türkei und die sukzessive Ausformulierung einer eigenständigeren türkischen Außenpolitik, die eine neue Führungsrolle der Türkei als Regionalmacht in einer geopolitischen Schlüsselregion artikulierte.[33]

---

mation of Turkish Islamism and the Rise of the Justice and Development Party", S. 68-76.
29 A. Öztürk: Vom Sicherheitsrisiko zum Stabilitätsfaktor?, S. 86.
30 Einen kritischen Blick auf die negativen Konsequenzen der politischen Ideologie des Kemalismus für den Umgang mit der Religion des Islam im öffentlichen Diskurs der Türkei bieten U. Azak: Islam and Secularism in Turkey und B. Duran: „The Experience of Turkish Islamism".
31 Vgl. dazu die Kritik von B. Tibi: „Islamischer Konservatismus der AKP als Tarnung für den politischen Islam".
32 Vgl. S. Gumuscu/D. Sert: „The March 2009 Local Elections and the Inconsistent Democratic Transformation of the AKP Party in Turkey", S. 57-58.
33 Vgl. A. Öztürk: Vom Sicherheitsrisiko zum Stabilitätsfaktor?, S. 45-129.

„Thus, the JDP [engl. Akronym für AKP, T.H.] experience has transformed the parameters of both Turkish politics and Islamist politics through Europeanization and the internationalization of internal issues."[34]

Auf diese Weise verschob sich mit der AKP ein großes Segment des politischen Islam in der Türkei weg von der antagonistischen Auseinandersetzung mit den kemalistischen und säkularen Eliten der Türkei und ihrer Westbindung hin zur aufstrebenden, konservativen und ländlich geprägten Mittelschicht in der Form eines wirtschaftsliberalen Europäisierungskurses.

6.3 REFORMEN, WAHLSIEGE UND ANZEICHEN EINER GESELLSCHAFTSPOLITISCHEN TRANSFORMATION DER TÜRKEI DURCH DIE AKP

Die AKP konnte den 2002 eingeschlagenen elektoralen Erfolgskurs bis heute fortsetzen. Die Partei hat die nationalen Wahlen 2007 und 2011 für sich entschieden, die Lokalwahlen 2004, 2009 und 2014 gewonnen und stellte von 2007 bis 2014 mit Abdullah Gül den türkischen Staatspräsidenten, der 2007 im dritten Wahlgang durch das türkische Parlament gewählt wurde. Von 2002 bis 2014 war Recep Tayyip Erdogan türkischer Ministerpräsident und führte die Regierungsgeschäfte der türkischen Republik. Seit 2014 ist er der erste direkt gewählte Staatspräsident in der Geschichte der Türkei. Zu den großen politischen Reformprojekten dieser Regierung werden der EU-Anpassungsprozess, der im angenommenen Verfassungsreferendum vom 12.09.2010 mit 26 geänderten Verfassungsartikeln gipfelte, der Waffenstillstand mit der kurdischen Arbeiterbewegung PKK, die Implementierung der wirtschaftlichen Strukturvorgaben von Internationalem Währungsfond und der Weltbank-Gruppe (mit der Folge eines langanhaltenden Wirtschaftswachstums) sowie die neue außenpolitische Führungsrolle und Vorbildfunktion der Türkei in der MENA-Region gezählt.[35] Gegenwärtig optiert die AKP im Zuge der neuen Rolle Erdogans für ein per Verfassungsänderung implementiertes präsidentielles Regierungssystem, dessen politi-

---

34 B. Duran: „The Experience of Turkish Islamism", S. 16.
35 Vgl. die von der türkischen AKP-Regierung herausgegebene Broschüre über ihre politischen Reformen: Undersecretariat of Public Order and Security Publications: „The Silent Revolution".

sche Durchsetzung sich aufgrund einer fehlenden verfassungsändernden Mehrheit im Parlament bis dato jedoch als schwieriges Vorhaben erweist.[36]

Die Machtbasis der AKP ist ihre moderne, sehr mitgliederstarke und in der ganzen Türkei bestehende Parteiorganisation. An der Spitze der Partei steht der sogenannte Große Kongress, der den Parteivorsitzenden (der derzeitige Ministerpräsident Ahmet Davutoglu (*1959) löste Erdogan auch in der Funktion des Parteivorsitzenden ab) wählt und in einer geheimen Wahl das zentrale Entscheidungs- und Exekutivgremium der Partei sowie weitere Parteigremien bestimmt. Die AKP verfügt über eine sehr differenzierte lokale Parteistruktur, die von der nachbarschaftlichen Ebene bis zu Provinzkongressen reicht. Die Wahlkämpfe der Partei werden von einer großen Anzahl an aktiven Mitgliedern getragen, die umfangreich politisch geschult werden.[37] Zur Wählerbasis der AKP werden Mitte-Rechts-Wähler, das islamistische Spektrum, Nationalisten und ebenfalls Mitte-Links-Wähler gezählt. Neben den ‚sozial Schwächeren' gibt es bei den Wählerinnen und Wählern der AKP eine starke ökonomische Orientierung, die mit dem großen wirtschaftlichen Wachstum der Türkei während der AKP-Regierungszeit einhergeht.[38]

Die AKP charakterisiert ihre eigene politische Ausrichtung in öffentlichen Aussagen und in ihren Publikationen[39] als „islamisch-konservativ"[40], womit sie eine bewusste Abgrenzung von ihrem organisatorischen und personellen Ursprung im islamistischen Milieu der Türkei vorgenommen hat:

---

36 Vgl. die detaillierten Schilderungen bei C. Boyraz: „The Justice and Development Party in Turkish Politics"; S. Cagaptay/J.F. Jeffrey: „Turkey's 2014 Political Transition" und S. Gumuscu/D. Sert: „The March 2009 Local Elections and the Inconsistent Democratic Transformation of the AKP Party in Turkey".

37 Vgl. W. Hale/E. Özbudun: Islamism, Democracy and Liberalism in Turkey, S. 44-51 sowie die Homepage der politischen Akademie der AKP (http://www.siyaset akademisi.org [letzter Zugriff am 31.01.2015]).

38 Vgl. W. Hale/E. Özbudun: Islamism, Democracy and Liberalism in Turkey, S. 36-43 und E. Kalaycioglu: „Justice and Development Party at the Helm", S. 28-29 und S. 41.

39 Vgl. die politische Vision der AKP für das historische Jahr 2023, den 100. Jahrestag der Gründung der türkischen Republik, die auf der Homepage der Partei frei erhältlich ist (http://www.akparti.org.tr/english/akparti/2023-political-vision [letzter Zugriff am 31.01.2015]).

40 Eine inhaltliche Analyse der konservativen Selbstbeschreibung der AKP findet sich bei C. Joppien: Die türkische Adalet ve Kalkınma Partisi (AKP).

„Erdoğan frequently highlights that the AKP is not a successor of the MG [Milli Görüs, T.H.] parties and that there is no need to feel threatened by its cadre, particularly concerning Atatürk legacy, the secular republic and democracy."[41]

Dieses semantische Konzept *islamisch-konservativ* – welches durchaus als unklar und ungenau definiert kritisiert wird – beinhaltet verschiedene thematische Bereiche. Einerseits signalisiert es die Bereitschaft zur Innovation der Türkei und des Islam und zeigt sich als Befürworter der Demokratie und des Säkularismus, die beide die Staatsgewalt beschränkten und die individuelle Freiheit stärken. Ferner ist dieses Konzept in einer reform-orientierten Sprache verfasst, die die Vereinbarkeit von Ost und West betont. Der im vorangegangenen Unterkapitel identifizierte Wandel der AKP als erfolgreichstes Segment des türkischen Islamismus wird auf diese Weise semantisch finalisiert und macht sie programmatisch zu einer selbst erklärten Partei der Mitte.[42] Der politische Kurs der AKP, angetrieben durch den charismatischen, aber auch polarisierenden Führungsstil Erdogans, ist jedoch nicht ohne Kritik geblieben. Zwei Aspekte sind an dieser Stelle von besonderer Bedeutung. Erstens sind die innenpolitischen Reformen und der Europäisierungsprozess ins Stocken geraten. Daher bleibt die Kritik an einer möglicherweise rein instrumentell unternommenen Europäisierung und an der weiterhin fehlenden Kultur eines demokratischen Pluralismus, der über Wahlen als Mechanismen der Mehrheitsbeschaffung hinaus geht und Toleranz für die (politische) Minderheit beinhaltet, bestehen und ist nicht entkräftet.[43] Zweitens werden als Folgen der zugespitzten Wahlkampfführung und des unversöhnlichen Politikstils der AKP die starke Polarisierung der Wählerschaft und die Abkopplung der AKP-Führungsspitze von innerparteilicher Kritik und der politischen Opposition genannt.[44]

Im Sinne der eingangs erarbeiteten Falllogik lassen sich schließlich diese Aspekte des politischen Aufstiegs und der langanhaltenden Regierungsausübung der AKP identifizieren:

---

41 Z. Cagliyan-Icener: „The Justice and Development Party's Conception of ‚Conservative Democracy'", S. 597.

42 Vgl. ebd., S. 600-608 und W. Hale/E. Özbudun: Islamism, Democracy and Liberalism in Turkey, S. 20-29.

43 Vgl. S. Gumuscu/D. Sert: „The March 2009 Local Elections and the Inconsistent Democratic Transformation of the AKP Party in Turkey", S. 62-69 und B. Tibi: „Islamists Approach Europe", S. 51.

44 Vgl. E. Kalaycioglu: „Justice and Development Party at the Helm", S. 42 und S. Tepe: „Turkey's AKP", S. 74 und S. 81.

- Die AKP vermochte es, sich seit ihrem nationalen Wahlerfolg 2002 über die Europäisierung ihrer politischen Programmatik und die Akzentuierung ihres islamischen Konservatismus semantisch – im Sinne der Selbstdarstellung und der Fremdbeschreibung – immer weiter aus dem islamistischen Spektrum der Türkei herauszulösen und wird vielfach als eine konservative geprägte Partei der Mitte angesehen und akzeptiert.
- In Bezug auf die moralisch-religiöse Werthaltung ihrer Führungspersonen, die enge personelle Verbindung der AKP-Mitglieder mit den zahlreichen Assoziationen des islamistischen Spektrums und die konservativen Tendenzen der türkischen Wählerschaft blieb die AKP jedoch im türkischen Islamismus verhaftet.[45]
- Folglich verschoben sich die im Zuge des Zerfalls des Osmanischen Reiches entstandenen, kulturellen, politischen und sozialen Konfliktfelder der modernen türkischen Republik in der ersten Dekade der AKP-Regierung erneut. Die zuvor durch die kemalistisch-militärische Elite des Landes konsequent kontrollierte Religion des Islam, die als Vehikel für verschiedene politisch-militärische Interventionen diente, wurde nun zum akzeptierten politischen Instrument der AKP-Regierung: Im Sinne der Konstruktion einer neuen, legitimen politischen und kollektiven Identität (*islamisch-konservativ*), im Hinblick auf eine neue außenpolitische Strategie der Hinwendung zum *Erbe des Osmanischen Reiches* und schließlich in der Form eines aktiv betriebenen Elitenaustausches, was besonders in den Auseinandersetzungen zwischen der AKP-Regierung, dem Militär und der türkischen Justiz deutlich wurde.[46]

6.4 Die AKP, die Folgen des ‚Arabischen Frühlings' und die Proteste des Gezi-Parks und Taksim-Platzes

Als Ausgangspunkt für die soeben ausgeführten tiefgreifenden Verschiebungen innerhalb der innenpolitischen Konstellationen und der auswärtigen Beziehungen der Türkei unter der Regierung der AKP wird der sogenannte ‚postmoderne Coup' des türkischen Militärs gegen die Wohlfahrtspartei 1997, der in einem be-

---

45 Vgl. N.B. Criss: „Dismantling Turkey".
46 Vgl. W. Hale/E. Özbudun: Islamism, Democracy and Liberalism in Turkey, S. 74-75 und S. 80-98 und A.C. Kumbaracibasi: Turkish Politics and the Rise of the AKP, S. 185.

reits angeführten Verbot dieser Partei durch das türkische Verfassungsgericht mündete, angesehen. Diese Sichtweise wird damit begründet, dass zu diesem Zeitpunkt die kemalistisch orientierten Eliten des Militärs, der Justiz und der höheren Beamtenschaft zum letzten Mal dazu in der Lage waren, die türkische Parteipolitik nach ihrem Wunsch zu beeinflussen. Wobei gleichzeitig bereits Brüche innerhalb dieses Bündnisses sichtbar waren.[47] Die politische Haltung dieser Gruppe bestand darin, die kemalistischen Prinzipien der türkischen Verfassung um jeden Preis zu schützen und diese Prinzipien gleichermaßen als Rechtfertigungsgrund für die Intervention in die Parteipolitik zu instrumentalisieren. Das türkische Militär konnte seit 1961 durch den zu jener Zeit installierten Nationalen Sicherheitsrat stark in die zivile Politik eingreifen. Es verfügte zusätzlich über eigene Wirtschaftszweige, eine starke Militärgerichtsbarkeit und es besaß mit ihrem alle 5 Jahre erneuerten Dokument zur Nationalen Sicherheitspolitik über eine als ‚geheime Verfassung' bezeichnete Möglichkeit zur politischen Einflussnahme.[48] Trotz des Zypernkonflikts in den 1970er und 1980er Jahren war der durch das türkische Militär bestimmte außenpolitische Kurs durch eine Westanbindung an die EG, die NATO und die USA gekennzeichnet, welche als zentraler Bestandteil für die Wahrung der eigenen staatlichen Souveränität angesehen wurde.[49] Über den Verfassungsartikel 68, der das Verbot von Parteien reguliert, bildete das türkische Verfassungsgericht das abschließende Element in diesem politischen „System der militärischen Bevormundung"[50], indem es regelmäßig anti-kemalistische Parteien verbot, was besonders stark das islamistische Parteienspektrum der Türkei betroffen hatte.[51]

„According to this understanding, the state elite (military, officers, judges, and high-level bureaucrats) consider themselves as the only true heirs of the Kemalist legacy and the legitimate guardians of the national interest against the particularistic interests represented

---

47 Vgl. E. Aydiali: „Ergenekon, New Pacts, and the Decline of the Turkish ‚Inner State'".
48 Vgl. H. Akbulut: „Zur Normalisierung in den zivil-militärischen Beziehungen in der Türkei", S. 200-206.
49 Vgl. A. Öztürk: Vom Sicherheitsrisiko zum Stabilitätsfaktor?, S. 45-50 und S. 117-119.
50 H. Akbulut: „Zur Normalisierung in den zivil-militärischen Beziehungen in der Türkei", S. 200.
51 Vgl. H. Shambayati/G. Sütcü: „The Turkish Constitutional Court and the Justice and Development Party (2002-09)".

by elected politicians, political parties, and the parliament, or what is otherwise known as the political elite."[52]

Die Führungs- und Gründungsriege der AKP war sich zum Zeitpunkt ihrer Gründung dieser machtpolitischen Konstellation in der Türkei sehr bewusst und sie strebte eine Veränderung jener Situation an, für die sie über den bereits angeführten Europäisierungskurs eine ausreichend starke innenpolitische und außenpolitische Durchsetzungs- und Legitimationsbasis ausbilden konnte.[53] Die AKP-Regierung und die AKP-Parlamentarier leisteten sich vom Beginn ihres Wahlerfolges im Jahr 2002 an einen heftigen politischen Schlagabtausch mit der ebenfalls selbstbewussten türkischen Verfassungsgerichtsbarkeit. Zum Höhepunkt dieser Auseinandersetzung kam es, als die AKP im Jahr 2007 Abdullah Gül zur Wahl zum Staatspräsidenten durch das türkische Parlament nominierte. Die AKP konnte sich durchsetzen, Gül wurde zum Staatspräsident gewählt. Das Verfassungsgericht reagierte jedoch mit der Einleitung eines Parteiverbotsverfahrens, in welchem der AKP im Sommer 2008 anti-säkulare Aktivitäten bescheinigt und eine hohe Geldstrafe auferlegt wurden. Das Parteiverbot selbst scheiterte jedoch knapp an einer fehlenden Stimme. Auf Seiten des türkischen Militärs gab es schon 2002 Teile, die bereit waren, mit der AKP zu kooperieren. Diejenigen, die der AKP skeptisch gegenüberstanden, versuchten ebenfalls mit allen Mitteln, die Wahl Güls zum Staatspräsidenten zu verhindern. Die ehemals dominante Stellung des Militärs und des Verfassungsgerichts wurde schließlich auf zwei Wegen durchbrochen: *Erstens* wurden strukturelle Reformen unternommen, die die Befugnisse des Nationalen Sicherheitsrates einschränkten, die Zuständigkeiten der Militärgerichtsbarkeit deutlich verringerten und inzwischen ist der Nationale Sicherheitsrat mehrheitlich von Zivilisten besetzt und der AKP gegenüber konziliant eingestellt. Zweitens laufen seit 2006 zahlreiche polizeiliche und sicherheitspolitische Maßnahmen und Strafverfahren gegen hochrangige Militärangehörige, Journalisten und Intellektuelle, denen im Rahmen der sogenannten ‚Ergenekon-Prozesse' Umsturzversuche nachgesagt werden und die zu teilweise sehr hohen Haftstrafen verurteilt wurden. Die *finale* Beschneidung der Machtbefugnisse des Militärs und der Unabhängigkeit der Verfassungsgerichtsbarkeit geschah über das bereits angesprochene Verfassungsreferendum vom 12.09.2010,

---

52 Ebd., S. 109.
53 Vgl. die Argumentationen bei R. Karadag: „Islam und Politik in der neuen Türkei", S. 344-345; O. Leiße: „Der Transformationsprozess in der Türkei" und auch die bereits mehrfach herangezogene Analyse von A. Öztürk: Vom Sicherheitsrisiko zum Stabilitätsfaktor?

das die Struktur des Verfassungsgerichts modifizierte und die Straffreiheit der Teilnehmer des Militärputsches von 1980 aufhob.[54] Aufbauend auf diesen politischen Erfolgen konnte die AKP ebenfalls die traditionelle außenpolitische Westbindung der Türkei entlang der Überlegungen des von 2009 bis 2014 amtierenden Außenministers und vormaligen außenpolitischen Chefberaters Ahmet Davutoglu (jetziger Ministerpräsident der Türkei) modifizieren und damit den bereits vom ehemaligen türkischen Ministerpräsidenten Turgut Özal (1927-1993) angedachten *Neo-Osmanismus* weiterentwickeln. Davutoglu selbst entwickelte in seinen programmatischen Schriften das Konzept der „strategischen Tiefe", das die geopolitische Schlüsselrolle der Türkei für die Verbindung von Ost und West betont und vielschichte Prinzipien und Methoden einer neuen türkischen Außenpolitik beinhaltet. Der selbstbewusste Führungsanspruch der Türkei in der MENA-Region wurde programmatisch durch ihre auf *soft power* beruhende Vermittlerrolle und den Vorbildcharakter der politischen und wirtschaftlichen Strukturen der Türkei ergänzt.[55] Doch der regelmäßige Konfrontationskurs mit den außenpolitischen Zielen der USA, die vermehrten, gerade wirtschaftlichen Beziehungen zum Iran und Syrien, sowie die politische Krise zwischen der Türkei und Israel haben durchaus zu starker Kritik an dieser außenpolitischen Neuausrichtung geführt:

„At the same time, Turkey's growing profile has been controversial. As Ankara developed increasingly warm ties with rogue states such as Iran, Syria, and Sudan while curtailing its once cordial relationship with Israel and using strong rhetoric against the United States and Europe."[56]

---

54 Vgl. die ausführlichen Darstellungen bei H. Akbulut: „Zur Normalisierung in den zivil-militärischen Beziehungen in der Türkei", S. 206-214 und S. 218-219; E. Aydiali: „Ergenekon, New Pacts, and the Decline of the Turkish ‚Inner State'"; R. Karadag: „Islam und Politik in der neuen Türkei", S. 332 und H. Shambayati/G. Sütcü: „The Turkish Constitutional Court and the Justice and Development Party (2002-09)".
55 Vgl. W. Gieler: „Die Neuorientierung der türkischen Außenpolitik zwischen 'Neo-Osmanismus und regionalem Führungsanspruch'" und A. Sözen: „A Paradigm Shift in Turkish Foreign Policy".
56 S.E. Cornell: „What Drives Turkish Foreign Policy?", S. 13. Dazu bieten folgende Publikationen einen guten Einblick in die jeweiligen außenpolitischen Positionsverschiebungen der Türkei unter der AKP-Regierung: K.Y. Arin: „The Obama and Erdoğan Administrations"; I. Aytürk: „The Coming of an Ice-Age?" und A. Ehteshami/S. Elik: „Turkey's Growing Relations with Iran and Arab Middle East".

Die AKP war letztendlich nicht nur dazu in der Lage, einen neuen, eigenständigen und am osmanischen Erbe der Türkei orientierten außenpolitischen Kurs einzuschlagen, sondern auch dazu, ihre härtesten innenpolitischen Widersacher, das Militär und das Verfassungsgericht, politisch deratig zu schwächen,

„[...] dass der kemalistische Block in der Tat seinen Machtanspruch im alltäglichen politischen Prozess verloren hat, um noch mit der moderat-islamistischen Adalet ve Kalkinma Partisi (AKP) bei der Strukturierung von Politik und Öffentlichkeit mithalten zu können."[57]

Infolge dieser innenpolitischen Machtverschiebung zugunsten der AKP und der außenpolitischen Neuausrichtung der Türkei vermag die AKP seit einigen Jahren ihre politischen Projekte nahezu unbestritten durchzusetzen. Doch die Geschehnisse rund um die Proteste auf dem Taksim-Platz in Istanbul und den angrenzenden Gezi-Park sowie die Auswirkungen des ‚Arabischen Frühlings' auf die politische Situation in der MENA-Region und damit die direkte Nachbarschaft der Türkei zeigen die negativen Konsequenzen der anhaltenden politischen Dominanz der AKP und die Risiken ihres politischen Kurses wie in einem Brennglas vergrößert auf. Die massiven Proteste, die sich im Mai und Juni 2013 an einem Bauvorhaben auf dem Gebiet des Istanbuler Gezi-Parks entzündeten und zu landesweiten Protesten führten, zeigten den Widerstand der fragmentierten türkischen Zivilgesellschaft und der stark geschwächten Opposition von CHP und MHP (*Milliyetci Hareket Partisi* – Partei der Nationalen Bewegung) gegen die dominante Stellung der AKP im politischen System der Türkei. Gleichzeitig verhindert die 10 %-Sperrklausel des türkischen Wahlrechts jedoch, dass die Opposition ausreichend im Parlament repräsentiert wird und daher geradezu gezwungen ist, alternative politische Protestformen zu finden, um überhaupt noch Einfluss auf das politische Zentrum nehmen zu können. In Anbetracht dieser schwachen Stellung der fragmentierten Opposition und Zivilgesellschaft der Türkei war die polarisierende Reaktion, gerade vom damaligen Ministerpräsidenten Erdogan, auf die Proteste des Sommers 2013 besonders wirkungsvoll. Erdogan sprach der Protestbewegung von Anfang an jegliche Legitimität ab und verunglimpfte die Demonstranten. Schließlich wurden die Proteste mit dem rücksichtslosen Einsatz der türkischen Polizei und Sicherheitskräfte aufgelöst. Insgesamt konnte die Protestbewegung keine längerfristige Wirkung entfalten

---

57 R. Karadag: „Islam und Politik in der neuen Türkei", S. 332.

und bis auf wenige kleinere Gruppierungen ist sie 2014 weitestgehend verschwunden.[58]

Die Ende 2010 in Tunesien in Gang gesetzten Massenproteste des ‚Arabischen Frühlings' nutzte Erdogan sehr schnell für die Inszenierung der Türkei als regionale Führungsmacht und ordnungspolitisches Vorbild. Er forderte die später gestürzten autokratischen Herrscher in Ägypten und Libyen zum Rücktritt auf, unternahm regelmäßige Reisen in die Region und forderte auch sehr früh den Rückzug des syrischen Präsidenten al-Assad (*1965). Dazu unterstützt die Türkei Teile der syrischen Widerstandsgruppen im Kampf gegen das alewitische Regime al-Assads im mittlerweile internationalisierten Bürgerkrieg des Landes und war ein klarer Unterstützer des kurzzeitigen äygyptischen Präsidenten Mursi. Trotz gewisser Kooperationen mit der EU und den USA versuchte die Türkei auf diese Weise einen sehr eigenständigen außenpolitischen Kurs einzunehmen, mit dem sie sich als sunnitische Führungsmacht zu positionieren versucht.[59] Allen Unwägbarkeiten der gegenwärtigen sicherheitspolitischen Lage in Syrien und Irak zum Trotz lassen dennoch erste Einschätzungen dieses außenpolitischen Kurses der AKP vornehmen. Gemessen an der beschriebenen ideologischen Neuausrichtung der Außenpolitik unter Davutoglu und in Anbetracht der innenpolitischen Stärke der AKP als unangefochtene Regierungspartei erscheint die Positionierung der AKP während der Umbrüche des ‚Arabischen Frühlings' als sunnitische Führungsmacht auf der Basis von *soft power* und der Ausstrahlungskraft des ‚türkischen Modells' konsistent. Dennoch ist es derzeit schwer vorstellbar, dass die Türkei über ausreichend außenpolitisches Durchsetzungspotenzial verfügt, um ohne die EU oder die USA effektiv auf den Konflikt in Syrien und dessen Ausstrahlungseffekte auf die Nachbarstaaten einwirken zu können. Zusätzlich gerät die Türkei durch ihren Anspruch auf eine Führungsrolle in der MENA-Region immer stärker in die Sogwirkung des Konfliktes zwischen dem schiitischen Iran und dem sunnitisch-wahhabitischen Saudi-Arabien, was eine konstruktive Lösung des Syrien-Konflikts zusätzlich erschwert und die konfessionelle Spaltung der Region weiter verstärkt.

Insgesamt betrachtet befindet sich die AKP damit an einem innen- wie außenpolitischen Scheidepunkt. Die Grenzen der „strategischen Tiefe" der Türkei

---

58 Vgl. N. Göle: „Gezi"; L. Schulz: „Viel Lärm um Nichts? und E. Sözen/H. Yavuz: „The Gezi Protests".

59 Vgl. Ö. Demirtas-Bagdonas: „Reading Turkey's Foreign Policy on Syria"; M. Ma'oz: „The "Arab Spring" and the New Geo-Strategic Environment of the Middle East"; Z. Önis: „Turkey and the Arab Spring" und G. Steinberg: „Anführer der Gegenrevolution".

sind deutlich erkennbar und die Türkei wird es schwer haben, weiterhin außenpolitische Alleingänge vorzunehmen. Innenpolitisch scheint das nationale Demokratisierungsprojekt der AKP im Rahmen eines Europa-Kurses erschöpft.[60] Angetreten als Gegenmodell zur kemalistischen Elite, ausgestattet mit einem modernen und effektiven Parteiapparat und getragen von der Unterstützung eines Großteils des islamistischen Milieus der Türkei konnte sich die AKP erfolgreich als Partei einer konservativ-islamischen Mittelschicht etablieren. Beeinflusst durch ihren heftig ausgetragenen Kampf gegen die Interventionsversuche des Militärs und des Verfassungsgerichts ist die AKP in den letzten Jahren jedoch dazu übergegangen, ihre übermäßig starke Stellung im politischen Zentrum der Türkei weiter auszubauen. Ihr demokratisches Verständnis ist durch eine enorme Majoritätsorientierung gekennzeichnet und das türkische Wahlrecht ermöglicht dabei den Erfolg ihrer starken Polarisierungsstrategie gegenüber der Opposition und der schwachen türkischen Zivilgesellschaft. Diese Haltung und Vorgehensweise verhindert jedoch eine Verbesserung der politischen Kultur in der Türkei.[61] Sicherlich verfügt die AKP über keine stark ausgeprägte islamistische politische Ideologie mehr, wie sie noch bei der Muslimbruderschaft der Jahre 2011-2013 zu finden war. Dennoch spielen religiöse Konnotationen und die religiöse Wählerschaft weiterhin eine große Rolle in der politischen Gestaltung der türkischen Gesellschaft durch eine sehr dominant agierende AKP.[62]

---

60 Vgl. R. Karadag: „Islam und Politik in der neuen Türkei", S. 350-351.
61 Dies zeigt sich u.a. an den Korruptionsvorwürfen gegen Teile der AKP-Spitze Ende 2013 und dem danach ausgebrochenen Machtkampf zwischen der AKP Regierung und der Gülen-Bewegung, der zu einer massiven Entfernung von Gülen-Anhängern aus dem polizeilichen und juristischen Staatsdienst durch die AKP Regierung geführt hat. Vgl. E.F. Keyman: „The AK Party"; T. Özhan: „The Longest Year of Turkish Politics" und G. Seufert: „Is the Fetullah Gülen Movement Overstretching Itself?". In Anbetracht dieser Ereignisse ist es angebracht, sich noch einmal die bereits angeführte Kritik von B. Tibi: „Islamists Approach Europe" und Ders.: „Islamischer Konservatismus der AKP als Tarnung für den politischen Islam?" vor Augen zu führen.
62 Vgl. konzeptionell dazu D. Burhanettin: „Understanding AK Party's Identity Politics". Als ein deutliches Beispiel für diese Form einer zivilisatorischen Identitätspolitik können die jüngeren Einschränkungen des Alkoholgenusses und der Alkoholwerbung in der Türkei genannt werden.

7. Die Genese und Entwicklung des militanten Dschihadismus durch die al-Qaida

Der Ursprung der dschihadistischen Bewegung al-Qaida ist für ein besseres Verständnis in einen spezifischen Entstehungskontext einzuordnen. Denn die nach den Terroranschlägen des 11. Septembers 2001 einsetzende, internationale Forschungswelle hat bis dato diesen Ursprungskontext sehr umfangreich und differenziert beleuchtet. Für eine konzentrierte Darstellung liegt der Fokus der Darstellung zunächst auf der sowjetischen Invasion Afghanistans ab 1979 und reicht bis zur Entstehung der Gruppierung der Taliban im Jahr 1994, welche unter ihrem Führer Mullah Umar Osama bin Laden und der al-Qaida territoriale Zuflucht in Afghanistan ermöglicht hatte. Danach kommt es zu einer Beleuchtung des seit Mitte der 1980er Jahre stetig wachsenden Zustroms arabischer Dschihadisten in die umkämpfte Region Afghanistans und Pakistans, in welchem bin Laden sukzessive zu einer zentralen Figur wurde und im Jahr 1988 schließlich die al-Qaida als zentrale Anlauf- und Ausbildungsstelle für die zahlreichen Widerstandskämpfer in der Region gründete. Von dort ausgehend werden die einzelnen organisatorischen und semantischen Entwicklungen der al-Qaida beschrieben, die ihren tragischen Höhepunkt mit den Anschlägen des 11. Septembers fanden und deren weltpolitischen Konsequenzen bis in die Gegenwart reichen.

7.1 DER AFGHANISCHE WIDERSTANDSKAMPF GEGEN DEN SOWJETISCHEN EINMARSCH ALS GEBURTSSTUNDE DER AL-QAIDA

Das Gebiet des heutigen Afghanistan stellte in der Antike ein Bindeglied zwischen dem persischen Reich und den turkstämmigen Nomadenvölkern dar. Erst im 18. Jahrhundert bildeten sich unter der Führung der Paschtunen, der bis heute mehrheitlichen Bevölkerungsgruppe Afghanistans, die Grundlagen des modernen Afghanistan im Sinne eines zusammenhängenden Herrschaftsgebietes. 1747 entstand das erste afghanische Reich unter dem Paschtunen Ahmad Schah Durrani (1722-1772), welches sich bis auf den indischen Subkontinent erstreckte. Nachdem Afghanistan aufgrund seiner geostrategischen Lage bereits früher regelmäßigen Angriffen verschiedener antiker Großreiche ausgesetzt war, kam es im 19. Jahrhundert zum sogenannten *great game*, in dem das britische Empire und das russische Zarenreich um die Kontrolle in Zentralasien und den Zugang zum indischen Subkontinent kämpften. 1919 erlangte Afghanistan die Unabhängigkeit von Großbritannien und 1973 endete die Herrschaft der Durrani-Dynastie mit der Absetzung von König Muhammed Zahir Schah (1914-2007) durch seinen Cousin Sardar Muhammed Daud Khan (1909-1978), der die afghanische Republik ausrief. 1978 wurde Daud Khan durch einen marxistischen Putsch gestürzt und ermordet. Nachdem die zwei großen kommunistischen Gruppierungen Afghanistans sich weder einigen, noch die Kontrolle über das Land erringen konnten, und zusätzlich das afghanische Militär und die staatliche Organisation des Landes immer stärker zerfielen, kam es im Dezember 1979 zum Einmarsch sowjetischer Truppen, der das Land in einen bis zum Abzug im Jahr 1988/89 andauernden Krieg mit ca. 1,5 Millionen Toten stürzen sollte.[1]

Nach dem Abmarsch der sowjetischen Truppen konnte der noch von der Sowjetunion eingesetzte und bis 1992 regierende Präsident Mohammed Nadschibullah (1947-1996) nicht für eine Befriedung Afghanistans sorgen und das Land zerfiel in einzelne, von rivalisierenden Warlords kontrollierte Gebiete. Zu den zentralen dieser Warlords gehörten der Tadschike Ahmad Schah Massud (1953-2001) und der Usbeke Abdul Raschid Dostum (*1954), die den Norden Afghanistans kontrollierten. Desweiteren Muhammed Ismael Khan (*1946), der die Region um Herat kontrollierte. Der Paschtunen-Führer Gulbuddin Hekmatyar (*1947) überwachte die Gebiete südlich von Kabul, während der weiter entfernte Süden des Landes in Richtung Pakistan durch eine Allianz von drei paschtunischen Warlords regiert wurde. In der Folge fragmentierten sich die Herrschaftsansprüche und die entsprechende politisch-militärische Ordnung Afghanistans zwar entlang der Grenzen der rivalisierenden Warlord-Gebiete, innerhalb ihrer Kernregionen stabilisierten sich beide Bereiche jedoch etwas. Dennoch herrschte vor allem zwischen Massuud, Dostum und Hekmatyar ein erbitterter Kampf um die Macht über die afghanische Hauptstadt Kabul. Von 1992 bis zur Eroberung

---

1 Vgl. die Schilderungen von A. Rashid: Taliban, S. 24-34; S.G. Jones: In the Graveyard of Empires, S. 3-22 und B.G. Thamm: Der Dschihad in Asien, S. 26-28.

Kabuls im Jahr 1996 durch die Taliban war Burhanuddin Rabbani (1940-2011) afghanischer Präsident.[2] Die Taliban-Bewegung entstand 1994 inmitten dieses Bürgerkrieges unter der Führung von Mullah Umar.[3]

„Ein *Talib* ist ein Koranschüler, ein nach Wissen Strebender – im Vergleich zum Mullah, der Wissen lehrt. So distanzierten sie sich mit dem Namen ‚Taliban' (Plural von *Talib*) von der Parteipolitik der Mudschaheddin und signalisierten, dass sie sich als eine Bewegung zur Läuterung der Gesellschaft und nicht als Partei zur Ausübung von Macht verstanden."[4]

Zutiefst enttäuscht von dem anhaltenden Bürgerkrieg und der grassierenden Korruption, begannen kleine Gruppierungen der Taliban, die Hauptquartiere von Warlords im Süden Afghanistans anzugreifen. Nach schnellen Erfolgen und der Eroberung von immer größeren Mengen an Waffen und Fahrzeugen wuchs die Talibanbewegung noch in ihrem Entstehungsjahr rasant an und konnte die ehemalige Hauptstadt Afghanistans, Kandahar, und die umliegende Region im Süden des Landes erobern. Nachdem die Taliban im darauffolgenden Jahr Herat[5] im Westen erkämpft hatten, unternahmen sie erste erfolglose Angriffe auf Kabul.[6] Die rasche Steigerung ihrer Truppenzahlen und ihre schnellen militärischen Erfolge lassen sich einerseits aufgrund ihrer aggressiven und rücksichtslosen militärischen Taktik, der enormen finanziellen Förderung durch den pakistanischen Geheimdienst (*ISI* – Inter Service Intelligence) und die entsprechend sehr gute Ausstattung mit Fahrzeugen, wie Pick-Up Trucks, erklären. Andererseits muss der große Zustrom von tausenden jungen Männern aus dem afghanisch-pakistanischen Grenzgebiet, in dem seit dem Einmarsch der Sowjetunion Millionen vor allem paschtunische Afghanen Zuflucht in Flüchtlingslagern gefunden hatten, erwähnt werden. 1996 konnten die Taliban schließlich Kabul einnehmen.[7]

Infolgedessen hatten sie innerhalb weniger Jahre große Teile des Landes eingenommen und unter die Kontrolle einer äußerst puritanischen Auslegung der is-

---

2   Vgl. A. Rashid: Taliban, S. 42-43.
3   Vgl. die biographischen Informationen zu Mullah Omar von B. Riedel: The Search for al Qaeda, S. 61-84.
4   A. Rashid: Taliban, S. 45.
5   Vgl. ebd., S. 57-71.
6   Vgl. ebd., S. 72-92.
7   Vgl. auch die detaillierten Schilderungen von S.G. Jones: In the Graveyard of Empires, S. 52-68.

lamischen Scharia gebracht. Frauen und Kinder wurden komplett aus dem öffentlichen Leben entfernt und es galten sehr restriktive Kleidungs-, Freizeit- und Verhaltensweisen, bei deren Zuwiderhandlung drakonische Strafen bis hin zur Amputation von Gliedmaßen, Erschießung und Steinigung angewendet wurden.[8] Die humanitäre Arbeit von internationalen Organisationen wurde immer weiter erschwert, bis nahezu der gesamte Stamm von Mitarbeitern der UNO und anderen internationalen Organisationen das Land verlassen hatte oder verlassen musste. Als politische Ordnung wurde durch Umar, der sich seit 1996 Befehlshaber aller Gläubigen nannte, das islamische Emirat Afghanistan ausgerufen und dieser Staat wurde von Pakistan, Saudi-Arabien und den Vereinigten Arabischen Emiraten anerkannt. Doch auch nach der Einnahme Kabuls, der Einrichtung einer von den Taliban dominierten politischen Ordnung und einer Neuorganisation ihres Militärs[9] kam es nicht zu einem Waffenstillstand in Afghanistan. Vielmehr herrschten weiterhin Kämpfe im Norden Afghanistans. Dort leisteten vor allem Tadschiken unter der Führung Massouds erbitterten Widerstand gegen die Talibanherrschaft. In der Mitte des Landes, wo die afghanische Ethnie der schiitischen Hasara ansässig ist, gab es ebenfalls intensive Kampfhandlungen.[10] Denn die radikale und höchst exklusive politische Ideologie der Taliban erkannte die konfessionelle und ethnische Vielfalt Afghanistans nicht an und es kam zu ethnischen Konflikten und Säuberungen auf allen Seiten. Der Ursprung der politischen Ideologie der Taliban kann dabei auf die in Pakistan vorkommende Lehre des *Deobandismus*, der ähnlich dem saudi-arabischen Wahhabismus eine sehr rigide und fundamentalistische, d.h. textgläubige Auslegung zentraler religiöser Vorschriften umfasst, zurückgeführt werden. Nicht nur viele der führenden Personen der Talibanbewegung, sondern auch viele ihrer jungen Rekruten hatten in den Flüchtlingslagern nur diese Form der Glaubensrichtung und Schulbildung in pakistanischen Madrasas erfahren. Auf der Basis dieser Sozialisation und aufgrund der Synthese mit den Stammesvorstellungen der Paschtunen war die politische Ideologie der Taliban nicht nur eine Neuerung für das Spektrum des politischen Islam in Afghanistan und für die meisten Praktiken islamischer Religionsausübung, sondern auch derartig erfolgreich, weil sie in das kulturelle Vakuum einer Region stieß, die seit 15 Jahren von Krieg zerstört worden war.[11]

---

8   Vgl. A. Rashid: Taliban, S. 168-185 und B.G. Thamm: Der Dschihad in Asien, S. 38-40.
9   Vgl. A. Rashid: Taliban, S. 154-167.
10 Vgl. ebd., S. 93-110 über den Konflikt in Nord-Afghanistan um die Stadt Mazar-i-Scharif und S. 111-131 über den Konflikt mit den schiitischen Hazara in der zentralafghanischen Stadt Bamian.
11 Vgl. ebd., S. 135-153.

Während die Wurzeln der Talibanbewegung in der pakistanisch-afghanischen Grenzregion zu Beginn der 1990er Jahre zu finden sind, liegt der Ursprung der al-Qaida zeitlich gesehen bereits in den 1980er Jahren, als der afghanische Widerstand gegen die Sowjetunion einen großen Zustrom an finanziellen und humanitären Zuwendungen aus der Golfregion erhielt. Innerhalb weniger Jahre wurde der afghanische Widerstandskampf gegen die Sowjetunion auf diese Weise zur Drehscheibe des internationalisierten Dschihads. „Afghanistan was were today's Salafist jihadist group's originated, the succesor to the Arab world's first jihadist factions."[12]

Denn der afghanische Widerstandskampf basierte auf der Formierung der bereits angesprochenen Mudschaheddin-Gruppierungen, von denen Hekmatyar, Rabbani und Massoud zu den von Beginn an durch den US-amerikanischen *CIA* (Central Intelligence Agency), dem britischen *MI-6* und dem pakistanischen *ISI* geförderten Personen gehörten.[13] Zusätzlich war der Dschihad gegen die UdSSR in vielen Kreisen der Golfregion hoch angesehen und mit der Zeit wurde der Zufluss an Geldern durch die Teilnahme von arabischen Kämpfern und Unterstützern des afghanischen Widerstandskampfes ergänzt:

„The Afghan jihad became the great inspiration that brought Islamic radicals together. Muslim *ulemas* issued *fatwas* interpreting the Soviet intervention as an invasion of the territory of Islam by sinners. This made possible to proclaim a ‚defensive' jihad, which, according to *sharia*, obliged every Muslim to participate."[14]

Gerade der militante Kampf der Islamischen Gruppe Ägyptens gegen das politische System unter der Präsidentschaft Sadats und nach dessen Ermordung gegen seinen Nachfolger Mubarak kann als exemplarisch für die innenpolitische Situation vieler mehrheitlich islamischer Länder in der MENA-Region zum Höhepunkt dieses afghanischen Widerstandskampfes verstanden werden. Viele Staatsführungen der MENA-Region gingen mit sehr großem sicherheitspolitischen Aufwand gegen verschiedene militante Bewegungen vor. Aufgrunddessen verließen viele von diesen Bewegungen ihre Heimatländer und schlossen sich

---

12 C. Tawil: Brothers in Arms, S. 15.
13 Vgl. dazu die journalistischen Informationen von S. Coll: Ghost Wars. Weitere Ausführungen zu diesem Komplex internationaler Unterstützer finden sich bei G. Steinberg: Der nahe und der ferne Feind, S. 31-36 und A. Rashid: Taliban, S. 202-205.
14 S.G. Jones: In the Graveyard of Empires, S. 72.

dem afghanischen Widerstandskampf an.[15] Die Gründung der al-Qaida im Jahr 1988[16] ist in diesem Kontext als eine stärkere Institutionalisierung der arabisch dominierten Unterstützungs- und Kämpfernetzwerke dieses Konfliktes zu verstehen. Im Gegensatz zu den Mudschaheddin-Gruppen jedoch, die aufgrund ihres afghanischen Ursprungs und ihrer ethnischen und lokalen Verwurzelung den Kampf gegen die UdSSR als afghanisches Unterfangen zur Befreiuung ihres Landes von ausländischer Fremdherrschaft betrachteten, entwickelten die immer zahlreicher werdenden Kämpfer aus den arabischsprachigen Ländern eine eigene politische Agenda, die Mitte der 1990er Jahre unter Führung von bin Laden und al-Zawahiri und durch die Unterstützung der Taliban-Führung eine ganz eigene und radikale Ausrichtung annehmen sollte.

7.2 Die Entwicklung der al-Qaida bis zu den Terroranschlägen vom 11. September 2001

Von 1982 bis 1992 erfuhren nach Schätzungen 35.000 Muslime aus 43 verschiedenen Ländern Ausbildung und Kampferfahrung in Afghanistan und Pakistan. Insgesamt hatten über 100.000 Muslime Kontakt zu den Netzwerken des Widerstandskampfes gegen die Sowjetunion und die Regierung von Nadschibullah.[17] Der Einfluss der arabischstämmigen Mitglieder dieses Kampfes (die sogenannten ‚Araber-Afghanen') auf den Ausgang des Konfliktes wird zwar als gering eingeschätzt, weil ihre Anzahl im Verhältnis zu anderen Gruppen niedrig war. Die Hauptlast des Krieges wurde durch Afghanen getragen und der Hauptteil der Finanzmittel stammte vom pakistanischen, US-amerikanischen und saudiarabischen Geheimdienst sowie von Spendenvereinen aus der Golfregion.[18] Psychologisch und motivational war die Beteiligung der ‚Araber-Afghanen' an den

---

15 Vgl. die detaillierten Ausführungen von C. Tawil: Brothers in Arms, S. 35-55 zu den Verbindungen des islamischen Dschihad Ägyptens (EIJ), der bewaffneten islamischen Gruppe Algeriens (GIA) und der libyischen Islamischen Kampfgruppe (LIFG) mit den Proponenten des afghanischen Widerstandskampfes.

16 S.G. Jones: In the Graveyard of Empires, S. 73 spricht vom August 1988; C. Tawil: Brothers in Arms, S. 26 benennt den September 1988 als Gründungsdatum der al-Qaida und P.L. Bergen: The Longest War, S. 18 konkretisiert das Datum der Gründung auf den 10.09.1988.

17 Vgl. A. Rashid: Taliban, S. 205.

18 Vgl. S.G. Jones: In the Graveyard of Empires, S. 85.

Kampfhandlungen, die zum Rückzug der Sowjetunion aus Afghanistan führten (sowie der kurze Zeit später anschließende politische Zerfall der UdSSR), jedoch von enormer Bedeutung:

„The Afghan-Soviet War triggered an epiphany among these fighters, who had trekked to Afghanistan from Egypt, Saudi Arabia, the Palestinian territories, and other parts of the Arab world. Inspired by the defeat of the Soviet Union, they began to dream about internationalizing the jihad. The defeat had emboldened them, and many believed they were invincible."[19]

Diese kampferprobten Gruppen sollten ihre Aktivitäten ab 1992 jedoch weitestgehend vom afghanischen Bürgerkrieg zwischen den verfeindeten Warlords entfernen und unter der organisatorischen und ideologischen Führung Osama Bin Ladens und Ayman al-Zawahiris zur Speerspitze im dschihadistischen Kampf gegen die Herrschaftseliten der MENA-Region und die Geopolitik der USA werden. Um den entsprechenden Entwicklungsprozess bis zu den Terroranschlägen vom 11. September 2001 aufzuzeigen, kommt es nach einer kurzen zeithistorischen Schilderung der zentralen Ereignisse zur Illustration dieser drei Aspekte:

- Der zentralen Vordenker und Führungspersonen der al-Qaida,
- der organisatorischen Entwicklung der al-Qaida,
- und der Talibanherrschaft in Afghanistan als idealem Rückzugs- und Vorbereitungsort für die Aktivitäten der al-Qaida.

Nachdem bin Laden 1990 mit seinem Angebot an das saudische Königshaus, eine Armee aus Veteranen des Afghanistankrieges zur Abwehr der Truppen des irakischen Staatspräsidenten Saddam Hussein (1937-2006) aufzustellen, gescheitert war, fanden er und seine Kampfverbände zunächst einen Rückzugsort im Sudan und im Jemen. Auch zog es arabische Dschihadisten nach Algerien, Ägypten, Bosnien und Tschetschenien, wo sie versuchten, die dortigen Konflikte ebenfalls in den Einflussbereich internationalisierter und dschihadistisch motivierter Widerstandsbewegungen hineinzuziehen.[20] Der Sudan lief dem afgha-

---

19 Ebd., S. 69.
20 Vgl. ebd., S. 73-75. Zusätzlich beschreibt G.D. Johnsen: The Last Refuge auf S. 16-47, wie ein enger Vertrauter bin Ladens und bis heute aktiver jemenitischer Politiker und Stammesführer, Tariq al-Fadhli (*1967), Anfang der 1990er Jahre mit Kämpfern

nisch-pakistanischen Grenzgebiet den Rang als Anlauf-, Ausbildungs- und Sammelstelle für eine Vielzahl islamistischer Gruppierungen (zu denen die im Westen noch relativ unbekannte al-Qaida als eine Bewegung angehörte) ab. Von dort aus übten diese Kampfverbände Einfluss auf die innenpolitischen Konflikte in Algerien, Ägypten und Libyen aus und versuchten sowohl die jeweiligen Regime zu destabilisieren oder gar zu stürzen als auch Verbündete und Unterstützer für ihren Kampf zu gewinnen.[21] Doch ab 1996 stellte sich heraus, dass keine der Bewegungen nennenswerte Erfolge vorweisen konnte. Vielmehr wurden sie mit großem sicherheitspolitischen Aufwand durch die jeweiligen Regierungen bekämpft und mussten sich mehr und mehr aus den betroffenen Ländern zurückziehen. Höhepunkt in diesem Zusammenhang ist die bereits erwähnte Waffenstillstandserklärung der Islamischen Gruppe Ägyptens im Jahr 1997. Hinzuzufügen ist, dass mit dem Dayton-Abkommen von 1995 der Bosnien-Konflikt gelöst wurde und es im Tschetschenien-Konflikt 1996 zu einem Waffenstillstandsabkommen kam, wodurch den dschihadistischen Bewegungen weitere Einsatz- und Koordinationsorte verloren gingen.[22] Als bin Laden 1996 den Sudan verlassen musste und nach Afghanistan zurückkehrte, zog dies den Nachzug vieler weiterer dschihadistischer Einheiten und Individuen nach Afghanistan nach sich.

Der Palästinenser Abdullah Yusuf Azzam, der seit 1981 im pakistanischen Islamabad islamische Studien lehrte, wurde Mitte der 1980er Jahre zur ersten zentralen ideologischen und organisatorischen Führungsfigur im Kampf gegen die sowjetische Invasion Afghanistans. Er gründete mit Geldern des saudischen Geheimdienstes in Peschawar das sogenannte Dienstleistungsbüro (*Maktat al-Khidamat*), das zur Anlaufstelle für Freiwillige und Financiers wurde. Azzam gilt als erster Mentor von Osama bin Laden, der anschließend ebenfalls eine Koordinationsstelle in Peschawar aufbaute (das Haus der Helfer/ *Bait al-Ansar*), da Azzam mit seinen Schriften den Widerstandskampf gegen die Invasion islamischer Länder zu einer Glaubenspflicht für alle Muslime erhoben hatte. Aufbauend auf diesen ideologischen und organisatorischen Grundlagen richtete bin Laden 1986 das erste Ausbildungscamp im afghanisch-pakistanischen Grenzgebiet nur für Araber ein.[23] Parallel zum ansteigenden Zustrom von arabischen Freiwil-

---

im Jemen gegen die nord- und südjemenitische Regierung sowie den späteren Zusammenschluss beider Landesteile vorging.
21 Vgl. C. Tawil: Brothers in Arms, S. 89-97 und S. 99-110.
22 Vgl. ebd., S. 127-143.
23 Vgl. P.L. Bergen: The Longest War, S. 13; S.G. Jones: In the Graveyard of Empires, S. 71 und G. Steinberg: Der nahe und der ferne Feind, S. 36-48. G.D. Johnsen: The

ligen und Kämpfern stieg der Einfluss des Kopfes des Islamischen Dschihad Ägyptens, Ayman al-Zawahiri. Dieser hatte sich in seinen Schriften sehr intensiv mit der für ihn misslichen Lage der islamischen Welt auseinandergesetzt und den bewaffneten Kampf für den Islam in dem Sinne weiterentwickelt, dass es legitim sei, nicht nur in einem defensiven Sinne nicht-islamische Agressoren (artikuliert von Azzam) abzuwehren, sondern ebenfalls militant gegen die korrupten und verwestlichten arabischen Regime vorzugehen.[24] In dieser Situation, in welcher der Kampf gegen die Sowjetunion zum verbindenden Moment zahlreicher Vereinigungen aus nahezu allen mehrheitlich islamischen Ländern geworden war und es gleichzeitig noch umstritten war, ob und wie ein Kampf gegen die Staatsführungen der eigenen Herkunftsländer zu legitimieren sei, hatte sich bin Laden sukzessive den Ruf eines Kriegshelden für die Sache des Islam erarbeitet und baute mit der bereits angesprochenen Gründung der al-Qaida sein eigenes Kämpfer- und Unterstützungsnetzwerk auf.[25] Nach dem Rückzug der sowjetischen Truppen kam es nicht nur zum bereits ausgeführten Bürgerkrieg zwischen den Mudschaheddin-Gruppen in Afghanistan, sondern auch zu Zerwürfnissen innerhalb der arabischen Widerstandsgruppen, was nach dem Tode von Azzam durch einen Bombenanschlag am 24.11.1989 zu einer Stärkung der Position von bin Laden und al-Zawahiri führen sollte.[26]

„In the face of so many men entering Peshawar, Azzam had lost control of the movement. Like the Afghan mujahidin, the Arab alliance was breaking down. The Service Bureau couldn't keep up with the paperwork of registering everyone to Azzam's antiquated database, and newer fighters began gravitating towards uncompromising figures like the Egyptian radical Ayman al-Zawhiri, who whispered that Azzam was the problem."[27]

Last Refuge, S. 11 schreibt dagegen, dass Azzam seine Anstellung in Islamabad 1980 angenommen habe.

24 Vgl. G. Steinberg: Der nahe und der ferne Feind, S. 44-47. Weitere biographische Informationen zu Ayman al-Zawahiri bietet B. Riedel: The Search for al Qaeda, S. 14-36.

25 Vgl. B. Riedel: The Search for al Qaeda, S. 16-18. Insgesamt bietet Riedel auf S. 37-60 eine sehr detaillierte biographische Studie gerade des intellektuellen Werdegangs von bin Laden bis 1998 an.

26 R. Gunaratna: Inside Al Qaeda, S. 22-24 geht sogar so weit in seiner Interpretation, dass bin Laden die Tötung Azzams in Auftrag gegeben habe.

27 G.D. Johnsen: The Last Refuge, S. 14-15.

Nach dem Zwischenspiel im Sudan und mit der Rückkehr nach Afghanistan im Jahr 1996 war bin Laden dazu in der Lage, den Zugriff auf die einzelnen dschihadistischen Zirkel unter dem Dach seiner al-Qaida zu straffen und zu zentralisieren. Darüber hinaus entwarf er in seinen Schriften die nächste Stufe in der ideologischen Ausrichtung des dschihadistischen Kampfes. Die am 23. August 1996 veröffentlichte *Kriegserklärung an die USA* führte bereits dazu, dass die US-amerikanische Clinton-Administration die ersten militärischen und sicherheitspolitischen Maßnahmen gegen den internationalen Terrorismus ergriff.[28] Der am 23. Februar 1998 veröffentlichte *Aufruf zum Dschihad gegen die Kreuzfahrer und Juden* ging mit der Gründung einer Internationalen islamischen Front einher, die von führenden Personen des internationalen Dschihadismus unterzeichnet wurde und das sichtbarste Zeichen des Führungsanspruchs der al-Qaida unter bin Laden und al-Zawahiri im internationalen Feld dschihadistischer Bewegungen darstellte.[29]

Die Unterzeichnung dieses Dokuments war innerhalb ihrer Kreise jedoch umstritten. Besonders Mitglieder des Islamischen Dschihad Ägyptens waren gegen al-Zawahiris Unterzeichnung, da für diese der Kampf gegen den ägyptischen Präsidenten Mubarak im Vordergrund stand und nicht der Kampf gegen die USA. In der Folge löste sich bin Laden weiter von al-Zawahiri ab und entwickelte immer eigenständigere Pläne zum Angriff auf die USA.[30] Insgesamt war Afghanistan Anfang der 2000er Jahre unter der politischen, ideologischen und religiösen Kontrolle der Taliban zu dem zentralen Ausbildungslager für den internationalisierten Dschihadismus gegen arabische und westliche Staaten geworden. Trotz Spannungen innerhalb der Taliban-Führung selbst führten ihre Kampfgruppen weiterhin einen beiderseitig verlustreichen Kampf gegen den militärischen Widerstand der sogenannten Nordallianz, während das islamische Emirat Afghanistan international nahezu völlig isoliert und zunehmenden internationalen Sanktionen ausgesetzt war.[31] Osama bin Ladens Verhältnis zur Taliban-Führung und insbesondere zu Mullah Umar war von Beginn an gut. Bin Laden hatte sich zunächst aus dem noch andauernden Bürgerkrieg zwischen den Warlords herausgehalten und dann von den Taliban immer weitere Kontrolle über Ausbildungslager erhalten. Trotz einiger Militärschläge der US-Armee gegen die Ausbildungslager der al-Qaida in Afghanistan 1998, den Versuchen der politi-

---

28 Vgl. A. Rashid: Taliban, S. 211.
29 Vgl. S.G. Jones: In the Graveyard of Empires, S. 76 und C. Tawil: Brothers in Arms, S. 153.
30 Vgl. G.D. Johnsen: The Last Refuge, S. 50-56.
31 Vgl. die Schilderungen von A. Rashid: Taliban, S. 329-337.

schen Führung Saudi-Arabiens, eine Auslieferung bin Ladens zu erreichen und später anschließenden Rivalitäten zwischen den Taliban und der al-Qaida um die Kontrolle von Ausbildungslagern, stellte sich Mullah Umar auf die Seite bin Ladens und versicherte, ihn niemals auszuliefern.[32] 2000 und 2001 sicherte sich bin Laden die endgültige Kontrolle über die al-Qaida und mit ihr die Führungsposition in den losen Netzwerken der vielen dschihadistischen Sektionen. Es gelang ihm zwar nicht, die militanten Bewegungen Libyens, Algeriens und Ägyptens unter dem Dach der al-Qaida zu vereinen, im Juni 2001 wurde jedoch der Zusammenschluss der al-Qaida und des Islamischen Dschihad Ägyptens zur Qaidat al-Dschihad verkündet. Auf diese Weise musste sich auch al-Zawahiri bin Laden unterordnen.[33] Für die konkreten Planungen der Anschläge des 11. Septembers 2001 konnte bin Laden Khalid Sheikh Mohammed (*1964 oder 1965) gewinnen, der nach derzeitigem Forschungsstand als zentraler Organisator und Planer für diese Anschläge gilt. Die gegen die USA gerichteten Anschlagspläne waren letztlich nicht unumstritten, aber für bin Laden stellten sie die logische Konsequenz im Kampf gegen die Feinde des Islam dar, da ein Sturz der korrupten arabischen Regime für ihn nur über einen Rückzug der USA aus dem Mittleren Osten möglich gewesen war.[34] Diese Terroranschläge mit vier entführten US-amerikanischen Passagiermaschinen auf US-amerikanischem Territorium bildeten den tragischen Höhepunkt einer Reihe von verschiedenen Anschlägen, von denen die zuvor verübten Anschläge auf die US-amerikanischen Botschaften in Nairobi und Daressalam vom 7. August 1998 und der Anschlag auf den US-Zerstörer U.S.S. Cole vom 10. Oktober 2000 diejenigen mit der größten internationalen Wirkung waren.[35]

Insgesamt betrachtet lässt sich zu dieser Phase der semantischen und strukturellen Entwicklung der al-Qaida zusammenfassen, dass sich innerhalb von 20 Jahren[36] eine politische Ideologie mit religiöser Fundierung ausgebildet hatte,

---

32 Vgl. S.G. Jones: In the Graveyard of Empires, S. 75 und S. 83-85; A. Rashid: Taliban, S. 210 und C. Tawil: Brothers in Arms, S. 167-170.

33 Vgl. P.L. Bergen: The Longest War, S. 23-26 und C. Tawil: Brothers in Arms, S. 161.

34 Vgl. P.L. Bergen: Manhunt, S. 18-20 und S. 23-24; Ders.: The Longest War, S. 3-10; G. Steinberg: Der nahe und der ferne Feind, S. 67-69 und C. Tawil: Brothers in Arms, S. 165-167.

35 Vgl. G.D. Johnsen: The Last Refuge, S. 71-78 zu den vom Jemen aus ausgeführten Anschlägen auf den Zerstörer U.S.S. Cole – und G. Steinberg: Der nahe und der ferne Feind, S. 65-66 zu den Anschlägen auf die beiden Botschaften.

36 Vgl. B. Riedel: The Search for al Qaeda, S. 15, der dafür argumentiert, die Ermordung des ägyptischen Präsidenten Sadat im Dezember 1981 als den Ausgangspunkt der

die, ausgehend von der zur religiösen Pflicht erhobenen Bekämpfung nichtislamischer Aggressoren (Azzam), über die Bekämpfung als nicht-islamisch empfundener arabischer Regime (al-Zawahiri), zur Bekämpfung der USA als zentralem geopolitischen Gegenspieler und Rückhalt der arabischen Staatsführungen (bin Laden) übergegangen war.[37] Dabei ist ein Netzwerk von Ausbildungslagern, Logistik, Kampfverbänden und Finanzierung entstanden, in dessen Mittelpunkt die Region um Afghanistan und die von bin Laden sukzessive auf ihn selbst ausgerichtete al-Qaida standen, das sich aber zusätzlich aus dem Zustrom von Personen aus 34 Ländern speiste.[38] Dieses militante Netzwerk war darauf ausgerichtet, lokale Konfliktherde und Auseinandersetzungen zwischen staatlichen Regierungen und lokalen dschihadistischen Bewegungen miteinander zu koppeln und in einen koordinierten und internationalsierten Kampf gegen arabische Regime, den Staat Israel und westliche Aggressoren zu überführen. Daher lässt sich die al-Qaida der Phase der Anschläge des 11. Septembers über zwei miteinander verbundene Definitionen am besten kennzeichnen:

„al-Qa'ida ist eher die Summe vieler nationaler Gruppierungen, die sich in einer gemeinsamen Organisation die verbesserten terroristischen Arbeitsbedingungen der globalisierten Welt zunutze machen, um sowohl global als auch national zu agieren."[39]

Dabei gilt jedoch auch zu beachten, dass die: „al-Qa'ida hingegen geht darüber hinaus und ist bestrebt, internationale Ordnung zu verändern, wobei sie auch lokale und regionale Ziele hat."[40]

Die Aufgaben der zwei anschließenden Unterkapitel dieser Fallstudie werden darin liegen, herauszuarbeiten, ob diese semantische und strukturelle Operationsweise der al-Qaida im andauernden und bis zur Tötung bin Ladens führenden sicherheitspolitischen und militärischen Vorgehen der westlichen Staaten im sogenannten ‚Krieg gegen den Terrorismus' aufrecht erhalten werden konnte, oder ob sich neue und differierende Operationsweisen etabliert haben.

Entstehung der dschihadistischen Kämpfernetzwerke samt entsprechender Ideologie zu sehen.
37 Vgl. dazu auch die Analysen von S.G. Jones: In the Graveyard of Empires, S. 78-81 und C. Tawil: Brothers in Arms, S. 150-151.
38 A. Rashid: Taliban, S. 329 schätzt die Zahl der al-Qaida angehörenden Kämpfer vor den Anschlägen des 11. Septembers auf 2500-3000, dazu kamen aber noch weitere Kämpfer von verschiedenen anderen Gruppierungen.
39 G. Steinberg: Der nahe und der ferne Feind, S. 25.
40 Ebd.

7.3 DER ‚GLOBALE KAMPF GEGEN DEN TERRORISMUS' UND DIE FOLGEN FÜR DIE AL-QAIDA

Um das Jahr 2001 waren die geographische Verbreitung und die operative Reichweite der al-Qaida und der von ihr beeinflussten Gruppierungen enorm. Durch den von bin Laden Ende der 1990er Jahre eingeleiteten Zentralisierungs- und Hierarchisierungsprozess waren der al-Qaida untergeordnete und mit der al-Qaida kooperierende Verbündete in nahezu allen Weltregionen mit einem signifikanten muslimischen Bevölkerungsteil aktiv. Neben diesen strukturellen Verbindungen waren sie ebenfalls in die ideologischen Auseinandersetzungen über den Kampf gegen den Westen und die als unislamisch empfundenen Staatsführungen der MENA-Region eingebunden. Auf diese Weise wurde die al-Qaida spätestens mit den Anschlägen des 11. Septembers 2001 zu einem global agierenden, geopolitischen Gegenspieler der USA und ihrer westlichen Verbündeten.[41]

„Al Qaeda has moved terrorism beyond the status of a technique of protest and resistance and turned it into a global instrument with which to compete with and challenge Western influence in the Muslim world."[42]

Die Organisationsstruktur der al-Qaida war zu diesem Zeitpunkt hierarchisch angelegt und territorial an Afghanistan gebunden, sodass unterhalb der Führungsperson bin Laden ein Beratungsgremium (u.a. al-Zawahiri) angesiedelt war und die durch diese Führungsstrukturen getroffenen Entscheidungen wurden über vier unterschiedliche operative Bereiche (Militär, Finanzen, Islamische Studien und Öffentlichkeitsarbeit) durchgeführt. Die Ausbildung der Kampfverbände wurde auf der Basis eines standardisierten Kompendiums durchgeführt und es gab eine detaillierte ideologische Schulung und Ausbildung in Kampftaktiken.[43] Zusätzlich gab es es die eher als lose zu bezeichnende Verbindung zu ca. 30 affiliierten dschihadistischen Bewegungen, die als Familienklans organisiert und in kleinere Operationszellen von 2 bis 15 Mitgliedern unterteilt waren. Die *lingua franca* dieser multinationalen und multiethnischen Verbindung war Arabisch.[44]

---

41 Diese weltpolitischen Konstellationen um die vergangene Jahrtausendwende wird besonders deutlich in den Analysen von B. Tibi: The Challenge of Fundamentalism und Ders.: Die fundamentalistische Herausforderung, S. 25-45, S. 162-173 und S. 238-241.
42 R. Gunaratna: Inside Al Qaeda, S. 1.
43 Vgl. ebd., S. 54-94.
44 Vgl. ebd., S. 6-7 und S. 95-166.

Die Reaktionen der US-Administration und der westlichen Staatengemeinschaft auf die Anschläge des 11. Septembers 2001 waren umfassend. Der US-Kongress autorisierte den US-amerikanischen Präsidenten George W. Bush am 14.09.2001 zum *global war on terror*, d.h. dem Einsatz militärischer Mittel gegen die Verantwortlichen der Terroranschläge des 11. Septembers 2001. Das westliche Verteidigungsbündnis NATO rief am 12.09.2001 den NATO-Bündnisfall aus. Am 07.10.2001 begannen die Militärschläge gegen die Talibanherrschaft in Afghanistan und die Ausbildungslager der al-Qaida. Militärisch hatte sich die US-Administration dazu entschlossen, mit einem geringen Truppenaufgebot (der sogenannte *light footprint*-Ansatz[45]), d.h. dem Einsatz von CIA- und Militärspezialeinheiten, Luftangriffen und der Unterstützung der Truppen der Nordallianz, vorzugehen, um nicht wie die Truppen der UdSSR in den 1980er Jahren in einen lang anhaltenden Guerilla-Krieg verwickelt zu werden. Trotz dieser militärischen Intervention geringen Umfangs stellten sich schnelle militärische Erfolge ein. Innerhalb weniger Wochen konnten die Taliban besiegt und aus Afghanistan vertrieben werden, die Kontrolle über Kabul gewonnen und damit auch die Ausbildungslager der al-Qaida zerstört, hunderte ihrer Kämpfer sowie einige ihrer Führungsfiguren getötet und gefangen genommen werden. Der Paschtune Hamid Karzai (1957) wurde am 04.12.2001 zum Präsidenten der afghanischen Übergangsregierung ernannt.[46] Die oberste Führung der Taliban, Mullah Umar, und der al-Qaida, bin Laden und al-Zawahiri, konnten jedoch entkommen.[47] Rückblickend lassen sich an diesem Faktum bereits die Schwierigkeiten des später anschließenden internationalen Militäreinsatzes gegen die Taliban und die al-Qaida erkennen: Die unzugängliche und kaum zu kontrollierende afghanisch-pakistanische Grenzregion als anhaltender Rückzugsort für beide Gruppierungen.[48]

---

45 Vgl. die Details zu diesem militärischen Vorgehen bei S.G. Jones: In the Graveyard of Empires, S. 109-133.

46 Vgl. die Schilderung der frühen militärischen und politischen Erfolge bei ebd., S. 86-94.

47 Letztlich erwies sich der *light-footprint*-Ansatz als unzureichend, die Rückzugswege der Taliban- und al-Qaida-Führung abzuschneiden und ihre Flucht über das afghanisch-pakistanische Grenzgebiet zu verhindern. Vgl. P.L. Bergen: Manhunt, S. 40-52 und Ders.: The Longest War, S. 68-85.

48 So wurde bereits im März 2003 eine groß angelegte Militäraktion mit afghanischen, britischen und US-amerikanischen Truppen gegen al-Qaida- und Taliban-Kampfverbände im afghanisch-pakistanischen Grenzgebiet gestartet. Diese Kampfverbände

Das weltpolitisch Besondere an der gemeinhin als *global war on terror* bezeichneten militärischen und sicherheitspolitischen Reaktion der USA und ihrer politischen Verbündeten auf die Anschläge des 11. Septembers war ungeachtet aller politischen und öffentlichen Kontroversen um diese Reaktion ihr enormes Ausmaß.[49] Direkt nach den Terroranschlägen wurde innerhalb der US-Administration unter George W. Bush bereits die Möglichkeit diskutiert, nach dem Einsatz in Afghanistan ebenfalls im Irak militärisch zu intervenieren, der, wie sich später als falsch herausstellen sollte, als weiterer Hort des internationalen Terrorismus und als im Besitz von Massenvernichtungswaffen befindlich bezeichnet wurde. Mit dem Einmarsch durch im Großteil US-amerikanische und britische Truppenverbände (Operation *Iraqi Freedom*) in den Irak am 20.03.2003 verlagerte sich die Aufmerksamkeit in der politischen und militärischen Auseinandersetzung mit der al-Qaida auf den Irak, was die Position der westlichen Truppen und Sicherheitsdienste in Afghanistan weiter schwächte.[50] Insgesamt schlossen sich an die militärische Intervention in Afghanistan[51] und den umstrittenen Irak-Krieg umfangreiche sicherheitspolitische, finanzielle und humanitäre Einsätze an, die erst gegenwärtig mit dem Abmarsch des Großteils der US-amerikanischen und NATO-Truppen aus Afghanistan abgeschlossen zu sein scheinen. So wurde aus dem *global war on terror* sukzessive eine groß angelegte sicherheitspolitische Strategie der westlichen Staaten zur weltweiten Bekämpfung der Rückzugsorte für den internationalen Terrorismus, zu derem zentralen Inhalt das *state building*, d.h. der administrative und wirtschaftliche Wiederaufbau von staatlichen Strukturen in Gebieten sogenannter schwacher Staat-

---

konnten jedoch militärisch nicht vollständig besiegt werden, da sie sich bereits befestigt hatten. Vgl. S.G. Jones: In the Graveyard of Empires, S. 94-95.

49 Einen Überblick über die militärischen und sicherheitspolitischen Reaktionen bieten J.R. Ballard/D.W. Lamm/J.K. Wood: From Kabul to Baghdad and Back und E. Engle: Ideas in Conflict.

50 Vgl. S.G. Jones: In the Graveyard of Empires, S. 124-129, der aufzeigt, wie sehr der Fokus auf einen weiteren Militäreinsatz im Irak den Ressourcen- und Militäreinsatz in Afghanistan von Beginn an reduzierte.

51 Die NATO übernahm mit der UNO-Resolution 1386 vom 20. Dezember 2001 den Stabilisierungsauftrag *ISAF* (International Stability Assistance Force), während das US-amerikanische Militär unter dem Namen *Operation Enduring Freedom* die Militäreinsätze in Afghanistan durchführte und koordinierte.

lichkeit erhoben wurde.[52] Die Konsequenzen für die al-Qaida waren zunächst sehr schwerwiegend: Ihre Ausbildungslager und Infrastruktur in Afghanistan gingen komplett verloren und durch die Flucht in das afghanisch-pakistanische Grenzgebiet kam es für einige Zeit zu ihrem Zusammenbruch und zum Verlust ihrer Operationsfähigkeit.[53] Dennoch konnten weder die al-Qaida noch die Taliban aufgrund ihrer Rückzugsstrategie militärisch besiegt werden und beide formierten sich auf verschiedene Weise neu.[54] Die erste öffentliche Nachricht von bin Laden nach der Militärintervention in Afghanistan erschien am 12.11.2002 durch eine, an das Nachrichtennetzwerk *Al-Dschasira* übermittelte Videonachricht.[55]

Der Einmarsch in den Irak bereitete schließlich den zentralen Ausgangspunkt für die Neuformierung der al-Qaida. Zunächst bildete dieser Einmarsch eine erneute Grundlage für die Legitimation des dschihadistischen Widerstandskampfes gegen die westlichen Agressoren, ferner gab es vor allem im sogenannten ‚sunnitischen Dreieck' (im Norden und Westen Baghdads) neue Orte des dschihadistischen Widerstandskampfes. Zur zentralen Figur des Kampfes der al-Qaida gegen die westlichen Truppen im Irak sollte der Jordanier Abu Musab al-Zarqawi (1966-2006)[56] werden. Dieser war Ende der 1980er Jahre erstmals nach Pakistan und Afghanistan gereist, operierte ab Ende der 1990er Jahre in direktem Kontakt mit der al-Qaida-Spitze und kontrollierte damals bereits eigene Kampfverbände in Afghanistan. Al-Zarqawi begann auf Befehl von bin Laden Ende 2002 im Nord-Irak, den Widerstand gegen den bevorstehenden Truppeneinmarsch vorzubereiten. Er konnte sich an die Spitze einer ursprünglich kurdischen Gruppierung, *Ansar al-Sunna* (Die Helfer der Sunna), stellen und nannte sie in *Ansar al-Islam* (Die Helfer des Islam) um. Am 17.10.2004 leistete er bin Laden und al-

---

52 Vgl. die positive Sichtweise von F. Fukuyama: State Building und im Kontrast dazu die gegenwärtige Kritik an dieser außenpolitischen Orientierung der USA bei M.J. Mazarr: „The Rise and Fall of the Failed-State Paradigm".

53 Vgl. P.L. Bergen: Manhunt, S. 55-66. J. Schanzer: Al-Qaeda's Armies, S. 21 schreibt, dass von bis zu 4000 al-Qaida Kämpfern nur noch einige hundert aktiv waren und 50-80 % der Führungsspitze getötet oder festgenommen worden waren.

54 Für eine Übersicht über die verschiedenen Fluchtwege und anschließenden Neuformierungsprozesse der Taliban und der al-Qaida vgl. P.L. Bergen: Manhunt, S. 67-73; Ders.: The Longest War, S. 247-265; S.G. Jones: In the Graveyard of Empires, S. 96-108 und G. Steinberg: Der nahe und der ferne Feind, S. 100-107.

55 Vgl. P.L. Bergen: Manhunt, S. 60-61.

56 Vgl. die biographischen Informationen zu al-Zarqawi bei J.-C. Brisard: Zarqawi, S. 3-90.

Zawahiri den Treueeid (Baya), wodurch die Gruppe *Qaidat al-Djihad im Zweistromland*, oder kurz *al-Qaida im Irak*, gegründet wurde. Durch die grausamen und perfiden Sprengstoff- und Selbstmordanschläge, Entführungs- und Enthauptungsaktionen seiner Kampfverbände sowie das bedingungslose Schüren eines konfessionellen Bürgerkrieges zwischen schiitischen und sunnitischen Irakern, was sogar zu einer Kritik der al-Qaida Spitze an al-Zarqawis Vorgehen führte[57], hatte al-Qaida im Irak einen enormen Einfluss auf den Verlauf des Militäreinsatzes und des politischen Transformationsprozesses im Irak. Am 07.06.2006 wurde al-Zarqawi durch einen US-amerikanischen Luftangriff getötet und die Kampfverbände der al-Qaida konnten sukzessive durch eine Truppenaufstockung des US-Militärs, den Einsatz von Drohnen und Spezialeinheiten zerschlagen werden.[58]

Innerhalb von wenigen Jahren nach der Zerschlagung ihrer territorialen Basis in Afghanistan erstarkte die al-Qaida neben dem Irak ebenfalls im Jemen (mit dem Höhepunkt der Zusammenlegung ihrer saudi-arabischen und jemenitischen Ableger zur Gründung der *al-Qaida auf der Arabischen Halbinsel* im Januar 2009)[59]. Weiterhin kam es zu einer großen Zahl von Anschlägen und Anschlagsversuchen in westlichen Ländern (u.a. die Bombenanschläge auf den öffentlichen Nahverkehr in Madrid am 11.03.2004 und in London am 07.07.2005)[60] und durch das militärische Wiedererstarken der Taliban im afghanisch-pakistanischen Grenzgebiet verschlechterte sich die Sicherheitslage in beiden Ländern enorm, sodass die al-Qaida nicht endgültig aus diesem Gebiet vertrieben werden konnte.[61] Konsequenterweise schloss sich an diese Ereignisse eine wissenschaftliche Debatte um den Zustand, die Operationsfähigkeit und die neue Organisationsstruktur der al-Qaida an, in der folgende Merkmale identifiziert worden sind:

---

57 Vgl. S. Bar/Y. Minzili: „The Zawahiri Letter and the Strategy of Al-Qaeda".
58 Ausführliche Schilderungen zum Verlauf des Irak-Krieges und des Einflusses von al-Zarqawi und der al-Qaida finden sich bei P.L. Bergen: The Longest War, S. 266-296; J.-C. Brisard: Zarqawi, S. 113-151; B. Riedel: The Search for al Qaeda, S. 85-115; J. Schanzer: Al-Qaeda's Armies, S. 127-154 und G. Steinberg: Der nahe und der ferne Feind, S. 197-235.
59 Vgl. G.D. Johnsen: The Last Refuge, S. 235-250 und J. Schanzer: Al-Qaeda's Armies, S. 67-93.
60 Vgl. M.D. Silber: The Al Qaeda Factor und L. Vidino: Al Qaeda in Europe.
61 Vgl. P.L. Bergen: The Longest War, S. 309-334; S.G. Jones: In the Graveyard of Empires, S. 163-182 und A. Rashid: Descent into Chaos.

- Vor allem durch die Weiterentwicklung des Internets kam es zur Ausbildung von neuen Schnittstellen zwischen al-Qaida-Kadern und Sympathisanten.[62]
- Es wurde die stärkere Trennung von zentral und lokal geplanten Anschlägen und der damit einhergehende Trend weg von starker hierarchischer Kontrolle durch die al-Qaida-Spitze und hin zur Stärkung der regionalen Ableger und Verbündeten betont.[63]
- Dennoch wurde der al-Qaida-Spitze weiterhin eine wichtige Funktion in der Aktivierung und Koordinierung von lokalen Gruppen zugeschrieben.[64]

7.4 AL-QAIDA NACH DER TÖTUNG BIN LADENS UND DEM ENDE DES ‚ARABISCHEN FRÜHLINGS'

Für die Erfassung und Interpretation des gegenwärtigen Zustands der Organisationsstruktur und der semantischen Schwerpunkte der al-Qaida sind zwei weltpolitische Kontextfaktoren von entscheidender Bedeutung: Erstens die Fortführung des von den USA angeführten *war on terror*, der in der bereits angeführten Tötung bin Ladens im Mai 2011 im pakistanischen Abbottabat mündete. Zweitens die zahlreichen innenpolitischen Verwerfungen in der MENA-Region im Zuge des ‚Arabischen Frühlings', die seit 2011 für veränderte politische Rahmenbedingungen zahlreicher islamistischer Bewegungen und damit auch ihrer politischen Partizipationschancen geführt haben. Während die Tötung bin Ladens vor allem im Sinne einer weiteren Schwächung des Kerns der Organisationsstruktur der al-Qaida gesehen wurde, kam mit dem Aufstieg der Muslimbruderschaft in Ägypten und der Al-Nahda in Tunesien 2011/2012 die Annahme auf, dass sich die al-Qaida und ihre militanten Verbündeten nun vermehrt in einem Wettbewerb um Finanzen, Unterstützung und Legitimität mit den politisch aufstrebenden, institutionell partizipierenden Bewegungen des politischen Islam befänden, was sich schlussendlich positiv auf die sicherheitspolitische Lage in den von der al-Qaida betroffenen Ländern auswirken würde.[65]

Mit der Tötung bin Ladens in der Nacht vom 01. auf den 02.05.2011 zeigte die US-amerikanische Regierung, dass der Geheimdienst CIA mit seiner für die Aufspürung bin Ladens zuständigen Spezialabteilung nach jahrelanger Recherche ausreichend Hinweise auf den Verbleib bin Ladens zusammengetragen hatte.

---

62 Vgl. Y. Musharbash: Die neue al-Qaida, S. 14-15 und S. 93-156.
63 Vgl. ebd., S. 49 und S. 54-83 und J. Schanzer: Al-Qaeda's Armies, S. 22-25.
64 Vgl. P.L. Bergen: The Longest War, S. 197-213.
65 Vgl. W. McCants: „Al Qaeda's Challenge".

Zusätzlich bewies sie, dass die Leistungsfähigkeit der US-Streitkräfte, und vor allem ihrer militärischen Spezialeinheiten, so groß war, die Kommandoaktion zur Tötung bin Ladens auf pakistanischem Staatsgebiet durchzuführen, ohne die pakistanische Regierung oder Militärführung vorab informieren zu müssen, bzw. während der etwa einstündigen Aktion durch pakistanische Militär- oder Polizeieinheiten entdeckt zu werden.[66] Durch diese Militäraktion verlor die al-Qaida nicht nur ihre prominenteste Gründungsfigur, sondern auch die prägende Person ihres geopolitischen Kampfes gegen die USA, den Staat Israel und die von ihr als unislamisch und verwestlicht angesehenen Staatsführungen der MENA-Region.[67] Aufgrund dieser enormen Schwächung und der ebenso gravierenden Folgen für die al-Qaida durch die andauernden militärischen Einsätze in Afghanistan, Pakistan und dem Irak erschien es für viele Beobachter nur konsequent, dass von der langjährigen ‚Nummer Zwei' und Nachfolge bin Ladens, al-Zawahiri, sowie weiteren Mitgliedern der Führungsriege in den ersten Monaten keine öffentlichen Aussagen zu den politischen Umbrüchen des ‚Arabischen Frühlings' gemacht wurden.[68] Auch kam es während der vielfältigen Protestkundgebungen und Massenproteste zu keinen Sympathiebekundungen für die al-Qaida selbst oder für ihre politischen Ziele. Da mit dem Sturz der Führungseliten in Ägypten und Tunesien zusätzlich die politischen Spielräume für die institutionell agierenden islamistischen Bewegungen größer wurden und weitere Länder in der Region politische Reformmaßnahmen initiierten, um die Massenproteste zu kanalisieren, schien der Höhepunkt des weltpolitischen Einflusses der al-Qaida endgültig überschritten.[69]

Wie kann es trotz dieser Einschätzungen zu dem zunächst paradox erscheinenden Befund kommen, dass an anderer Stelle zeitgleich der Zustand der al-Qaida als keineswegs kritisch, sondern als stärker als im Jahr der Anschläge vom 11. September 2001 betrachtet wurde?[70] Das entscheidende Kriterium für das Verständnis der gegenwärtigen al-Qaida stellt für diese Argumentation die ana-

---

66 Vgl. die umfassende und detaillierte Schilderung bei P.L. Bergen: Manhunt, Kapitel 5, 8 und 10 bis 13.
67 Vgl. ebd., S. 250-261.
68 A.B. Atwan: After bin Laden zeigt auf S. 58-61 auf, dass der regionale Ableger der al-Qaida im islamischen Maghreb erst im Mai 2011 Stellung zu den Massenprotesten nimmt und al-Zawahiri sogar erst zum 10. Jahrestag der Anschläge von *9/11* versucht, die Proteste für die politischen Ziele al-Qaida's zu instrumentalisieren.
69 Vgl. die Argumentationen bei B. Milton-Edwards: „Revolt and Revolution" und S. Maher/P.R. Neumann: „Al-Qaeda at the Crossroads".
70 Vgl. L. Farrall: „How al Qaeda Works".

lytische und empirische Trennung zwischen der noch bestehenden, aber sehr geschwächten al-Qaida-Zentrale und den von ihr weiterhin ausgehenden Zentralisierungsversuchen und der dynamischen Entwicklung ihrer regionalen Ableger dar. Den andauernden sicherheitspolitischen Maßnahmen gegen die al-Qaida-Führung könne also Erfolg in dem Sinne nachgesagt werden, dass diese keine zentralisierte Kontrolle mehr auszuüben vermag. Die gegenwärtige strukturelle und semantische Dynamik der al-Qaida liege vermehrt in ihren vielzähligen regionalen Gruppierungen und deren Wechselspiel mit der al-Qaida-Spitze. Sie sei folglich diverser und fragmentierter und damit politisch einflussreicher als zu Beginn des 21. Jahrhunderts geworden. Im Folgenden wird dieser Annahme insofern gefolgt, als dass vor allem die regionalen Ableger der al-Qaida untersucht werden müssen, welche sich im Jemen, im Irak, in Syrien und in Mali bzw. Nordafrika befinden. Die dabei erarbeiteten Ergebnisse werden mit dem Zustand der al-Qaida Zentrale in Afghanistan und Pakistan kontrastiert und zu einem evaluierenden Fazit zusammengeführt.

Der Jemen wurde 2011 ebenfalls von der aus Tunesien kommenden Protestwelle erreicht und es gelang dem langjährigen Staatspräsidenten Ali Abdullah Salih (*1942) nicht, seine Macht zu erhalten. Er trat unter dem Schutz der Immunität Anfang 2012 als jemenitischer Staatspräsident zurück. Die al-Qaida auf der arabischen Halbinsel war an den Protesten gegen Salih nicht beteiligt, war 2012 jedoch aufgrund der politischen Unruhen, die große Teile des Landes erfasst hatten, dazu in der Lage, Gebiete im Nord-Jemen unter ihre Kontrolle zu bekommen, die später erst durch eine groß angelegte Militärkampagne und die Unterstützung der US-amerikanischen Streitkräfte wieder unter jemenitische Herrschaft gelangten. Insgesamt bleibt die al-Qaida in den staatlich kaum regulierten, sondern vielmehr tribal verwalteten Gebieten Jemens bis heute aktiv und versucht weiterhin, Kontrolle über Territorien zu erlangen.[71] In Syrien und im Nordirak sind verschiedene Ableger der al-Qaida derzeit sehr aktiv in bewaffnete Konflikte eingebunden und konnten jüngst umfangreiche territoriale Gewinne im Irak verzeichnen. Dies ist erstens eine Konsequenz des in Syrien herrschenden und mittlerweile internationalisierten Bürgerkrieges[72], der im Laufe des Jahres 2011 nach Massenprotesten gegen die alewitische Staatsführung von Baschar al-Assad entstanden ist und aufgrund der komplizierten innenpolitischen, regionalen und geopolitischen Lage bis heute nicht gelöst werden konnte. Zweitens

---

71 Vgl. G.D. Johnsen: The Last Refuge, S. 251-288 und W.A. Terrill: „The Struggle for Yemen and the Challenge of al-Qaeda in the Arabian Peninsula".
72 Vgl. M. Asseburg/H. Wimmen: „Syrien im Bürgerkrieg" und V. Perthes: „Modell vorm Zerfall".

hat sich die Sicherheitslage im Irak nach dem Abzug der US-Truppen signifikant verschlechtert und verschiedene militante Gruppierungen aus beiden Ländern konnten sich zusammenschließen. Die Gruppierung *Islamischer Staat*, die unter anderem Namen bis 2006 von al-Zarqawi geführt worden war, setzte sich mit ihren Kampfverbänden an die Spitze derjenigen Bewegungen, die großflächige territoriale Gewinne im Nordirak und im bereits angeführten ‚sunnitischen Dreieck' erlangen konnten. Bereits im April 2013 verkündete ihr Anführer, Abu Bakr al-Baghdadi, einen Zusammenschluss mit dem engen Verbündeten der al-Qaida Zentrale, der *Dschahbhat al-Nusra* (al-Nusra Front). Die aktuelle al-Qaida Führung um al-Zawahiri widersprach diesem Zusammenschluss vehement, da die äußerst skrupellose Vorgehensweise des Islamischen Staates im Irak und Syrien in den dschihadistischen Kreisen bis heute stark umstritten ist. Inzwischen ist die Grupierung Islamischer Staat sehr eigenständig geworden, bekämpft al-Qaida nahe Gruppen, wie die Dschahbhat al-Nusra, und ist nur noch wenig auf die Verbindung zur al-Qaida Zentrale angewiesen, um materielle wie auch ideelle Unterstützung und Legitimität zu erlangen.[73] Das Problematische am andauernden Kampf in Syrien und der zerfallenden Staatlickeit im Nordirak ist, dass die verschiedenen dschihadistischen Gruppierungen insgesamt – trotz ihrer Konkurrenz untereinander – enormen Zulauf an neuen Rekruten und erfahrenen Kämpfern erhalten, ihre Organisationsstruktur weiter ausbauen können und möglicherweise mittelfristig wieder ein logistisches Zentrum al-Qaidas entstehen könnte. Diese Entwicklung ist vor allem dann möglich, wenn die gegenwärtigen territorialen Gewinne der Gruppierung Islamischer Staat nicht rückgängig gemacht werden können bzw. weitere Teile des Iraks unter ihre Kontrolle gelangen sollten.[74] Denn es gilt derzeit:

„Die Erosion des Einflusses von Kern al-Qaida ist also keineswegs gleichbedeutend mit einem Machtverlust der Jihadisten oder sogar mit einem beginnenden Ende des Jihadismus. Die Strukturen verändern sich, und ebenso die Anführer der Bewegung."[75]

Die Region Nordafrikas bildete mit Tunesien den Ausgangspunkt der Protestwelle des ‚Arabischen Frühlings', und während in Tunesien ein langsamer, aber

---

73 Vgl. A.J. al-Tamimi: „The Dawn of the Islamic State of Iraq and ash-Sham"; C. Lister: „Dynamic Stalemate"; B.T. Said: Islamischer Staat, S. 81-91 und B. Mendelsohn: „After Disowning ISIS, al Qaeda is Back On Top".
74 Vgl. S.G. Jones: „Syria's Growing Jihad" und ein aktueller journalistischer Beitrag von T. Lister: „ISIS".
75 B.T. Said: Islamischer Staat, S. 192.

friedlicher Transitionsprozess eingeleitet werde konnte, kam es im Nachbarland Libyen nach bürgerkriegsähnlichen Zuständen vom März bis Oktober 2011 zu einer Militärintervention der NATO. Diese politischen Umbrüche und der Zerfall der libyschen Staatlichkeit führten zu einem Wiedererstarken der al-Qaida im islamischen Maghreb, die im Zuge der Kampfhandlungen nicht nur neue Mitglieder rekrutieren, sondern ebenfalls Waffen aus unbewachten libyschen Waffendepots erlangen konnte. Diese Waffen gelangten ebenfalls nach Mali, wo die *al-Qaida im islamischen Maghreb* wie auch ihre verbündeten Gruppierungen, die *Bewegung für Monotheismus und Dschihad* in Westafrika und die Helfer der Religion (*Ansar al-Din*), zusammen mit Tuareg-Stämmen gegen die Zentralregierung kämpften und im Norden des Landes große territoriale Gewinne erringen konnten.[76] Erst nach einer militärischen Intervention der französischen Streitkräfte konnten diese militanten Truppen zurückgedrängt werden. Doch trotz dieser Schwächung bleiben diese Kampfverbände in dieser Region aktiv und stellen eine Bedrohung für Mali und andere benachbarte Staaten wie Libyen und Tunesien dar. Sie versuchen, soziale und politische Konflikte zur Gewinnung neuer Mitglieder und Unterstützer zu nutzen und die Oberhand gegenüber anderen Milizen zu erlangen. Diese Strategie gelingt jedoch nicht immer und es herrschen sowohl ethnische Konflikte innerhalb als auch zahlreiche bewaffnete Konflikte zwischen den einzelnen militanten Bewegungen.[77]

Der Zustand der noch existierenden al-Qaida-Führungsriege und ihrer Anhänger im afghanisch-pakistanischen Grenzgebiet, die zwar weiterhin mit den Taliban und anderen Stammesbewegungen kooperieren und versuchen, Einfluss auf das pakistanische Militär zu nehmen, wird insgesamt als kritisch beschrieben. Die Führungsriege könne ihre eigene Ideologie und ihren Führungsanspruch kaum noch durchsetzen und es fehle an der früheren Fähigkeit, die konkurrierenden dschihadistischen Bewegungen unter einem Dach zu vereinen und zu koordinieren.[78] In Anbetracht der dynamischen Entwicklung der beschriebenen dschihadistischen Bewegungen in Krisengebieten von der Levante, den Golf von Aden bis nach Nordafrika ist es wenig überraschend, dass einige Wissenschaftler zu folgendem Schluss gekommen sind: „The al Qaeda of yesterday is gone.

---

76 Vgl. W. Lacher/D.M. Tull: „Mali".
77 Vgl. A. Boukhars: „Al-Qaeda's Resurgence in North Africa?" und J.M. Huckabey: „Al Qaeda in Mali".
78 Vgl. T.F. Lynch III: „The 80 Percent Solution" und A. Stenerson: „The Relationship Between al-Qaeda and the Taliban".

What is left is a collection of many different splinter organizations, some of which have their own – and profoundly local – agenda."[79]

Infolge des weltweiten ‚Kampfes gegen den Terrorismus' sind die Kapazitäten der al-Qaida-Führung deutlich reduziert worden. Die al-Qaida existiert weiterhin, aber ihre Operationsweise sowie ihre ideologische Ausrichtung haben sich durch diese Schwächung ihrer Zentrale deutlich geändert. Sie bleibt ihrem politischen Konzept der Einrichtung eines islamischen Schari'a-Staates in mehrheitlich islamischen Gebieten treu, hat aber nicht mehr die operative Schlagkraft, dies in einem globalen Kampf gegen die westlichen Staaten zu verfechten. An die Stelle dieses geopolitisch ausgerichteten Dschihadismus treten nun politische Zielsetzungen und terroristische Kampagnen, die sich an den lokalen Konflikten orientieren, in denen ihre vielzähligen Ableger aktiv sind, und die durch umfangreiche Propaganda für ihre Ziele sowie die Erbringung sozialer Dienstleistungen ergänzt werden.[80] Insgesamt verdeutlichen sich zusätzlich die problematischen Anzeichen, dass die jüngste Form des US-amerikanischen *war on terror*, der unter US-Präsident Barack Obama (*1961) durch eine Steigerung des Einsatzes von Drohnen gekennzeichnet ist[81], zwar die Funktionsweise der al-Qaida-Zentrale signifikant geschwächt hat und damit ihre einst enorme geopolitische Schlagkraft deutlich reduzieren konnte. Den aktuellen Struktur- und Semantikentwicklungen ihrer angeführten regionalen Ableger jedoch, die sich in bestehende Gewaltkonflikte einnisten, eigene militärische Ziele artikulieren und staatsähnliche Strukturen zu errichten versuchen, scheint diese Terrorbekämpfungsstrategie nicht angemessen. Vielmehr droht sie, die sozialen, politischen, ethnischen und konfessionellen Konflikte in vielen Gebieten schwacher Staatlichkeit zu verstärken und damit weitere Rückzugsgebiete und neue Gründe für – aus dschihadistischer Sicht – legitimen Widerstand zu erzeugen.[82]

---

79   M. Doran/W. McCants/C. Watts: „The Good and Bad of Ahrar al-Sham".
80   Vgl. B.T. Said: „Djihadismus nach dem Arabischen Frühling und das Vermittlungsangebot Muhammad al-Zawahiris" und P. Wichmann: Al-Qaida und der globale Jihad, S. 239-332.
81   Vgl. P. Rudolf: „Präsident Obamas Drohnen-Krieg".
82   Vgl. die Analyse von A.S. Ahmed: The Thistle and the Drone.

7.5 GEMEINSAMKEITEN, UNTERSCHIEDE UND KONTINUITÄTEN IM SUNNITISCHEN POLITISCHEN ISLAM

Aus der Perspektive des Verhältnisses von semantischer und struktureller Entwicklung dreier Bewegungen des sunnitischen politischen Islam zeichnet sich ein komplexes und vielschichtiges Bild eines Phänomens ab, das bis heute spürbare Auswirkungen auf das weltpolitische System besitzt. Die Grundlegung des politischen Islam im Jahr 1928 durch die Gründung der Muslimbruderschaft unter der Führung Hasan al-Bannas verband in nie zuvor erlangter Deutlichkeit Politik mit einer spezifischen Interpretation der Religion des sunnitischen Islam. Das Besondere an dieser Grundlegung einer neuen politisch-religiösen Ideologie war ihre Kopplung an die Ausbildung einer höchst erfolgreichen, expansiven und effizienten Organisationsstruktur, die durch eine hierarchische Struktur und strenge Mitgliedschaftsregeln gekennzeichnet war und von erzieherischen und karitativen Maßnahmen begleitet wurde. Das Vermächtnis al-Bannas prägte sowohl die Weiterentwicklung der Semantik des sunnitischen Islamismus, als auch der Organisationsstruktur der Muslimbrüder. Sie ist die bis heute größte und international am weitesten verbreitete islamistische Bewegung.

Denn trotz ihrer scharfen Ablehnung der zu Lebzeiten al-Bannas in Ägypten herrschenden Verwestlichungsprozesse, die mit dem Beginn des 20. Jahrhunderts zu einer endgültigen Auflösung der religiös legitimierten politischen und sozialen Ordnung des Osmanischen Reiches führten[83] und damit den bis heute nur unzureichend vollzogenen Übergang vom *Gottesreich zum Nationalstaat*[84] in der MENA-Region einleiteten, verschrieb sich die Muslimbruderschaft zu keinem Zeitpunkt einem von weltlichen Dingen zurückgezogenen Kurs. Ganz im Gegenteil zielten ihre organisatorische Ausrichtung und ihre politisch-religiöse Programmatik von Beginn an auf eine aktive Umgestaltung des politischen und sozialen Lebens Ägyptens – im Sinne der universellen Reichweite der islamischen Umma sogar der gesamten Welt ab. Während die dafür notwendige soziale Überzeugungsarbeit innerhalb der Organisation nicht umstritten war und die rapide Ausbreitung der Muslimbruderschaft in den 1930er Jahren den Erfolg dieser Arbeit zeigte, war die Teilnahme an der Politik intern umkämpft. Es gab weder eine klare Linie der Beteiligung an der durch Königshaus, Wafd-Partei und britischer Kolonialverwaltung geprägten ägyptischen Politik noch ein ein-

---

83 Vgl. die zuvor angeführten Ausführungen zu dieser politischen und sozialen Ordnung bei N. Berkes: The Development of Secularism in Turkey, S. 4-14.
84 Vgl. die Studie von B. Tibi: Vom Gottesreich zum Nationalstaat.

deutiges politisches Konzept. Einen von Parteien bestimmten politischen Prozess nach westlicher Art lehnte al-Banna ab. Dennoch kandidierte er bei Wahlen für das ägyptische Parlament und versuchte, die Politik des ägyptischen Königshauses zu beeinflussen. Ein Bekenntnis der Muslimbruderschaft zu einer rein friedlichen Teilnahme am politischen System Ägyptens gab es jedoch nie. Vielmehr propagierte al-Banna den bewaffneten Widerstand gegen den in der Zwischenkriegszeit der 1930er Jahre weiter ansteigenden westlichen Einfluss auf die MENA-Region und jüdische Siedler im britisch kontrollierten Palästina. Schließlich kam es sogar zur organisatorischen Ausbildung der Nizam al-Khass, dem militanten Arm der Muslimbruderschaft. Dieses Spannungsverhältnis zwischen der semantischen Artikulation einer aktiven Gesellschaftsgestaltung im Sinne eines spezifischen Verständnisses der Bedeutung des Islam für alle Lebensbereiche und der gleichzeitigen Ablehnung der herrschenden politischen Strukturen ließ die Muslimbruderschaft trotz des rasanten Ausbaus ihrer Organisationsstruktur nicht in das politische Zentrum Ägyptens vordringen.[85] Nach der ersten Verhaftungswelle und der Ermordung al-Bannas Ende der 1940er Jahre kam es unter dem Nationalisierungs- und Modernisierungsprojekt Nassers nur zu einer kurzen Rückkehr der Muslimbruderschaft in das gesellschaftliche Leben Ägyptens. Die komplette Ausschaltung der Muslimbruderschaft durch Nasser in den 1960er Jahren führte zur gänzlichen Ablehnung nicht-islamischer Ordnungsvorstellungen im Werke Qutbs und damit zu einer langanhaltenden Veränderung der islamistischen Semantik. Durch sein Konzept der Dschahiliyya und die Konstruktion einer allumfassenden Scharia als einzig gültigem Konzept für Lebensführung und Politik wurde nicht nur die vollständige Unvereinbarkeit des ‚Westen' und des ‚Islam' artikuliert, sondern auch die verhängnisvolle Unterscheidung zwischen ‚verwestlichten' und ‚wahren' Muslimen ins Leben gerufen, die bis heute die Tötungspraktiken von dschihadistischen Bewegungen inspiriert.[86] So zog sich die Muslimbruderschaft, die seit ihrer Gründung durch strikte Mitgliedschaftsregeln fremden Zugang und Einfluss verhinderte, gänzlich in den Untergrund zurück und verstärkte ihre Züge eines Geheimbundes. In Anbetracht der politischen Entwicklungen Ägyptens der Jahre 2011-2015 lassen sich die Geschehnisse ab den 1970er Jahren durchaus als tragisch bezeichnen. Infolge der Sadatschen Öffnungspolitik gegenüber den Muslimbrüdern und der generellen Bedeutungszunahme von islamisch geprägten Bewegungen und Ideen in der gesamten MENA-Region der 1970er und 1980er Jahre[87] kam es zu einem signifi-

---

85 Vgl. A. Pargeter: The Muslim Brotherhood. From Opposition to Power, Kapitel 1.
86 Vgl. J.C. Zimmermann: „Sayyid Qutb's Influence on the 11 September Attacks".
87 Vgl. folgende Überblicksstudie von S.T. Hunter: The Politics of Islamic Revivalism.

kanten Wandel in der Semantik der Muslimbruderschaft. Dieser Wandel ermöglichte es, neue Verbindungen zwischen westlichen politischen Ideen und islamistischen Ordnungsvorstellungen zu artikulieren.[88] Durch den politischen Erfolg in den ägyptischen Berufsverbänden, die Rekrutierung neuer Mitglieder im Universitätsmilieu und die geduldete, jedoch weder vom ägyptischen Staat legalisierte noch durch die Spitze der Muslimbruderschaft einheitlich gebilligte, Teilnahme an den ägyptischen Parlamentswahlen wurde die Muslimbruderschaft zum bedeutendsten Herausforderer der Präsidentschaft Mubaraks. Doch war die politische Programmatik der 2011 nach dem Sturz Mubaraks gegründeten Freiheits- und Gerechtigkeitspartei nicht dazu in der Lage, eine Regierung auszubilden, die von den politisch ausgeschlossenen Jugendbewegungen und liberal-säkularen Gruppierungen Ägyptens akzeptiert wurde. Auch war die Muslimbruderschaft organisatorisch nicht dazu bereit, ihre einseitige Lagerhaltung abzulegen, um sich gegenüber dem im Hintergrund agierenden Militär und anderen gesellschaftlichen Gruppen ausreichend kompromissbereit zu zeigen. So nutzte das ägyptische Militär die Massenproteste gegen den nur kurz amtierenden Präsidenten Mursi im Sommer 2013 als machtpolitische Gunst der Stunde und setzte die Regierung der Muslimbruderschaft wieder ab.[89] So blieb die Hinwendung der Muslimbruderschaft zur Politik, ihre Parlamentarisierung und ihre Parteigründung nur ein kurzes Interludium, das von 2013 bis 2015 in einer erneuten Verhaftungswelle und ihrem Verbot endete. Die Auswirkungen dieser jüngsten Ereignisse auf die zukünftige semantische und organisatorische Entwicklung der Muslimbruderschaft sind noch nicht abzuschätzen.

Die deutlich jüngere AKP weist gerade im Kontrast zur Muslimbruderschaft anders gelagerte Wechselspiele von Struktur und Semantik auf, die in ihren Variationen zusätzlich anderen kontextuellen Weichenstellungen ausgesetzt waren. Auch wenn die AKP organisatorisch eine moderne und voll ausgebildete Partei darstellt, darf ihre Genese innerhalb des islamistischen Milieus der Türkei nicht außer Acht gelassen werden. Die politische Ideologie des islamistischen Milli Görüs war als Reaktion auf den kemalistischen Modernisierungsprozess durch die bereits vollzogene türkische Staatsbildung gerahmt und artikulierte somit keine gänzlich ablehnende Haltung gegenüber dem bestehenden politischen System. Vor allem nationalistische Elemente besitzen im türkischen Islamismus eine deutliche stärkere Stellung als in den Semantiken der ägyptischen Muslimbruderschaft, für welche die allumfassende Umma die zentrale kollektive politische Identität darstellte. Insofern drückte die Ideologie des Milli Görüs auch keinen

---

88 Vgl. die Argumentation von B. Zollner: The Muslim Brotherhood.
89 Vgl. T. Demmelhuber: „Kann ein Putsch demokratisch sein?".

radikalen Bruch mit der Politik der Türkei aus, sondern eine Neugestaltung der politischen Ordnung, welche eine islamische Identität beinhaltete und konservativ-religiöse Wertvorstellungen und Traditionen reaktivierte. Trotz der drei Militärputsche und der Dominanz der CHP in der Gründungsphase der Türkei gab es ab den 1950er Jahren verschiedene Phasen eines Mehrparteiensystems und islamistische Parteien waren nicht generell von der Teilnahme an Wahlen ausgeschlossen. Den wichtigsten Entwicklungsschritt hin zu einer mehrheitlich tragfähigen politischen Ideologie und Parteistruktur des islamistischen Spektrums stellt der zweite Militärputsch 1981 dar. Die aufgrund des Verbots der Nationalen Heilspartei gegründete Wohlfahrtspartei konnte die Wählerschaft ihrer Vorgängerpartei halten und durch die übernommenen Parteimitglieder eine funktionierende Massenpartei ausbilden, die bis zu ihrem Verbot durch das türkische Verfassungsgericht 1997 Regierungsveranwortung übernehmen und die notwendige politisch-parlamentarische Praxis sammeln konnte. Auf der Basis eines Großteils dieser personellen Erfahrung und der ausgebildeten Organisationsstruktur konnte die AKP unter der Führung von Erdogan und Gül die Mehrheit des islamistischen Spektrums für sich gewinnen und durch die Europäisierung ihres Wahlprogramms und die Kreation des *islamischen Konservatismus* eine dauerhaft mehrheitsfähige politische Ideologie ausbilden. Die AKP präsentiert sich als eine konservative Partei, die für wirtschaftliche Modernisierung, Stärkung der Familien, fortgesetzte Demokratisierung und die Überwindung gesellschaftlicher Konfliktlinien steht.[90] Insofern ergeben sich die Weichenstellungen für die semantische und strukturelle Entwicklung der AKP auch nicht mehr aus einer Bedrohungssituation durch einen repressiven *deep state*, der in Ägypten die kurzzeitige Regierungsphase der Muslimbruderschaft jäh beendete. Vielmehr hat sich die AKP in den letzten Jahren gegen alle politischen Mitbewerber klar durchsetzen können. Vor allem der Einfluss des Militärs auf die zivile Politik wurde massiv eingeschränkt. Es gibt noch keine signifikanten Anzeichen, wann die elektoralen Erfolge der AKP enden könnten. Die gegenwärtigen und auch zukünftigen politischen Herausforderungen der AKP formieren sich somit entlang ihrer dominanten Stellung im Zentrum des politischen Systems der Türkei und bezüglich ihrer aktiven Neugestaltung der türkischen Außenpolitik. Die außenpolitische Neuausrichtung im Sinne eines Neo-Osmanismus mit der Türkei als zentraler Führungsmacht in der MENA-Region droht derzeit angesichts des anhaltenden, internationalisierten Bürgerkriegs in den Nachbarländern Syrien und Irak sowie den geopolitischen Verstrickung der Region, die außenpolitischen Kapazitäten des Landes zu überfordern und die traditionelle Westbindung

---

90 Vgl. AKP: Political Vision of AK Parti 2023.

des Landes weiter zu belasten. Die AKP steht als moderne Volkspartei semantisch dafür ein, die innenpolitischen Konfliktfelder der Vergangenheit überwinden zu wollen und die Modernisierung der Türkei als aufstrebende Volkswirtschaft voranzutreiben. Die im Zuge des dafür eingeschlagenen Europäisierungskurses erlangten politischen Liberalisierungsgewinne stehen letztlich jedoch im Kontrast zur Polarisierung der türkischen Gesellschaft durch den politischen Stil der AKP. In Anbetracht der dominanten politischen Stellung der AKP bleibt es weiterhin kritisch zu prüfen, ob diese sowohl die Entstehung einer demokratischen politischen Kultur in der Türkei, was eine logische Konsequenz der Entmachtung des türkischen Militärs wäre, weiterhin ermöglicht oder vorantreibt. Auch bleibt offen, ob die AKP dazu bereit ist, ihre elektoral gewonnene politische Macht mit übrigen gesellschaftlichen Gruppen zu teilen und diese nicht im Sinne eines krassen demokratischen Majoritätsverständnisses noch weiter von jeglicher politischer Teilhabe ausschließt.

Die al-Qaida war semantisch und strukturell sehr lange durch ihre bedeutenste Gründungsfigur, Osama bin Laden, geprägt. Die in den 1990er Jahren ausgebildeten semantischen und strukturellen Formen spielten für ihre nachfolgenden Entwicklungen eine große Rolle. Nach den Jahren des Kampfes gegen die sowjetischen Truppen, in denen sich die al-Qaida als feste Adresse in den dschihadistischen Widerstandsnetzwerken etabliert hatte, lag der Schwerpunkt der Ideologie der al-Qaida noch auf dem Kampf gegen den sogenannten ‚Nahen Feind', d.h. die als korrupt und verwestlicht betrachteten Regime der islamischen Welt von Algerien über die Levante und die Golf-Region bis nach Zentralasien. Dies ermöglichte bin Laden und der Führungsspitze der al-Qaida, das weit verzweigte und auf die einzelnen Funktionsbereiche der modernen Weltgesellschaft (vor allem Finanzierung, Logistik, Kommunikation und Transport) angewiesene, dschihadistische Netzwerk auszubauen. Doch erst der Ausschluss bin Ladens aus der Politik Saudi-Arabiens durch das saudische Königshaus Anfang der 1990er, welches sich geopolitischen Schutz von der USA versprach und bin Ladens militärisches Unterstützungsangebot gegen Saddam Hussein ablehnte, und die Flucht der al-Qaida aus dem Sudan, nachdem sie erste Terroraktionen in Afrika durchgeführt hatte, ließ sie in dem unregulierten Bürgerkriegsland Afghanistan zu ihrer vollen organisatorischen, operativen und semantischen Stärke anwachsen. Der semantische Umbruch zum globalen Dschihad in der Folge der Kriegserklärung bin Ladens an die USA beinhaltete ein militantes politisches Programm, das die Unvereinbarkeit des ‚Westen' und des ‚Islam' artikulierte und als einzige Lösung den weltweiten Kampf gegen die USA, Israel und ihre islamischen und nicht-islamischen Verbündeten sah. Aus diesem Kampf sollte der Idee nach al-Qaidas ‚Utopie' eines ‚reinen Islam' als Sieger hervorgehen. Dieser ‚Höhepunkt' der Semantik und Struktur der al-Qaida[91] umfasste eine politische Botschaft, die bin Laden für eine gewisse Zeit zu einer einflussreichen Widerstandsfigur gegen die westliche Dominanz der Weltpolitik werden ließ. Auch hatte die al-Qaida durch die territoriale Zuflucht in Afghanistan eine hohe organisatorische Kapazität entwickelt. Die sicherheitspolitischen Reaktionen der westlichen Führungsstaaten, aber auch Chinas und Russlands[92], auf die Anschläge am 11. September 2001 und der auf diese Weise initiierte ‚globale Kampf gegen den Terrorismus' hat die al-Qaida schlussendlich zu einem versicherheitlichten Element des weltpolitischen Systems werden lassen und zu drastischen Veränderungen in ihrer Semantik und Struktur geführt.

Semantisch verfügt die al-Qaida über kein politisches Leitkonzept mehr, das eine zentrale Strukturierung ihrer Operationen ermöglichen oder eine globale, politische Vorstellung artikulieren könnte. Auch konnte der Nachfolger bin Ladens, Ayman al-Zawahiri, bisher nicht den Status eines weltweit beachteten Kämpfers für die Sache des ‚wahren Islam' oder die Errichtung einer neuen islamischen Weltordnung erlangen. Eine mögliche semantische Entwicklung der al-Qaida liegt in ihrer gegenwärtigen Beteiligung an zahlreichen Konfliktherden der Gegenwart. Diese reichen von Mali, Syrien, Irak, über den Jemen bis hin zum afghanisch-pakistanischen Grenzgebiet. Verbände der al-Qaida versuchen in diesen Konfliktgebieten, sich als Anbieter sozialer Dienstleistung und Ordnung zu etablieren.[93] Die al-Qaida sieht sich seit ihren Anschlägen vom 11. September 2001 aufgrund der beachtlichen sicherheitspolitischen Maßnahmen einem gewaltigen Veränderungsdruck ausgesetzt und es gelang ihr nur noch kurzfristig territorial gebundene Infrastruktur und zentralisierte Operationskapazitäten auszubilden. Insofern wird die Struktur der al-Qaida weiterhin als Netzwerk bezeichnet. Dieses verfügt aber nicht mehr über eine leistungsstarke zentrale Leitsemantik und eine zentrale Führungsspitze. Vielmehr wird in den letzten Jahren in der Forschung zwischen der al-Qaida-Zentrale und ihren vielen regionalen Ablegern und lose affiliierten Gruppierungen unterschieden. Mit der Kampfgruppe Islamischer Staat hat derzeit sogar eine jüngere und kaum noch

---

91 An dieser Stelle muss erneut auf die Studie von R. Gunaratna: Inside al-Qaeada verwiesen werden, in welcher die enormen logistischen, militärischen und organisatorischen Kapazitäten der al-Qaida um die letzte Jahrtausendwende plastisch geschildert werden.

92 Vgl. B.G. Thamm: Der Dschihad in Asien, S. 78-92 zur Sicherheitspolitik der Shanghai Cooperation Organisation (SCO).

93 Vgl. die Konklusion von B.T. Said: „Djihadismus nach dem Arabischen Frühling und das Vermittlungsangebot Muhammad al-Zawahiris".

mit der al-Qaida verbundene dschihadistische Bewegung ihr den Rang als weltpolitisch gefährlichstes Terrornetzwerk abgelaufen. So changiert die sicherheitspolitische Abwehrreaktion des weltpolitischen Systems gegenüber der al-Qaida auch zwischen groß angelegten militärischen Interventionen zur Wiederherstellung staatlicher Ordnung in Räumen begrenzter Staatlichkeit und den geheimdienstlichen oder polizeilichen Abwehrmaßnahmen gegen ihre Rekrutierungsstrategien und Anschlagspläne.[94] Eine positiv-gestalterische Kraft kann der al-Qaida jedoch nicht zugesprochen werden, was sich besonders an ihrer Bedeutungslosigkeit während der ersten Phase der Massendemonstrationen des ‚Arabischen Frühlings' Anfang 2011 zeigte. Trotz der Versuche ihrer regionalen Ableger quasi-staatliche Ordnungen zu etablieren, vermögen diese lediglich als destruktiv agierende, dschihadistische Kampfverbände in den nach dem ‚Arabischen Frühling' ausgebrochenen Konflikten der MENA-Region zu operieren.

Ein großes Problem der wissenschaftlichen Erforschung des sunnitischen politischen Islam liegt in der Tatsache, dass zu verschiedenen Zeitpunkten unterschiedliche Aspekte der vielschichtigen Dimensionen islamistischer Bewegungen übergeneralisiert und zu dominanten Forschungsparadigmen gemacht worden sind. Gegenwärtig klingt die Dominanz des sicherheitspolitischen Paradigmas ab und es wird offener nach den politischen Konsequenzen und Wirkungen islamistischer Bewegungen geforscht. Diese Problematik wurde umfangreich im Einleitungskapitel dieser Studie erörtert. Bevor es im Schlusskapitel darum geht, die aus dem aktuellen Forschungsstand herausgearbeiteten Leitfragen dieser Arbeit zu beantworten, sollen letzte Vorarbeiten dafür über eine abschließende Beleuchtung der semantischen und strukturellen Gemeinsamkeiten und Unterschiede der AKP, der al-Qaida und der Muslimbruderschaft vorgenommen werden. Strukturell unterscheiden sich die drei untersuchten Bewegungen des sunnitischen politischen Islam sehr stark. Die größere Offenheit des politischen Systems der türkischen Republik gegenüber islamistischen Parteien (gerade im Vergleich zum autoritären politischen System Ägyptens) ermöglichte es der AKP eine moderne Massenpartei zu werden. Unter den eingeschränkten Partizipationschancen einer politischen Beteiligung unter autoritären Bedingungen[95] konnte die Muslimbruderschaft dagegen zwar eine weit verbreitete und sehr mitgliederstarke Organisation ausbilden, ging verschiedene Kooperationen mit anderen

---

94 Vgl. das in London ansässige International Centre for the Study of Radicalisation, welches aktuelle Studien zu den Rekrutierungsstrategien der al-Qaida bietet (http://icsr.info [letzter Zugriff am 01.02.2015]) und A.Y. Zelin: „The State of Global Jihad Online".

95 Vgl. N.J. Brown: When Victory is not an Option.

politischen Parteien ein und stellte seit den 1980er Jahren zahlreiche Parlamentsmitglieder. Eine eigenständige Partei konnte sie jedoch nur von 2011-2013 ausbilden. Die Freiheits- und Gerechtigkeitspartei war jedoch personell wie organisatorisch stark von der Mutterorganisation der Muslimbruderschaft abhängig und es kam nicht zu einer breiten Öffnung gegenüber anderen Segmenten der ägyptischen Gesellschaft.[96] Vielmehr zeigten die Massenproteste gegen die Präsidentschaft Mursis im Jahr 2013 die starke Polarisierung der ägyptischen Bevölkerung. Aktuell liegen keine Informationen darüber vor, wie die Muslimbruderschaft organisatorisch auf die jüngste Verhaftungswelle durch den ägyptischen Staat reagierte. Das Strukturierungsprinzip der al-Qaida kann trotz verschiedener Wandlungsprozesse weiterhin als netzwerkartig bezeichnet werden. Die al-Qaida verfügt kaum über bekannte oder formal festgelegte Mitgliedschaftsregeln, sodass ihre Kommunikation sehr viel stärker über Personen adressiert operiert als es bei der Muslimbruderschaft und der AKP der Fall ist. Lediglich zu ihrem organisatorischen ‚Höhepunkt' vor den Anschlägen des 11. Septembers 2001 bildete die al-Qaida längerfristige formale Regelungen über Mitgliedschaft und Ausbildung innerhalb ihrer Trainingscamps aus, die von den westlichen Truppenverbänden sichergestellt werden konnten. Zentrales Strukturierungsprinzp der al-Qaida bleibt die parasitäre Kopplung ihrer Kommunikation an die funktional differenzierte Weltgesellschaft, welche gerade aufgrund der Rekrutierung neuer Mitglieder über soziale Medien weltweit umfangreiche Reaktionen der Sicherheitsbehörden zur Folge hat.

Der größte Unterschied in der Semantik der al-Qaida, der AKP und der Muslimbruderschaft liegt im Bereich der Legitimation von Gewaltanwendung. Die AKP ist eine zivile Partei, die semantisch Gewalt weder legitimiert noch propagiert. Die Muslimbruderschaft vollzog die endgültige semantische Abkehr von der gewaltsamen Opposition gegen den ägyptischen Staat in den 1990er Jahren, blieb aber bereit, den palästinensischen Widerstandskampf gegen den israelischen Staat zu legitimieren. Die dschihadistische Ideologie der al-Qaida dagegen bleibt in einem manichäischen Kampf zwischen einem ‚reinen Islam', ‚verwestlichten Muslimen' und dem ‚Westen' verhaftet und sie ist weiterhin als Gewaltakteur in verschiedenen Konflikten involviert.

Dennoch lassen sich leichte Gemeinsamkeiten auf semantischer Ebene identifizieren. Diese sollten jedoch nicht überbetont werden. Sie werden auch anschließend im Rahmen einer differenzierten Begriffsbildung genauer beleuchtet. Ohne tiefer in die Fachdiskussion einsteigen zu wollen, kann als Forschungsergebnis der zahlreichen Studien zu politischen Prozessen in Gebieten schwacher

---

96 Vgl. E. Trager: „The Unbreakable Muslim Brotherhood".

oder fehlender Staatlichkeit sicher gezählt werden, dass diese nicht mit den Prozessen in stabilen politischen Systemen vergleichbar sind. Insofern lässt sich eine gewisse Ähnlichkeit dahingehend erkennen, dass AKP, al-Qaida und Muslimbruderschaft immer stärker politisch partizipieren.[97] Während der politische Partizipationsprozess der Muslimbruderschaft im Zuge des Sturzes Muhammed Mursis jäh beendet wurde und die politische Partizipation der AKP als langjährige Regierungspartei keiner weiteren Erklärung bedarf, ist die Einführung einer als archaisch zu bezeichnenden Interpretation der Scharia als Rechtsordnung in umkämpften Gebieten des Nordiraks durch die Gruppe des Islamischen Staates[98] konsequenterweise als eine – wenn auch auf Gewalt basierende – politische Partizipation anzusehen.

Letztlich bleibt die zentrale zivilisatorische Leitorientierung[99] aller drei Bewegungen eine – wenn auch sehr unterschiedliche – Interpretation des sunnitischen Islam. Die politische Ideologie der al-Qaida bleibt weiterhin unversöhnlich gegenüber allem, was nicht als kompatibel mit ihrer sehr selektiven Konzeption eines sunnitischen Islam gilt. Die Muslimbruderschaft hat im Sinne des Wasatiyya-Trends entscheidende semantische Schritte in Bezug auf eine Synthese von islamistischer Leitorientierung und westlich geprägter Verfassungstradition gemacht[100], scheiterte jedoch an der dominanten Stellung des Militärs in Ägypten und dem Widerstand der säkular und liberal orientierten Oppositionsgruppen. Bildlich gesprochen ist die AKP einen wichtigen Schritt weiter und steht seit

---

97 Vgl. B. Tibi: Political Islam, World Politics and Europe, Kapitel 8 und 9, wo die These vertreten wird, dass die institutionellen Spielarten des Islamismus zukünftig eine größere politische Rolle als die des militanten Dschihadismus spielen werden. Die ägyptischen Präsidentschaftswahlen im Mai 2014 haben sogleich zur Artikulation einer Gegenposition, nämlich der Annahme der Stärkung al-Qaidas durch den politischen Ausschluss der Muslimbruderschaft, geführt: M. Revkin: „Brotherly Love".

98 Vgl. Die Schilderung von R. Salloum: „Al-Qaida in Syrien und Irak".

99 Vgl. die Studie von B. Tibi: Krieg der Zivilisationen zur Bedeutung von zivilisatorischen Werteorientierungen in der internationalen Politik.

100 Vgl. B. Maréchal: The Muslim Brothers in Europe, Kapitel 16 sowie die Konklusion und R. Meijer: „The Muslim Brotherhood and the Political". Die semantischen Entwicklungen der Muslimbruderschaft werden in diesen beiden Publikationen noch einmal sehr deutlich. Für die zukünftige Forschung bleibt es weiterhin unerlässlich zu erschließen, wie die ägyptische Muslimbruderschaft, aber besondern auch ihre transnationalen Ableger, auf die gewaltsame Entfernung aus der ägyptischen Politik reagieren werden.

über zehn Jahren in Regierungsverantwortung. Sie muss sich jedoch kritisch an ihren semantischen Versprechungen[101] messen lassen, die in starkem Widerspruch zur Praxis der türkischen Presse- und Demonstrationsfreiheit, der machtvollen Stellung der türkischen Sicherheitsbehörden und dem autoritären Führungsstil Erdogans stehen.[102]

Tabelle 1: Zusammenfassung der Fallanalyse in der Form mehrdimensionaler Typen islamistischer Bewegungen (eigene Darstellung).

Islamistische Bewegung	Strukturierungsprinzip	Stellung im weltpolitischen System	Verhältnis zum Prinzip funktionaler Differenzierung	Leitsemantik
Muslimbruderschaft	Organisation mit strengen Mitgliedschaftsbedingungen. Kann als Geheimbund charakterisiert werden. Verfügt über eine transnationale Verbreitung und Organisationsstruktur.	Befindet sich nach dem Sturz Mursis an der Peripherie des politischen Systems. Steht wiederholt im Mittelpunkt sicherheitspolitischer Maßnahmen verschiedener Staaten.	Hat seit den 1980er Jahren zunehmend politisch partizipiert und temporäre Bündnisse mit politischen Gruppierungen Ägyptens geschlossen. Trat während der politischen Öffnung 2011-2013 nach zunehmenden Wahlerfolgen immer dominanter gegenüber politischen Kontrahenten, der Justiz und dem Militär Ägyptens auf.	Scharia als Verfassungsprinzip und die Betonung der zivilisatorischen Identität des Islam.

---

101 Vgl. AKP: Political Vision of AK Parti 2023.
102 Vgl. den Bericht zur Strafverfolgung von Aktivistinnen und Aktivisten der Gezi-Parkproteste von C. Weisflog: „Ein Jahr nach den Gezi-Protesten".

Islamistische Bewegung	Strukturierungsprinzip	Stellung im weltpolitischen System	Verhältnis zum Prinzip funktionaler Differenzierung	Leitsemantik
AKP	Moderne Mitgliederpartei, die über einen vollausgestatteten Parteiapparat verfügt. Stark hierarchisch aufgebaut mit einer charismatischen und starken Führungsspitze.	Steht als unangefochtene Regierungspartei im Zentrum des politischen Systems einer Regionalmacht der MENA-Region.	Es gibt Korruptionsvorwürfe. Die AKP strebt einen politischen und wirtschaftlichen Modernisierungskurs an. Dominantes Auftreten gegenüber der Justiz, dem Militär, der Opposition und der Zivilgesellschaft.	‚Islamisch-konservativ'. Türkei als aufstrebende Führungsmacht der MENA-Region (‚Neo-Osmanismus' bzw. ‚strategische Tiefe').
Al-Qaida	Netzwerkartig strukturiert. Gegenwärtig starke regionale Differenzierung und unterschiedliche Entwicklungen von affiliierten Gruppierungen. Schwache Kontrolle durch Führungsspitze.	Ist Proponent zahlreicher Gewaltkonflikte in der MENA-Region. Steht weiterhin im Mittelpunkt weltweiter militärischer und sicherheitspolitischer Maßnahmen.	Akzeptiert weder die Trennung von Politik und Religion noch das Fortbestehen einer differenzierten Gesellschaftsordnung.	Der Kampf gegen ‚verwestlichte' Regime und gegen ‚Ungläubige'. Archaische Form des Scharia-Rechts als rudimentäres politisches Ordnungskonzept.

8. Die Systemtheorie der Politik und ihr Blick auf den sunnitischen politischen Islam

8.1 EIN MODELL DES WELTPOLITISCHEN SYSTEMS

Mit Hilfe der Einbeziehung der luhmannschen Gesellschaftstheorie der Politik konnten in drei strukturierten Fallstudien die langfristigen strukturellen und semantischen Wandlungsprozesse der AKP, der al-Qaida und der Muslimbruderschaft herausgearbeitet werden. In diesem Schlusskapitel werden diese Ergebnisse dazu verwendet, um die im Einleitungskapitel entwickelten Forschungsfragen zu beantworten. Dazu wird kurz ein anwendungsfähiges Theoriemodell entwickelt, das auf den umfangreichen Vorarbeiten beruht und diese kondensiert zusammenfasst. Auf diese Weise wird die implizite Einbeziehung der theoretischen Überlegungen in die Fallanalysen durch eine explizite Herausarbeitung signifikanter theoretischer Zusammenhänge des weltpolitischen Systems im Anschluss an die Überlegungen Niklas Luhmanns ergänzt. In den nachfolgenden drei Unterkapiteln kommt es dann zur Beantwortung je einer der eingangs formulierten Forschungsfragen, wobei neben dem Modell des weltpolitischen Systems auf weitere in den vorangegangenen Kapiteln erarbeitete Aspekte zurückgegriffen wird.

Im Sinne der weltgesellschaftlichen Ausrichtung des luhmannschen Theorieapparates lassen sich zunächst Eigendynamiken des weltpolitischen Systems identifizieren: Neben seiner allgemeinen Funktion ist das weltpolitische System durch seine segmentäre Zweitdifferenzierung in territorial abgegrenzte Gebiete gekennzeichnet, die zu seiner Stabilisierung beitragen. Die global gültige Leitsemantik zur Kennzeichnung der Segmente des weltpolitischen Systems ist der moderne Nationalstaat und jedes Gebiet, das an weltpolitischer Kommunikation teilnehmen will, ist auf staatliche Organisation angewiesen. Dabei lassen sich stetige Wechselspiele von struktureller Entwicklung des weltpolitischen Systems und der jeweils dominanten Legitimationssemantik von Staatlichkeit identifizieren. Das weltpolitische System hat sich infolgedessen seit der frühen Neuzeit von Europa ausgehend über komplexe historische Prozesse sukzessive ausgebildet. Die allgemeine Funktion des segmentär differenzierten weltpolitischen Systems liegt in der Herstellung kollektiv verbindlicher Entscheidungen, die im Medium (legitimer) politischer Macht durchgesetzt werden. Desweiteren ermöglicht das weltpolitische System die Erzeugung einer „addressierbaren Kollektivität" (Armin Nassehi), die der Herstellung und Bereitstellung gesellschaftlicher Sichtbarkeit und Zurechenbarkeit dient. Diese allgemeine Funktion wird innerhalb seiner Segmente über verschiedene Strukturierungsprinzipien kommunikativ operationalisiert. Das Zentrum des politischen Systems reguliert über die in der Verfassung (oder über funktionale Äquivalente) festgeschriebenen Verfahren und Programme die Zuordnung von politischer Kommunikation zu einem der beiden Codewerte, d.h. Regierung oder Opposition bzw. machtüberlegen oder machtunterlegen. In etablierten politischen Systemen findet dazu ein über politische Parteien organisierter Wettbewerb um den Zugang zum Zentrum statt. An diesem institutionalisierten Wettbewerb nehmen ebenfalls soziale Protestbewegungen aus der Peripherie des politischen Systems teil, indem diese über Themenzuspitzungen zu mobilisieren vermögen. Politische Systeme lassen sich daher über die Art der formell oder informell festgelegten Zugangswege zum politischen Zentrum, die jeweiligen Verfahren und Programme für deren Codezuordnung und die Durchlässigkeit des politischen Zentrums für die Forderungen der Peripherie voneinander unterscheiden. Für den Analysefokus dieser Untersuchung steht dabei die Unterscheidung zwischen demokratischen und autoritären politischen Systemen im Vordergrund.[1]

Während in demokratischen politischen Systemen eine hohe Durchlässigkeit für Forderungen aus der Peripherie an das Zentrum herrscht und somit ein hoher Grad an politischer Inklusion gegeben ist, zeichnen sich autoritäre politische Systeme durch eine starke Exklusion von der Peripherie aus dem Zentrum aus. Das politische Zentrum versucht in diesem Falle selbst starken Einfluss auf die Peripherie auszuüben und sich dabei gleichzeitig von unkontrollierten Einflüssen aus der Peripherie abzuschotten. Aufgrund der voll durchgesetzten Trennung von Recht und Politik verfügen demokratische politische Systeme gleichsam über konstitutionell festgeschriebene Regelungen über den Zugang zu seinem Zentrum und über

---

1 Vgl. die vorangegangenen Darstellungen der Autokratie- und Demokratieforschung in Kapitel 3.9 dieser Studie.

eine durch das demokratische Verfahren der Wahl[2] festgelegte Zuordnung von politischer Kommunikation zum Codewert der Regierung oder der Opposition. In autoritären politischen Systemen verhindert entweder eine schwach ausgeprägte Differenzierung von Politik und Recht die unabhängige Durchsetzung von konstitutionell verankerten Prinzipien der politischen Wahl und des Zugangs zum politischen Zentrum. Oder es herrschen gar informelle Regelungen dieser beiden Aspekte, die durch das politische Zentrum notfalls gewaltsam durchgesetzt werden. An dieser Stelle lässt sich ein letzter gewichtiger Unterschied zwischen demokratischen und autoritären politischen Systemen verdeutlichen: Während in Demokratien die knappe Ressource der weitestgehend, aber nicht ausschließlich politisch monopolisierten gesellschaftlichen Macht zur Durchsetzung kollektiv verbindlicher Entscheidungen kaum die Anwendung von physischer Gewalt benötigt – und wenn doch, wird physische Gewalt stark institutionalisiert und verrechtlicht angewendet – müssen Autokratien aufgrund einer deutlich geringeren verfahrensbasierten Legitimation sehr viel häufiger physische Gewalt anwenden.[3] Das weltpolitische System verfügt demnach neben Eigendynamiken über verschieden ausgeprägte Strukturen der Erzeugung kollektiv verbindlicher Entscheidungen innerhalb territorial begrenzter Gebiete. Sowohl demokratische als auch autoritäre Strukturen verfügen dabei über eine spezifische Eigenrationalität ihrer Operationsweise. Semantiken sind schließlich dazu in der Lage, über die bestehenden Verbindungen von politischem Zentrum und Peripherie in den politischen Prozess eingeschrieben zu werden und sukzessive unterschiedlich gelagerte Strukturveränderungen auszulösen. Dabei stehen selbst autoritäre politische Systeme vor der Herausforderung, sich semantisch zu legitimieren bzw. sie müssen ihre oftmals ‚nackte' Gewaltanwendung zur Ausübung politischer Macht semantisch verdecken, da sie sich kaum auf allgemein akzeptierte und rechtlich institutionalisierte Verfahren berufen können.

8.2 WIE WANDLUNGSFÄHIG IST DER SUNNITISCHE POLITISCHE ISLAM?

Wie im ersten Kapitel dieser Untersuchung herausgearbeitet worden ist, liegt der aktuelle politikwissenschaftliche Forschungsschwerpunkt zum sunnitischen Islamismus auf der Analyse, der Einschätzung und der Erklärung der Auswirkun-

---

2 Vgl. die Überlegungen von N. Luhmann: Legitimation durch Verfahren, S. 27-53 und S. 137-200.

3 Vgl. die sehr anregenden Ausführungen von Ders.: Macht im System, S. 133-151.

gen der längerfristigen, politischen Einbindung islamistischer Bewegungen auf ihre jeweilige Organisationsstruktur und Ideologie. Damit reagiert die politikwissenschaftliche Forschung auf die seit den 1980er Jahren steigende politische Partizipation islamistischer Bewegungen in der MENA-Region.[4] Dabei haben die politischen Umbrüche des ‚Arabischen Frühlings' die verschiedenen Aspekte dieses Trends auf besondere Weise verdeutlicht. Dazu gehört auf der einen Seite die Ausbildung von Parteiablegern durch islamistische Bewegungen. Auf der anderen Seite zählen dazu die Pertinenz gewaltbereiter dschihadistischer Gruppierungen und die Beharrungskräfte der autokratischen Strukturen der Region. Dies gilt vor allem für Ägypten, wo nach einem kurzen Interludium der Präsidentschaft Mohammed Mursis das Militär wieder das politische Zentrum des Landes dominiert und gegen zu großen politischen Einfluss durch die Peripherie, also beispielsweise soziale Bewegungen unterschiedlichster Art (von säkularliberalen Jugendgruppen bis hin zu den vielen salafistischen Gruppierungen), abschirmt.

Folgender bereits in Kapitel 1.5 aufgestellter Fragenkomplex wird zur Bearbeitung dieser Geschehnisse in diesem Unterkapitel beantwortet:

Forschungsfrage 1: Hat bei den untersuchten islamistischen Bewegungen eine Moderation ihrer semantischen Positionen stattgefunden und kam es zu einer organisatorischen Transformation in dem Sinne, dass diese Bewegungen ihre gewaltbereiten Flügel abgelegt bzw. sie sich als Parteien einem nicht-islamistischen Publikum (als Mitglieder und als Wähler) geöffnet haben? Lässt sich bezüglich dieser Entwicklung islamistischer Bewegungen ein Trend identifizieren?[5] Hat die politische Performanz von islamistischen Bewegungen einen demokratisierenden oder reformierenden Einfluss auf das jeweilige politische System?

Eine Einschätzung der Variationen der Semantiken und der Entwicklungen der Strukturen der AKP, der al-Qaida und der Muslimbruderschaft lässt sich aufgrund der umfangreichen Vorarbeiten in den Fallstudien leicht vornehmen und wird für eine bessere Übersichtlichkeit auf der nächsten Seite tabellarisch dargestellt.

---

4   Einen umfangreichen Überblick zum gegenwärtigen Forschungsstand bieten Kapitel 1 und 8 von C. Rosefsky Wickham: The Muslim Brotherhood.
5   Dieser Aspekt wird am Ende dieser Studie in Kapitel 8.5 beleuchtet.

Tabelle 2: Moderation und Transformation dreier islamistischer Bewegungen (eigene Darstellung).

Islamistische Bewegung	Organisatorischer Wandel	Verbliebene Schwächen	Semantische(r) Moderation/ Wandel	Verbliebene Schwächen
AKP	Entwicklung einer modernen und professionellen Massenpartei.	Dominante und einflussreiche Parteispitze. Es bestehen regelmäßige Korruptionsvorwürfe.	Grenzt sich vom islamistischen Ursprungsmilieu durch einen Europäisierungskurs und den *islamischen Konservatismus* ab. Hat sich als breit akzeptierte Partei der konservativen Mitte durchgesetzt.	Es kommt regelmäßig zu Vorwürfen einer rein instrumentellen Europäisierungs- und Liberalisierungspolitik zum Ausbau der eigenen Machtposition.
al-Qaida	Keine empirischen Anzeichen eines grundlegenden Wandels oder eines Gewaltverzichts.	Entfällt.	Keine empirischen Anzeichen einer Moderation oder eines Wandels ihrer Semantik.	Entfällt.
Muslimbruderschaft	Seit den 1980er Jahren steigende politische Partizipation und ab den 1990er Jahren Gewaltverzicht. 2011-2013: Aufbau einer politischen Partei.	Strikte hierarchische Organisationsstruktur mit strengen Mitgliedschaftsregeln (Geheimbund). Problem: Erneuter kompletter Ausschluss aus dem politischen System Ägyptens ab dem Sommer 2013.	Umfangreiche semantische Auseinandersetzung mit der Partizipation an der ägyptischen Politik. Entwicklung zahlreicher politischer Grundsatz- und Wahlprogramme sowie Durchsetzung einer Verfassung.	Die starke Stellung und doppeldeutige Definition der Scharia in der Verfassung von 2013. Problem: Erneuter kompletter Ausschluss aus dem politischen System Ägyptens ab dem Sommer 2013.

Während die AKP demnach den Wandel zu einer modernen islamistischen Mitgliederpartei vollzogen hat, wurde eine vergleichbare Transformation der Muslimbruderschaft im Sommer 2013 infolge ihres Sturzes durch die ägyptische Militärführung unterbrochen. Die al-Qaida hingegen hat weder ihre militante und anti-westliche Ideologie aufgegeben, noch lassen sich in irgendeiner Form De-Radikalisierungstendenzen oder die Ausbildung einer parteiähnlichen Organisationsstruktur identifizieren.

Eine Einschätzung der politischen Performanz der untersuchten Bewegungen findet auf der Basis des erarbeiteten Modells eines weltpolitischen Systems statt. Es kommt daher zu einer Einschätzung folgender Aspekte:

- Zugang zum politischen Zentrum.
- Inklusion der Peripherie.
- Legitimation der staatlichen Politik.
- Gewaltanwendung zur Durchsetzung politischer Entscheidungen.
- Eigendynamik demokratischer Strukturen.
- Eigendynamik autoritärer Strukturen.

Die Einschätzung dieser Aspekte wird für die Muslimbruderschaft und die AKP wiederum tabellarisch vorgenommen. Da die Analyse der al-Qaida jedoch keinerlei Anzeichen einer friedlichen Teilnahme an politischen Institutionen ergeben hat, wird ihre politische Performanz im Anschluss an die Analyse der Muslimbruderschaft und der AKP gesondert betrachtet.

Tabelle 3: Die Muslimbruderschaft im politischen System Ägyptens (eigene Darstellung).

Zugang zum politischen Zentrum	Inklusion der Peripherie	Legitimation der staatlichen Politik	Gewaltanwendung zur Durchsetzung politischer Entscheidungen
Die Muslimbruderschaft konnte kurzzeitig das politische Zentrum übernehmen, wurde jedoch durch das ägyptische Militär gestürzt und verboten.	Während der kurzen Regierungszeit der Muslimbruderschaft durch ihren Parteiableger Freiheits- und Gerechtigkeitspartei wurden die nicht-islamistischen und nicht-salafistischen	Die Muslimbruderschaft versuchte Legitimation durch deutliche religiöse Bezüge und den Verweis auf die besondere Stellung Ägyptens innerhalb der Zivilisation des	Während der Hochphase der Auseinandersetzung um die neue ägyptische Verfassung Ende 2012 kam es zur Gewaltanwendung von Anhängern der

Der Zugang zum politischen System in Ägypten ist wieder sehr stark eingeschränkt und wird vom Militär strengstens kontrolliert.	Protestbewegungen und Parteien nahezu komplett aus dem politischen Transformationsprozess ausgeschlossen.	Islam zu generieren.	Muslimbruderschaft gegen politische Gegner.[6]

Tabelle 3: Die Muslimbruderschaft im politischen System Ägyptens (Fortsetzung).

Eigendynamik demokratischer Strukturen	Eigendynamik autoritärer Strukturen	Beantwortung der Forschungsfrage 1
Selbst während des Transformationsprozesses 2011-2013 waren die demokratischen Verfahren schwach entwickelt und verfügten nur über eine begrenzte Legitimation und Akzeptanz.	Zur Durchsetzung seines favorisierten Verfassungsentwurfes stattete sich der kurzzeitige Präsident Mursi mit starken exekutiven Vollmachten aus.	Die Muslimbruderschaft vollzog ab den 1980er Jahren einen umfangreichen ideologischen Wandel hin zur politischen Partizipation.
	Der Zugang zum politischen System in Ägypten ist wieder sehr stark eingeschränkt und wird vom Militär strengstens kontrolliert.	Nach dem Sturz Mubaraks kam es jedoch nicht zu einer tragfähigen organisatorischen Öffnung für die übrigen politischen Gruppierungen Ägyptens.

Die Muslimbruderschaft als Ursprung des sunnitischen politischen Islam war sowohl organisatorisch, als auch semantisch auf einem sehr wichtigen Weg, bevor dieser durch das ägyptische Militär abrupt beendet wurde. Eine längerfristige, politische Einbindung hätte ihre Ideologie dem Lackmustest einer parlamentarischen Bewährung ausgesetzt und ihre Organisationsstruktur möglicherweise dazu gezwungen, über den ersten Öffnungsschritt der Ausbildung der Freiheits- und Gerechtigkeitspartei hinauszugehen. Mittelfristig hätten dadurch ihre rigorosen, geheimbündlerischen Mitgliedschaftsregeln abgeschwächt werden können.

---

6 Vgl. exemplarisch M. Sailer: „Muslimbrüder greifen zu Gewalt".

Aufgrund ihrer enormen Bedeutung für das vielfältige Spektrum des sunnitischen politischen Islam hätten diese Entwicklungen einen möglicherweise positiven Ausstrahlungseffekt haben können. Dennoch bleibt zu wiederholen, dass es während der kurzen Transitionsphase von 2011-2013 Anzeichen dafür gab, dass der Muslimbruderschaft weniger an einer dauerhaften Demokratisierung des Landes und mehr an dem eigenen Machterwerb gelegen war. Ob sich der staatlich verordnete Modernisierungskurs des Militärs al-Sisi[7] als dauerhaft tragfähig erweisen wird und ob die Muslimbruderschaft aufgrund der ungemein starken staatlichen Repressionen wieder in die Radikalisierungsmuster der 1960er Jahre unter der Präsidentschaft Nassers zurückfallen wird, kann hingegen derzeit nur die zukünftige Entwicklung zeigen.

Tabelle 4: Die AKP im politischen System der Türkei (eigene Darstellung).

Zugang zum politischen Zentrum	Inklusion der Peripherie	Legitimation der staatlichen Politik	Gewaltanwendung zur Durchsetzung politischer Entscheidungen
Die AKP konnte die Beschränkungen des Zugangs zum politischen Zentrum durch Militär und Justiz aufheben und kontrolliert es derzeit ihrerseits durch ihre elektoralen Erfolge und die starke Stellung der Exekutive.	Die AKP schaffte es von der Peripherie des politischen Systems aus, das politische Zentrum zu übernehmen. Demokratisierung und Stärkung der Menschenrechte inkludieren mehr politische Minderheiten als zuvor. Die AKP kontrolliert den Einfluss der Peripherie auf das politische Zentrum jedoch sehr stark.	Die AKP legitimiert ihren dominanten Politikstil mit der Fortführung der EU-Beitrittspolitik, einer konservativen Politik in den Bereichen Bildung, Familie und Gesundheit sowie einer weiteren wirtschaftlichen Modernisierung der Türkei.	Die AKP setzt die türkische Polizei rigoros ein, um Demonstrationen zu kontrollieren und möglichst von Beginn an einzudämmen. Die Reformen zur Senkung von exzessiver Polizeigewalt stehen still.[8]

---

7 Vgl. S.A. Cook: „The Banality of Abdel Fattah al-Sisi" und A. Ranko: Die Muslimbruderschaft, S. 156-162.
8 Vgl. den kurzen Jahresbericht zur Türkei durch die Organisation Human Rights Watch zugänglich unter http://www.hrw.org/world-report/2014/country-chapters/turkey?page =1 (letzter Zugriff am 07.02.2015) und B. Liedtke: „Die türkische Polizei (Polis)".

Tabelle 4: Die AKP im politischen System der Türkei (Fortsetzung).

Eigendynamik demokratischer Strukturen	Eigendynamik autoritärer Strukturen	Beantwortung der Forschungsfrage 1
Ende des Systems der ‚militärischen Bevormundung'. Stärkung des Parlaments und der zivilen Parteien. Stärkung der Position politischer Minderheiten.	Offen bleibt, wie sich die Eingriffe der AKP-Regierung in die Justiz, ihre Kontrolle von Journalismus und Medien sowie die starke Stellung der türkischen Sicherheitsdienste auswirken werden. Auch stocken die Anpassungen der türkischen Rechtsprechung an die EU-Rechtsstandards.[9]	Die AKP hat einen umfangreichen Wandel des islamistischen Spektrums der Türkei vollzogen. Auf diese Weise wurde die politische Kontrolle durch die ‚alten' kemalistischen Staatseliten komplett durchbrochen. In Anbetracht ihrer dominanten elektoralen Stellung, ihres krassen Majoritätsverständnisses und der starken Stellung der Exekutive bleibt es jedoch unsicher, ob die AKP politischen Pluralismus zulassen wird.

Das politische System der Türkei war über viele Jahrzehnte durch die Skepsis der militärischen und judikativen Staatseliten gegenüber der (islamistischen) Parteipolitik gekennzeichnet. Getragen von ihren elektoralen Erfolgen, ihrem straff organisierten und höchst effektiven Parteiapparat und dem unbändigen Willen ihres Führungspersonals, die Kontrolle der kemalistischen Staatseliten zu durchbrechen, konnte die AKP das politische Zentrum der Türkei komplett für sich gewinnen. Im Lichte der jüngsten Präsidentschafts Erdogans[10] scheinen folgende Zweifel am politischen Kurs der AKP jedoch mehr als berechtigt:

„A more democratic and participatory organizational design would have made the party more representative of and more responsive to social demands. The JDP [engl. Akronym für AKP, T.H.] crystallized into a leader party. In this sense it replicated the chronic problem of mainstream Turkish political parties."[11]

---

9   Vgl. E. Özbudun/T. Füsun: „Impact of the ECtHR Rulings on Turkey's Democratization: An Evaluation".
10 Vgl. M. Cinar/C. Sayin: „Reproducing the Paradigm of Democracy in Turkey".
11 G.M. Tezcür: „The Moderation Theory Revisited, S. 83.

Angesichts der in der Fallstudie zur AKP erörterten Tiefenstruktur des politischen Systems der Türkei lassen sich weitere Zweifel an der langfristigen Fähigkeit der AKP, den Europäisierungs- und Transformationsprozess der türkischen Demokratie weiter voranzutreiben, artikulieren: Erstens zeigt die Rhetorik des Führungspersonals der AKP die weiterhin bestehenden Schwächen bezüglich der politischen Kultur auf, die von einem mangelnden Respekt für die politische Opposition geprägt sind. Diese Mängel werden zweitens durch die Präsidentschaft Erdogans kaum behoben werden, sondern die dominante Stellung der AKP nur weiter ausbauen. Auf diese Weise mehren sich die Anzeichen dafür, dass sie den eingeschlagenen Demokratisierungs- und Europäisierungskurs vor allem zur Durchsetzung der eigenen politischen Position nutzte und immer weniger Interesse daran besitzt, die neu gewonnenen Einflussmöglichkeiten der zivilen Politik den übrigen Parteien und Oppositionsbewegungen zukommen zu lassen. Damit wäre es drittens weniger zu einem Abbau des sogenannten *deep state* von Militär und Judikative gekommen, sondern vielmehr zu einer Übernahme des starken und zentralisierten Staatsapparates der Türkei durch die AKP selbst.[12]

Einen Sonderfall dieser Analyse bildet letztlich die umfangreich untersuchte al-Qaida. Weder auf semantischer noch auf struktureller Ebene lassen sich Anzeichen einer Moderation ihrer ideologischen Position oder einer Abschwächung ihrer dschihadistisch-militanten Operationsweise erkennen. Die identifizierte Schwächung der al-Qaida-Zentrale, ihr Verlust einer globalen Leitsemantik und die neue strukturelle und semantische Eigendynamik ihrer regionalen Ableger sowie zahlreicher affiliierter Gruppierungen machen jedoch einen anderen Aspekt ihres Einflusses auf das moderne weltpolitische Systems deutlich: Das ist die Fähigkeit, sich aufgrund ihrer mittlerweile jahrzehntelangen Kampferfahrungen und ihrer dschihadistischen Ideologie in herrschende Gewaltkonflikte in der MENA-Region einzunisten. Dazu gehört weiterhin die Kapazität, über einen äußerst selektiven Rückgriff auf den sunnitischen Islam eine enorm motivierende und mobilisierende, politische Identität aufzubauen. Bricht die politische bzw. staatliche Monopolisierung gesellschaftlicher Gewalt im Zuge von (Bürger-) Kriegen zusammen und verringert sich die Differenzierung gesellschaftlicher Teilbereiche, vermögen es die al-Qaida und affiliierte Gruppierungen nicht nur, politische Entscheidungen qua rücksichtsloser Gewaltanwendung durchzusetzen, sondern auch durch ihre gewaltverherrlichende, dschihadistische Ideologie ein gewisses Maß an Legitimation zu generieren. Diese Fähigkeiten jener Kampfverbände haben selbst in Anbetracht der enormen sicherheitspolitischen Gegen-

---

12 Vgl. E. Axiarlis: Political Islam and the Secular State in Turkey, S. 251-267.

maßnahmen durch die westlichen Staaten und ihre militärischen und polizeilichen Organisationen nicht an Dynamik verloren. Sie gewinnen sogar noch an Kraft, je stärker die unregulierte Gewaltanwendung in einigen Gebieten der MENA-Region zunimmt. Trotz der Unterschiede in den aufgezeigten semantischen Variationen und strukturellen Entwicklungen der AKP, der al-Qaida und der Muslimbruderschaft lässt sich ein fallübergreifendes Fazit bezüglich der weltpolitischen Implikationen ihrer Performanz formulieren. Für die AKP und die Muslimbruderschaft gilt zu einem großen Teil diese jüngere Einschätzung:

„It seems that while behavioral moderation (joining the democratic game and accepting the power-sharing rules) is a step towards consolidating procedural democracy, it is ideological moderation that determines whether religious parties accumulate democratic capital towards promoting liberal democracy. The former is a necessary but insufficient condition for a religious party to become democratic."[13]

Beiden Gruppierungen wurden verbliebene Schwächen innerhalb ihrer semantischen Entwicklung nachgewiesen. Insofern bleibt es trotz ihrer generellen Bereitschaft an politischen Institutionen teilzunehmen offen, ob dadurch langfristig eine politische Kultur und ein politisches Institutionenarrangement ähnlich der westlichen Verfassungs- und Demokratietradition entstehen werden. Sehr viel schwerwiegender für die politische Entwicklung der MENA-Region ist jedoch eine Folgeerscheinung der in allen Bewegungen des sunnitischen politischen Islam vorzufindenden Betonung einer islamischen Identität. Durch diese wird die angesprochene konfessionelle Spaltung der Region in sunnitisch oder schiitisch dominierte Gebiete samt resultierenden Konfliktlinien weiter vorangetrieben.[14] Dieser grundlegende politisch-religiöse Identitätskonflikt ist der Ausbildung und Weiterentwicklung demokratischer Institutionen und einer demokratischen politischen Kultur höchst abträglich und stellt die generell schwach institutionalisierte Konfliktlösungsfähigkeit der MENA-Region vor weitere Schwierigkeiten.[15] Die geopolitische Einbettung der Region wird darüber hinausgehend womöglich zu weltpolitisch spürbaren Konsequenzen dieser Tendenz führen.

---

13 M. Brocker/M. Künkler: „Religious Parties", S. 178.
14 Vgl. eine aktuelle Einschätzung von J. Guzansky/B. Beti: „Is the New Middle East Stuck in Its Sectarian Past?".
15 Vgl. die grundlegenden Analysen von D. Philpott: „The Challenge of September 11 to Secularism in International Relations" und B. Tibi: Konfliktregion Naher Osten.

8.3 EINE NEUBESTIMMUNG DER UNTERSCHEIDUNG VON ISLAM UND POLITISCHEM ISLAM

Zur Erinnerung wird die für dieses Unterkapitel ausschlaggebende Forschungsfrage wiederholt.

Forschungsfrage 2: Lassen sich eine analytische und empirische Trennung von Islam und politischem Islam begründen und identifizieren? Welche Verbindungslinien bestehen zwischen der Religion und Zivilisation des Islam und den Bewegungen bzw. der Ideologie des politischen Islam?

Zur Beantwortung dieses Fragenkomplexes ist es angebracht, die historische Genese des politischen Islam wiederholt mit Hilfe der Einbeziehung seiner zu Tage geförderten semantischen Variationen und Strukturentwicklungen zu erörtern. Entsprechende Ausgangspunkte bilden die an verschiedenen Stellen angeführten politischen, rechtlichen und religiösen Umbrüche des Osmanischen Reiches im Verlauf des 19. und frühen 20. Jahrhunderts, die schließlich zu seiner Auflösung geführt haben. Dieser Transformationsprozess *Vom Gottesreich zum Nationalstaat*[16] beinhaltete zwei umfangreiche Strukturveränderungen: Erstens bildeten sich ab der 2. Hälfte des 19. Jahrhunderts arabische und türkische nationalistische Bewegungen, die den Zerfall des multiethnischen Osmanischen Reiches beschleunigten. Zweitens verloren die islamischen Ulama durch den einsetzenden, jedoch anders als in Europa verlaufenden Säkularisierungsprozess sukzessive ihre privilegierte Stellung in der starkem Veränderungsdruck ausgesetzten feudalen Ordnung des Reiches.[17] Hauptsächlich implementiert durch Militärcoups und legitimiert durch den Widerstand gegen den politischen Einfluss der alten Kolonialmächte England und Frankreich sowie den Kampf gegen den Staat Israel, konnte der panarabische Nationalismus als säkulare Staatsideologie bis zur Mitte des 20. Jahrhunderts die politische und rechtliche Strukturentwicklung der MENA-Region tragen.[18] Die Niederlage der arabischen Staaten gegen Israel im 6-Tage Krieg von 1967 stellte jedoch mehr als ‚nur' den Verlust der politischen Legitimation des Panarabismus dar. Zusätzlich wurden seitdem die politisch-institutionellen sowie ökonomischen Strukturschwächen dieser Region

---

16 Vgl. B. Tibi: Vom Gottesreich zum Nationalstaat.
17 Vgl. N.R. Keddie: Scholars, Saints, and Sufis; B. Tibi: „Islam and Secularization" und Ders.: Kreuzzug und Djihad.
18 Vgl. B. Tibi: Militär und Sozialismus in der Dritten Welt.

immer deutlicher sichtbar.[19] Die Zusammenführung dieser Stränge – der rapide Zusammenbruch der feudalen und religiös legitimierten Ordnung des Osmanischen Reiches und die oberflächliche Säkularisierung der MENA-Region durch westlich ausgerichtete Eliten sowie der enorme Legitimationsverlust ihrer Entwicklungsideologie ab 1967 – macht deutlich, inwiefern die Entstehung des politischen Islam sowohl eine Krisenreaktion als auch eine genuin moderne Erscheinung darstellt. Hasan al-Banna und die frühe Muslimbruderschaft verkörpern diese Aspekte par excellence. Ausgebildet in den modernisierten, jedoch immer noch in der religiösen Tradition verhafteten Schulen Ägyptens und mit direktem Kontakt zur Verwestlichung durch den britischen Einfluss, gründete al-Banna eine moderne und straff organisierte Massenbewegung zur Wiederbelebung der Religion des Islam. Noch in den 1960er Jahren vermochte es der „arabische Bismarck"[20] Nasser, die Muslimbruderschaft politisch komplett auszuschalten. Die Krise und der anschließende Untergang der Staatsideologie des panarabischen Nationalismus nach 1967 und die anhaltenden politischen und ökonomischen Strukturschwächen der Region ebneten schließlich den Weg für die transnationale Ausbreitung des politischen Islam und seines Ziels: der Einführung eines islamischen Staatswesens.

Für die Beantwortung der Forschungsfrage bedeutet dies, dass der politische Islam keinesfalls mit der Religion und Zivilisation des Islam gleichzusetzen ist. Anhänger des politischen Islam sehen sich sicher als gläubige Muslime und diesem Faktum soll auch in keiner Weise widersprochen werden. Die Trennung zwischen Islam und Islamismus wird demnach nicht über individuelle Glaubensauffassungen oder individuelle bzw. kollektive Glaubenszuschreibungen, sondern entlang semantischer und struktureller Merkmale vollzogen. Die einzelnen Fallstudien dieser Arbeit und die weiterführenden Analysen ihrer Ergebnisse haben eine große Menge an semantischen und strukturellen Merkmalen des modernen sunnitischen Islamismus zusammengetragen. Er stellt somit ein von der Religion des Islam unterscheidbares soziales Phänomen dar und ist nicht mit ihr gleichzusetzen. Es ist daher adäquat, den Islamismus als ein spezifisches Element der islamischen Religion und Zivilisation der Gegenwart unter den Bedingungen des weltgesellschaftlichen Primats funktionaler Differenzierung anzusehen. Denn das weltgesellschaftliche Primat funktionaler Differenzierung bedeutet nicht, dass dieses in allen Weltregionen identisch durchgesetzt worden ist – wenn auch gleichzeitig konstatiert werden muss, dass die theoretischen Aussa-

---

19 Vgl. dazu die Studie von A. Richards/J. Waterbury: A Political Economy of the Middle East.
20 B.Tibi: Der wahre Imam, S. 257.

gen Luhmanns nahezu ausschließlich durch die europäischen Erfahrungen bei der Ausbildung der modernen Weltgesellschaft geprägt worden sind. Auf der einen Seite reaktiviert der politische Islam das im Zuge der Nationalstaatsbildung der MENA-Region verlorengegangene Kollektiv einer transnationalen Umma[21] und versucht auf diese Weise eine neuartige „adressierbare Kollektivität" (Armin Nassehi) zu erzeugen, welche die Grenzen der bestehenden Staaten und ihre politische Legitimität abstreitet. Auf der anderen Seite streiten die Proponenten des politischen Islam mit anderen Gruppierungen um die Deutungshoheit über den Islam. Sie zielen dabei jedoch nicht auf die Pflege und die Reform der tradierten Elemente der sunnitischen Glaubensauslegung, wie es Aufgabe der Ulama[22] ist, ab, sondern instrumentalisieren spezifische Elemente der Religions- und Zivilisationsgeschichte des Islam zur Erreichung politischer Zwecke. Auch streben Islamisten keine religiösen Reformen in dem Sinne an, dass der inhärente Absolutheitsanspruch der Religion des Islam, der seine Politisierung erleichtert[23], abgebaut würde, was gegebenenfalls eine Abschwächung von *Islam's Predicament with Modernity*[24] ermöglichen könnte. Diese Anstrengungen werden von Reform-Muslimen unternommen[25], die ein gänzlich anderes und positiveres Verständnis vom Verhältnis des Islam zur modernen, funktional differenzierten Weltgesellschaft besitzen:

„The realization that Islam, properly understood, is *not* a system of social and political regulation frees up space for cultures and nations – in the modern sense of those words – to lay the foundations of collective identity. This opens the way, in turn, to the acceptance of convergence with other religious traditions and universalistic moralities, beyond political and cultural boundaries and in more than formal terms."[26]

In vielen semantischen Beständen islamistischer Bewegungen werden dagegen weder die Trennung von Religion und Politik noch die Ausbildung eines positiven, also säkularisierten Rechts befürwortet, so dass diese Bereiche der modernen Weltgesellschaft in vielen Gebieten der MENA-Region weiterhin weniger

---

21 Vgl. ebd., Kapitel 7-9 und 12.
22 Vgl. M. Zaman: The Ulema in Contemporary Islam.
23 Vgl. B. Tibi: „Ist der Islam eine politische Religion?", S. 110.
24 Vgl. B. Tibi: Islam's Predicament with Modernity, vor allem Kapitel 6 und 7 über religiöse Reformen.
25 Vgl. dazu den programmatischen Aufsatz von A. Filali-Ansary: „The Sources of Enlightened Muslim Thought".
26 Ebd., S. 249.

stark ausdifferenziert bleiben, als dies in vielen übrigen Weltregionen der Fall ist. Neben den zahlreichen semantischen Traditionen der einzelnen islamistischen Bewegungen, von denen einige in dieser Studie beleuchtet wurden, haben sich ebenfalls unterschiedliche Stränge in der Strukturentwicklung dieser Bewegungen ergeben. Je nach Grad der Offenheit und Stabilität der politischen Institutionen und Verfahren des jeweilig von einer islamistischen Bewegung adressierten politischen Systems, hat sich ein strukturelles Spektrum entwickelt, das von modernen Mitgliederparteien (AKP), über rigide Mitgliedschaftsregeln regulierte Massenorganisationen (Muslimbruderschaft) bis hin zu netzwerkartigen Strukturen (al-Qaida) reicht. Diese semantischen und strukturellen Merkmale machen islamistische Bewegungen eindeutig identifizierbar und unterscheidbar von anderen Gruppierungen, die sich ebenfalls über ihre glaubensbasierte Zugehörigkeit zum Islam identifizieren. Diese Merkmale machen schlussendlich den Kern der Unterscheidung von Islam und Islamismus aus, lassen aber gleichzeitig auch eine Kennzeichnung ihrer wechselseitigen Verbindungslinien zu.

8.4 Zum Begriff des sunnitischen politischen Islam

Zur Erinnerung wird die für dieses Unterkapitel ausschlaggebende Forschungsfrage wiederholt.

Forschungsfrage 3: Ist es im Anschluss an eine theoretisch gestützte Analyse der herangezogenen islamistischen Bewegungen weiterhin überzeugend, von einem zusammenhängenden Phänomen des politischen Islam zu sprechen, welches über eine allgemein definierte Terminologie erfasst werden kann? Welche Spezifikationen müssen auf der Basis einer differenz- und beobachtungstheoretisch angelegten Gesellschaftstheorie der Politik in der begrifflichen Fassung islamistischer Bewegungen vorgenommen werden?

Die Ergebnisse der einzelnen Fallstudien und die Analyse der politischen Performanz der AKP, der al-Qaida und der Muslimbruderschaft bieten genügend Belege dafür, das vielschichtige Spektrum des sunnitischen politischen Islam weiterhin als ein zusammenhängendes Phänomen aufzufassen. Trotz der identifizierten Veränderungen in der Semantik der drei Bewegungen und den Transformationen ihrer Strukturen, zeigen sich für jede der Bewegungen eine ausreichend starke Kontinuität dieser Aspekte und auch weiterhin gültige Rückbesinnungen der Bewegungen selbst auf die eigene Vergangenheit. Dies galt bis zu ihrer Ausschaltung durch die ägyptische Militärführung besonders für die Muslimbruderschaft. Zusätzlich – und dieser Punkt ist in der umfangreichen Forschungsliteratur und im Rahmen dieser Arbeit selbst nur wenig berücksichtigt worden – gibt es signifikante transnationale Zusammenhänge zwischen den einzelnen Bewegungen des politischen Islam bezüglich der Genese, Verbreitung und Weiterentwicklung ihrer Semantiken.[27] Gerade für die weiterführende Forschung bieten diese wenig beleuchteten Zusammenhänge ein umfangreiches Reservoir für die tiefergehende Beleuchtung des politischen Islam. Letztlich können besonders die Analysen des Moderations- und Transformationspotentials der islamistischen Bewegungen von der Entwicklung einer komplexen Definition eines als zusammenhängend aufgefassten Phänomens des politischen Islam profitieren[28], weshalb empirische Forschung und begriffliche Arbeit weiterhin stark aufeinander angewiesen bleiben.

Dennoch sollte bis zum jetzigen Stand dieser Arbeit ebenfalls deutlich geworden sein, dass die begriffliche Fassung islamistischer Bewegungen höchst umstritten ist und aufgrund ihrer dynamischen Entwicklung und Vielfalt zusätzlich medialen, politischen und wissenschaftlichen Konjunkturen unterliegt. Verbindet man die Vielfalt islamistischer Bewegungen mit den jüngeren Verschiebungen in der wissenschaftlichen Auseinandersetzung mit dem politischen Islam – von der Analyse dschihadistischer Aktivitäten hin zur Frage nach dem Demokratisierungs- und Reformpotential – ergeben sich drei grundlegende Anforderungen, die von einer empirisch gesättigten Definition des sunnitischen politischen Islam erfüllt werden müssen:

- Die Bestimmung des Begriffs des politischen Islam muss reichhaltig und differenziert genug sein, um ihn von der Religion des Islam unterscheiden zu können.
- Der Begriff des politischen Islam sollte zwischen militant-gewaltbereiten und institutionell-agierenden Spielarten unterscheiden können.[29]

---

27 Vgl. N. DeLong-Bas: Wahhabi Islam; S.T. Hunter: The Politics of Islamic Revivalism und E. Karagiannis: „Transnational Islamist Networks".
28 Vgl. den sehr differenzierten Definitionsansatz von C. Schuck: „A Conceptual Framework of Sunni Islamism".
29 Vgl. Die Argumentationen bei D.L. Phillips: From Bullets to Ballots; M.A.M. Salih: Interpreting Islamic Political Parties; L. Vidino: „Islamism and the West"; B. Tibi: Violence and Religious Fundamentalism in Political Islam; das Sonderheft der Fachzeitschrift Journal of Democracy „Islamist Parties and Democracy" und R.S. Leiken/S. Brooke: „The Moderate Muslim Brotherhood".

- Der Begriff sollte dennoch so allgemein definiert werden, dass er auf möglichst viele Gebiete mit einem signifikanten muslimischen Bevölkerungsanteil und damit in verschiedensten politischen, rechtlichen, sozialen sowie ökonomischen Kontexten anwendbar ist.

Daher beruht die erste Komponente einer Definition des sunnitischen politischen Islam auf der Unterscheidung der Religion und der Zivilisation des Islam[30] von den einzelnen Spielarten des sunnitischen Islamismus.[31] Während der Begriff des Islam in Folge dieser Ausgangsunterscheidung für die historischen, kulturellen, religiösen und theologischen Elemente einer vielschichtigen und differenzierten monotheistischen Weltreligion steht, bezeichnet der Begriff des Islamismus einzelne Bewegungen, die selektiv auf spezifische Aspekte dieser Elemente des Islam zurückgreifen, um nicht-religiöse Gesellschaftsbereiche nach diesen auszugestalten. Dies kann sich auf rechtliche Regulierungen (vgl. die Implementierung des Scharia Rechts[32]), auf wirtschaftliche Bereiche (vgl. Islamisches Bank- und Finanzwesen[33]), politische Aspekte (z.B. die bereits erwähnte Errichtung einer Scharia-Ordnung) und kulturelle Dimensionen (u.a. islamische Kleidungsvorschriften[34]) beziehen. Der Vorteil dieser definitorischen Vorgehensweise liegt darin, dass:

„Islamism in this inclusive sense allows for differentiation and precision to fit diverse circumstances, while avoiding the word Islam and thus not getting trapped in one interpretation of what the religion itself really and truly means."[35]

Der Unterscheidung von Islam und Islamismus folgend bezeichnet der Begriff des politischen Islam *zunächst* diejenigen Bewegungen, die primär politische Elemente der Zivilisations- und Religionsgeschichte des Islam instrumentalisieren bzw. primär auf politische Bereiche Einfluss nehmen wollen. Diese Instrumentalisierung der politischen Dimensionen der sunnitisch-islamischen Zivilisationsgeschichte und der politischen Bereiche der sunnitischen Theologie[36] und

---

30 Vgl. M.G.S. Hodgson: The Venture of Islam.
31 Vgl. D.K. Emmerson: „Inclusive Islamism", S. 30-32.
32 Vgl. B. Tibi: „The Return of the Sacred to Politics" und P. Marshall: Radical Islam's Rule.
33 Vgl. A. Salahuddin: Islamic Banking, Finance and Insurance.
34 Vgl. R.D. Marcott: „Identity, Power, and the Islamist Discourse on Women".
35 D.K. Emmerson: „Inclusive Islamism", S. 31.
36 Vgl. L. Berger: Islamische Theologie.

Fiqh-Jurisprudenz[37] vollzieht sich in der Gegenwart vor allem im Bereich der islamischen Doktrinen des Dschihad durch die Aktivitäten dschihadistischer Bewegungen[38] und durch die Implementierung des Scharia-Rechts[39] in verschiedenen islamischen Ländern.

Weiterhin ist es wichtig, die Definition des politischen Islam durch eine Prozessdimension zu erweitern. Dies dient dazu, die aktive Rolle islamistischer Bewegungen im Kontext einer funktional differenzierten Weltgesellschaft zu erfassen. Auf der einen Seite politisieren islamistische Bewegungen religiöse Inhalte und Symboliken, indem sie diesen einen über die Religion hinausgehenden Bedeutungsinhalt zuweisen.[40] Auf der anderen Weise religionisieren islamistische Bewegungen das politische System, indem sie politische Prozesse religiös aufladen.[41] Gerade diese Prozessdimension ermöglicht es, den politischen Islam erstens von den islamischen Gelehrten, den Ulama, abzugrenzen, die im Bereich des Religionssystems operieren und nicht primär versuchen, die Politik zu beeinflussen. Zweitens lässt sich der Islamismus damit auch von den zahlreichen salafistischen Bewegungen (vor allem in Ägypten) abgrenzen, da diese nur gering politisiert wurden und sich nach dem Sturz von Mohammed Mursi im Sommer 2013 weitestgehend aus der Politik Ägyptens zurückgezogen haben. Die Stärke einer Einbeziehung der Gesellschaftstheorie der Politik für die Erfassung dieser Prozessdimension des politischen Islam liegt darin, Semantiken und die darin formulierten Politisierungen bzw. Religionisierungen erfassen zu können und gleichzeitig den Wandel der Struktur islamistischer Bewegungen während ihrer Teilnahme am weltpolitischen System analysieren zu können. Dies wurde ausführlich anhand der Fallanalysen exemplifiziert.

Der *letzte* Schritt der Ausarbeitung einer empirisch gesättigten Definition liegt in der Identifikation eines Spektrums islamistischer Bewegungen. Sowohl die Geschichte islamistischer Bewegungen als auch die Ergebnisse dieser Studie zeigen deutlich die Vielfalt der Vorgehensweise einzelner Bewegungen auf. Während die frühe Muslimbruderschaft im sogenannten zivilgesellschaftlichen Bereich des Gesundheitswesens und der religiösen Erziehung aktiv war und erst

---

37 Vgl. B. Milton-Edwards: Islamic Fundamentalism since 1945, S. 11-30; A. Black: The History of Islamic Political Thought; B. Tibi: Der wahre Imam und W.M. Watt: Islamic Political Thought.
38 Vgl. D. Cook: „Islamism and Jihadism".
39 Vgl. J. Kelsay: „Islamist Movements and Shari'a Reasoning".
40 Vgl. B. Tibi: Violence and Religious Fundamentalism in Political Islam, S. 17 und 45.
41 Vgl. B. Tibi: „Political Islam as a Forum of Religious Fundamentalism and the Religionisation of Politics", S. 93.

in den 1930er Jahren einen militanten Flügel ausbildete, zeichnete sich die al-Qaida von Beginn an durch terroristische Aktivitäten aus. Um unangebrachte Reduktionen islamistischer Bewegungen auf rein gewaltfreie bzw. gewaltsame Vorgehensweisen zu unterbinden, ist es angebracht, ein zweipoliges Aktivitätsspektrum anzunehmen. Der eine Pol des Aktivitätsspektrums bezeichnet dabei eine institutionelle und nicht-militante Vorgehensweise (institutioneller politischer Islam), während der andere Pol die militante und gewaltbereite Durchsetzung politischer Ziele kennzeichnet (Dschihadismus/ dschihadistischer politischer Islam).[42] Diese beiden Pole dienen dazu, sowohl einzelne islamistische Bewegungen bezüglich ihres Aktivitätsspektrums voneinander unterscheiden zu können, als auch eine differenzierte Charakterisierung einzelner Strömungen innerhalb einer Bewegung vorzunehmen zu können.

Zusammengefasst besteht eine Definition des politischen Islam darin, zunächst diejenigen Bereiche der islamischen Zivilisationsgeschichte und diejenigen Doktrinen der sunnitischen Theologie und Fiqh-Jurisprudenz zu identifizieren, die selektiv von einer islamistischen Bewegung dazu verwendet werden, um politischen Einfluss zu generieren. Auf dieser Basis können die daraufhin ausgebildeten und religiös konnotierten, jedoch politisch ausgerichteten Semantiken, die über unterschiedlich strukturierte und unterschiedliche Mittel einsetzende islamistische Bewegungen in den politischen Prozess eingebracht werden, herausgearbeitet werden. Dadurch wird es möglich, die komplexen Wechselspiele von islamistischer Semantik und struktureller Entwicklung der jeweiligen Bewegung und des von ihr beeinflussten politischen Systems zu analysieren. Eine derartig angelegte Definition kann nicht nur auf unterschiedliche Bewegungen in zahlreichen Weltreligionen mit einem signifikanten muslimischen Bevölkerungsanteil angewendet werden, sondern ist aufgrund ihrer gesellschaftstheoretischen Fundierung auch dazu geeignet, über die zu einseitige Debatte um den sogenannten *Post-Islamismus*[43] hinauszugehen. Es soll an dieser Stelle abschließend dafür plädiert werden, den Begriff des Post-Islamismus aufzugeben. Es ist der empirischen Vielfalt des sunnitischen politischen Islam sehr viel angemessener, eine komplexe Begriffsdefinition für jede einzelne untersuchte Bewegung anzustreben, als das Ende des Islamismus auszurufen – und das nur, weil der islamisti-

---

42 Diese Unterscheidung zweier Extrempole beruht auf den Überlegungen von: B. Tibi: „Islamism and Democracy" und Ders.: Violence and Religious Fundamentalism in Political Islam.
43 Vgl. die jüngste Auseinandersetzung mit diesem Begriff bei Y. Aktay: „The ‚Ends' of Islamism".

sche Diskurs der 1970er und 1980er Jahre[44] durch die gegenwärtigen Bewegungen kaum noch weitergeführt wird und sich entsprechend neue Semantiken und Strukturen ausgebildet haben. Letztlich trägt die Nutzung der luhmannschen Gesellschaftstheorie der Politik für eine Definition des politischen Islam auch dazu bei, anderen und einseitigen Begriffsbildungen entgegenzuwirken. Dies gilt insbesondere dann, wenn es aufgrund intensiver, medialer Berichterstattung über militante islamistische Bewegungen, wie derzeitig der Islamische Staat im Irak und in Syrien, wieder zu einer öffentlichen Gleichsetzung von Islamismus und Gewaltanwendung bzw. Terrorismus kommen sollte.

8.5 QUO VADIS, POLITISCHER ISLAM? QUO VADIS, SYSTEMTHEORIE DER POLITIK?

Diese politiktheoretische Untersuchung dreier relevanter Bewegungen des sunnitischen politischen Islam setzte zu einem Zeitpunkt ein, als die Dominanz des sicherheitspolitischen Paradigmas ihrer Erforschung abklang und die verschiedenen Plädoyers für eine Untersuchung ihrer politisch-institutionellen Teilhabe und der dadurch in Gang gesetzten organisatorischen und semantischen Veränderungen weiter zunahmen und schlussendlich auch Gehör fanden. Im Laufe der Durchführung dieses Promotionsprojekts sollten die politischen Verwerfungen des sogenannten ‚Arabischen Frühlings' zu einem Testfall für beide Forschungsstränge – die sicherheitspolitische und die politisch-institutionelle Analyse des Islamismus – werden. Für diese Arbeit bedeuteten diese Ausgangsbedingungen, eine große Menge an Informationen über die politische Performanz und die vielschichtigen strukturellen und semantischen Veränderungen des politischen Islam zusammenzutragen und analysieren zu können. Seitens der aktuellen Forschungsliteratur bleiben diese größeren Analyse- und Argumentationszusammenhänge besonders aussagekräftig:

Dies ist *erstens* diejenige Forschung, die die Konsequenzen der politischen Beharrungs- und Schließungsmechanismen autoritärer Regime für die Entwicklung islamistischer Bewegungen beleuchtet.[45] Die weiterhin große Bedeutung dieser Forschung liegt schlicht darin begründet, dass allen positiven Erwartungen zum Trotz der Sturz von jahrzehntelangen Machthabern in Ägypten, Libyen, dem Jemen und Tunesien nicht zu einer umfangreichen politischen Demokrati-

---

44 Vgl. für diesen Zeitraum den Klassiker von N. Ayubi: Politischer Islam.
45 Dafür steht exemplarisch die Analyse von N.J. Brown: When Victory is not an Option.

sierung und Liberalisierung in der MENA-Region geführt hat. Auch wenn Tunesien einen weitestgehend friedlichen Transformationsprozess vollzogen hat, der dennoch weiterhin innenpolitischen Konfliktstoff zwischen dem islamistischen und dem säkularen Lager in sich birgt, sitzt in Ägypten das Militär wieder ‚fest im Sattel' und die Muslimbruderschaft ist (erneut) aus dem politischen Prozess ausgeschlossen woden. Insofern müssen die institutionell partizipierenden Bewegungen des politischen Islam weiterhin vor allem unter den politischen Bedingungen autoritärer Regime operieren.

Zweitens bleibt es auch zukünftig unerlässlich, die Entwicklungen islamistischer Bewegungen vergleichend in den Blick zu nehmen.[46] Die Ergebnisse dieser Untersuchung, die sehr viel Wert darauf gelegt hat, die Genese der AKP aus dem islamistischen Milieu der Türkei heraus aufzuzeigen und dabei sowohl Kontinuitäten als auch Brüche identifizieren konnte, weisen diese vor allem als Typus einer sowohl organisatorisch als auch semantisch sehr weit fortgeschrittenen Bewegung des politischen Islam aus. Nicht ohne Grund stellt die AKP daher regelmäßig in Forschungsbeiträgen ein modellhaftes Beispiel für die institutionellen Beziehungen zwischen Politik, Religion und Militär für die MENA-Region dar.[47]

Nichtsdestotrotz ist es in Anbetracht der Expansion dschihadistischer Bewegungen in Nordafrika und der Levante *drittens* zwingend notwendig, Studien zum Verhältnis der beiden Extrempole des sunnitischen politischen Islam, den militant-dschihadistischen und den politisch-institutionellen Spielarten, durchzuführen und sicherheitspolitische Überlegungen nicht zu vernachlässigen.[48] Denn trotz der großen Bedeutung, der einer terminologisch fundierten Unterscheidung von verschiedenen Typen islamistischer Bewegungen zukommt, um eben einer regelmäßig auftretenden Dominanz von bestimmten Forschungsparadigmen oder verkürzten Darstellungen des Islamismus in den Massenmedien entgegenwirken zu können, dürfen die strukturellen und semantischen Verbindungen zwischen den einzelnen Ausprägungen des politischen Islam nicht übersehen werden. Es bleibt somit eine fordernde und bleibende Aufgabe für das Fach Politikwissenschaft, adäquate Analysen und Begriffe für eine möglichst realistische Einschät-

---

46 Dafür stehen exemplarisch Kapitel 1 und 8 von C. Rosefsky Wickham: The Muslim Brotherhood.
47 Vgl. R. Karadag: „Islam und Politik in der neuen Türkei", S. 351 und O. Göhsel: „Perceptions of the Turkish Model in Post-Revolutionary Tunisia".
48 Vgl. dazu exemplarisch das Vorgehen von B. Tibi: Political Islam, World Politics and Europe, Kapitel 8 und 9, der in seiner Studie das Wechselverhältnis beider Extrempole des sunnitischen Islamismus beleuchtet.

zung der politischen Performanz islamistischer Bewegungen bereitzustellen. Dies gilt zunächst hinsichtlich der Einschätzung, wie dauerhaft ihre friedliche Teilnahme an politischen Institutionen und Wahlen ist. Zusätzlich bleibt es weiterhin offen, wie stark islamistische Bewegungen Wahlerfolge zum Ausbau der eigenen Machtbasis nutzen, anstatt eine allgemeine Stärkung institutionell gestützter politischer Prozesse voranzutreiben.[49]

Im inhaltlichen und konzeptionellen Wechselspiel mit sowie in Ergänzung zu diesen Forschungssträngen basierte diese Untersuchung auf der Verwendung einer Systemtheorie der Politik im Anschluss an das Lebenswerk von Niklas Luhmann. Die eingangs dafür artikulierten Gründe waren empirischer und theoretischer Natur. Einerseits schien es mehr als adäquat, das transnationale Phänomen des Islamismus, dessen wissenschaftliche Erforschung und massenmediale sowie sicherheitspolitische Beobachtung merklich miteinander verschränkt waren, mit einer Theorie zu analysieren, die aufgrund ihres soziologischen Ursprungs sowohl weltgesellschaftlich als auch autologisch ausgerichtet ist. Andererseits sprachen die innerpolitikwissenschaftlichen Verständigungsversuche um die *Internationale Politische Theorie* sowie um das *Ende der Großen Debatten* insofern Bände, als dass es weiterhin zweckmäßig und gut begründbar bleibt, holistische Theorieansätze zur Analyse von empirischen Phänomenen zu verwenden und damit gewissermaßen gegen den ‚Trend' zur Nutzung *Theorien mittlerer Reichweite* zu schwimmen. Nicht nur die detaillierte Herleitung der luhmannschen Gesellschaftstheorie der Politik aus ihrem soziologischen und sytemtheoretischen Ursprungskontext heraus, sondern auch die intensive und extensive Einbeziehung der Kritik an ihr und derjenigen Arbeiten, die Luhmanns Theorieprojekt posthum fortsetz(t)en, zeigen, dass eine aktuelle Gesellschaftstheorie der Politik den starren systemtheoretischen Bezugsrahmen der 1970er und 1980er verlassen hat.[50] Sie besitzt somit das Potenzial, besser an den nicht-systemtheoretischen Diskurs der einzelnen sozialwissenschaftlichen Disziplinen angeschlossen zu werden. Diese Anschlussfähigkeit und der gewinnbringende Nutzen des luhmannschen Theorieprojekts gelten insbesondere aufgrund der vorgenommenen Einbeziehung der islamologischen Methode. Durch das analytische

---

49 Vgl. B. Tibi: The Shari'a-State, S. 155-163, der zur Evaluation der politischen Performanz institutionell agierender islamistischer Bewegungen zwischen den Begriffen *engagement*, d.h. ihrer politischen Einbindung, und *empowerment*, d.h. ihrer uneingeschränkten Machtübernahme, unterscheidet.

50 Vgl. im Kontrast dazu die m. E. überholte Einschätzung von I. Blühdorn: „An Offer One Might Prefer to Refuse" und die hervorragende Interpretation von H.-G. Moeller: The Radical Luhmann.

Instrumentarium des Wechselspiels von strukturellen Arrangements sowie semantischen Variationen wurde die stetige Re-Aktualisierung der Traditionsbestände des sunnitischen Islam herausgearbeitet und sowohl für die Fallanalysen als auch für die abschließenden terminologischen Überlegungen verwendet. Die Verbindung der umfangreichen Gesellschaftstheorie der Politik im Anschluss an Niklas Luhmann mit Bassam Tibis Islamologie zeigen auf exemplarische Weise auf, wie eine moderne, sozialwissenschaftliche Analyse und kritische Evaluation des modernen Islamismus und seiner Auswirkungen auf das weltpolitische System aussehen können, die nicht in dem Dualismus von *Okzident* und *Orient* verhaftet bleiben. Somit ermöglichte es die universalistische Theorieanlage Luhmanns, allgemeine Funktionsprinzipien und Operationsmechanismen des sunnitischen Islamismus unter dem Gesichtspunkt seiner weltgesellschaftlichen Einbettung, oder vor allem seiner weltpolitischen Einbettung, herauszuarbeiten.

Ebenfalls soll nicht unerwähnt bleiben, dass die kommunikationstheoretische und konstruktivistische Grundausrichtung der luhmannschen Theorie Spielraum dafür lässt, die vielfältigen Zuschreibungen, denen Phänomene wie der politische Islam in deutlicher Weise ausgesetzt sind, mitzureflektieren und die Bedeutung von Semantiken für die Entwicklung von Strukturen der Weltpolitik sowie des politischen Islam selbst zu analysieren. Eine Gesellschaftstheorie der Politik ist in dieser Hinsicht den konstruktivistischen und reflexiven Theorieansätzen in der Politischen Theorie und den Theorien der Internationalen Beziehungen zuzuordnen.[51] Es ist aufgezeigt worden, dass die methodologischen Prinzipien der luhmannschen Gesellschaftstheorie über vielfältige Anbindungsmöglichkeiten an die sozialwissenschaftliche Methodenlehre verfügen und schlussendlich auch eine systematisch angelegte, empirische Analyse zentraler Merkmale islamistischer Bewegungen ermöglichten. In dieser Hinsicht hat sich die Nutzung der Gesellschaftstheorie der Politik für eine Fallanalyse gelohnt und viel zu einer empirisch-orientierten Konkretisierung des sehr abstrakt angelegten Theorieapparats von Luhmann beigetragen. An dieser Stelle gilt es jedoch zu betonen, dass es weiter vonnöten bleibt, noch genauere Bezüge zwischen den am Anfang dieses Unterkapitels aufgeführten Forschungsbereichen und den theoretischen und empirischen Erkenntnissen dieser Untersuchung herzustellen. Dies ist notwendig, da der universaltheoretische Anspruch der luhmannschen Gesellschaftstheorie anderen Prinzipien der Theoriebildung folgt, als sie der ‚Standard' der sozialwissenschaftlichen Methodologie formuliert.[52] Diese Tatsache erfordert ein er-

---

51 Vgl. R. Martinsen: Spurensuche.
52 Vgl. die entsprechenden Ausführungen von H. Astleitner: Theorieentwicklung für SozialwissenschaftlerInnen und K.-D. Opp: Methodologie der Sozialwissenschaften.

höhtes Maß an Übertragungsarbeit der so gewonnenen Forschungsergebnisse, um diese für andere und durchaus gebräuchlichere Ansätze anschlussfähig und nutzbar zu machen. Letztlich lassen sich auch ausreichend Elemente einer Arbeitstechnik der Gesellschaftstheorie der Politik finden, die sowohl im Bereich des Ausbaus der Beobachtung 2. Ordnung liegen als auch die Erfahrungen aus den semantischen Teilanalysen dieser Arbeit weiterführen könnten. Die hier unternommenen Anstrengungen sind also dazu in der Lage, das Projekt einer weiteren ‚Methodisierung' der Politischen Theorie zu unterstützen.[53] Es sei jedoch davor gewarnt, zu glauben, dass das in diesem Sinne entwickelte Vorgehen einer semantischen und strukturellen Analyse grenzüberschreitender sozialer Phänomene methodisch und theorietechnisch schon so weit vorangeschritten wäre, um als eine eigenständige Lösung der in der Debatte um die *Internationale Politische Theorie* aufgeworfenen Problematiken gelten zu können.[54] Ein erster gewichtiger Schritt in diese Richtung ist getan, für einen weiteren Ausbau dieses Ansatzes sind jedoch noch weitere methodische Präzisierungen und theoretische Feinjustierungen nötig.

In Bezug auf das Phänomen des politischen Islam scheint sich abschließend eine Entwicklung verfestigt zu haben, die darin besteht, dass seine vielfältigen Bewegungen nicht linear in die Richtung des einen Extrempols, dem militanten Dschihadismus, oder des anderen, der politisch-institutionellen Partizipation, streben.[55] Vielmehr haben sich gerade im Hinblick auf die ursprünglichen Formierungsprozesse bei der Muslimbruderschaft in den 1930er und 1940er Jahren diese beiden Aspekte des Islamismus sowohl semantisch als auch organisatorisch stark voneinander getrennt weiterentwickelt. Dies soll nicht heißen, dass beide Bereiche keinen Einfluss mehr aufeinander hätten. Überlegungen zu einem Konkurrenzverhältnis beider Pole um ideologischen und politischen Einfluss, neue Mitglieder und Finanzierung bleiben von großer Bedeutung. Die jeweils eingesetzten semantischen Formen und organisatorischen Strukturen jedoch entfalten sich seit den 1980er Jahren (dem Beginn der politischen Partizipation der Muslimbruderschaft und der Entstehung der dschihadistischen Widerstandsnetzwerke im sogenannten afghanischen Dschihad) immer stärker getrennt voneinander. Auch wenn die Muslimbruderschaft derzeit komplett aus der Politik Ägyptens ausgeschlossen ist und es nicht abzuschätzen ist, ob und wie sie sich zukünftig organisieren und ideologisch präsentieren wird, versuchte sie sich von

---

53 Vgl. H. Zapf: Methoden der Politischen Theorie, S. 11-14.
54 Vgl. die Argumentation von O. Kessler: „Internationale Politische Theorie".
55 Vgl. noch einmal die Argumentation von B. Tibi: Political Islam, World Politics and Europe, Kapitel 8 und 9.

2011 bis 2013 weitestgehend als eine ‚normale' Partei mit einem modernen, islamisch geprägten Wahlprogramm zu etablieren und war bereit, die Regierungsgeschäfte Ägyptens zu übernehmen. Unabhängig von der in dieser Arbeit formulierten Kritik an ihrer politischen Performanz war diese Entwicklung nicht mehr mit der Ablehnung moderner Parteipolitik bei al-Banna und Qutb zu vergleichen. Die al-Qaida dagegen hat zwar mit bin Laden ihre dominante und weltweit sichtbare Führungsperson verloren und verfügt derzeit über keine global ausgerichtete politische Ideologie in der Nachfolge des zuvor anvisierten *globalen Dschihad* mehr. Ihr destruktives Erbe eines militanten Widerstandes gegen angebliche nicht-islamische politische Gebilde bleibt jedoch weiterhin virulent. Auch können die durch sie aufgebauten Ausbildungs-, Finanzierungs- und Rekrutierungsnetzwerke in zahlreichen Gebieten fehlender Staatlichkeit und regionaler Gewaltkonflikte allen sicherheitspolitischen Gegenmaßnahmen zum Trotz wieder reaktiviert und erneuert werden. Für die türkische AKP bedeuten diese Entwicklungen im sunnitischen politischen Islam, dass ihr als Regierungspartei einer aufstrebenden Regionalmacht der MENA-Region eine ganz besondere Bedeutung und eine ebenso große Verantwortung zukommt. Sie wird es nicht vermeiden können – und ihre selbst- und sendungsbewusste Führungsriege würde es auch kaum ablehnen – weiterhin, im Guten wie im Schlechten, ein wirkmächtiges Beispiel des Verhältnisses von Politik und Religion im politisch-institutionellen wie auch im individuell-privaten Bereich in der MENA-Region darzustellen.

Literaturverzeichnis

Abou-Taam, Marwan/Bigalke, Ruth: Die Reden des Osama bin Laden, Kreuzlingen und München: Heinrich Hugendubel Verlag 2006.

Adams, Julia/Clemens, Elisabeth S./Orloff, Ann Shola (Hg.): Remaking Modernity. Politics, History and Sociology, Durham und London: Duke University Press 2005.

Adanir, Fikret: Geschichte der Republik Türkei, Mannheim u.a.: BI-Taschenbuchverlag 1995.

Ahmed, Akbar S.: The Thistle and the Drone: How America's War on Terror Became a Global War on Tribal Islam, Washington D.C.: Brookings Institution Press 2013.

Ahrens, Johannes et al. (Hg.): Normativität. Über die Hintergründe sozialwissenschaftlicher Theoriebildung, Wiesbaden: VS Verlag 2011.

Ajami, Fouad: The Arab Predicament. Arab Political Thought and Practice Since 1967, Cambridge: Cambridge University Press 1981.

Akbulut, Hakan: „Zur Normalisierung in den zivil-militärischen Beziehungen in der Türkei", in: Leiße, Die Türkei im Wandel, S. 199–221.

AKP: Political Vision of AK Parti 2023. Politics, Society and the World (http://www.akparti.org.tr/english/akparti/2023-political-vision [letzter Zugriff am 08.02.2015]).

Aktay, Yasin: „The ‚Ends' of Islamism: Rethinking the Meaning of Islam and the Political", in: Insight Turkey 15, 1 (2013): S. 111–125.

Al-Awadi, Hesham: In Pursuit of Legitimacy. The Muslim Brothers and Mubarak, 1982-2000, London und New York: Tauris 2004.

al-Azm, Sadiq: „Orientalism and Orientalism in Reverse", in: Macfie, Orientalism, S. 217–238.

al-Banna, Hasan: „On Jihād", in: Wendell, Five Tracts of Ḥasan Al-Bannā (1906-1949), S. 133–161.

———: „Toward the Light", in: Euben/Zaman, Princeton Readings in Islamist Thought, S. 56–78.
Albert, Gert: „Moderater methodologischer Holismus. Eine weberianische Interpretation des Makro-Mikro-Makro-Modells", in: Kölner Zeitschrift für Soziologie und Sozialpsychologie 57, 3 (2005): S. 387–413.
Albert, Gert/Sigmund, Steffen (Hg.): Soziologische Theorie Kontrovers. Sonderheft der Kölner Zeitschrift für Soziologie und Sozialpsychologie 50/2010, Wiesbaden: VS Verlag 2011.
Albert, Mathias: Fallen der (Welt-)Ordnung. Internationale Beziehungen und ihre Theorien zwischen Moderne und Postmoderne, Opladen: Leske + Budrich 1996.
———: Zur Politik der Weltgesellschaft. Identität und Recht im Kontext internationaler Vergesellschaftung, Weilerswist: Velbrück Wissenschaft 2002.
———: „Modern Systems Theory and World Politics", in: Ders./Cederman, New Systems Theories of World Politics, S. 43–68.
———: „Observing World Politics: Luhmann's Systems Theory of Society and International Relations", in: Millenium 29, 2 (1999): S. 239–265.
———: „On the Modern Systems Theory of Society and IR. Contacts and Disjunctures Between Different Kinds of Theorizing", in: Ders./Hilkermeier, Observing International Relations, S. 13–29.
———: „Politik der Weltgesellschaft und Politik der Globalisierung: Überlegungen zur Emergenz von Weltstaatlichkeit", in: Heintz/Münch/Tyrell, Weltgesellschaft, S. 223–238.
———/Buzan, Barry: „Differentiation: A Sociological Approach to International Relations", in: European Journal of International Relations 16, 3 (2010): S. 315–337.
———/Cederman, Lars-Erik: „Systems Theorizing in IR", in: Dies./Wendt, New Systems Theories of World Politics, S. 3–22.
———/Cederman, Lars-Erik/Wendt, Alexander (Hg.): New Systems Theories of World Politics, Basingstoke: Palgrave Macmillan 2010.
———/Hilkermeier, Lena (Hg.): Observing International Relations. Niklas Luhmann and World Politics, London: Routledge 2004.
———/Jacobson, David Lapid, Yosef (Hg.): Identities, Borders, Orders. Rethinking International Relations Theory, Minneapolis und London: University of Minnesota Press 2001.
———/Stichweh, Rudolf (Hg.): Weltstaat und Weltstaatlichkeit. Beobachtungen globaler politischer Strukturbildung, 1. Aufl. Wiesbaden: VS Verlag 2007.
———/Hilkermeier, Lena: „Organizations in/ and World Society. A Theoretical Prolegomena", in: Dies., Observing International Relations, S. 177–195.

Albrecht, Holger/Demmelhuber, Thomas (Hg.): Revolution und Regimewandel in Ägypten, Baden-Baden: Nomos 2013.

———/Frankenberger, Rolf: „Die ‚dunkle Seite' der Macht: Stabilität und Wandel autoritärer Regime", in: Dies./Frech, Autoritäre Regime, S. 17–45.

———/Frankenberger, Rolf/Frech, Siegfried (Hg.): Autoritäre Regime. Herrschaftsmechanismen, Legitimationsstrategien, Persistenz und Wandel, Schwalbach/ Ts.: Wochenschau Verlag 2011.

Allawi, Ali A.: The Crisis of Islamic Civilization, New Haven und London: Yale University Press 2009.

Almond, Gabriel/Powell, Bingham (Hg.): Comparative Politics Today. A World View, 6. Aufl. New York: HarperCollins 1996.

al-Qaradawi, Yusuf: Erlaubtes und Verbotenes im Islam, München: SKD Bavaria 1989.

———: Islamic Awakening Between Rejection & Extremism, Herndon, Virgina: American Trust Publication and The International Institute of Islamic Thought 1991.

———: Islamic Law in the Modern World, Riyadh: King Faisal Center for Research and Islamic Studies 2000.

———: Non Muslims in the Islamic Society, Nachdruck. Sumars Zariá, Nigeria: S. Asehome & Co. 2001.

———: „Islam and Democracy", in: Euben/Zaman, Princeton Readings in Islamist Thought, S. 230–245.

al-Tamimi, Aymenn Jawad: „The Dawn of the Islamic State of Iraq and ash-Sham", in: Current Trends in Islamist Ideology 16 (2014): S. 5–15.

Amanat, Abbat/Griffel, Frank (Hg.): Shari'a. Islamic Law in the Contemporary Context, Stanford: Stanford University Press 2007.

Arin, Kubilay Yado: „The Obama and Erdoğan Administrations: From Model Partnership to Geopolitical Rivalry?", DOI-Kurzanalysen, Juni 2014 (http://www.deutsche-orient-stiftung.de/de/publikationen-de/wirtschaftsratgeber-saudi-arabien/doc_view/1162-the-obama-and-erdogan-administrations [letzter Zugriff am 08.02.2015]).

Art, Robert J.: „The United States and the Rise of China: Implications for the Long Haul", in: Political Science Quarterly 125, 2 (2010): S. 359–391.

Ashmawi, Muhammad Said: al-Islam al-Siyasi (Der Politische Islam), Kairo: Sina 1989.

Ashour, Omar: „Lions Tamed? An Inquiry into the Causes of De-Radicalization of Armed Islamist Movements: The Case of the Egyptian Islamic Group", Middle East Journal 61, 4 (2007): S. 596–625.

Asseburg, Muriel/Wimmen, Heiko: „Syrien im Bürgerkrieg. Externe Akteure und Interessen als Treiber des Konflikts", SWP Aktuell 68, November 2012 (http://www.swp-berlin.org/fileadmin/contents/products/aktuell/ 2012A68_ass_wmm.pdf [letzter Zugriff am 09.02.2015]).

Astleitner, Hermann: Theorieentwicklung für SozialwissenschaftlerInnen, Wien: Böhlau Verlag 2011.

Atwan, Abdel Bari: After bin Laden. Al-Qa'ida, The Next Generation, London: Saqi Books 2012.

Axiarlis, Evangelina: Political Islam and the Secular State in Turkey. Democracy, Reform and the Justice and Development Party, London und New York: I.B. Tauris 2014.

Aydiali, Ersel: „Ergenekon, New Pacts, and the Decline of the Turkish ‚Inner State'", in: Turkish Studies 12, 2 (2011): S. 227–239.

Aytürk, Ilker: „The Coming of an Ice-Age? Turkish-Israeli Relations Since 2002", in: Turkish Studies 12, 4 (2011): S. 675–687.

Ayubi, Nazih: Politischer Islam: Politik und Religion in der arabischen Welt, Freiburg im Breisgau: Herder Verlag 2002.

Azak, Umut: Islam and Secularism in Turkey. Kemalism, Religion and the Nation-State, London, New York: I.B. Tauris 2010.

Baecker, Dirk (Hg.): Probleme der Form. Frankfurt am Main: Suhrkamp 1993.

———: „Einleitung", in: ebd., S. 9–21.

Bailey, Kenneth D.: Sociology and the New Systems Theory. Toward a Theoretical Synthesis, Albany: State University of New York Press 1994.

Baker, Raymond William: Islam without Fear. Egypt and the New Islamists, Cambridge und London: Harvard University Press 2003.

Bale, Jeffrey: „Islamism and Totalitarianism", in: Totalitarian Movements and Political Religions 10, 2 (2009): S. 73–96.

Ballard, John R./Lamm, David W./Wood, John K.: From Kabul to Baghdad and Back. The U.S. at War in Afghanistan and Iraq, Annapolis: Naval Institute Press 2012.

Balzacq, Thierry: „The Three Faces of Securitization: Political Agency, Audience and Context", in: European Journal of International Relations 11, 2 (2005): S. 171–201.

Bammé, Arno: Science Wars. Von der akademischen zur postakademischen Wissenschaft, Frankfurt am Main: Campus Verlag 2004.

Bamyeh, Mohammed: „Ägyptische Zeitenwende", in: Blätter für deutsche und internationale Politik 56, 3 (2011): S. 41–46.

Baraldi, Claudio/Corsi, Giancarlo/Esposito, Elena: GLU. Glossar zu Niklas Luhmanns Theorie sozialer Systeme, 1. Aufl. Frankfurt am Main: Suhrkamp 1997.

Baran, Zeyno (Hg.): The Other Muslims. Moderate and Secular, New York: Palgrave Macmillan 2010.

Barry, Andrew/Born, Georgina/Weszkalyns, Gisa: „Logics of Interdisciplinarity", in: Economy and Society 37, 1 (2008): S. 20–49.

Barry, Buzan/Little, Richard: International Systems in World History. Remaking the Study of International Relations, Oxford: Oxford University Press 2001.

Bar, Shmuel/Minzili, Yair: „The Zawahiri Letter and the Strategy of Al-Qaeda", in: Current Trends in Islamist Ideology 3 (2006): S. 38–51.

Baumann, Rainer/Mayer, Peter/Zangl, Bernhard (Hg.): International Relations. The Great Debates, Cheltenham: Edward Elgar Publishing 2011.

Bayat, Asef: „Islamism and Social Movement Theory", in: Third World Quarterly 26, 6 (2005): S. 891–908.

———: Making Islam Democratic. Social Movements and the Post-Islamist Turn, Stanford: Stanford University Press 2007.

Beck, Ulrich (Hg.): Perspektiven der Weltgesellschaft, Frankfurt am Main: Suhrkamp 1998.

———: Was ist Globalisierung? Irrtümer des Globalismus - Antworten auf Globalisierung, Frankfurt am Main: Suhrkamp 1997.

Behr, Hartmut/Berger, Lars: „The Challenge of Talking about Terrorism: The EU and the Arab Debate on the Causes of Islamist Terrorism", in: Terrorism and Political Violence 21, 4 (2009): S. 539–557.

Benner Lombardi, Clark: „Islamic Law as a Source of Constitutional Law in Egypt: The Constitutionalization of the Sharia in a Modern Arab State", in: Columbian Journal of Transnational Law 37, 1 (1998): S. 81–123.

Bennett, Andrew: „Case Study: Methods and Analysis", in: Smelser/ Baltes, International Encyclopedia of the Social and Behavioral Sciences, Bd. 3, S. 1513–1519.

Bennett, Andrew/Elman, Colin: „Case Study Methods in the International Relations Subfield", in: Comparative Political Studies 40, 2 (2007): S. 170–195.

Bentley, Jerry H. (Hg.): The Oxford Handbook of World History, Oxford: Oxford University Press 2011.

Benz, Arthur: Der moderne Staat. Grundlagen der politologischen Analyse, München, Wien: Oldenbourg 2001.

Bergen, Peter L. Manhunt: The Ten-Year Search for Osama Bin Laden from 9/11 to Abbotabad, New York: Crown Publishers 2012.

———: The Longest War. The Enduring Conflict between America and al-Qaeda, New York: Free Press 2010.

———/Tiedemann, Katherine (Hg.): Talibanistan. Negotiating the Borders Between Terror, Politics, and Religion, Oxford und New York: Oxford University Press 2013.

Berger, Lars: „Der Islamismus in der wissenschaftlichen und politischen Debatte in den USA", in: Zeitschrift für Politikwissenschaft 12, 4 (2002): S. 1601–1620.

Berger, Lutz: Islamische Theologie, Wien: Facultas 2010.

Berger, Morroe: The Arab World Today, New York: Anchor Books 1964.

Bergesen, Albert (Hg.): Studies of the Modern World System, New York: Academic Press, 1980.

———: „From Utilitarianism to Globology: The Shift from the Individual to the World as a Whole as the Primordial Unit of Analysis", in: ebd., S. 1–12.

Bergesen, Albert J.: The Sayyid Qutb Reader. Selected Writings on Politics, Religion, and Society, New York und London: Routledge 2008.

Berkes, Niyazi: The Development of Secularism in Turkey, Montreal: McGill University Press 1964.

Berman, Paul: The Flight of the Intellectuals. The Controversy over Islamism and the Press, Brooklyn: Melville House Publishing 2011.

Bernauer, Thomas et al.: Einführung in die Politikwissenschaft, 1. Aufl. Baden-Baden: Nomos 2009.

Besier, Gerhard/Lübbe, Hermann (Hg.): Politische Religion und Religionspolitik. Zwischen Totalitarismus und Bürgerfreiheit, Göttingen: Vandenhoeck & Ruprecht, 2005.

Besio, Christina/Pronzini, Andrea: „Die Beobachtung von Theorien und Methoden. Eine Antwort auf A. Nassehi", in: Soziale Systeme 5, 2 (1999): S. 385–397.

Beyer, Peter: „Globalization and Religion", in: The Hedgehodge Review 4, 2 (2002): S. 7–20.

———: „Globalizing Systems, Global Cultural Models and Religion(s)", in: International Sociology 13, 1 (1998): S. 79–94.

———: „Religion as Communication in Niklas Luhmann's Die Religion der Gesellschaft", in: Soziale Systeme 7, 1 (2001): S. 46–55.

———: „The Modern Emergence of Religions and a Global Social System for Religion", in: International Sociology 13, 2 (1998): S. 151–172.

———: „The Religious System of Global Society: A Sociological Look at Contemporary Religion", in: Numen 45, 1 (1998): S. 1–29.

Beyme, Klaus von: Theorie der Politik im 20. Jahrhundert. Von der Moderne zur Postmoderne, Frankfurt am Main: Suhrkamp 1991.

———: „Der Staat des politischen Systems im Werk Niklas Luhmanns", in: Hellmann/Bruhns, Theorie der Politik, S. 131–148.

Bilge Criss, Nur: „Dismantling Turkey. The Will of the People?", in: Birol/Rubin, Islamization of Turkey under the AKP Rule, S. 43–56.

Binder, Leonard: Islamic Liberalism. A Critique of Development Ideologies, Chicago und London: The University of Chicago Press 1988.

——— (Hg.): The Study of the Middle East. Research and Scholarship in the Humanities and the Social Sciences, New York: John Wiley & Sons 1976.

———: „Area Studies: A Critical Reassassment", in: ebd., S. 1–28.

Bin Laden, Osama: „Declaration of War Against the Americans Occupying the Land of the Two Holy Places", in: Euben/Zaman, Princeton Readings in Islamist Thought, S. 436–459.

Black, Anthony: The History of Islamic Political Thought. From the Prophet to the Present, Edinburgh: Edinburgh University Press 2005.

Blaydes, Lisa: Elections und Distributive Politics in Mubarak's Egypt, Cambridge: Cambridge University Press 2011.

Bliesemann de Guevara, Berit/Kühn, Florian P.: Illusion Statebuilding. Warum sich der westliche Staat so schwer exportieren lässt, Hamburg: edition Körber-Stiftung 2010.

Blühdorn, Ingolfur: „An Offer One Might Prefer to Refuse: The Systems Theoretical Legacy of Niklas Luhmann", in: European Journal of Social Theory 3, 3 (2000): S. 339–354.

Bluhm, Harald (Hg.): Politische Ideengeschichte im 20. Jahrhundert. Konzepte und Kritik, Baden-Baden: Nomos 2006.

———: „Politische Ideengeschichte im 20. Jahrhundert. Einleitung", in: ebd., S. 9–30.

Böckenförde, Ernst-Wolfgang: „Die Entstehung des Staates als Vorgang der Säkularisation", in: Schrey, Säkularisierung, S. 67–89.

Bohnsack, Ralf/Marotzki, Winfried/Meuser, Michael (Hg.): Hauptbegriffe Qualitativer Sozialforschung, Opladen und Farmington Hills: Verlag Barbara Budrich 2006.

Bohnsack, Ralf/Nentwig-Gesemann, Iris: „Typenbildung", in: ebd., S. 162–166.

Bommes, Michael/Tacke, Veronika: „Netzwerke in der Gesellschaft der Gesellschaft. Funktionen und Folgen einer doppelten Begriffsverwendung", in: Soziale Systeme 13, 1+2 (2007): S. 9–20.

Bonacker, Thorsten/Weller, Christoph: Konflikte der Weltgesellschaft. Akteure-Strukturen-Dynamiken, Frankfurt am Main, New York: Campus Verlag 2006.

———: „Konflikte der Weltgesellschaft: aktuelle Theorie und Forschungsperspektiven", in: ebd., S. 9–48.
Bonney, Richard: Jihād. From Qur'ān to bin Laden, New York und Basingstoke: Palgrave Macmillan 2004.
Booth, Ken/Smith, Steve (Hg.): International Relations Theory Today, Cambridge: Polity Press 1995.
Boucher, David: Political Theories of International Relations, Oxford: Oxford University Press 1998.
Boukhars, Anouar: „Al-Qaeda's Resurgence in North Africa?", FRIDE Working Paper No. 120, August 2013 (http://fride.org/publication/1149/al-qaeda%E2%80%99s-resurgence-in-north-africa? [letzter Zugriff am 09.02.2015]).
Boyraz, Cemil: „The Justice and Development Party in Turkish Politics: Islam, Democracy and State", in: Turkish Studies 12, 1 (2011): S. 149–164.
Brachman, Jarett M.: Global Jihadism. Theory and Practice, London: Routledge 2009.
Brady, Henry E./Collier, David (Hg.): Rethinking Social Inquiry. Diverse Tools, Shared Standards, 2. Aufl. Lanham: Rowman and Littlefield Publishers Inc. 2010.
Bredow, Wilfried von: „Die Neuen Sicherheitsstudien zwischen Internationalen Beziehungen, Militärsoziologie und Friedens- und Konfliktforschung", in: Gerlach et al.: Politikwissenschaft in Deutschland, S. 413–434.
Brisard, Jean-Charles: Zarqawi. The New Face of Al-Qaeda, New York: Other Press 2005.
Brock, Ditmar et al.: Soziologische Paradigmen nach Talcott Parsons. Eine Einführung, Wiesbaden: VS Verlag 2009.
Brocker, Manfred/Künkler, Mirjam: „Religious Parties: Revisiting the Inclusion-Moderation Hypothesis - Introduction", in: Party Politics 19, 2 (2013): S. 171–186.
Browers, Michelle C.: Democracy and Civil Society in Arab Political Thought. Transcultural Possibilities, Syracuse: Syracuse University Press 2006.
———: Political Ideology in the Arab World. Accomodation and Transformation, Cambridge: Cambridge University Press 2009.
Brown, Chris: Sovereignty, Rights, and Justice. International Political Theory Today, Cambridge: Polity 2002.
Brown, Nathan J.: When Victory is not an Option. Islamist Movements in Arab Politics, Ithaca und London: Cornell University Press 2012.
———/Dunne, Michele: „Egypt's Judges Join In. The Crackdown on the Muslim Brotherhood Enters a New Phase", in: Foreign Affairs, 2. April 2014

http://www.foreignaffairs.com/articles/141088/nathan-j-brown-and-michele-dunne/egypts-judges-join-in [letzter Zugriff am 09.02.2015]).

Brozus, Lars/Roll, Stephan: „EU-Beobachter unterstützen Ägyptens unfreie Präsidentschaftswahl", in: ZEIT Online, 1. Juni 2014 (http://www.zeit.de/politik/ausland/2014-05/aegypten-wahl-eu-beobachter [letzter Zugriff am 09.02.2015])

Buchmann, M.: „Emergent Properties", in: Smelser/Baltes, International Encyclopedia of the Social & Behavioral Sciences, Bd. 7: S. 4424–4428.

Bull, Hedley: The Anarchical Society. A Study of Order in World Politics, London: Macmillan 1977.

———/Watson, Adam (Hg.): The Expansion of International Society, Oxford: Clarendon Press 1984.

Burgat, Francois: Islamism in the Shadow of Al-Qaeda, Austin: University of Texas Press 2008.

Burhanettin, Duran: „Understanding AK Party's Identity Politics: Civilizational Discourse and its Limitations", in: Insight Turkey 15, 1 (2013): S. 91–109.

Buzan, Barry: From International to World Society? English School Theory and the Social Structure of Globalization, Cambridge: Cambridge University Press 2004.

———/Hansen, Lene: The Evolution of International Security Studies, Cambridge: Cambridge University Press 2009.

———/Little, Richard: „The Idea of ‚International System'. Theory Meets History", in: International Political Science Review 15, 3 (1994): S. 231–255.

Caeiro, Alexandre/al-Saify, Mahmoud: „Qaraḍāwī in Europe, Europe in Qaraḍāwī? The Global Mufti's European Politics", in: Gräf/Skorgaard-Petersen, Global Mufti, S. 109–148.

Cagaptay, Soner: Islam, Secularism, and Nationalism in Modern Turkey. Who is a Turk?, New York: Routledge 2006.

Cagaptay, Soner/F. Jeffrey, James: „Turkey's 2014 Political Transition. From Erdogan to Erdogan?", Policy Notes No. 17. The Washington Institute for Near East Policy, Januar 2014 (http://www.washingtoninstitute.org/uploads/Documents/pubs/PolicyNote17_CagaptayJeffrey_2.pdf [letzter Zugriff am 09.02.2015]).

Cagliyan-Icener, Zeyneb: „The Justice and Development Party's Conception of ‚Conservative Democracy': Invention or Reinterpretation", in: Turkish Studies 10, 4 (2009): S. 595–612.

Calder, Norman: „LAW. Legal Thought and Jurisprudence", in: Esposito, The Oxford Encyclopedia of the Modern Islamic World, Bd. 2: S. 450–456.

Calvert, John: Islamism. A Documentary and Reference Guide, Westport, Conneticut und London: Greenwood Press 2008.

———: Sayyid Qutb and the Origins of Radical Islamism, London: Hurst 2010.

Carkoglu, Ali/Kalaycioglu, Esin: The Rising Tide of Conservatism in Turkey, New York: Palgrave Macmillan 2009.

Castro Varela, Maria do Mar/Dhawan, Nikita: Postkoloniale Theorie. Eine kritische Einführung, Bielefeld: transcript Verlag 2005.

Chakrabarty, Dipesh: Europa als Provinz. Perspektiven postkolonialer Geschichtsschreibung, Frankfurt am Main, New York: Campus Verlag 2010.

Chernilo, Daniel: A Social Theory of the Nation-State: the Political Forms of Modernity Beyond Methodological Nationalism, London: Routledge 2007.

———: „Social Theory's Methodological Nationalism: Myth and Reality", in: European Journal of Social Theory 9, 1 (2006): S. 5–22.

Cinar, Menderes/Sayin, Cakgan: „Reproducing the Paradigm of Democracy in Turkey: Parochial Democratization in the Decade of Justice and Development Party", in: Turkish Studies 15, 3 (2014): S. 365–385.

Coll, Steve: Ghost Wars. The Secret History of the CIA, Afghanistan, and bin Laden, from the Soviet Invasion to September 10, 2001, New York: Penguin Books 2004.

Conrad, Sebastian/Eckert, Andreas/Freitag, Ulrike (Hg.): Globalgeschichte. Theorien, Ansätze, Themen, Frankfurt am Main, New York: Campus Verlag 2007.

Cook, David: Understanding Jihad, Berkeley und Los Angeles: University of California Press 2005.

———: „Islamism and Jihadism: The Transformation of Classical Notions of Jihad into an Ideology of Terrorism", in: Totalitarian Movements and Political Religions 10, 2 (2009): S. 177–187.

Cook, Steven A.: The Struggle for Egypt. From Nasser to Tahrir Square, Oxford und New York: Oxford University Press 2012.

———: „The Banality of Abdel Fattah al-Sisi. The Strongman in Historical Perspective", in: Foreign Affairs, 8. Juni 2014 (http://www.foreignaffairs.com/articles/141551/steven-a-cook/the-banality-of-abdel-fattah-al-sisi [letzter Zugriff am 09.02.2015]).

Cooley, John K.: Unholy Wars. Afghanistan, America and International Terrorism, 2. Aufl. London u.a.: Pluto Press 2000.

Cornell, Svante E.: „What Drives Turkish Foreign Policy?", in: Middle East Quarterly 19, 1 (2012): S. 13–24.

Coronil, F.: „Occidentalism", in: Smelser/Baltes, International Encyclopedia of the Social & Behavioral Sciences, Bd. 16: S. 10822–10826.

Coulson, N. J.: A History of Islamic Law, Edinburgh: Edinburgh University Press 1964.
Crone, Patricia: God's Rule. Government and Islam, New York: Columbia University Press 2004.
Crouch, Colin: Postdemokratie, Frankfurt am Main: Suhrkamp 2008.
Czerwick, Edwin: Politik als System. Eine Einführung in die Systemtheorie der Politik, München: Oldenbourg 2011.
―――: Systemtheorie der Demokratie. Begriffe und Strukturen im Werk Luhmanns, Wiesbaden: VS Verlag 2008.
Daase, Christopher: „Theorie der Internationalen Beziehungen", in: Gerlach et al., Politikwissenschaft in Deutschland, S. 317–338.
―――/Junk, Julian: „Problemorientierung und Methodenpluralismus in den IB", in: Zeitschrift für Internationale Beziehungen 18, 2 (2011): S. 123–136.
Dallmayer, Fred: The Promise of Democracy. Political Agency and Transformation, Albany: State University of New York Press 2010.
Deitelhoff, Nicole: „Parallele Universen oder Verschmelzung der Horizonte?", in: Zeitschrift für Internationale Beziehungen 17, 2 (2010): S. 279–292.
Deitelhoff, Nicole/Steffek, Jens (Hg.): Was bleibt vom Staat? Demokratie, Recht und Verfassung im globalen Zeitalter, Frankfurt am Main, New York: Campus Verlag 2009.
―――: „Einleitung: Staatlichkeit ohne Staat?", in: ebd., S. 7–34.
Deitelhoff, Nicole/Wolf, Klaus Dieter: „Der widerspenstigen Selbst-Zähmung? Zur Professionalisierung der Internationalen Beziehungen in Deutschland", in: Politische Vierteljahreszeitschrift 50, 3 (2009): S. 451–475.
DeLong-Bas, Natana: Wahhabi Islam. From Revial and Reform to Global Jihad, Oxford: Oxford University Press 2004.
Demirtas-Bagdonas, Özlem: „Reading Turkey's Foreign Policy on Syria: The AKP's Construction of a Great Power Identity and the Politics of Grandeur", in: Turkish Studies 15, 1 (2014): S. 139–155.
Demmelhuber, Thomas: „Kann ein Putsch demokratisch sein? Normativer Etikettenschwindel in Ägypten?", in: Zeitschrift für Politik 61, 1 (2014): S. 42–60.
Dharif, Mohammed: al-Islam al-Siyasa fi al-Watan al-Arabi (Der politische Islam in der arabischen Welt), Casablanca: Maktabab al-Umma 1992.
Diamond, Larry (Hg.): Islam and Democracy in the Middle East, Baltimore: Johns Hopkins University Press 2003.
Dingwerth, Klaus/Pattberg, Philipp: „Was ist Global Governance?", in: Leviathan 34, 3 (2006): S. 377–400.

Doran, Michael/McCants/William/Watts, Clint: „The Good and Bad of Ahrar al-Sham. An al Qaeda-Linked Group Worth Befriending", in: Foreign Affairs, 23. Januar 2014 (http://www.foreignaffairs.com/articles/140680/michael-doran-william-mccants-and-clint-watts/the-good-and-bad-of-ahrar-al-sham [letzter Zugriff am 09.02.2015]).

Duran, Burhanettin: „The Experience of Turkish Islamism: Between Transformation and Impoverishment", in: Journal of Balkan and Near Eastern Studies 12, 1 (2010): S. 5–22.

Ehteshami, Anoushivavan/Elik, Süleyman: „Turkey's Growing Relations with Iran and Arab Middle East", in: Turkish Studies 12, 4 (2011): S. 643–662.

El Difraoui, Asiem: „Politisierter Salafismus in Ägypten. Neue Möglichkeiten zur dauerhaften Einbindung in demokratische Prozesse", SWP-Aktuell 61, 2012 (http://www.swp-berlin.org/fileadmin/contents/products/aktuell/2012A61_dfr.pdf [letzter Zugriff am 09.02.2015]).

El-Ghobashy, Mona: „The Metamorphosis of the Egyptian Muslim Brothers", in: International Journal of Middle East Studies 37, 3 (2005): S. 373–395.

Emmerson, Donald K.: „Inclusive Islamism: The Utility of Diversity", in: Martin/Barzegar: Islamism, S. 17–32.

Enayat, Hamid: Modern Islamic Political Thought. The Response of the Shi'i and Sunni Muslims to the Twentieth Century, London und New York: Tauris 2005.

Ende, Werner/Steinbach, Udo (Hg.): Der Islam in der Gegenwart, Bonn: Lizenzausgabe für die Bundeszentrale für politische Bildung 2005.

Engle, Eric: Ideas in Conflict. International Law and the Global Law on Terror, The Hague: Eleven International Publishing 2013.

Enzmann, Birgit: „Moderne Politische Theorie", in: Gerlach et al., Politikwissenschaft in Deutschland, S. 517–535.

Ernst, Carl W./Martin, Richard C. (Hg.): Rethinking Islamic Studies. From Orientalism to Cosmopolitanism, Columbia: University of South Carolina Press 2010.

———: „Introduction: Toward a Post-Orientalist Approach to Islamic Studies", in: ebd., S. 1–19.

Esposito, John (Hg.): The Oxford Encyclopedia of the Modern Islamic World, 4 Bde. New York: Oxford University Press 1995.

———:„The Future of Islam and U.S.-Muslim Relations", in: Political Science Quarterly 126, 3 (2011): S. 365–401.

———/Donohue, John J. (Hg.): Islam in Transition. Muslim Perspectives, 2. Aufl. New York: Oxford University Press 2007.

Esposito, John L./Yavuz, Hakan (Hg.): Turkish Islam and the Secular State. The Gülen Movement, Syracuse, New York: Syracuse University Press 2003.

Esser, Hartmut: Soziologie. Spezielle Grundlagen. Band 1: Situationslogik und Handeln, Frankfurt am Main und New York: Campus Verlag 1999.

———: Soziologie. Spezielle Grundlagen. Band 2: Die Konstruktion der Gesellschaft, Frankfurt am Main, New York: Campus Verlag 2000.

Essmark, Anders: „Systems and Sovereignty. A Systems Theoretical Look at the Transformation of Sovereignty", in: Albert/Hilkemeier, Observing International Relations, S. 121–141.

Etzrodt, Christian: Sozialwissenschaftliche Handlungstheorien. Eine Einführung, Konstanz: UVK 2003.

Euben, Roxanne L./Zaman, Muhammad Qasim (Hg.): Princeton Readings in Islamist Thought. Texts and Contexts from al-Banna to Bin Laden, Princeton und Oxford: Princeton University Press 2009.

Evans, Martin/Phillips, John: Algeria. Anger of the Dispossessed, New Haven und London: Yale University Press 2007.

Evans, Peter B./Rueschemeyer, Dietrich/Skocpol, Theda (Hg.): Bringing the State Back in, Cambridge: Cambridge University Press 1989.

Falk, Richard: „Revisiting Westphalia, Discovering Post-Westphalia", in: The Journal of Ethics 6, 4 (2002): S. 311–352.

Farral, Leah: „How al Qaeda Works. What the Organization's Subsidiaries Say About Its Strength", in: Foreign Affairs 90, 2 (2011): S. 128–139.

Farzin, Sina: Inklusion/Exklusion. Entwicklungen und Probleme einer systemtheoretischen Unterscheidung, Bielefeld: transcript Verlag 2006.

Fawcett, Louise (Hg.): International Relations of the Middle East, Oxford: Oxford University Press 2005.

Fetscher, Iring/Münkler, Herfried (Hg.): Pipers Handbuch der politischen Ideen, 5 Bde. München: Piper Verlag 1985-1993.

Feyerabend, Paul: Wider den Methodenzwang. Skizze einer anarchistischen Erkenntnistheorie, Frankfurt am Main: Suhrkamp 1976.

Filali-Ansary, Abdou: „The Sources of Enlightened Muslim Thought", in: Diamond/Plattner/Brumberg, Islam and Democracy in the Middle East, S. 237–252.

Fischer, Hans-Rudi (Hg.): Autopoiesis. Eine Theorie im Brennpunkt ihrer Kritik, 2. Aufl. Heidelberg: Carl-Auer-Systeme Verlag 1993.

———: „Murphys Geist oder die glücklich abhanden gekommene Welt. Zur Einführung in die Theorie autopoietischer Systeme", in: ebd., S. 9–37.

Fischer-Lescano, Andreas: „Luhmanns Staat und der transnationale Konstitutionalismus", in: Neves/Voigt, Die Staaten der Weltgesellschaft, S. 99–113.

Fisching, Horst: „Ist der Begriff ‚Gesellschaft' theoretisch haltbar? Zur Problematik des Gesellschaftsbegriffs in Niklas Luhmanns ‚Die Gesellschaft der Gesellschaft'", in: Soziale Systeme 4, 1 (1998): S. 161–173.
Foerster, Heinz von: Observing Systems, Seaside, CA: Intersystems 1981.
Fortner, Robert S./Fackler, P. Mark (Hg.): The Handbook of Global Communicatuion and Media Ethics, 2 Bde. Malden: Wiley-Blackwell 2011.
Fox, R. G.: „Orientalism", in: Smelser/Baltes, International Encyclopedia of the Social & Behavioral Sciences, Bd. 16: S. 10976–10978.
Freeden, Michael: Ideologies and Political Theory. A Conceptual Approach, Oxford: Clarendon Press, 2008.
Freedom and Justice Party: Election Program. Parliamentary Elections 2011 (http://www.fjponline.com/uploads/FJPprogram.pdf [letzter Zugriff am 09.02.2015]).
Fuchs, Christian: „The Self-Organization of Social Movements", in: Systemic Practice and Action Research 19, 1 (2006): S. 101–137.
Fukuyama, Francis: State Building. Governance and World Order in the Twenty-First Century, London: Profile Books Ltd 2005.
Füllsack, Manfred: „Geltungsansprüche und Beobachtungen zweiter Ordnung. Wie nahe kommen sich Diskurs- und Systemtheorie?", in: Soziale Systeme 4, 1 (1998): S. 185–198.
Gaiser, Anne Carolin: Das Potential und Design von Universaltheorien, München: Online Publikation der Dissertationsschrift 2004.
Genschel, Philipp/Zangl, Bernhard: „Die Zerfaserung von Staatlichkeit und die Zentralität des Staates", in: Aus Politik und Zeitgeschichte, 20–21 (2007): S. 10–16.
Gentile, Emilio: Politics as Religion, Princeton NJ: Princeton University Press 2006.
–––: „Political Religion: A Concept and its Critics - A Critical Survey", in: Totalitarian Movements and Political Religions 6, 1 (2005): S. 19–32.
George, Alexander L./Bennett, Andrew: Case Studies and Theory Development in the Social Sciences, Cambridge MA: MIT Press 2005.
Gerhardt, Volker et al. (Hg.): Politisches Denken. Jahrbuch 2012, Berlin: Duncker & Humblot 2012.
Gering, John: Case Study Research. Principles and Practices, Cambridge u.a.: Cambridge University Press 2007.
–––: Social Science Methodology. A Critical Framework, Cambridge u.a.: Cambridge University Press 2001.

―――: „What Makes a Concept Good? A Criterial Framework for Understanding Concept Formation in the Social Sciences", in: Polity 31, 3 (1999): S. 357-393.

Gerlach, Irene et al. (Hg.): Politikwissenschaft in Deutschland, Baden-Baden: Nomos 2010.

―――: „Einleitung", in: ebd., S. 7-31.

Ghanem, Asad/Mustafa, Mohamad: „Strategies of Electoral Participation by Islamic Movements: The Muslim Brotherhood and Parliamentary Elections in Egypt and Jordan, November 2010", in: Contemporary Politics 17, 4 (2011): S. 393-409.

Giegel, Hans-Joachim/Schimank, Uwe (Hg.): Beobachter der Moderne. Beiträge zu Niklas Luhmanns »Die Gesellschaft der Gesellschaft«, Frankfurt am Main: Suhrkamp 2003.

Gieler, Wolfgang: „Die Neuorientierung der türkischen Außenpolitik zwischen ‚Neo-Osmanismus und regionalem Führungsanspruch' - Eine Bestandsaufnahme", in: Leiße, Die Türkei im Wandel, S. 37-54.

Göbel, Andreas: „Verstehen und Erklären bei Niklas Luhmann", in: Greshoff/Kneer/Schneider, Verstehen und Erklären, S. 445-473.

―――: „Zwischen operativem Konstruktivismus und Differenzierungstheorie. Zum Gesellschaftsbegriff der soziologischen Systemtheorie", in: Soziale Systeme 12, 2 (2006): S. 311-327.

Göbel, Markus/Schmidt, Johannes F.K.: „Inklusion/Exklusion: Karriere, Probleme und Differenzierungen eines systemtheoretischen Begriffspaares", in: Soziale Systeme 4, 1 (1998): S. 87-117.

Göhler, Gerhard/Iser, Mathias/Kerner, Ina: „Entwicklungslinien der Politischen Theorie in Deutschland seit 1945", in: Politische Vierteljahreszeitschrift 50, 3 (2009): S. 372-407.

Göhsel, Oguzhan: „Perceptions of the Turkish Model in Post-Revolutionary Tunisia", in: Turkish Studies 15, 3 (2014): S. 476-495.

Göle, Nilufer: „Gezi - Anatomy of a Public Square Movement", in: Insight Turkey 15, 3 (2013): S. 7-14.

Gräf, Bettina/Skorgaard-Petersen, Jakob (Hg.): Global Mufti. The Phenomenon of Yūsuf al Qaraḍāwī, London: Hurst & Company 2009.

―――: „Introduction", in: ebd., S. 1-15.

Gräf, Bettina: „The Concept of Wasaṭiyya in the Work of Yūsuf al Qaraḍāwī", in: ebd., S. 213-238.

Greshoff, Rainer: „Ohne Akteure geht es nicht! Oder: Warum die Fundamente der Luhmannschen Sozialtheorie nicht tragen", in: Zeitschrift für Soziologie 37, 6 (2008): S. 450-469.

Greshoff, Rainer/Kneer, Georg/Schneider, Wolfgang Ludwig (Hg.): Verstehen und Erklären. Sozial- und kulturwissenschaftliche Perspektiven, München: Wilhelm Fink Verlag 2008:

———: „Die ‚Verstehen-Erklären-Kontroverse' als Debatte um die methodischen Grundlagen der Sozial- und Kulturwissenschaften", in: ebd., S. 7–11.

Greve, Jens/Heintz, Bettina: „Die ‚Entdeckung' der Weltgesellschaft. Entstehung und Grenzen der Weltgesellschaftstheorie", in: Heintz/Münch/Tyrell, Weltgesellschaft, S. 89–119.

Greve, Jens/Schnabel, Annette (Hg.): Emergenz. Zur Analyse und Erklärung komplexer Strukturen, Berlin: Suhrkamp 2011.

———: „Einleitung", in: ebd., S. 7–33.

———/Schützeichel, Rainer (Hg.): Das Mikro-Makro-Mikro-Modell der soziologischen Erklärung. Zur Ontologie, Methodologie und Metatheorie eines Forschungsprogramms, 1. Aufl. Wiesbaden: VS Verlag 2008.

Griffel, Frank: „Introduction", in: Amanat/Griffel, Shari'a, S. 1–19.

Gumuscu, Sebnem/Sert, Deniz: „The March 2009 Local Elections and the Inconsistent Democratic Transformation of the AKP Party in Turkey", in: Middle East Critique 19, 1 (2010): S. 55–70.

Gunaratna, Rohan: Inside Al Qaeda. Global Network of Terror, London: Hurst & Company 2002.

Guzansky, Joel/Beti, Benedetta: „Is the New Middle East Stuck in Its Sectarian Past? The Unspoken Dimension of the ‚Arab Spring'", in: Orbis: A Quarterly Journal of World Affairs 57, 1 (2013): S. 135–151.

Guzzini, Stefano: „Constructivism and International Relations. An Analysis of Luhmann's Conceptualization of Power", in: Albert/Hilkermeier, Observing International Relations, S. 208–222.

———: „Securitization as a Causal Mechanism", in: Security Dialogue 42, 4–5 (2011): S. 329–341.

Habermas, Jürgen/Luhmann, Niklas: Theorie der Gesellschaft oder Sozialtechnologie - Was leistet die Sozialforschung?, Frankfurt am Main: Suhrkamp 1982.

Haim, Sylvia G.: Arab Nationalism. An Anthology, Berkeley und Los Angeles: University of California Press 1976.

Hale, William/Özbudun, Ergun: Islamism, Democracy and Liberalism in Turkey. The Case of the AKP, London und New York: Routledge 2010.

Halfmann, Jost: „Nationalstaat und Recht der Weltgesellschaft", in: Rechtstheorie 39, 2 (2009): S. 279–300.

Hall, J. R.: „Qualitative Methods, History of", in: Smelser/Baltes, International Encyclopedia of the Social & Behavioral Sciences, Bd. 18: S. 12613–12617.

Hanafi, Hasan: Al-Usuliyya al-Islamiyya (Islamischer Fundamentalismus), Kairo: Madbuli 1989.

Harnisch, Chris/Mecham, Quinn: „Democratic Ideology in Islamist Opposition? The Muslim Brotherhood's ‚Civil State'", in: Middle Eastern Studies 45, 2 (2009): S. 189–205.

Harris, Allistair: „The Uncertainties of Change. The Arab Spring and al-Qa'ida in the Arabian Peninsula", in: The RUSI Journal 156, 4 (2011): S. 72–79.

Harrison, Lawrence E./Berger, Peter (Hg.): Developing Cultures. Case Studies, New York, London: Routledge 2006.

Harrison, Lawrence E./Kagan, Jerome (Hg.): Developing Cultures. Essays on Cultural Change, New York, London: Routledge 2006.

Harste, Gorm: „Society's War. The Evolution of a Self-Referential Military System", in: Albert/Hilkermeier, Observing International Relations, S. 157–176.

Hasche, Thorsten: Staat und Staatensystem in den Internationalen Beziehungen. Mit der Englischen Schule zu einem besseren Verständnis?, Göttingen: Optimus Verlag 2010.

———: „Neuer Disziplinenkitt?", in: WeltTrends, 75 (2010): S. 123–124.

———: „Politischer Frühling? Ägypten am Scheideweg", in: WeltTrends, 83 (2012): S. 65–73.

———: „Was von den Protesten übrigblieb. Folgen und Grenzen der Revolte auf dem Tahrir-Platz", in: INDES - Zeitschrift für Politik und Gesellschaft, 3 (2012): S. 87–93.

Hasenclever, Andreas: „Liberale Ansätze zum ‚demokratischen Frieden'", in: Schieder/Spindler, Theorien der Internationalen Beziehungen, S. 213–241.

Hasse, Raimund/Krücken, Georg: „Der Stellenwert von Organisationen in Theorien der Weltgesellschaft. Eine kritische Weiterentwicklung systemtheoretischer und neo-institutionalistischer Forschungsperspektiven", in: Heintz/Münch/Tyrell, Weltgesellschaft, S. 186–203.

Haus, Michael: „Governance-Theorien und Governance-Probleme: Diesseits und jenseits des Steuerungsparadigmas", in: Politische Vierteljahreszeitschrift 51, 3 (2010): S. 457–479.

Hayoz, Nicolas: „Regionale >>organisierte Gesellschaften<< und ihre Schwierigkeiten mit der Realität der funktionalen Differenzierung", in: Soziale Systeme 13, 1+2 (2007): S. 160–172.

Heintz, Bettina: „Emergenz und Reduktion. Neue Perspektiven auf das Mikro-Makro-Problem", in: Kölner Zeitschrift für Soziologie und Sozialpsychologie 36, 1 (2004): S. 1–31.

———: „Soziale und funktionale Differenzierung. Überlegungen zu einer Interaktionstheorie der Weltgesellschaft", in: Soziale Systeme 13, 1+2 (2007): S. 343–356.

Heintz, Bettina/Münch, Richard/Tyrell, Hartmann (Hg.): Weltgesellschaft. Theoretische Zugänge und empirische Problemlagen, Stuttgart: Lucius & Lucius 2005.

Hellmann, Gunther/Wolf, Klaus-Dieter/Zürn, Michael (Hg.): Die neuen Internationalen Beziehungen. Forschungsstand und Perspektiven in Deutschland, Baden-Baden: Nomos 2003.

Hellmann, Kai-Uwe/Fischer, Karsten/Bluhm, Harald (Hg.): Das System der Politik. Niklas Luhmanns politische Theorie, Wiesbaden: Westdeutscher Verlag 2003.

Hellmann, Kai-Uwe/Schmalz-Bruns, Rainer (Hg.): Theorie der Politik. Niklas Luhmanns politische Soziologie, Frankfurt am Main: Suhrkamp 2002.

Hellmann, Kai-Uwe: „Einleitung", in: ebd., S. 11–37.

Hennig, Boris: „Luhmann und die formale Mathematik", in: Merz-Benz/Wagner, Die Logik der Systeme, S. 157–223.

Herf, Jeffrey: Nazi Propaganda for the Arab World, New Haven und London: Yale University Press 2009.

Hobson, John M.: The State and International Relations, Cambridge u.a.: Cambridge University Press 2000.

Hodgson, Marshall G.S.: The Venture of Islam. Conscience and History in a World Civilization, 3 Bde. Chicago: University of Chicago Press 1974.

Hoigilt, Jacob: Islamist Rhetoric. Language and Culture in Contemporary Egypt, London und New York: Routledge 2011.

Holloway, David: 9/11 and the War on Terror, Edinburgh: Edinburgh University Press 2008.

Holzer, Boris: „Wie >>modern<< ist die Weltgesellschaft? Funktionale Differenzierung und ihre Alternativen", in: Soziale Systeme 13, 1+2 (2007): S. 357–368.

———/Schmidt, Johannes F.K.: „Theorie der Netzwerke oder Netzwerk-Theorie?", in: Soziale Systeme 15, 2 (2009): S. 227–242.

Holzinger, Markus: „Ist die Weltgesellschaft funktional differenziert? Niklas Luhmanns Staatskonzept im Spiegel parastaatlicher Gewalt und informeller Staatlichkeit", in: Gerhardt et al., Politisches Denken, S. 201–231.

Holz, Klaus: „Funktionale und segmentäre Differenzierung der Politik. Zur Gesellschaftstheorie der Staatsbürgerschaft", in: Zeitschrift für Rechtssoziologie 22, 1 (2001): S. 53–78.

———: „Politik und Staat. Differenzierungstheoretische Probleme in Niklas Luhmanns Theorie des politischen Systems", in: Hellmann/Fischer/Bluhm, Das System der Politik, S. 34–48.

Huckabey, Jessica M.: „Al Qaeda in Mali: The Defection Connections", in: Orbis: A Quarterly Journal of World Affairs 57, 3 (2013): S. 467–484.

Hudson, Michael: Arab Politics. The Search for Legitimacy, New Haven: Yale University Press 1977.

Hunter, Shireen T. (Hg.): The Politics of Islamic Revivalism, Bloomington und Indianapolis: Indiana University Press 1988.

Huntington, Samuel P.: The Third Wave. Democratization in the Late Twentieth Century, Norman: University of Oklahoma Press 1993.

Husain, Syed: „SHI'I ISLAM. Historical Overview", in: Esposito, The Oxford Encyclopedia of the Modern Islamic World, Bd. 2: S. 55–60.

Ikenberry, G. John: „Rise of China and the Future of the West. Can the Liberal System Survive?", in: Foreign Affairs 87, 1 (2008): S. 23–37.

Inglehart, Ronald/Welzel, Christian: Modernization, Cultural Change and Democracy. The Human Development Sequence, Cambridge: Cambridge University Press 2005.

Iskander Monier, Elizabeth/Ranko, Annette: „The Fall of the Muslim Brotherhood", in: Middle East Policy 20, 4 (2013): S. 111–123.

Ismayr, Wolfgang (Hg.): Die politischen Systeme Osteuropas, 2. Aufl. Wiesbaden: VS Verlag 2006.

Jackson, Robert: Sovereignty. Evolution of an Idea, Cambridge: Polity 2007.

Jackson, Roy: Mawlana Mawdudi and Political Islam. Authority and the Islamic State, London und New York: Routledge 2011.

Jacobs, Jerry A./Frickel, Scott: „Interdisciplinarity: A Critical Assessment", in: Annual Review of Sociology 35 (2009): S. 43–66.

Jäger, Thomas (Hg.): Die Welt nach 9/11. Auswirkungen auf Staatenwelt und Gesellschaft, Wiesbaden: VS Verlag 2011.

Japp, Klaus: „Politische Akteure", in: Soziale Systeme 12, 2 (2006): S. 222–247.

———: „Terrorismus als Konfliktsystem", in: Soziale Systeme 12, 1 (2006): S. 6–32.

———: „Zur Soziologie des fundamentalistischen Terrorismus", in: Soziale Systeme 9, 1 (2003): S. 54–87.

Jarvie, Ian C./Zamora-Bonilla, Jesús (Hg.): The SAGE Handbook of The Philosophy of Social Sciences, London: SAGE Publications 2011.

Jarvis, Lee: Times of Terror. Discourse, Temporality and the War on Terror, Basingstoke: Palgrave Macmillan 2009.

Jesse, Eckhard (Hg.): Renaissance des Staates?, Baden-Baden: Nomos 2011.

———/Thieme, Tom: „Diktatur- und Extremismusforschung", in: Gerlach et al., Politikwissenschaft in Deutschland, S. 291–314.

Joas, Hans/Knöbl, Wolfgang: Sozialtheorie. Zwanzig einführende Vorlesungen, Frankfurt am Main: Suhrkamp 2004.

Johnsen, Gregory D.: The Last Refuge. Yemen, al-Qaeda, and the Battle for Arabia, London: Oneworld Publications 2013.

Johnson, Ian: A Mosque in Munich. Nazis, the CIA, and the Rise of the Muslim Brotherhood in the West, Boston und New York: Houghton Mifflin Harcourt 2010.

Jones, Seth G.: In the Graveyard of Empires. America's War in Afghanistan, New York, London: W.W Norton & Company 2010.

———: „Syria's Growing Jihad", in: Survival 55, 4 (2013): S. 53–72.

Joppien, Charlotte: Die türkische Adalet ve Kalkınma Partisi (AKP). Eine Untersuchung des Programms „Muhafazakar Demokrasi", Berlin: Schwarz 2011.

Jung, Arlena: Identität und Differenz. Sinnprobleme der differenztheoretischen Systemtheorie, Bielefeld: transcript Verlag 2009.

Kailitz, Steffen/Köllner, Patrick: Autokratien im Vergleich, Baden-Baden: Nomos 2012.

Kalaycioglu, Ersin: „Justice and Development Party at the Helm: Resurgence of Islam or Restitution of the Right-of-Center Predominant Party?", in: Rubin/Yesilada, Islamization of Turkey under the AKP Rule, S. 27–42.

Karadag, Roy: „Islam und Politik in der neuen Türkei", in: Zeitschrift für Politik 59, 3 (2012): S. 332–352.

Karagiannis, Emmanuel: „Transnational Islamist Networks", in: The International Spectator 48, 4 (2013): S. 119–134.

Karasipahi, Sena: Muslims in Modern Turkey. Kemalism, Modernism and the Revolt of Islamic Intellectuals, New York: I.B. Tauris 2009.

Karsh, Efraim: Islamic Imperialism. A History, New Haven und London: Yale University Press 2007.

Kastner, Fatima: „Luhmanns Souveränitätsparadox. Zum generativen Mechanismus des politischen Systems der Weltgesellschaft", in: Neves/Voigt, Die Staaten der Weltgesellschaft. Niklas Luhmanns Staatsverständnis, S. 75–97.

Katznelson, Ira/Milner, Helen V. (Hg.): Political Science: The State of the Discipline, New York und London: W.W Norton & Company 2002.

———: „American Political Science: The Discipline's State and the State of the Discipline", in: ebd., S. 1–26.

Katznelson, Ira/Weingast, Barry R. (Hg.): Preferences and Situations. Points of Intersection Between Historical and Rational Choice Institutionalism, New York: Russell Sage Foundation 2005.

Kaya, Ayhan: Islam, Migration and Integration. The Age of Securitization, Houndsmill, New York: Palgrave Macmillan 2009.

Kecskes, Robert/ Wagner, Michael/Wolf, Christof (Hg.): Angewandte Soziologie, Wiesbaden: VS Verlag 2004.

Keddie, Nikki R. (Hg.): Scholars, Saints, and Sufis. Muslim Religious Institutions in the Middle East Since 1500, Berkeley: University of California Press 1972.

Kehm, Barbara M. (Hg.): Hochschule im Wandel. Die Universität als Forschungsgegenstand, Frankfurt am Main: Campus Verlag 2008.

Kelle, Udo: Die Integration qualitativer und quantitativer Methoden in der empirischen Sozialforschung. Theoretische und methodologische Konzepte, 2. Aufl. Wiesbaden: VS Verlag 2008.

Kelly, J. D.: „Postcoloniality", in: Smelser/Baltes, International Encyclopedia of the Social and Behavioral Sciences, Bd. 17: S. 11844–11849.

Kelsay, John: Arguing the Just War in Islam, Cambridge und London: Harvard University Press 2007.

———: „Islamist Movements and Shari'a Reasoning", in: Totalitarian Movements and Political Religions 10, 2 (2009): S. 121–134.

———/Turner Johnson, James (Hg.): Just War and Jihad. Historical and Theoretical Perspectives on War and Peace in Western and Islamic Traditions, Westport: Greenwood Press 1991.

Kepel, Gilles: Das Schwarzbuch des Dschihad. Aufstieg und Niedergang des Islamismus, München und Zürich: Piper Verlag 2002.

Kerwer, Dieter: „Governance in a World Society: The Perspective of Systems Theory", in: Albert/Hilkermeier, Observing International Relations, S. 196–207.

Kessler, Oliver: „Internationale Politische Theorie: Fehlentwicklung oder fehlende Entwicklung der IB?", in: Zeitschrift für Internationale Beziehungen 17, 2 (2010): S. 317–334.

Keyman, E. Fuat: „The AK Party: Dominant Party, New Turkey and Polarization", in: Insight Turkey 16, 2 (2014): S. 19–31.

Khatab, Sayed: „Al-Hudaybī's Influence on the Development of Islamist Movements in Egypt", in: The Muslim World 91, 3–4 (2001): S. 451–480.

Khurana, Thomas: „Supertheorien, theoretical jetties und die Komplizenschaft der Theorien", in: Merz-Benz/Wagner, Die Logik der Systeme, S. 327–370.

King, Garry/Keohane, Robert O./ Verba, Sidney: Designing Social Inquiry. Scientific Inference in Qualitative Research, Princeton NJ: Princeton University Press 1994.

Kittel, Bernhard: „Eine Disziplin auf der Suche nach Wissenschaftlichkeit: Entwicklung und Stand der Methoden in der deutschen Politikwissenschaft", in: Politische Vierteljahreszeitschrift 50, 3 (2009): S. 577–603.

Klevesath, Lino: „Islam als System - die Idee des islamischen Staates bei Abul A'lā Maudūdī und Sayyid Quṭb", in: Zapf/Klevesath, Staatsverständnisse in der islamischen Welt, S. 87–114.

Kneer, Georg: „Organisation und Gesellschaft. Zum ungeklärten Verhältnis von Organisations- und Funktionssystemen in Luhmanns Theorie sozialer Systeme", in: Zeitschrift für Soziologie 30, 6 (2001): S. 407–428.

————/Nassehi, Armin: Niklas Luhmanns Theorie sozialer Systeme, 4. Aufl. München: Fink 2000.

Kneuer, Marianne: „Transformationsforschung, Systemwechselforschung, Demokratieforschung", in: Gerlach et al., Politikwissenschaft in Deutschland, S. 265–290.

Knöbl, Wolfgang: Spielräume der Modernisierung. Das Ende der Eindeutigkeit, Weilerswist: Velbrück Wissenschaft 2001.

Knorr Cetina, Karin: „Zur Unterkomplexität der Differenzierungstheorie. Empirische Anfragen an die Systemtheorie", in: Zeitschrift für Soziologie 21, 6 (1992): S. 406–419.

Koenig, Matthias: „Historical Sociology - Limitations and Perspectives", in: European Journal of Sociology 47, 3 (2006): S. 397–406.

————: „Jenseits des Säkularisierungsparadigmas? Eine Auseinandersetzung mit Charles Taylor", in: Kölner Zeitschrift für Soziologie und Sozialpsychologie 63, 4 (2011): S. 649–673.

Kohl, Tobias: „Zum Militär der Politik", in: Soziale Systeme 15, 1 (2009): S. 160–188.

Kolig, Erich (Hg.): Free Speech and Islam, Farnham: Ashgate 2014.

Krämer, Gudrun: Demokratie im Islam. Der Kampf für Toleranz und Freiheit in der arabischen Welt, München: C.H. Beck oHG 2011.

————: Hasan al-Banna, Oxford: Oneworld Publications 2010.

————: „Drawing Boundaries. Yusuf al-Qaraḍāwī on Apostasy", in: Dies./Schmidtke, Speaking for Islam, S. 181–217.

————: „Justice in Modern Islamic Thought", in: Amanat/Griffel, Shari'a, S. 20–37.

————/Schmidtke, Sabine (Hg.): Speaking for Islam. Religious Authorities in Muslim Societies, Leiden und Boston: Brill 2006.

Kramer, Martin (Hg.): The Islamism Debate, Tel Aviv University: The Moshe Dayan Center for Middle Eastern and African Studies 1997.

Krawietz, Werner: „Identität von Recht und Staat. Begriff des modernen Rechts und Rechtsstaats in kommunikations- und systemtheoretischer Perspektive", in: Rechtstheorie 38, 2–3 (2007): S. 269–305.

———: „Weltrechtssystem oder Globalisierung des Rechts? Konstruktion und Rekonstruktion der modernen Welt des Rechts in kommunikations- und systemtheoretischer Perspektive", in: Rechtstheorie 39, 2 (2008): S. 419–451.

———/Welker, Michael (Hg.): Kritik der Theorie sozialer Systeme. Auseinandersetzungen mit Luhmanns Hauptwerk, Frankfurt am Main: Suhrkamp 1992.

Kreitmeyer, Nadine/Schlumberger, Oliver: „Autoritäre Herrschaft in der arabischen Welt", in: Aus Politik und Zeitgeschichte 24 (2010): S. 16–22.

Kron, Thomas/Reddig, Melanie (Hg.): Analysen des transnationalen Terrorismus. Soziologische Perspektiven, Wiesbaden: VS Verlag 2007.

Kumbaracibasi, Arda Can: Turkish Politics and the Rise of the AKP. Dilemmas of Institutionalization and Leadership Strategy, London und New York: Routledge 2009.

Kurzman, Charles/Naqvi, Ijlal: „Do Muslims Vote Islamic?", in: Journal of Democracy 21, 2 (2010): S. 50–63.

Kurz, Volker: Rational Choice, Frankfurt am Main und New York: Campus Verlag 2004.

Lacher, Hannes: „Putting the State in its Place: The Critique of State-Centrism and its Limits", in: Review of International Studies 29, 4 (2003): S. 521–541.

Lacher, Wolfram/Tull, Dennis M.: „Mali: Jenseits von Terrorismusbekämpfung", SWP Aktuell 9, Februar 2013 (http://www.swp-berlin.org/fileadmin/contents/products/aktuell/2013A09
_lac_tll.pdf [letzter Zugriff am 09.02.2015]).

Lacroix, Stéphane: „Saudi Arabia's Muslim Brotherhood predicament", in: Washington Post, 20. März 2014 (http://www.washingtonpost.com/blogs/monkey-cage/wp/2014/03/20/saudi-arabias-muslim-brotherhood-predicament/ [letzter Zugriff am 09.02.2015]).

Lahoud, Nelly/Johns, Anthony H. (Hg.): Islam in World Politics, London und New York: Routledge 2005.

Lange, Stefan: Niklas Luhmanns Theorie der Politik. Eine Abklärung der Staatsgesellschaft, Wiesbaden: Westdeutscher Verlag 2003.

———: „Die politische Utopie der Gesellschaftssteuerung", in: Hellmann/Schmalz-Bruhns, Theorie der Politik, S. 171–193.

Lansford, Tom/Watson, Robert P./Covarrubias, Jack (Hg.): America's War on Terror, 2. Aufl. Farnham: Ashgate 2009.

Lapid, Yosef: „On the Prospects of International Theory in a Post-Positivist Era", in: International Studies Quarterly 33, 3 (1989): S. 235–254.
Lau, Felix: Die Form der Paradoxie. Eine Einführung in die Mathematik und Philosophie der „Laws of Form" von G. Spencer Brown, Heidelberg: Carl-Auer-Systeme Verlag 2008.
Laurence, Jonathan: The Emancipation of Europe's Muslims. The State's Role in Minority Integration, Princeton und Oxford: Princeton University Press 2012.
Lawson, George/Shilliam, Robbie: „Sociology and International Relations. Legacies and Prospects", in: Cambridge Review of International Affairs 23, 1 (2010): S. 69–86.
Leibfried, Stephan/Zürn, Michael (Hg.): Transformationen des Staates, Frankfurt am Main: Suhrkamp 2006.
———: „Von der nationalen zur post-nationalen Konstellation", in: ebd., S. 19–65.
Leiken, Robert S./Brooke, Steven: „The Moderate Muslim Brotherhood", in: Foreign Affairs 86, 2 (2007): S. 107–121.
Leiße, Olaf: Die Türkei im Wandel. Innen- und außenpolitische Dynamiken, Baden-Baden: Nomos 2013.
———: „Der Transformationsprozess in der Türkei - Innenpolitische Implikationen extern induzierten Wandels", in: ebd., S. 9–35.
Lewis, Bernard: The Emergence of Modern Turkey, London: Oxford University Press 1961.
Lia, Brynjar: The Society of the Muslim Brothers in Egypt. The Rise of an Islamic Mass Movement 1928-1942, Reading: Ithaca Press 1998.
Liedtke, Bernd: „Die türkische Polizei (Polis) – Mit einer problematischen Beziehung zu Demokratie und Rechtsstaatlichkeit?", DOI-Kurzanalysen, Mai 2014 (http://www.deutsche-orient-stiftung.de/de/publikationen-de/doi-kurzanalysen [letzter Zugriff am 09.02.2015]).
Liekweg, Tania: „Strukturelle Kopplung von Funktionssystemen ‚über' Organisationen", in: Soziale Systeme 7, 2 (2001): S. 267–289.
Lincoln, Bruce: „Theses on Method", in: Method and Theory in the Study of Religion 8, 3 (1996): S. 225–227.
Lindemann, Gesa: „Die Gesellschaftstheorie von der Sozialtheorie her denken - oder umgekehrt?", in: ZfS-FORUM 3, 1 (2011): S. 1–19.
Linjakumpu, Aini: Political Islam in the Global World, Reading: Ithaca Press 2008.
Lister, Charles: „Dynamic Statemalte: Surveying Syria's Military Landscape", Brooking Doha Center Policy Briefing, Mai 2014 (http://www.brookings.edu

/~/media/research/files/papers/2014/05/19%20syria%20military%20landscap e%20lister/syria%20military%20landscape%20english [letzter Zugriff am 09.02.2015]).

Lister, Tim: „ISIS: The First Terror Group to Build an Islamic State?", CNN, 13. Juni 2014 (http://edition.cnn.com/2014/06/12/world/meast/who-is-the-isis/ [letzter Zugriff am 09.02.2015]).

Lohse, Simon: „Zur Emergenz des Sozialen bei Niklas Luhmann", in: Zeitschrift für Soziologie 40, 3 (2011): S. 190–207.

Luhmann, Niklas: Archimedes und wir, Herausgegeben von Dirk Baecker und Georg Stanitzek. Berlin: Merve Verlag 1987.

———: Die Wissenschaft der Gesellschaft, Frankfurt am Main: Suhrkamp 1992.

———: Die Religion der Gesellschaft, Frankfurt am Main: Suhrkamp 2000.

———: Die Gesellschaft der Gesellschaft, 2 Bde. Frankfurt am Main: Suhrkamp 1997.

———: Das Recht der Gesellschaft, Frankfurt am Main: Suhrkamp 1995.

———: Einführung in die Systemtheorie, Herausgegeben von Dirk Baecker. 2. Aufl. Heidelberg: Carl-Auer-Systeme Verlag 2004.

———: Einführung in die Theorie der Gesellschaft, Herausgegeben von Dirk Baecker. Heidelberg: Carl-Auer-Systeme Verlag 2005.

———: Funktion der Religion, Frankfurt am Main: Suhrkamp 1977.

———: Gesellschaftsstruktur und Semantik. Studien zur Wissenssoziologie der modernen Gesellschaft, 4 Bde. Frankfurt am Main: Suhrkamp 1980-1995.

———. Grundrechte als Institution. Ein Beitrag zur politischen Soziologie, Berlin: Duncker & Humblot 1965.

———: Ideenevolution. Beiträge zur Wissenssoziologie, Hrsg. von André Kieserling. Frankfurt am Main: Suhrkamp 2008.

———: Legitimation durch Verfahren, Frankfurt am Main: Suhrkamp 1983.

———: Macht, 3. Aufl. Stuttgart: Lucius & Lucius 2003.

———: Macht im System, Hrsg. von André Kieserling. Berlin: Suhrkamp 2012.

———: Ökologische Kommunikation. Kann sich die moderne Gesellschaft auf ökologische Gefährdungen einstellen?, Opladen: Westdeutscher Verlag 1986.

———: Organisation und Entscheidung, Opladen und Wiesbaden: Westdeutscher Verlag 2000.

———: Politische Soziologie, Herausgegeben von André. Berlin: Suhrkamp 2010.

———: Soziale Systeme, Frankfurt am Main: Suhrkamp 1984.

———: Soziologische Aufklärung. Aufsätze zur Theorie sozialer Systeme, Band 1. 4. Aufl. Opladen: Westdeutscher Verlag 1974.

———: Soziologische Aufklärung 2. Aufsätze zur Theorie der Gesellschaft, Opladen: Westdeutscher Verlag 1975.

———: Soziologische Aufklärung 3. Soziales System, Gesellschaft, Organisation, Opladen: Westdeutscher Verlag 1981.

———: Soziologische Aufklärung 4. Beiträge zur funktionalen Differenzierung der Gesellschaft, Opladen: Westdeutscher Verlag 1987.

———: Soziologische Aufklärung 5. Konstruktivistische Perspektiven, 3. Aufl. Wiesbaden: VS Verlag 2005.

———: Soziologische Aufklärung 6. Die Soziologie und der Mensch, Opladen: Westdeutscher Verlag 1995.

———: „>>Nomologische Hypothesen<<, funktionale Äquivalenz, Limitationalität: Zum Wissenschaftsverständnis des Funktionalismus", in: Soziale Systeme 16, 1 (2010): S. 3–27.

———: „Das Erkenntnisprogramm des Konstruktivismus und die unbekannt bleibende Realität", in: Ders., Soziologische Aufklärung 5, S. 31–57.

———: „Der Staat des politischen Systems. Geschichte und Stellung in der Weltgesellschaft", in: Beck, Perspektiven der Weltgesellschaft, S. 345–380.

———: „‚Distinctions directrices'. Über Codierung von Semantiken und Systemen", in: Ders., Soziologische Aufklärung 4, S. 13–31.

———: „Gesellschaft", in: Ders., In Soziologische Aufklärung. Aufsätze zur Theorie sozialer Systeme. Band 1., S. 137–153.

———: „Globalization or World Society: How to Conceive of Modern Society?", in: International Review of Sociology 7, 1 (1997): S. 67–79.

———: „Probleme mit operativer Schließung", in: Ders., Soziologische Aufklärung 6, S. 12–24.

———: „Selbstorganisation und Mikrodiversität: Zur Wissenssoziologie des neuzeitlichen Individualismus", in: Soziale Systeme 3, 1 (1997): S. 23–32.

———: „Symbiotische Mechanismen", in: Ders., Soziologische Aufklärung 3, S. 228–244.

———: „Vorbemerkungen zu einer Theorie sozialer Systeme", in: ebd., S.11–24.

———: „Wie ist Bewusstsein an Kommunikation beteiligt?", in: Ders., Soziologische Aufklärung 6, S. 37–54.

———: „Was ist Kommunikation?", in: ebd., S. 113–124.

Lynch III, Thomas F.: „The 80 Percent Solution: The Strategic Defeat of bin Laden's al-Qaeda and Implications for South Asian Security", in: Bergen/Tiedemann, Talibanistan, S. 388–430.

Lynch, Marc: „Islam Divided Between Salafi-jihad and the Ikhwan", in: Studies in Conflict & Terrorism 33, 6 (2010): S. 467–487.

Macfie, Alexander Lyon (Hg.): Orientalism. A Reader, New York: New York University Press 2000.

Maher, Shiraz/Neumann, Peter R.: „Al-Qaeda at the Crossroads: How the Terror Groups is Responding to the Loss of its Leader & the Arab Spring", The International Centre for the Study of Radicalization and Political Violence, August 2012 (http://icsr.info/wp-content/uploads/2012/10/ICSR_Maher-Neumann-Paper_For-online-use-only1.pdf [letzter Zugriff am 10.02.2015]).

Maier, Hans: „Political Religion: A Concept and its Limitations", in: Totalitarian Movements and Political Religions 8, 1 (2007): S. 5–16.

Mandaville, Peter: Global Political Islam, London und New York: Routledge 2007.

Maniacs, Peter: „The Social Sciences Since World War II: The Rise and Fall of Scientism", in: Outhwaite/Turner, The SAGE Handbook of Social Science Methodology, S.7–31.

Ma'oz, Moshe: „The ‚Arab Spring' and the New Geo-Strategic Environment of the Middle East", in: Insight Turkey 14, 4 (2012): S. 13–23.

March, Andrew F.: „What Is Comparative Political Theory?", in: The Review of Politics 71, 4 (2009): S. 531–565.

Marcott, Roxanne D.: „Identity, Power, and the Islamist Discourse on Women. An Exploration of Islamism and Gender Issues in Egypt", in: Lahoud/Jones, Islam in World Politics, S. 67–92.

Maréchal, Brigitte: The Muslim Brothers in Europe. Roots and Discourses, Leiden und Boston: Brill 2008.

Marmura, Michael E.: „SUNNI ISLAM. Historical Overview", in: Esposito, The Oxford Encyclopedia of the Modern Islamic World, Bd. 2: S. 139–141.

Marshall, Paul: (Hg.): Radical Islam's Rule. The Worldwide Spread of Extreme Shari'a Law, Lanham: Rowman and Littlefield Publishers Inc. 2005.

———: „Introduction. The Rise of Extreme Shari'a", in: ebd., S. 1–17.

Martinez, Luis: The Algerian Civil War. 1990-1998, London u.a.: Hurst, 2000.

Martin, Richard C.: „The Religious Foundations of War, Peace, and Statecraft in Islam", in: Kelsay/Turner, Just War and Jihad, S. 91–117.

———/Barzegar, Abbas (Hg.): Islamism. Contested Perspectives on Political Islam, Stanford: Stanford University Press 2010.

Martinsen, Renate (Hg.): Spurensuche: Konstruktivistische Theorien der Politik, Wiesbaden: Springer VS Verlag 2014.

Marty, Martin E./Appleby, Scott R. (Hg.): The Fundamentalism Project, 5 Bde. Chicago: University of Chicago Press, 1991-1995.

———: „Conclusion: An Interim Report on a Hypothetical Family", in: ebd., Bd. 1., S.814-842.

Maturana, Humberto: „The Origin of the Theory of Autopoietic Systems", in: Fischer, Autopoiesis, S. 121–24.

Mayer, Ann Elizabeth: „Modern Legal Reform", in: Esposito, The Oxford Encyclopedia of the Modern Islamic World, Bd. 2: S. 464–472.

Mayer, Peter: „Die Epistemologie der Internationalen Beziehungen: Anmerkungen zum Stand der ‚Dritten Debatte'", in: Hellmann/Wolf/Zürn, Die neuen Internationalen Beziehungen, S. 47–97.

Mayntz, Renate: Sozialwissenschaftliches Erklären. Probleme der Theoriebildung und Methodologie, Frankfurt am Main, New York: Campus Verlag 2009.

——: „Emergence in Philosophy and Social Theory", in: ebd., S. 133–156.

——/Scharpf, Fritz W.: „Politische Steuerung - Heute?", in: Zeitschrift für Soziologie 34, 3 (2005): S. 236–243.

Mazarr, Michael J.: „The Rise and Fall of the Failed-State Paradigm. Requiem for a Decade of Distraction", in: Foreign Affairs 93, 1 (2014): S. 113–121.

McCants, William: „Al Qaeda's Challenge. The Jihadists' War With Islamist Democrats", in: Foreign Affairs 90, 5 (2011): S. 20–32.

McDonald, Matt: „Securitization and the Construction of Security", in: European Journal of International Relations 14, 4 (2008): S. 563–587.

Meeker, Michael E.: A Nation of Empire. The Ottoman Legacy of Turkish Modernity, Berkeley und Los Angeles: University of California Press 2002.

Meijer, Roel (Hg.): Global Salafism. Islam's New Religious Movement, London: Hurst 2009.

——/Bakker, Edwin (Hg.): The Muslim Brotherhood in Europe, New York: Columbia University Press 2012.

Meijer, Roel: „The Muslim Brotherhood and the Political: An Exercise in Ambiguity", in: ebd., S. 295–320.

Mendelsohn, Barak: „After Disowning ISIS, al Qaeda is Back On Top. Here's Why That Isn't Necessarily Bad News", in: Foreign Afairs, 13. Februar 2014 (http://www.foreignaffairs.com/articles/140786/barak-mendelsohn/after-disowning-isis-al-qaeda-is-back-on-top [letzter Zugriff am 10.02.2015]).

Merkel, Wolfgang: Systemtransformation. Eine Einführung in die Theorie und Empirie der Transformationsforschung, 2. überarb. u. erw. Aufl. Wiesbaden: VS Verlag 2010.

Merz-Benz, Peter-Ulrich/Wagner, Gerhard (Hg.): Die Logik der Systeme. Zur Kritik der systemtheoretischen Soziologie Niklas Luhmanns, Konstanz: UVK 2000.

Messner, Dirk: „Globalisierung und Global Governance - Stand der Debatte und Suchrichtungen", in: Gerlach et al., Politikwissenschaft in Deutschland, S. 435–458.

Meuser, Michael: „Interpretatives Paradigma", in: Bohnsack/Marotzki/Meuser, Hauptbegriffe Qualitativer Sozialforschung, S. 92–94.

Meyer, John W.: „World Society, Institutional Theories, and the Actor", in: Annual Review of Sociology 36 (2010): S. 1–20.

Milton-Edwards, Beverley/Farrell, Stephen: Hamas. The Islamic Resistance Movement, Cambridge und Malden: Polity Press 2010.

Milton-Edwards, Beverly: Islamic Fundamentalism since 1945, London und New York: Routledge 2005.

———: „Revolt and Revolution: The Place of Islamism", Critical Studies on Terrorism 5, 2 (2012): S. 219–236.

Mitchell, Richard P.: The Society of the Muslim Brothers, London: Oxford University Press 1969.

Moeller, Hans-Georg: The Radical Luhmann, New York: Columbia University Press 2012.

Molier, Gelijn/Ellian, Afshin Ellian/Suurland, David (Hg.): Terrorism, Law and Policy, Dordrecht: Republic of Letters 2011.

Möllers, Christoph: Der vermisste Leviathan. Staatstheorie in der Bundesrepublik, Frankfurt am Main: Suhrkamp 2008.

Moore, Wilbert E.: „Global Sociology: The World as a Singular System", in: The American Journal of Sociology 71, 5 (1966): S. 475–482.

Morrison, Ken: Marx, Durkheim, Weber. Formations of Modern Social Thought, 2. Aufl. London: SAGE Publications 2006.

Müller, Klaus: Allgemeine Systemtheorie. Geschichte, Methodologie und sozialwissenschaftliche Heuristik eines Wissenschaftsprogramms, Opladen: Westdeutscher Verlag 1996.

Munson, Ziad: „Islamic Mobilization: Social Movement Theory and the Egyptian Muslim Brotherhood", in: The Sociological Quarterly 42, 4 (2001): S. 487–510.

Musharbash, Yassin: Die neue al-Qaida. Innenansichten eines lernenden Terrornetzwerks, Bonn: Lizenzausgabe für die Bundeszentrale für politische Bildung, 2006.

Mustafa, Halah: al-Islam al-Siyasa fi Misr (Der Politische Islam in Ägypten), Kairo: al-Ahram 1992.

Nacke, Stefan. Die Kirche der Weltgesellschaft. Das II. Vatikanische Konzil und die Globalisierung des Katholizismus, Wiesbaden: VS Verlag 2010.

Nacke, Stefan/Unkelbach, René/Werron, Tobias (Hg.): Weltereignisse. Theoretische und empirische Perspektiven, Wiesbaden: VS Verlag 2008.
Nassehi, Armin: Der soziologische Diskurs der Moderne, Frankfurt am Main: Suhrkamp 2006.
———: „Die Theorie funktionaler Differenzierung im Horizont ihrer Kritik", in: Zeitschrift für Soziologie 33, 2 (2004): S. 98–118.
———: „Gesellschaftstheorie und empirische Forschung. Über die ‚methodologischen Vorbemerkungen' in Luhmanns Gesellschaftstheorie", in: Soziale Systeme 4, 1 (1998): S. 199–206.
———: „Politik des Staates oder Politik der Gesellschaft? Kollektivität als Problemformel des Politischen", in: Hellmann/Schmalz-Bruhns, Theorie der Politik, S. 38–59.
———: „Theorie und Methode. Keine Replik, sondern eine Ergänzung zu C. Besio und A. Pronzini", in: Soziale Systeme 6, 1 (2000): S. 195–201.
———: „Wie wirklich sind Systeme? Zum ontologischen und epistemologischen Status der Theorie selbstreferentieller Systeme", in: Krawietz/Welker, Kritik der Theorie sozialer Systeme, S. 43–70.
Neale, F. A.: Islamism: Its Rise and Its Progress. Or, the Present and Past Conditions of the Turks, 2 Bde. London: James Madden 1854.
Neumann, Peter R.: „Europe's Jihadist Dilemma", in: Survival 48, 2 (2006): S. 71–84.
Neves, Marcelo: „Die Staaten im Zentrum und die Staaten an der Peripherie: Einige Probleme mit Niklas Luhmanns Auffassung von den Staaten der Weltgesellschaft", in: Soziale Systeme 12, 2 (2006): S. 247–273.
———: „Grenzen der Autonomie des Rechts in einer asymmetrischen Weltgesellschaft", in: Archiv für Rechts- und Sozialphilosophie 93, 3 (2007): S. 363–395.
———/Voigt, Rüdiger (Hg.): Die Staaten der Weltgesellschaft. Niklas Luhmanns Staatsverständnis, Baden-Baden: Nomos 2007.
———: „Einleitung: Die Staaten der Weltgesellschaft", in: ebd., S. 9–17.
Noueihed, Lin/ Warren, Alex: The Battle for the Arab Spring. Revolution, Counter-Revolution and the Making of a New Era, New Haven und London: Yale University Press 2012.
Oddie, G.: „Varieties of Reduction", in: Smelser/Baltes, International Encyclopedia of the Social & Behavioral Sciences, Bd. 19: S. 12857–12863.
Ohne Verfasser: „Ägyptens Wahlkommission verkündet 98,1-Prozent-Ergebnis", in: ZEIT Online, 18. Januar 2014 (http://www.zeit.de/politik/ausland/2014-01/aegypten-referendum-ergebnis [letzter Zugriff am 10.02.2015]).

———: „Egypt court sets 28 April to rule in trial of Brotherhood leader, 682 others", in: Ahram Online, 25. März 2014 (http://english.ahram.org.eg/ NewsContent/1/64/97504/Egypt/Politics-/UPDATED--Egypt-court-sets--April-to-rule-in-trial-.aspx [letzter Zugriff am 10.02.2015]).

———: „Egypt government declares Muslim Brotherhood ‚terrorist group'", in: Ahram Online, 26. Dezember 2013 (http://english.ahram.org.eg/News Content/1/0/90037/Egypt/0/Egypt-government-declares-Muslim-Brotherhood-terro.aspx [letzter Zugriff am 10.02.2015]).

Öniş, Ziya: „Turkey and the Arab Spring: Between Ethics and Self-Interest", in: Insight Turkey 14, 3 (2012): S. 45–63.

Opnis, Felicitas: „Islamic Law and Legal Change: The Concept of Maṣlaḥa in Classical and Contemporary Islamic Legal Theory", in: Amanat/Griffel, Sharīʿa, S. 62–82.

Opp, Karl-Dieter: Methodologie der Sozialwissenschaften. Einführung in Probleme ihrer Theorienbildung und praktischer Anwendung, 6. Aufl. Wiesbaden: VS Verlag 2005.

———: „Erklärung durch Mechanismen. Probleme und Alternativen", in: Kecskes/Wagner/Wolf, Angewandte Soziologie, S. 361–379.

Organization: „Special Issue on Niklas Luhmann and Organizational Studies" 13, 1 (2006).

Osiander, Andreas: „Sovereignty, International Relations, and the Westphalian Myth", in: International Organization 55, 2 (2001): S. 251–287.

Osman, Tarek: Egypt on the Brink. From Nasser to the Muslim Brotherhood, New Haven und London: Yale University Press 2013.

Osterhammel, Jürgen: Die Entzauberung Asiens. Europa und die asiatischen Reiche im 18. Jahrhundert, 2. Aufl. München: C.H. Beck oHG 2013.

———: Die Verwandlung der Welt. Eine Geschichte des 19. Jahrhunderts, Sonderausgabe. München: C.H. Beck oHG 2011.

——— (Hg.): Weltgeschichte, Stuttgart: Franz Steiner Verlag 2008.

———: „Alte und neue Zugänge zur Weltgeschichte", in: ebd., S. 9-32.

Outhwaite, William/Turner, Stephen P. (Hg.): The SAGE Handbook of Social Science Methodology, London: SAGE Publications 2007.

Özbudun, Ergun/Füsun, Türkmen: „Impact of the ECtHR Rulings on Turkey's Democratization: An Evaluation", in: Human Rights Quarterly 35, 4 (2013): S. 985–1008.

Özhan, Taha: „The Longest Year of Turkish Politics: 2014", in: Insight Turkey 16, 2 (2014): S. 79–98.

Öztürk, Asiye: Vom Sicherheitsrisiko zum Stabilitätsfaktor? Der Wandel der türkischen Regionalpolitik im „Greater Middle East" unter besonderer Berücksichtigung der Phase nach dem 11. September 2001, Berlin: EB-Verlag 2010.

Paret, Rudi: Der Koran, 11. Aufl. Stuttgart: Verlag W. Kohlhammer 2010.

Pargeter, Alison: The Muslim Brotherhood. From Opposition to Power, London: Saqi Books 2013.

———: The Muslim Brotherhood. The Burden of Tradition, London: Saqi Books 2010.

Patterson, Eric D./Gallagher, John (Hg.): Debating the War of Ideas, New York: Palgrave Macmillan 2009.

Perthes, Volker: „Modell vorm Zerfall. Warum es uns nicht gleichgültig sein darf, was in Syrien geschieht", in: IP - Zeitschrift für Internationale Politik, 6 (2013): S. 8–16.

Peters, Rudolph: „JIHĀD", in: Esposito, The Oxford Encyclopedia of the Modern Islamic World, Bd. 2: S. 369–373.

Phillips, David L.: From Bullets to Ballots. Violent Muslim Movements in Transition: New Brunswick, New Jersey: Transaction Publishers 2009.

Philpott, Daniel: „The Challenge of September 11 to Secularism in International Relations", in: World Politics 55, 1 (2002): S. 66–95.

Piscatori, James P.: Islam in a World of Nation-States, Cambridge: Cambridge University Press 1986.

Piszkiewicz, Dennis: Terrorism's War with America. A History, Westport, Conneticut: Praeger 2003.

Pollack, Detlef: „Probleme der funktionalen Religionstheorie Niklas Luhmanns", in: Soziale Systeme 7, 1 (2001): S. 5–22.

Praemium Erasmianum Foundation (Hg.): The Limits of Pluralism. Neo-Absolutism and Relativism, Amsterdam: Erasmus Ascension Symposium 1994.

Przyborski, Aglaja/Wohlrab-Sahr, Monika: Qualitative Sozialforschung. Ein Arbeitsbuch, München: Oldenbourg 2008.

Puddington, Arch: „The Freedom House Survey for 2011. The Year of the Arab Uprisings", in: Journal of Democracy 23, 2 (2012): S. 74–88.

Qutb, Sayyid: In the Shade of the Quran, 18 Bde. Markfield: Islamic Foundation 2000.

———: Zeichen auf dem Weg, Köln: Islamische Bibliothek 2005.

———: Social Justice in Islam, Oneonta N.Y.: Islamic Publications International 2000

———: „In the Shade of the Qur'an", in: Euben/Zaman, Princeton Readings in Islamist Thought, S. 145–152.

———: „„Signposts along the Road", in: ebd., S. 136-144.

Rabasa, Angel et al.: Beyond al-Qaeda. Part 1. The Global Jihadist Movement/Part 2. The Outer Rings of the Terrorist Universe, Santa Monica: RAND Corporation 2006.

———: The Muslim World after 9/11, Santa Monica: RAND Corporation 2004.

Ranko, Annette: Die Muslimbruderschaft. Portrait einer mächtigen Verbindung, Hamburg: edition Körber-Stiftung 2014.

Rasch, William: „Luhmanns Widerlegung des Idealismus? Constructivism as a Two Front War", in: Soziale Systeme 4, 1 (1998): S. 151–159.

Rashid, Ahmad: Descent into Chaos. The U. S. and the Disaster in Pakistan, Afghanistan, and Central Asia, London: Penguin Books 2009.

———: Taliban. Afghanistans Gotteskämpfer und der neue Krieg am Hindukusch, Bonn: Lizenzausgabe für die Bundeszentrale für politische Bildung 2010.

Rashwan, Diaa (Hg.): The Spectrum of Islamist Movements, Berlin: Verlag Hans Schiler 2007.

Reese-Schäfer, Walter: Niklas Luhmann zur Einführung, 3. Aufl. Hamburg: Junius 1999.

———: Politische Theorie der Gegenwart in achtzehn Modellen, München: Oldenbourg 2012.

———: Politische Theorie heute, München: Oldenbourg 2000.

———: „Parteien als politische Organisationen in Luhmanns Theorie des politischen Systems", in: Hellmann/Schmalz-Bruhns, Theorie der Politik, S. 109-130.

———: „Politische Ideengeschichte", in: Gerlach et al., Politikwissenschaft in Deutschland, S. 503-515.

Reinhard, W.: „Colonization and Colonialism, History of", in: Smelser/Baltes, International Encyclopedia of the Social & Behavioral Sciences, Bd. 4: S. 2240–2245.

Reisz, Robert D./Stock, Manfred: „Theorie der Weltgesellschaft und statistische Modelle im soziologischen Neoinstitutionalismus", in: Zeitschrift für Soziologie 36, 2 (2007): S. 82–99.

Rengger, Nicolas J.: International Relations, Political Theory and the Problem of Order. Beyond International Political Theory?, London: Routledge 2000.

Reus-Smith, Christian/Snidal, Duncan (Hg.): The Oxford Handbook of International Relations, Oxford: Oxford University Press 2008.

Revkin, Mara: „Brotherly Love. Why Sisi's Win is Good for Al Qaeda", in: Foreign Affairs, 29. Mai 2014 (http://www.foreignaffairs.com/articles/141490/mara-revkin/brotherly-love [letzter ZUgriff am 15.02.2015]).

Richards, Alan/Waterbury, John: A Political Economy of the Middle East. State, Class and Economic Development, Boulder, Colorado: Westview Press 1990.

Richter, Dirk: „Normativität in der Systemtheorie", in: Ahrens et al., Normativität, S. 271–285.

Riedel, Bruce: The Search for al Qaeda. Its Leadership, Ideology, and Future, Washington D.C.: Brookings Institution Press 2008.

Riesebrodt, Martin: Fundamentalismus als patriarchalische Protestbewegung: amerikanische Protestanten (1910-1928) und iranische Schiiten (1961-1979) im Vergleich, Tübingen: Mohr 1990.

Rios, Diego: „Social Complexity and the Micro-Macro Link", in: Current Sociology 53, 5 (2005): S. 773–787.

Risse, Thomas/Lehmkuhl, Ursula: „Governance in Räumen begrenzter Staatlichkeit", in: Aus Politik und Zeitgeschichte, Nr. 20–21 (2007): S. 3–9.

Rodinson, Maxime: Islam und Kapitalismus, Frankfurt am Main: Suhrkamp 1986.

Rogan, Eugene L.: „The Emergence of the Middle East into the Modern State System", in: Fawcett, International Relations of the Middle East, S. 17–39.

Rosefsky Wickham, Carrie: Mobilizing Islam. Religion, Activism, and Political Change in Egypt, New York: Columbia University Press 2002.

———: The Muslim Brotherhood. Evolution of an Islamist Movement, Princeton und Oxford: Princeton University Press 2013.

Rosenthal, Gabriele: Interpretative Sozialforschung. Eine Einführung, Weinheim: Juventa Verlag 2005.

Roy, Olivier: Heilige Einfalt. Über die politischen Gefahren entwurzelter Religionen, München: Pantheon 2011.

———: The Failure of Political Islam, Cambridge MA: Harvard University Press 1994.

———: „Post-Islamic Revolution", The European Institute, 17. Februar 2011 (http://www.europeaninstitute.org/index.php/ei-blog/119-february-2011/1238-qpost-islamic-revolutionq-events-in-egypt-analyzed-by-french-expert-on-political-islam [letzter Zugriff am 15.02.2015]).

Rubin, Barry: Islamic Fundamentalism in Egyptian Politics, New York: Palgrave Macmillan 2002.

——— (Hg.): Political Islam. Critical Concepts in Islamic Studies, 3 Bde. London und New York: Routledge 2007.

——— (Hg.): The Muslim Brotherhood. The Organization and Policies of a Global Islamist Movement, New York: Palgrave Macmillan 2010.

Rudolf, Peter: „Präsident Obamas Drohnen-Krieg", SWP Aktuell 37, Juni 2013 (http://www.swp-berlin.org/fileadmin/contents/products/ aktuell/2013A37_rdf.pdf [letzter Zugriff am 15.02.2015]).

Ruf, Werner: „Tunesien: Fanal für den Maghreb?", in: Blätter für deutsche und internationale Politik 56, 3 (2011): S. 50–53.

Rumpf, Christian/Steinbach, Udo: „Das politische System der Türkei", in: Ismayr, Die politischen Systeme Osteuropas, S. 847–886.

Rutherford, Bruce K.: Egypt after Mubarak. Liberalism, Islam, and Democracy in the Arab World, Princeton und Oxford: Princeton University Press 2008.

Saage, Richard: Demokratietheorien. Historischer Prozess - Theoretische Entwicklung - Soziotechnische Bedingungen, Wiesbaden: VS Verlag 2005.

Sachedina, Abdulaziz: „Shī'ī Schools of Law", in: Esposito, The Oxford Encyclopedia of the Modern Islamic World, Bd. 2: S. 463–464.

Sachedina, Abdulaziz A.: „Activist Shi'ism in Iran, Iraq and Lebanon", in: Marty/Appleby, The Fundamentalism Project, Bd. 1: S. 403–456.

Said, Behnam T.: Islamischer Staat. IS-Miliz, al-Qaida und die deutschen Brigaden, München: C.H. Beck oHG 2014.

————: „Djihadismus nach dem Arabischen Frühling und das Vermittlungsangebot Muhammad al-Zawahiris", in: Zeitschrift für Außen- und Sicherheitspolitik 6, 3 (2013): S. 429–452.

Said, Edward, Orientalism, London und Henley: Routledge & Kegan Paul 1978.

Sailer, Matthias: „Muslimbrüder greifen zu Gewalt", in: Deutsche Welle Online, 6. Dezember 2012 (http://www.dw.de/muslimbr%C3%BCder-greifen-zu-gewalt/a-16431290 [letzter Zugriff am 15.02.2015]).

Salahuddin, Ahmed: Islamic Banking, Finance and Insurance. A Global Overview, Gombak, Kuala Lumpur: A. S. Nordeen 2006.

Salih, M. A. Mohamed (Hg.): Interpreting Islamic Political Parties, New York: Palgrave Macmillan 2009.

Salloum, Raniah: „Al-Qaida in Syrien und Irak: Neuer Gottesstaat im Nahen Osten", in: SPIEGEL Online, 4. Januar 2014 (http://www.spiegel.de/politik/ausland/isis-in-irak-und-syrien-bauen-die-extremisten-am-gottesstaat-a-941782.html [letzter Zugriff am 15.02.2015]).

Salvatore, Armando: „Qaraḍāwī's Maslaha. From Ideologue of the Islamic Awakening to Sponsor of Transnational Political Islam", in: Gräf/Skorgaard-Petersen, Global Mufti, S. 239–250.

Schacht, Joseph: An Introduction to Islamic Law, Oxford: Clarendon Press 1964.

Schanzer, Jonathan: Al-Qaeda's Armies. Middle East Affiliate Groups and the Next Generation of Terror, New York: Specialist Press International 2004.

Scheuer, Michael: Osama bin Laden, Oxford: Oxford University Press 2011.

Schieder, Siegfried/Spindler, Manuela (Hg.): Theorien der Internationalen Beziehungen, Opladen und Farmington Hills: Verlag Barbara Budrich 2006.

Schieder, Siegfried: „Neuer Liberalismus", in: ebd., S. 175–211.

Schimank, Uwe: Handeln und Strukturen. Einführung in die akteurtheoretische Soziologie, 3. Aufl. Weinheim und München: Juventa Verlag 2007.

————: Theorien gesellschaftlicher Differenzierung, Opladen: Leske + Budrich 1996.

————: „Der mangelnde Akteurbezug systemtheoretischer Erklärungen gesellschaftlicher Differenzierung - Ein Diskussionsvorschlag", in: Zeitschrift für Soziologie 14, 6 (1985): S. 421–434.

————: „Einleitung", in: Giegel/Schimank, Beobachter der Moderne, S. 7–18.

————: „‚Vater Staat': ein vorhersehbares Comeback. Staatsverständnis und Staatstätigkeit in der Moderne", in: Der moderne Staat 2, 2 (2009): S. 249–270.

————: „Weltgesellschaft und Nationalgesellschaften: Funktionen von Staatsgrenzen", in: Heintz/Münch/Tyrell, Weltgesellschaft, S. 394–414.

————: „Wie Akteurkonstellationen so erscheinen, als ob gesellschaftliche Teilsysteme handeln - und warum das gesellschaftstheoretisch von zentraler Bedeutung ist", in: Albert/Siegmund, Soziologische Theorie Kontrovers, S. 462–471.

Schirmer, Werner: „Addresses in World Societal Conflicts. A Systems Theoretical Contribution to the Theory of the State in International Relations", in: Stetter, Territorial Conflicts in World Society, S. 125–148.

Schmidt, Manfred G.: Demokratietheorien. Eine Einführung, 4. überarb. und erw. Aufl. Wiesbaden: VS Verlag 2008.

Schmidt, Volker H.: „Die Systeme der Systemtheorie. Stärken, Schwächen und ein Lösungsvorschlag", in: Zeitschrift für Soziologie 34, 6 (2005): S. 406–424.

Schmitz, Sven-Uwe/Schubert, Klaus (Hg.): Einführung in die politische Theorie und Methodenlehre, Opladen: Verlag Barbara Budrich 2006.

Schnell, Rainer/Hill, Paul B./Esser, Elke: Methoden der empirischen Sozialforschung, 7. Aufl. München und Wien: Oldenbourg 2005.

Schrey, Horst: Säkularisierung, Darmstadt: Wissenschaftliche Buchgesellschaft 1981.

Schuck, Christoph: „A Conceptual Framework of Sunni Islamism", in: Politics, Religion & Ideology 14, 4 (2013): S. 485–506.

Schulz, Ludwig: „Viel Lärm um Nichts? Erdoğan, Gezi und die Türkei 2013", DOI-Kurzanalysen, Dezember 2013 (http://www.deutsche-orient-stiftung.de/de/publikationen-de/doi-kurzanalysen [letzter Zugriff am 15.02.2015]).

Schuppert, Gunnar Folke (Hg.): Governance-Forschung. Vergewisserung über Stand und Perspektiven, Baden-Baden: Nomos 2005.

——: „Governance im Spiegel der Wissenschaftsdisziplinen", in: ebd., S. 371–469.

Schützeichel, Rainer: Sinn als Grundbegriff bei Niklas Luhmann, Frankfurt am Main, New York: Campus Verlag 2003.

Schwedler, Jillian: „Can Islamists Become Moderates? Rethinking the Inclusion-Moderation Hypothesis", in: World Politics 63, 2 (2011): S. 347–376.

Schwinn, Thomas: „Brauchen wir den Systembegriff? Zur (Un-)vereinbarkeit von Akteur- und Systemtheorie", in: Albert/Sigmund, Soziologische Theorie Kontrovers, S. 447–461.

Seidl, David/Becker, Kai Helge (Hg.): Niklas Luhmann and Organization Studies, Malmö und Herndon: Liber and Copenhagen Business School Press 2005.

Seidl, David: „Organization and Interaction", in: ebd., S. 145–170.

Senge, Konstanze/Hellmann, Kai-Uwe (Hg.): Einführung in den Neo-Institutionalismus, Wiesbaden: VS Verlag 2006.

Sen, Mustafa: „Transformations of Turkish Islamism and the Rise of the Justice and Development Party", in: Turkish Studies 11, 1 (2010): S. 59–84.

Seufert, Günter: „Is the Fetullah Gülen Movement Overstretching Itself?", SWP Research Paper, Januar 2014 (http://www.swp-berlin.org/en/publications/swp-research-papers/swp-research-paper-detail/article/turkey_the_fethullah_guelen_movement.html [letzter Zugriff am 15.02.2015]).

Shahin, Emad El-Din: „The Egyptian Revolution: The Power of Mass Mobilization and the Spirit of Tahrir Square", in: Journal of the Middle East and Africa 3, 1 (2012): S. 46–69.

Shambayati, Hooban/Sütcü, Güliz: „The Turkish Constitutional Court and the Justice and Development Party (2002-09)", in: Middle Eastern Studies 48, 1 (2012): S. 107–123.

Silber, Mitchell D.: The Al Qaeda Factor. Plots Against the West, Philadelphia: University of Pennsylvania Press 2012.

Skelly, Joseph Morrison (Hg.): Political Islam from Muhammad to Ahmadinejad. Defenders, Detractors, and Definitions, Santa Barbara: Praeger Security International 2010.

Skocpol, Theda (Hg.): Vision and Method in Historical Sociology, Cambridge: Cambridge University Press 1984.

Smelser, Neil J./Baltes, Paul B. (Hg.): International Encyclopedia of the Social and Behavioral Sciences, 26 Bde. Amsterdam: Elsevier 2001.

Soage, Ana Belén: „Islamism and Modernity: The Political Thought of Sayyid Qutb", in: Totalitarian Movements and Political Religions 10, 2 (2009): S. 189–203.

Sözen, Ahmet: „A Paradigm Shift in Turkish Foreign Policy: Transition and Challenges", in: Turkish Studies 11, 1 (2010): S. 103–123.

Sözen, Edibe/Yavuz, Hakan: „The Gezi Protests: An Outburst at Turkey's Shatter Zone", in: Insight Turkey 16, 1 (2014): S. 147–162.

Spencer Brown, George: Laws of Form, New York: The Julian Press 1972.

Springer, Devin R./Regens, James L./Edger, Deavid N.: Islamic Radicalism and Global Jihad, Washington D.C.: Georgetown University Press 2009.

Srubar, Ilja: „Systemischer Materialismus oder Konstitutionsanalyse sinnverarbeitender Systeme? Zwei Wege systemtheoretischer Wissenssoziologie", in: Soziologische Revue 28 (2006): S. 3–13.

Stacher, Joshua: „Post Islamist Rumblings in Egypt. The Emergence of the Wasat Party", in: Middle East Journal 56, 3 (2002): S. 415–432.

Stäheli, Urs: „Die Nachträglichkeit der Semantik: Zum Verhältnis von Sozialstruktur und Semantik", in: Soziale Systeme 4, 2 (1998): S. 315–340.

Steger, Manfred B.: „Religion and Ideology in the Global Age: Analyzing al Qaeda's Islamist Globalism", in: New Political Science 31, 4 (2009): S. 529–541.

Stein, Arthur A.: „Neoliberal Institutionalism", in: Reus-Smith/Snidal, The Oxford Handbook of International Relations, S. 201–221.

Steinbach, Udo: Die Türkei im 20. Jahrhundert. Schwieriger Partner Europas, Bergisch Gladbach: Gustav Lübbe Verlag 1996.

Steinberg, Guido: Der nahe und der ferne Feind. Die Netzwerke des islamistischen Terrorismus, München: Verlag C.H. Beck 2005.

———: „Anführer der Gegenrevolution. Saudi-Arabien und der arabische Frühling", SWP Studie, April 2014 (http://www.swp-berlin.org/fileadmin/contents/products/studien/2014_S08_sbg.pdf [letzter Zugriff am 15.02.2015]).

Stenerson, Anne: „The Relationship Between al-Qaeda and the Taliban", in: Bergen/Tiedemann, Talibanistan, S. 69–93.

Stetter, Stephan (Hg.): Territorial Conflicts in World Society. Modern Systems Theory, International Relations and Conflict Studies, New York: Routledge 2007.

——— World Society and the Middle East. Reconstructions in Regional Politics, New York: Palgrave Macmillan 2008.

———: „Introduction: Points of Encounter", in: Stetter, Modern Systems Theory, S. 1–17.

Stewart, Patrick: „Irresponsible Stakeholders. The Difficulty of Integrating Rising Powers", in: Foreign Affairs 89, 6 (2010): S. 44–53.

Stichweh, Rudolf: Die Weltgesellschaft. Soziologische Analysen, Frankfurt am Main: Suhrkamp 2000.

———: „Der 11. September 2001 und seine Folgen für die Entwicklung der Weltgesellschaft: Zur Genese des terroristischen Weltereignisses", in: Bonacker/Weller, Konflikte der Weltgesellschaft, S. 279–292.

———: „Inklusion/Exklusion, funktionale Differenzierung und die Theorie der Weltgesellschaft", in: Soziale Systeme 3, 1 (1997): S. 123–136.

———: „Semantik und Sozialstruktur: Zur Logik einer systemtheoretischen Unterscheidung", in: Soziale Systeme 6, 2 (2000): S. 237–250.

———: „Weltreligion oder Weltreligionen", Soziale Systeme 7, 1 (2001): S. 118–124.

———: „Zum Gesellschaftsbegriff der Systemtheorie: Parsons und Luhmann und die Hypothese der Weltgesellschaft", in: Heintz/Münch/Tyrell, Weltgesellschaft, S. 174–185.

Tacke, Veronika: „Differenzierung und/ oder Vernetzung? Über Spannungen, Annäherungspotentiale und systemtheoretische Fortsetzungsmöglichkeiten der Netzwerkdiskussion", in: Soziale Systeme 15, 2 (2009): S. 243–270.

———: „Netzwerk und Adresse", in: Soziale Systeme 6, 2 (2000): S. 291–320.

Tadros, Mariz: The Muslim Brotherhood in Contemporary Egypt. Democracy Defined or Confined?, London: Routledge 2012.

Tadros, Samuel: „What is a Constitution Anyway?", in: Current Trends in Islamist Ideology 14 (2013): S. 5–26.

Take, Ingo (Hg.): Legitimes Regieren jenseits des Nationalstaates. Unterschiedliche Formen von Governance im Vergleich, Baden-Baden: Nomos 2009.

———: „Legitimes Regieren auf drei Ebenen - Konzeptionen und Analyseraster", in: ebd., S. 9–25.

Tammam, Husam: „Yūsuf al Qaraḍāwī and the Muslim Brothers. The Nature of a Special Relationship", in: Gräf/Skoorgard-Petersen, Global Mufti, S. 55–83.

Tawil, Camille: Brothers in Arms. The Story of al-Qa'ida and the Arab Jihadists, London: Saqi Books 2010.

Tepe, Sultan: „Turkey's AKP: A Model ‚Muslim-Democratic' Party?", in: Journal of Democracy 16, 3 (2005): S. 69–82.

Terrill, W. Andrew: „The Struggle for Yemen and the Challenge of al-Qaeda in the Arabian Peninsula", Strategic Studies Institute, Juni 2013 (http://www.strategicstudiesinstitute.army.mil/pdffiles/PUB1157.pdf [letzter Zugriff am 15.02.2015]).

Tezcür, Günes Murat: „The Moderation Theory Revisited. The Case of Islamic Political Actors", in: Party Politics 16, 1 (2010): S. 69–88.

Thamm, Berndt Georg: Der Dschihad in Asien. Die islamistische Gefahr in Russland und China, München: Deutscher Taschenbuchverlag 2008.

Thompson Klein, Julie: „Interdisciplinary Approaches in Social Sciences", in: Outhwaite/Turner, The SAGE Handbook of Social Science Methodology, S. 32–49.

Tibi, Bassam: Aufbruch am Bosporus. Die Türkei zwischen Europa und dem Islamismus, München und Zürich: Diana Verlag AG 1998.

———: Das arabische Staatensystem. Ein regionales Subsystem der Weltpolitik, Mannheim u.a.: BI-Taschenbuchverlag 1996.

———: Der Islam und das Problem der kulturellen Bewältigung sozialen Wandels, Frankfurt am Main: Suhrkamp 1985.

———: Der religiöse Fundamentalismus: Im Übergang zum 21. Jahrhundert, Mannheim u.a.: B.I. Taschenbuchverlag 1995.

———: Der wahre Imam, 2. Aufl. München: Piper Verlag 2001.

———: Die fundamentalistische Herausforderung. Der Islam und die Weltpolitik, 3. Aufl. München: C.H. Beck 2002.

———: Die Krise des modernen Islams. Eine vorindustrielle Kultur im wissenschaftlich-technischen Zeitalter, Erw. Neuaufl. Frankfurt am Main: Suhrkamp 1991.

———: Die neue Weltunordnung. Westliche Dominanz und islamischer Fundamentalismus, München: Econ Ullstein List Verlag 2001.

———: Die Verschwörung. Das Trauma arabischer Politik, Hamburg: Hoffmann und Campe 1993.

———: Einladung in die islamische Geschichte, Darmstadt: Wissenschaftliche Buchgesellschaft 2001.

———: Im Schatten Allahs. Der Islam und die Menschenrechte, Aktualisierte Neuausgabe. München: Ullstein 2003.

———: Islam Between Culture and Politics, 2. Aufl. Basingstoke: Palgrave Macmillan 2005.

———: Islam in Global Politics. Conflict and Cross-Civilizational Bridging, London und New York: Routledge 2012.

———: Islamischer Fundamentalismus, moderne Wissenschaft und Technologie, Frankfurt am Main: Suhrkamp 1992.

———: Islamism and Islam, New Haven und London: Yale University Press 2012.

———: Islam's Predicament with Modernity. Religious Reform and Cultural Change, New York: Routledge 2009.

———: Konfliktregion Naher Osten: Regionale Eigendynamik und Großmachtinteressen, 2. erw. Aufl. München: C.H. Beck 1991.
———: Kreuzzug und Djihad. Der Islam und die christliche Welt, München: Bertelsmann Verlag 1999.
———: Krieg der Zivilisationen. Politik und Religion zwischen Vernunft und Fundamentalismus, 3. Aufl. München: Heyne 2001.
———: Militär und Sozialismus in der Dritten Welt. Allgemeine Theorien und Regionalstudien über arabische Länder, Frankfurt am Main: Suhrkamp 1973.
———: Political Islam, World Politics and Europe. From Jihadist to Institutional Islamism, 2. erw. Aufl. London, New York: Routledge 2014.
———: The Challenge of Fundamentalism. Political Islam and the New World Disorder, 2. erw. Aufl. Berkeley: University of California Press 2002.
———: The Shari'a State. Arab Spring and Democratization, London und New York: Routledge 2013.
———: Violence and Religious Fundamentalism in Political Islam. The New Irregular War. EKEM Paper 11, Athens: EKEM - Hellenic Centre for European Studies 2008.
———: Vom Gottesreich zum Nationalstaat. Islam und panarabischer Nationalismus, 2. Aufl. Frankfurt am Main: Suhrkamp 1991.
———: „Ethnicity of Fear? Islamic Migration and the Ethnicization of Islam in Europe", in: Studies in Ethnicity and Nationalism 10, 1 (2010): S. 126–157.
———: „Global Communication and Cultural Particularisms. The Place of Values in the Simultaneity of Structural Globalization and Cultural Fragmentation - The Case of Islamic Civilization", in: Fortner/Fackler, The Handbook of Global Communicatuion and Media Ethics, Bd. 1: S. 54–78.
———: „Islam and Secularization. Religion and the Functional Differentiation of the Social System", in: Archiv für Rechts- und Sozialphilosophie 66, 2 (1980): S. 207–222.
———: „Islamic Law/ Shari'a, Human Rights, Universal Morality and International Relations", in: Human Rights Quarterly 16, 2 (1994): S. 277–299.
———: „Islamischer Konservatismus der AKP als Tarnung für den politischen Islam? Die Türkei zwischen Europa und dem Islamismus", in: Besier/Lübbe, Politische Religion und Religionspolitik, S. 229–260.
———: „Islamism and Democracy. On the Compatibility of Institutional Islamism and the Political Culture of Democracy", in: Totalitarian Movements and Political Religions 10, 2 (2009): S. 135–164.
———: „Islamists Approach Europe", in: Middle East Quarterly 16, 1 (2009): S. 47–54.

———: „Ist der Islam eine politische Religion?", in: Religion, Staat, Gesellschaft 5, 1 (2004): S. 77–112.

———: „Maxime Rodinson, der Islam und die westlichen Islam-Studien. Vom philologischen und anthropogeograpischen Orientalismus zur interdisziplinären und dekolonisierten Islam-Forschung", in: Rodinson, Islam und Kapitalismus, S. IX – LI.

———: „Political Islam as a Forum of Religious Fundamentalism and the Religionisation of Politics: Islamism and the Quest for a Remaking of the World", in: Totalitarian Movements and Political Religions 10, 2 (2009): S. 97–120.

———: „Politische Ideen in der Dritten Welt während der Dekolonisation", in: Fetscher/Münkler, Pipers Handbuch der politischen Ideen, Bd. 5: S. 361–402.

———: „Schwache Institutionalisierung als politische Dimension der Unterentwicklung - Der Fall Ägypten", in: Verfassung und Recht in Übersee 13, 1 (1980): S. 3–26.

———: „The Return of the Sacred to Politics. The Case of Shari'atization of Politics in Islamic Civilization", in: Theoria. A Journal of Political and Social Theory 55, 15 (2008): S. 91–119.

———: „Why They Can't be Democratic", in: Journal of Democracy 19, 3 (2008): S. 43–48.

———: „Zivilisationskonflikte und Kulturdialoge. Für eine Wissenschaft der Islamologie", in: Universitas – Zeitschrift für interdisziplinäre Wissenschaft 50, 5 (1995): S. 459–470.

———/Hasche, Thorsten: „The Instrumental Accusation of Islamophobia and Heresy as a Strategy of Curtailing the Freedom of Speech", in: Kolig, Free Speech and Islam, S. 187–207.

Torres, Manuel/Jordán, Javier/Horsburgh, Nicola: „Analysis and Evolution of the Global Jihadist Movement Propaganda", in: Terrorism and Political Violence 18, 3 (2006): S. 399–421.

Trager, Eric: „The Unbreakable Muslim Brotherhood. Grim Propects for a Liberal Egypt", in: Foreign Affairs 90, 5 (2011): S. 114–126.

Tyrell, Hartmann: „Singular oder Plural - Einleitende Bemerkungen zu Globalisierung und Weltgesellschaft", in: Heintz/Münch/Tyrell, Weltgesellschaft, S. 1–50.

———: „Zur Diversität der Differenzierungstheorie. Soziologiehistorische Anmerkungen", in: Soziale Systeme 4, 1 (1998): S. 119–149.

———: „Zweierlei Differenzierung: Funktionale und Ebenendifferenzierung im Frühwerk Niklas Luhmanns", in: Soziale Systeme 12, 2 (2006): S. 294–310.

Undersecretariat of Public Order and Security Publications: „The Silent Revolution. Turkey's Democratic Change and Transformation Inventory (2002-2012)", Republic of Turkey - Prime Ministry, 2013 (http://www.akparti. org.tr/english/haberler/the-silent-revolution/61958#1 [letzter Zugriff am 15.02.2015]).

Urban, Michael: Form, System und Psyche. Zur Funktion von psychischem System und struktureller Kopplung in der Systemtheorie, Wiesbaden: VS Verlag 2009.

Varisco, Daniel M.: „Inventing Islamism. The Violence of Rhetoric", in: Martin/Barzegar, Islamism, S. 33–47.

Vasquez, John A.: „The Post-Positivist Debate: Reconstructing Scientific Enquiry and International Relations Theory after Enlightenment's Fall", in: Booth/Smith, International Relations Theory Today, S. 217–240.

Vidino, Lorenzo: Al Qaeda in Europe. The New Battleground of International Jihad, Amherst, New York: Prometheus Books 2006.

———: „Islamism and the West: Europe as a Battlefield", in: Totalitarian Movements and Political Religions 10, 2 (2009): S. 165–176.

Voll, John L.: „Fundamentalism in the Sunni Arab World", in: Marty/Appleby, The Fundamentalism Project, Bd. 1: S. 345–402.

Wagner, Gerhard: „Der Kampf der Kontexturen im Superorganismus Gesellschaft", in: Merz-Benz/Wagner, Die Logik der Systeme, 199–223.

———: „Die Weltgesellschaft. Zur Kritik und Überwindung einer soziologischen Fiktion", in: Leviathan 24, 4 (1996): S. 539–556.

Wallerstein, Immanuel: The Modern World-System. Capitalist Agriculture and the Origins of the European World Economy in the Sixteenth Century, New York: Academic Press 1974.

Waterbury, John: The Egypt of Nasser and Sadat. The Political Economy of Two Regimes, Princeton NJ: Princeton University Press 1983.

Watson, Adam: The Evolution of International Society. A Comparative Historical Analysis, London: Routlegde 1992.

Watt, W. Montgomery: Islamic Political Thought, Edinburgh: Edinburgh University Press 1968.

———: Muhammad at Medina, Oxford: Oxford University Press 1981.

Weber, Andreas: Subjektlos. Zur Kritik der Systemtheorie, Konstanz: UVK 2005.

Wegner, Eva/Pellicer, Miquel: „Left-Islamist Opposition Cooperation in Morocco", in: British Journal of Middle Eastern Studies 38, 3 (2011): S. 303–322.

Weingart, Peter: Die Stunde der Wahrheit? Zum Verhältnis der Wissenschaft zu Politik, Wirtschaft und Medien in der Wissensgesellschaft, 1. Aufl. Weilerswist: Velbrück Wissenschaft 2001.

———: Wissenschaftssoziologie, Bielefeld: transcript Verlag 2003.

Weisflog, Christian: „Ein Jahr nach den Gezi-Protesten. Wichtigen Wortführern der Bürgerbewegung drohen lange Haftstrafen", in: Neue Zürcher Zeitung, 12. Juni 2014 (http://www.nzz.ch/international/europa/ein-jahr-nach-den-gezi-protesten-1.18320979 [letzter Zugriff am 15.02.2015]).

Wendell, Charles (Hg.): Five Tracts of Ḥasan Al-Bannā (1906-1949). A Selection from the Majmū'at Rasā'il al-Imām al-Shāhid Ḥasan Al-Bannā, Berkeley, London und Los Angeles: University of California Press 1978.

White, Harrison et al.: „Networks and Meaning: Styles and Switches", in: Soziale Systeme 13, 1+2 (2007): S. 543–555.

Wichmann, Peter: Al-Qaida und der globale Djihad. Eine vergleichende Betrachtung des transnationalen Terrorismus, Wiesbaden: Springer VS Verlag 2014.

Willke, Helmut: „Die Gesellschaft der Systemtheorie", in: Ethik und Sozialwissenschaften 11, 2 (2000): S. 195–209.

Wimmer, Andreas/Glick-Schiller, Nina: „Methodological Nationalism, the Social Sciences, and the Study of Migration: An Essay in Historical Epistemology", in: International Migration Review 37, 3 (2003): S. 576–611.

Wobbe, Theresa: Weltgesellschaft, Bielefeld: transcript Verlag 2000.

Wokoek, Ursula: German Orientalism. The Study of the Middle East and Islam from 1800 to 1945, New York: Routledge 2009.

Wortmann, Hendrik: „Divergenzen in der Trias von Evolutions-, System- und Differenzierungstheorie", in: Soziale Systeme 13, 1+2 (2007): S. 99–109.

Yavuz, M. Hakan/Esposito, John L.: „Introduction. Islam in Turkey: Retreat from the Secular Path?", in: Esposito/Yavuz, Turkish Islam and the Secular State, xiii – xxxiii.

Yesilada, Birol/Rubin, Barry (Hg.): Islamization of Turkey under the AKP Rule, London und New York: Routledge 2011.

Yin, Robert K.: Case Study Research. Design and Methods, 4. Aufl. London u.a.: SAGE Publications 2009.

Zahid, Mohammed: The Muslim Brotherhood and Egypt's Succession Crisis. The Politics of Liberalization and Reform in the Middle East, London und New York: Tauris Academic Studies 2010.

Zaman, Muhammed Qasim: The Ulema in Contemporary Islam. Custodians of Change, Princeton und Oxford: Princeton University Press 2002.

Zammito, John H.: A Nice Derangement of Epistemes. Post-Positivism in the Study of Science from Quine to Latour, Chicago und London: The University of Chicago Press 2004.

Zamora-Bonilla, Jesús: „Rationality in the Social Sciences: Bridging the Gap", in: Jarvie/Zamora-Bonilla, The SAGE Handbook of The Philosophy of Social Sciences, S. 721–738.

Zapf, Holger: Methoden der Politischen Theorie. Eine Einführung, Opladen: Verlag Barbara Budrich 2013.

——: „Von der Heuristik zur Methode? Die Debatte um die ,comparative political theory' und die Ansätze zu einer transkulturellen politischen Theorie", in: Zeitschrift für politische Theorie 2, 1 (2011): S. 3–22.

——/Klevesath, Lino (Hg.): Staatsverständnisse in der islamischen Welt, Baden-Baden: Nomos 2012.

Zeitschrift für Internationale Beziehungen: „Symposium - Internationale Politische Theorie", 17, 2 (2010).

Zelin, Aaron Y.: „The State of Global Jihad Online. A Qualitative, Quantitative, and Cross-Lingual Analysis", New America Foundation, Januar 2013 (http://www.washingtoninstitute.org/uploads/Documents/opeds/Zelin201302 01-NewAmericaFoundation.pdf [letzter Zugriff am 15.02.2015]).

Ziegert, Klaus A.: „Weltrecht und regionale Differenzierung", in: Rechtstheorie 39, 2 (2008): S. 453–475.

Zimmermann, John C.: „Sayyid Qutb's Influence on the 11 September Attacks", in: Terrorism and Political Violence 16, 2 (2004): S. 222–252.

Zollner, Barbara H.E.: The Muslim Brotherhood. Hasan al-Hudaybi and Ideology, London und New York: Routledge 2009

——: „Prison Talk: The Muslim Brotherhood's Internal Struggle During Gamal Abdel Nasser's Prosecution, 1954 to 1971", in: International Journal of Middle East Studies 39, 3 (2007): S. 411–433.

Zürn, Michael: Regieren Jenseits des Nationalstaates. Globalisierung und Denationalisierung als Chance, Frankfurt am Main: Suhrkamp 1998.

Verweise auf Internetseiten

http://www.amacad.org
http://www.dvpw.de/nc/gliederung/sektionen.html
http://www.siyasetakademisi.org
http://www.dvpw.de/gliederung/themengruppen/transkulturell-vergleichende-politische-theorie/herzlich-willkommen.html
http://eisa.org.za/WEP/egy2012referendum.htm
http://eisa.org.za/WEP/egy2012results.htm
http://eisa.org.za/WEP/egy2012results1.htm
http://eisa.org.za/WEP/egy2012results2.htm
http://www.fjponline.com
http://www.fjponline.com/uploads/FJPprogram.pdf
http://www.hrw.org/world-report/2014/country-chapters/turkey?page=1
http://icsr.info
http://www.islamologie.info/
http://isss.org/world/index.php
http://www.sis.gov.eg/newvr/theconistitution.pdf

Letzter Zugriff für alle angegebenen Seiten: 07.02.2015

Edition Politik

Ulrike Davy, Manuela Lenzen (Hg.)
Demokratie morgen
Überlegungen aus Wissenschaft und Politik

2013, 120 Seiten, kart., 16,80 €,
ISBN 978-3-8376-2387-1

Lars Distelhorst
Leistung
Das Endstadium der Ideologie

2014, 192 Seiten, kart., 22,99 €,
ISBN 978-3-8376-2597-4

Marcus Koch
Das utopische Europa
Die Verträge der politischen Integration Europas und ihre utopischen Elemente

Januar 2015, 162 Seiten, kart., 24,99 €,
ISBN 978-3-8376-2958-3

Leseproben, weitere Informationen und Bestellmöglichkeiten
finden Sie unter www.transcript-verlag.de

Edition Politik

Stefan Luft, Peter Schimany (Hg.)
20 Jahre Asylkompromiss
Bilanz und Perspektiven

2014, 332 Seiten, kart., zahlr. Abb., 29,99 €,
ISBN 978-3-8376-2487-8

Kolja Möller
Formwandel der Verfassung
Die postdemokratische Verfasstheit
des Transnationalen

August 2015, ca. 250 Seiten, kart., ca. 29,99 €,
ISBN 978-3-8376-3093-0

Andreas Pettenkofer (Hg.)
Menschenrechte und Protest
Zur lokalen Politisierung einer globalen Idee

Juni 2015, ca. 250 Seiten, kart., ca. 28,80 €,
ISBN 978-3-8376-2112-9

Leseproben, weitere Informationen und Bestellmöglichkeiten
finden Sie unter www.transcript-verlag.de

Edition Politik

Alexander Brand
Medien – Diskurs – Weltpolitik
Wie Massenmedien die internationale
Politik beeinflussen
2012, 530 Seiten, kart., zahlr. Abb., 39,80 €,
ISBN 978-3-8376-1831-0

Ahmet Cavuldak
Gemeinwohl und Seelenheil
Die Legitimität der Trennung
von Religion und Politik
in der Demokratie
Januar 2015, 632 Seiten, kart., 49,99 €,
ISBN 978-3-8376-2965-1

Lucyna Darowska
Widerstand und Biografie
Die widerständige Praxis der Prager
Journalistin Milena Jesenská gegen
den Nationalsozialismus
2012, 528 Seiten, kart., 39,80 €,
ISBN 978-3-8376-1783-2

Michael Daxner,
Hannah Neumann (Hg.)
Heimatdiskurs
Wie die Auslandseinsätze
der Bundeswehr Deutschland verändern
2012, 340 Seiten, kart., zahlr. Abb., 32,80 €,
ISBN 978-3-8376-2219-5

Hendrik Meyer
Was kann der Staat?
Eine Analyse der rot-grünen
Reformen in der Sozialpolitik
2013, 282 Seiten, kart., 32,80 €,
ISBN 978-3-8376-2312-3

Henrique Ricardo Otten,
Manfred Sicking (Hg.)
Kritik und Leidenschaft
Vom Umgang mit politischen Ideen
(unter Mitarbeit von Julia Schmidt)
2011, 310 Seiten, kart., 29,80 €,
ISBN 978-3-8376-1590-6

Werner J. Patzelt (Hg.)
Die Machbarkeit politischer Ordnung
Transzendenz und Konstruktion
2013, 472 Seiten, kart., 38,80 €,
ISBN 978-3-8376-2247-8

Shamim Rafat
**Ethik und Qualität
in der Politikberatung**
Zur Entwicklung von professionellen
Standards und Grundsätzen
2012, 272 Seiten, kart., zahlr. Abb., 32,80 €,
ISBN 978-3-8376-2085-6

Jana Trumann
Lernen in Bewegung(en)
Politische Partizipation und Bildung
in Bürgerinitiativen
2013, 298 Seiten, kart., 29,80 €,
ISBN 978-3-8376-2267-6

Bärbel Heide Uhl
Die Sicherheit der Menschenrechte
Bekämpfung des Menschenhandels
zwischen Sicherheitspolitik
und Menschenrechtsschutz
2014, 238 Seiten, kart., 34,99 €,
ISBN 978-3-8376-2640-7

Hans Vorländer (Hg.)
Demokratie und Transzendenz
Die Begründung politischer
Ordnungen
2013, 534 Seiten, kart., 39,80 €,
ISBN 978-3-8376-2278-2

Zentrum für Ethik und Nachhaltigkeit
(ZEN-FHS) (Hg.)
**Herausforderungen für die Politik
und die Ethik**
Moral – Terror –
Globalisierung – Demokratie
2014, 94 Seiten, kart., 16,99 €,
ISBN 978-3-8376-2612-4

Leseproben, weitere Informationen und Bestellmöglichkeiten
finden Sie unter www.transcript-verlag.de